Mein Leben

Band 2

Richard Wagner

Writat

Diese Ausgabe erschien im Jahr 2024

ISBN: 9789359947068

Herausgegeben von
Writat
E-Mail: info@writat.com

Inhalt

TEIL III

1850–1861

MINNA hatte das Glück gehabt, in der Nähe von Zürich ein Quartier zu finden, das meinen vor meiner Abreise so nachdrücklich geäußerten Wünschen sehr entsprach. Das Haus lag in der Pfarrei Enge, eine gute Viertelstunde von der Stadt entfernt, an einem Seeufer und war ein altmodisches Wirtshaus namens „Zum Abendstern", das einer gewissen Frau Hirel gehörte, einer netten alten Dame. Der zweite Stock, der ganz abgeschlossen und sehr ruhig war, bot uns bescheidene, aber angemessene Unterkunft für eine bescheidene Miete.

Ich kam frühmorgens an und fand Minna noch im Bett. Sie wollte wissen, ob ich bloß aus Mitleid zurückgekommen sei; aber es gelang mir bald, ihr das Versprechen abzuringen, nie wieder von dem Geschehenen zu sprechen. Sie war bald wieder ganz bei sich, als sie mir die Fortschritte bei der Einrichtung der Zimmer zu zeigen begann.

Unsere Lage war seit einigen Jahren angenehmer geworden, obwohl zu dieser Zeit wieder verschiedene Schwierigkeiten auftraten, und unser häusliches Glück schien einigermaßen gesichert. Dennoch konnte ich nie ganz eine ruhelose Neigung unterdrücken, von allem abzuweichen, was als konventionell angesehen wurde.

Unsere beiden Haustiere, Peps und Papo, trugen wesentlich dazu bei, dass unsere Wohnung heimelig wurde; beide mochten mich sehr und zeigten ihre Zuneigung manchmal sogar zu aufdringlich. Peps lag immer hinter mir im Sessel, während ich arbeitete, und Papo, der wiederholt vergeblich „Richard" rief, flatterte oft in mein Arbeitszimmer, wenn ich zu lange vom Wohnzimmer fernblieb. Er ließ sich dann auf meinem Schreibtisch nieder und räumte energisch die Papiere und Stifte auf. Er war so gut erzogen, dass er nie den üblichen Vogelschrei ausstieß, sondern seine Gefühle nur durch Sprechen oder Singen ausdrückte. Sobald er meine Schritte auf der Treppe hörte, begann er eine Melodie zu pfeifen, zum Beispiel den großen Marsch im Finale der Sinfonie in c-Moll, den Beginn der Achten Sinfonie in F-Dur oder sogar ein fröhliches Stück aus der Ouvertüre Rienzi. Peps, unser kleiner Hund, war dagegen ein sehr sensibles und nervöses Wesen. Meine Freunde nannten ihn „Peps, den Lausbuben", und es gab Zeiten, in denen wir nicht einmal auf die freundlichste Weise mit ihm sprechen konnten, ohne dass er Heulkrämpfe und Schluchzer auslöste. Diese beiden Lieblinge trugen natürlich sehr dazu bei, das gegenseitige Verständnis zwischen mir und meiner Frau zu verbessern.

Leider gab es einen ständigen Streitpunkt, der sich aus dem Verhalten meiner Frau gegenüber der armen Nathalie ergab. Bis zu ihrem Tod verschwieg sie dem Mädchen schändlicherweise, dass sie ihre Mutter war. Nathalie glaubte daher immer, sie sei Minnas Schwester, und konnte daher nicht verstehen, warum sie nicht dieselben Rechte haben sollte wie meine Frau, die sie immer autoritär behandelte, wie es eine strenge Mutter tun würde, und sich anscheinend berechtigt fühlte, sich über Nathalies Verhalten zu beschweren. Offenbar war letztere gerade im kritischen Alter stark vernachlässigt und verwöhnt worden und hatte keine angemessene Erziehung erhalten. Sie war kleinwüchsig und neigte dazu, dick zu werden, ihre Manieren waren ungeschickt und ihre Ansichten engstirnig. Minnas hitziges Temperament und ihr ständiges Gespött machten das von Natur aus sehr gutmütige Mädchen stur und boshaft, so dass das Verhalten der „Schwestern" in unserem ruhigen Heim oft die abscheulichsten Szenen verursachte. Allerdings verlor ich bei diesen Vorfällen nie die Geduld, sondern blieb allem, was um mich herum geschah, vollkommen gleichgültig.

Die Ankunft meines jungen Freundes Karl war eine angenehme Abwechslung in unserem kleinen Haushalt. Ho bewohnte eine winzige Dachkammer über unseren Zimmern und nahm an unseren Mahlzeiten teil. Manchmal begleitete er mich auf meinen Spaziergängen und schien eine Zeit lang ganz zufrieden zu sein.

Doch bemerkte ich bald eine wachsende Unruhe bei ihm. Er hatte nicht lange gebraucht, um an den unangenehmen Szenen, die in unserem Eheleben wieder zum Alltag wurden, zu erkennen, wann der Schuh drückte, den ich ihm auf seine Bitte hin gutmütig wieder angezogen hatte. Als ich ihn jedoch eines Tages daran erinnerte, dass ich mit meiner Heimkehr nach Zürich andere Ziele im Auge hatte als die Sehnsucht nach einem ruhigen häuslichen Leben, blieb er still. Aber ich sah, dass es noch einen anderen eigenartigen Grund für seine Unruhe gab; er kam immer spät zum Essen und hatte selbst dann keinen Appetit. Anfangs war ich darüber beunruhigt, weil ich fürchtete, ihm könnte unsere einfache Kost nicht schmecken, aber bald entdeckte ich, dass mein junger Freund so leidenschaftlich Süßigkeiten verfallen war, dass ich befürchtete, er könnte seine Gesundheit ruinieren, indem er versuchte, von großen Mengen Süßigkeiten zu leben. Meine Bemerkungen schienen ihn zu ärgern, da seine Abwesenheit von zu Hause immer häufiger wurde. Ich dachte, dass sein kleines Zimmer ihm wahrscheinlich nicht den Komfort bot, den er brauchte, und erhob daher keine Einwände, als er uns verließ und ein Zimmer in der Stadt nahm.

Da sein Unbehagen immer mehr zuzunehmen schien und er sich in Zürich gar nicht wohl zu fühlen schien, freute ich mich, ihm eine kleine Abwechslung bieten zu können und ihn zu einer Ferienfahrt nach Weimar

zu überreden, wo etwa Ende August die Uraufführung des „Lohengrin"
stattfinden sollte.

Etwa zur gleichen Zeit überredete ich Minna, mich bei unserer ersten
Besteigung des Righi zu begleiten, eine Leistung, die wir beide sehr energisch
zu Fuß vollbrachten. Zu meinem großen Bedauern stellte ich bei dieser
Gelegenheit fest, dass meine Frau Symptome einer Herzkrankheit aufwies,
die sich später noch weiter ausbreitete. Den Abend des 28. August, während
in Weimar die erste Vorstellung des Lohengrin stattfand, verbrachten wir in
Luzern im Gasthof Schwan, beobachteten die Uhr, während die Zeiger sich
drehten, und merkten uns die verschiedenen Zeiten, zu denen die
Vorstellung vermutlich begann, sich entwickelte und zu Ende ging.

Ich fühlte mich immer etwas bedrückt, unbehaglich und unwohl, wenn ich
versuchte, ein paar angenehme Stunden in der Gesellschaft meiner Frau zu
verbringen.

Die Berichte, die ich von dieser Uraufführung erhielt, vermittelten mir keinen
klaren oder beruhigenden Eindruck. Karl Ritter kam bald nach Zürich zurück
und berichtete mir von Mängeln in der Inszenierung und der unglücklichen
Wahl eines Sängers für die Hauptrolle, bemerkte aber, dass es im Großen
und Ganzen ziemlich gut gelaufen sei. Die Berichte, die mir Liszt schickte,
waren die ermutigendsten. Er schien es nicht für der Mühe wert zu halten,
auf die Unzulänglichkeit der ihm zur Verfügung stehenden Mittel für ein so
kühnes Unterfangen hinzuweisen, sondern zog es vor, auf die sympathische
Stimmung einzugehen, die in der Truppe herrschte, und auf die Wirkung, die
sie auf die einflussreichen Persönlichkeiten hatte, die er eingeladen hatte,
dabei zu sein.

Obwohl alles im Zusammenhang mit diesem wichtigen Unternehmen
schließlich ein positives Bild annahm, waren die unmittelbaren
Auswirkungen auf meine damalige Lage sehr gering. Mich interessierte mehr
die Zukunft des jungen Freundes, der meiner Obhut anvertraut worden war,
als alles andere. Als er Weimar besuchte, hatte er sich bei seiner Familie in
Dresden aufgehalten und nach seiner Rückkehr den sehnlichen Wunsch
geäußert, Musiker zu werden und möglicherweise eine Stelle als
Musikdirektor an einem Theater zu bekommen. Ich hatte nie Gelegenheit
gehabt, seine Begabung auf diesem Gebiet zu beurteilen. Er hatte sich immer
geweigert, in meiner Gegenwart Klavier zu spielen, aber ich hatte seine
Vertonung eines eigenen alliterativen Gedichts, Die Walküre, gesehen, das,
obwohl etwas unbeholfen komponiert, mir durch seine genaue und
geschickte Einhaltung der Kompositionsregeln auffiel.

Er erwies sich als würdiger Schüler seines Meisters Robert Schumann, der
mir schon lange zuvor erzählt hatte, Karl besitze große musikalische
Begabung und könne sich nicht erinnern, jemals einen anderen Schüler

gehabt zu haben, der ein so scharfes Gehör und eine so schnelle Aufnahmefähigkeit besessen hätte. Daher hatte ich keinen Grund, das Vertrauen des jungen Mannes in seine Eignung für die Karriere eines Musikdirektors zu entmutigen. Da die Wintersaison nahte, fragte ich den Theaterdirektor nach der Adresse von Herrn Kramer, der für die Saison kommen würde, und erfuhr, dass er noch in Winterthur engagiert war.

Sulzer, der immer bereit war, Hilfe oder Rat zu leisten, arrangierte ein Treffen mit Herrn Kramer bei einem Abendessen im „Wilden Mann" in Winterthur. Bei diesem Treffen wurde auf meine Empfehlung hin beschlossen, dass Karl Ritter für den kommenden Winter, beginnend im Oktober, zum Musikdirektor des Theaters ernannt werden sollte, und die Vergütung, die er erhalten sollte, war wirklich sehr angemessen. Da mein Schützling zugegebenermaßen ein Anfänger war, musste ich seine Fähigkeiten garantieren, indem ich mich verpflichtete, seine Aufgaben zu übernehmen, falls aufgrund seiner Unfähigkeit im Theater Probleme auftraten. Karl schien erfreut. Als der Oktober näher rückte und die Eröffnung des Theaters als „unter außergewöhnlicher künstlerischer Schirmherrschaft" angekündigt wurde, hielt ich es für ratsam, Karls Ansichten zu erfahren.

Als Debüt hatte ich mir Der Freischütz ausgesucht, damit er seine Laufbahn mit einer bekannten Oper eröffnen konnte. Karl hegte nicht den geringsten Zweifel daran, eine so einfache Partitur zu meistern, aber als er seine Hemmungen überwinden musste, vor mir Klavier zu spielen, da ich die ganze Oper mit ihm durchgehen wollte, war ich erstaunt, dass er keine Ahnung von Begleitung hatte. Er spielte die Bearbeitung für das Pianoforte mit der charakteristischen Nachlässigkeit eines Amateurs, der keinen Wert darauf legt, einen Takt durch falsche Fingersätze zu verlängern. Er verstand überhaupt nichts von rhythmischer Genauigkeit oder Tempo, die für die Laufbahn eines Dirigenten unabdingbar sind. Ich war völlig verblüfft und wusste absolut nicht, was ich sagen sollte. Ich hoffte jedoch noch immer, dass das Talent des jungen Mannes plötzlich zum Vorschein kommen könnte, und freute mich auf eine Orchesterprobe, für die ich ihn mit einer großen Brille ausstattete. Ich hatte nie zuvor bemerkt, dass er so kurzsichtig war, aber beim Lesen musste er sein Gesicht so nah an die Noten halten, dass es ihm unmöglich gewesen wäre, Orchester und Sänger zu kontrollieren. Als ich ihn, der bis dahin so zuversichtlich war, am Dirigentenpult stehen sah, wie er trotz seiner Brille angestrengt auf die Partitur starrte und wie in Trance sinnlose Zeichen in die Luft machte, war mir sofort klar, dass die Zeit gekommen war, meine Garantie einzulösen.

Dennoch war es eine ziemlich schwierige und anstrengende Aufgabe, dem jungen Ritter klarzumachen, dass ich gezwungen sein würde, seinen Platz einzunehmen; aber es ließ sich nicht ändern, und ich war es, der Kramers Wintersaison unter solch „außergewöhnlichen künstlerischen Vorzeichen" eröffnen musste. Der Erfolg des Freischulz brachte mich sowohl gegenüber der Truppe als auch gegenüber dem Publikum in eine besondere Lage, aber es war völlig undenkbar anzunehmen, dass Karl weiterhin allein als musikalischer Leiter des Theaters fungieren könnte.

Seltsamerweise fiel diese schwere Erfahrung mit einer wichtigen Veränderung im Leben eines anderen jungen Freundes von mir zusammen, Hans von Bülow, den ich in Dresden kennengelernt hatte. Ich hatte seinen Vater im Jahr zuvor, kurz nach seiner zweiten Heirat, in Zürich kennengelernt. Er ließ sich später am Bodensee nieder, und von dort aus schrieb mir Hans sein Bedauern darüber, dass er seinen lange ersehnten Besuch in Zürich nicht wie versprochen machen konnte.

Soweit ich es erkennen konnte, tat seine Mutter, die von seinem Vater geschieden worden war, alles in ihrer Macht Stehende, um ihn von der Laufbahn eines Künstlers abzuhalten, und versuchte ihn zu überreden, in den Staatsdienst oder den diplomatischen Dienst einzutreten, da er Jura studiert hatte. Aber seine Neigungen und Talente trieben ihn zu einer musikalischen Laufbahn. Es schien, dass seine Mutter ihn, als sie ihm die Erlaubnis gab, seinen Vater zu besuchen, besonders gedrängt hatte, jede Begegnung mit mir zu vermeiden. Als ich später hörte, dass ihm auch sein Vater geraten hatte, nicht nach Zürich zu kommen, war ich überzeugt, dass dieser, obwohl er mit mir auf freundschaftlichem Fuß gestanden hatte, bestrebt war, in dieser ernsten Angelegenheit der Zukunft seines Sohnes im Einklang mit den Wünschen seiner ersten Frau zu handeln, um weitere Streitigkeiten zu vermeiden, nachdem die Reibereien der Scheidung kaum beigelegt waren. Später erfuhr ich, dass diese Aussagen, die in mir ein starkes Gefühl des Grolls gegen Eduard von Bülow hervorriefen, unbegründet waren; aber der verzweifelte Ton in Hans' Brief, der deutlich zeigte, dass ihm jede andere Laufbahn zuwider wäre und eine ständige Quelle des Elends wäre, schien mir Grund genug für mein Eingreifen zu sein. Dies war eine der Gelegenheiten, bei denen meine leicht erregbare Empörung mich zur Tätigkeit trieb. Ich antwortete sehr ausführlich und wies ihn beredt auf die lebenswichtige Bedeutung dieses Augenblicks in seinem Leben hin. Der verzweifelte Ton seines Briefes berechtigte mich, ihm ganz deutlich zu sagen, dass dies kein Fall sei, in dem er seine Zukunftspläne voreilig abwägen könne, sondern dass es eine Angelegenheit sei, die sein ganzes Herz und seine ganze Seele zutiefst berühre. Ich sagte ihm, was ich selbst in seinem Fall tun würde, nämlich, wenn er wirklich einen überwältigenden und unwiderstehlichen Drang verspüre, Künstler zu werden, und lieber die größten Härten und Prüfungen ertragen würde, als sich zu einem Weg zwingen zu lassen, den er für falsch halte, sollte er sich trotz allem dazu entschließen, die helfende Hand, die ich ihm reiche, sofort anzunehmen. Wenn er trotz des Verbotes seines Vaters immer noch den Wunsch habe, zu mir zu kommen, solle er nicht zögern, sondern seinem Wunsch sofort nach Erhalt meines Briefes nachkommen.

Karl Ritter war erfreut, als ich ihn mit der Aufgabe betraute, den Brief persönlich in Bülows Landhaus abzugeben. Als er ankam, bat er seinen Freund an die Tür und machte mit ihm einen Spaziergang, bei dem er ihm meinen Brief überreichte. Daraufhin beschloss Hans, der wie Karl kein Geld hatte, trotz Sturm und Regen sofort, Karl zu Fuß nach Zürich zurück zu begleiten. So kamen sie eines Tages völlig erschöpft an und kamen in mein Zimmer, als wären sie ein paar Landstreicher, mit sichtbaren Spuren ihrer verrückten Expedition. Karl strahlte vor Freude über diese Leistung, während der junge Bülow ganz von Emotionen überwältigt war.

Mir war sofort klar, dass ich eine sehr schwere Verantwortung auf meine Schultern geladen hatte, dennoch hatte ich tiefes Mitgefühl für den überreizten jungen Mann, und mein Verhalten ihm gegenüber wurde von all den Ereignissen bestimmt, die lange Zeit danach stattgefunden hatten.

Zunächst mussten wir ihn trösten und durch unsere Heiterkeit sein Vertrauen stärken. Seine Anstellung war bald geregelt. Er sollte Karls Vertrag am Theater teilen und dieselben Rechte genießen; beide sollten ein kleines Gehalt bekommen, und ich sollte weiterhin für ihre Fähigkeiten bürgen.

Zu dieser Zeit wurde gerade ein Singspiel geprobt, und Hans, der keine Ahnung von der Materie hatte, nahm seinen Platz am Dirigentenpult ein und führte den Taktstock mit großer Kraft und bemerkenswerter Geschicklichkeit. Ich fühlte mich ihm gegenüber sicher, und alle Zweifel an seiner Eignung als musikalischer Leiter verschwanden auf der Stelle. Es war jedoch eine ziemlich schwierige Aufgabe, Karls Bedenken über sich selbst zu überwinden, da er die Vorstellung hatte, er könne nie ein praktischer Musiker werden. Eine wachsende Schüchternheit und heimliche Abneigung mir gegenüber zeigte sich bald und wurde bei diesem jungen Mann, trotz der Tatsache, dass er zweifellos begabt war, immer deutlicher. Es war unmöglich, ihn länger in seiner Position zu halten oder ihn zu bitten, wieder zu dirigieren.

Auch Bülow stieß bald auf unerwartete Schwierigkeiten. Der Direktor und sein Stab, durch meine Dirigiertätigkeit bei der erwähnten Gelegenheit verwöhnt, suchten immer wieder nach neuen Vorwänden, um meine Dienste in Anspruch zu nehmen.

Tatsächlich habe ich noch einige Male dirigiert, teils um dem Publikum einen positiven Eindruck von der Operngesellschaft zu vermitteln, die wirklich recht gut war, und teils um meinen jungen Freunden, insbesondere Bülow, der sich so hervorragend als Dirigent eignete, die wichtigsten Dinge beizubringen, die der Leiter eines Orchesters wissen sollte.

Hans war der Situation immer gewachsen, und ich konnte mit gutem Gewissen sagen, dass ich nicht nötig war, seinen Platz einzunehmen, wenn er zum Dirigieren aufgefordert wurde. Eine der Künstlerinnen, eine sehr eingebildete Sängerin, die durch mein Lob etwas verwöhnt worden war, ärgerte ihn jedoch durch ihr Verhalten so sehr, dass es ihr gelang, mich zu zwingen, den Dirigenten wieder zu übernehmen. Als wir nach ein paar Monaten erkannten, dass es unmöglich war, diesen Zustand auf unbestimmte Zeit aufrechtzuerhalten, und der ganzen Angelegenheit überdrüssig waren, willigte die Direktion ein, uns von unseren lästigen Pflichten zu befreien. Etwa zu dieser Zeit wurde Hans die Stelle eines Musikdirektors in St. Gallen angeboten, ohne dass besondere Bedingungen an seine Anstellung geknüpft waren, also schickte ich die beiden Jungen los, um ihr Glück in der Nachbarstadt zu versuchen, und gewann so Zeit für weitere Entwicklungen.

Herr Eduard von Bülow war schließlich zu dem Schluss gekommen, dass es klüger wäre, sich der Entscheidung seines Sohnes zu fügen, obwohl er dies nicht ohne eine Menge Missmut mir gegenüber an den Tag legte. Er hatte auf einen Brief, den ich ihm geschrieben hatte, um mein Verhalten in der Angelegenheit zu erklären, nicht geantwortet, aber ich erfuhr später, dass er seinen Sohn in Zürich besucht hatte, um eine Versöhnung zu schmieden.

Ich fuhr mehrere Male nach St. Gallen, um die jungen Männer zu besuchen, da sie während der Wintermonate dort blieben. Ich fand Karl in düstere Gedanken versunken: Er war wieder einmal auf einen ungünstigen Empfang gestoßen, als er Glucks Ouvertüre zu Iphigenie dirigierte, und hielt sich von allen fern. Hans probte eifrig mit einer sehr armen Truppe und einem schrecklichen Orchester in einem abscheulichen Theater. Als ich all dieses Elend sah, sagte ich Hans, dass er vorläufig genug gelernt habe, um als praktischer Musiker oder sogar als erfahrener Dirigent durchzugehen.

Es ging nun darum, für ihn einen Bereich zu finden, der ihm einen geeigneten Spielraum für seine Talente bot. Er erzählte mir, sein Vater wolle ihn mit einem Empfehlungsschreiben zu Freiherr von Poissl, dem Direktor des Münchner Hoftheaters, schicken. Doch seine Mutter intervenierte bald und wollte, dass er nach Weimar ging, um seine musikalische Ausbildung bei Liszt fortzusetzen. Das war alles, was ich mir wünschen konnte; ich war sehr erleichtert und empfahl den jungen Mann, den ich sehr mochte, meinem angesehenen Freund von ganzem Herzen.

Er verließ St. Gallen Ostern 1851 und während seines langen Aufenthaltes in Weimar war ich von der Verantwortung, mich um ihn zu kümmern, entbunden.

Ritter verharrte derweil in melancholischer Zurückgezogenheit, und da er sich nicht entscheiden konnte, ob er nach Zürich zurückkehren sollte, wo er auf unangenehme Weise an sein unglückliches Debüt erinnert würde, zog er es vor, vorerst in St. Gallen zurückgezogen zu bleiben.

Der Aufenthalt meiner jungen Freunde in St. Gallen hatte im vorigen Winter eine angenehme Abwechslung durch einen Besuch in Zürich erfahren, wo Hans bei einem der Konzerte der dortigen Musikgesellschaft als Pianist auftrat. Auch ich nahm daran thätig teil, indem ich eine Symphonie Beethovens dirigierte, und es war uns beiden eine große Freude, uns gegenseitig zu ermutigen.

Ich war aufgefordert worden, im Winter wieder bei den Konzerten dieser Gesellschaft aufzutreten. Dies tat ich jedoch nur gelegentlich, um eine Beethoven-Sinfonie zu dirigieren, und machte dies zur Bedingung, dass das Orchester und insbesondere die Streichinstrumente durch fähige Musiker aus anderen Städten verstärkt würden.

Da ich für jede Sinfonie immer drei Proben benötigte und viele der Musiker von weit her kommen mussten, erhielt unsere Arbeit einen recht eindrucksvollen und feierlichen Charakter. Ich konnte die Zeit, die normalerweise eine Probe in Anspruch nahm, dem Studium einer Sinfonie widmen und hatte dementsprechend Muße, die kleinsten Einzelheiten der Ausführung auszuarbeiten, zumal die technischen Schwierigkeiten nicht unüberwindlicher Art waren. Meine Fähigkeit, Musik zu interpretieren, erreichte damals einen Grad der Vollkommenheit, den ich bis dahin nicht erreicht hatte, und ich erkannte dies an der unerwarteten Wirkung, die mein Dirigat hervorrief.

Das Orchester bestand aus einigen wirklich talentierten und klugen Musikern, unter denen ich Fries erwähnen möchte, einen Oboisten, der von einer untergeordneten Position aus zum Hauptspieler ernannt worden war. Er musste mit mir, genau wie ein Sänger, die wichtigeren Rollen üben, die seinem Instrument in Beethovens Symphonien zugeteilt waren. Als wir zum ersten Mal die Symphonie in c-Moll aufführten, spielte dieser außergewöhnliche Mann die kleine Passage mit der Bezeichnung Adagio an der Fermate des ersten Satzes auf eine Weise, die ich noch nie zuvor gehört habe. Nachdem ich mich von der Leitung dieser Konzerte zurückgezogen hatte, verließ er das Orchester und begann, als Musikalienhändler zu arbeiten.

Das Orchester konnte sich ferner eines Herrn Ott-Imhoff rühmen, eines hochgebildeten und wohlhabenden Mannes aus vornehmer Familie, der dem Orchester als Mäzen und Laienmusiker beigetreten war. Er spielte die Klarinette mit einem sanften und lieblichen Ton, dem es etwas an Geist mangelte. Erwähnenswert ist auch der ehrwürdige Herr Bar, ein Kornettist, den ich zum Leiter der Blechblasinstrumente ernannte, da er auf diesen Teil des Orchesters einen großen Einfluss ausübte. Ich kann mich nicht erinnern, die langen, kraftvollen Akkorde des letzten Satzes der c-Moll-Sinfonie je mit so intensiver Kraft vorgetragen zu haben wie von diesem Spieler in Zürich, und kann die Erinnerung daran nur mit den Eindrücken vergleichen, die ich hatte, als das Orchester des Konservatoriums in meinen frühen Pariser Tagen Beethovens 9. Sinfonie aufführte.

Unsere Aufführung der c-Moll-Sinfonie machte großen Eindruck auf das Publikum, besonders auf meinen engen Freund Sulzer, der sich bisher von jeder Art von Musik ferngehalten hatte. Als eine Zeitung mich angegriffen hatte, war er so erzürnt, dass er der ungerechtfertigten Kritik mit einem satirischen Gedicht antwortete, das er mit der Kunst eines Platens verfasste.

Wie ich bereits sagte, wurde Bülow im Laufe des Winters eingeladen, bei einem Konzert, bei dem ich versprach, die Sinfonia Eroica aufzuführen, ein Klavierkonzert zu geben.

Mit der ihm eigenen Kühnheit wählte er Liszts Klavierbearbeitung der Tannhäuser-Ouvertüre, ein ebenso brillantes wie schwieriges Werk und daher ein etwas gewagtes Unterfangen. Er erregte jedoch großes Aufsehen, und ich selbst war über seine Ausführung erstaunt. Bis zu diesem Zeitpunkt hatte ich ihr nicht die Aufmerksamkeit geschenkt, die sie verdiente, und sie flößte mir das größte Vertrauen in seine Zukunft ein. Ich hatte häufig Gelegenheit, seine meisterhaften Fähigkeiten als Dirigent und Begleiter zu bewundern.

Außer den bereits erwähnten Gelegenheiten im Leben meines jungen Freundes boten sich in diesem Winter noch zahlreiche Gelegenheiten, seine Fähigkeiten unter Beweis zu stellen. Meine Bekannten trafen sich in meinem Haus und gründeten einen kleinen Klub zum gemeinsamen Vergnügen, der jedoch ohne Bülows Hilfe kaum erfolgreich gewesen wäre.

Ich sang passende Stellen aus meiner Oper, die Hans mit einer Ausdrucksstärke begleitete, die mich sehr erfreute. Bei einer solchen Gelegenheit las ich auch Auszüge aus meinen Manuskripten vor. So las ich beispielsweise an mehreren Abenden mein im Laufe dieses Winters entstandenes größeres Werk Oper und Drama vollständig vor und erfreute mich dabei eines immer größer werdenden und bemerkenswert aufmerksamen Publikums.

Nachdem ich nach meiner Rückkehr ein gewisses Maß an innerer Ruhe und Gelassenheit erlangt hatte, begann ich darüber nachzudenken, meine ernsthafteren Studien wieder aufzunehmen. Aber irgendwie schien mir die Komposition von Siegfrieds Tod nicht zu gefallen. Die Vorstellung, mich hinzusetzen und absichtlich eine Partitur zu schreiben, die nie über das Papier hinausgehen sollte, auf dem sie geschrieben wurde, entmutigte mich erneut; während ich mich immer stärker dazu gedrängt fühlte, eine Grundlage zu schaffen, auf der es eines Tages möglich sein könnte, ein solches Werk zu präsentieren, selbst wenn das Ziel auf Umwegen erreicht werden musste. Um dieses Ziel zu erreichen, schien es vor allem notwendig, jene Freunde im In- und Ausland anzusprechen, die sich für meine Kunst interessierten, um ihnen die Probleme, die einer Lösung bedurften, klarer darzulegen, die, obwohl sie für mich klar genug waren, ihnen bisher kaum in den Sinn gekommen waren. Eine außerordentlich günstige Gelegenheit dazu bot sich eines Tages, als Sulzer mir einen Artikel über „Oper" in Brockhaus' Moderner Enzyklopädie zeigte. Der gute Mann war völlig davon überzeugt, dass ich in den in diesem Artikel geäußerten Ansichten eine vorläufige Grundlage für meine eigenen Theorien finden würde. Doch ein flüchtiger Blick genügte, um mir sofort zu zeigen, wie völlig falsch sie waren, und ich bemühte mich nach Kräften, Sulzer den grundlegenden Unterschied zwischen den allgemein akzeptierten Ansichten, selbst sehr vernünftiger Leute, und meinen eigenen Vorstellungen vom Kern der Sache klarzumachen. Da es mir natürlich unmöglich war, meine Ideen alle auf einmal darzulegen, selbst mit all der mir zur Verfügung stehenden Beredsamkeit, machte ich mich daran, gleich nach meiner Rückkehr einen methodischen Plan für eine detaillierte Behandlung des Themas auszuarbeiten. Auf diese Weise kam ich dazu, dieses Buch zu schreiben, das unter dem Titel Oper und Drama veröffentlicht wurde, eine Aufgabe, die mich mehrere Monate lang, tatsächlich bis Februar 1851, voll beschäftigte.

Aber die mühevolle Arbeit, die ich für die Fertigstellung dieser Arbeit aufwenden musste, musste schwer bezahlt werden. Nach meinen Berechnungen waren nur wenige Tage beharrlicher Arbeit nötig, um mein Manuskript fertigzustellen, als mein Papagei, der mich sonst auf meinem Schreibtisch bewachte, ernsthaft erkrankte. Da er sich von mehreren ähnlichen Anfällen bereits vollständig erholt hatte, machte ich mir keine großen Sorgen. Obwohl meine Frau mich bat, einen Tierarzt zu holen, der in einem ziemlich weit entfernten Dorf lebte, blieb ich lieber an meinem Schreibtisch und schob den Tag von einem Tag auf den anderen hinaus. Endlich war eines Abends das so wichtige Manuskript fertig, und am nächsten Morgen lag unser armer Papo tot auf dem Boden. Meine untröstliche Trauer über diesen traurigen Verlust wurde von Minna voll und ganz geteilt, und durch unsere gegenseitige Zuneigung zu diesem geliebten Haustier waren wir wieder in zärtlicher Weise verbunden, was wahrscheinlich zu unserem häuslichen Glück beitragen würde.

Außer unseren Haustieren waren uns auch unsere älteren Zürcher Freunde trotz der Katastrophe, die mein Familienleben heimgesucht hatte, treu geblieben. Sulzer war ohne Zweifel der würdigste und bedeutendste dieser Freunde. Die tiefgreifende Verschiedenheit zwischen uns beiden in Geist und Temperament schien diese Beziehung nur zu begünstigen, denn jeder bot dem anderen immer wieder Überraschungen, und da die Unterschiede zwischen uns tiefgreifend waren, gaben sie oft Anlass zu höchst erheiternden und lehrreichen Erlebnissen. Sulzer war außerordentlich reizbar und von sehr schwacher Gesundheit. Ganz gegen seinen ursprünglichen Wunsch war er in den Staatsdienst getreten und hatte dabei seine eigenen Wünsche einer gewissenhaften Pflichterfüllung im äußersten Sinne des Wortes geopfert, und nun wurde er durch die Bekanntschaft mit mir tiefer in die Sphäre des ästhetischen Genusses hineingezogen, als er für gerechtfertigt hielt. Wahrscheinlich hätte er sich diesen Exzessen weniger frei hingegeben, wenn ich meine Kunst etwas weniger ernst genommen hätte. Da ich aber darauf bestand, dem künstlerischen Schicksal der Menschheit eine Bedeutung beizumessen, die weit über die bloßen Ziele des Bürgertums hinausging, brachte ich ihn manchmal völlig aus der Fassung. Andererseits war es aber gerade dieser intensive Ernst, der ihn so stark zu mir und meinen Spekulationen hinzog. Dies führte nicht nur zu angenehmen Gesprächen und ruhigen Diskussionen zwischen uns, sondern provozierte auch, aufgrund eines hitzigen Temperaments auf beiden Seiten, manchmal heftige Ausbrüche, so dass er mit zitternden Lippen Hut und Stock ergriff und ohne ein Wort des Abschieds davoneilte. So groß war jedoch der innere Wert des Mannes, dass er am nächsten Abend zur gewohnten Stunde wieder auftauchte, wenn wir beide das Gefühl hatten, als sei überhaupt nichts zwischen uns vorgefallen. Als ihn aber gewisse körperliche Beschwerden zwangen, mehrere Tage im Haus zu bleiben, war es schwierig, an ihn heranzukommen, denn er neigte dazu, wütend zu werden, wenn man sich nach seinem Befinden erkundigte. Bei solchen Gelegenheiten gab es nur eine Möglichkeit, ihn in gute Laune zu versetzen, und zwar indem man sagte, jemand sei gekommen, um ihn um einen Gefallen zu bitten. Daraufhin war er angenehm überrascht und erklärte sich nicht nur bereit, ihm auf jede in seiner Macht stehende Weise zu helfen, sondern nahm auch ein wirklich heiteres und wohlwollendes Benehmen an.

Einen merkwürdigen Gegensatz zu ihm bildete der Musiker Wilhelm Baumgartner, ein lustiger, heiterer Kerl ohne jede Konzentrationsfähigkeit, der gerade genug vom Klavierspielen gelernt hatte, um als Lehrer bei so viel Stunden das zu verdienen, was er zum Leben brauchte. Er hatte einen Sinn für das Schöne, wenn es nur nicht zu hoch hinaus wollte, und besaß ein treues und ergebenes Herz, voll großer Ehrfurcht vor Sulzer, die ihn leider nicht von seiner Wirtshaussucht heilen konnte.

Außer diesem Mann gehörten noch zwei andere von Anfang an zu unserem Kreis. Sie waren beide mit dem bereits erwähnten Paar befreundet: Hagenbuch, ein ehrenwerter stellvertretender Kantonssekretär, und Bernhard Spyri, ein Advokat und damals Redakteur der Eidgenössischen Zeitung. Letzterer war ein außerordentlich gutmütiger, aber nicht überladener Mann, weshalb Sulzer ihn stets mit besonderer Rücksicht behandelte.

Alexander Müller verschwand bald aus unserer Mitte, da er immer mehr von häuslichen Nöten, körperlichen Gebrechen und der mechanischen Plackerei des stundenweisen Unterrichts in Anspruch genommen wurde. Zu dem Musiker Abt hatte ich mich trotz seiner Schwalben nie besonders hingezogen gefühlt, und auch er verließ uns bald, um in Braunschweig eine glänzende Karriere zu machen.

Inzwischen aber war unser Zürcher Kreis durch allerlei Zuwachs von außen bereichert worden, vor allem durch die politischen Schiffbrüche. Bei meiner Rückkehr im Januar 1850 hatte ich bereits Adolph Kolatschek gefunden, einen schlichten, wenn auch nicht unscheinbaren, wenn auch etwas langweiligen Mann. Er hielt sich für einen geborenen Redakteur und hatte eine deutsche Monatszeitschrift gegründet, die den in den jüngsten Bewegungen äußerlich Besiegten ein Feld für den inneren Kampf im Geistigen eröffnen sollte. Ich fühlte mich fast geschmeichelt, als er mich als Autor auswählte und mir mitteilte, daß „eine Kraft wie die meine" in einer Vereinigung geistiger Kräfte, wie sie durch sein Unternehmen geschaffen werden sollte, nicht fehlen dürfe. Ich hatte ihm zuvor aus Paris meine Abhandlung über „Kunst und Klima" gesandt; und er nahm nun gern einige längere Auszüge aus meiner noch unveröffentlichten „Oper und Drama" entgegen, wofür er mir übrigens ein stattliches Honorar zahlte. Dieser Mann hinterließ einen unauslöschlichen Eindruck in meinem Gedächtnis, da er der einzige wirklich taktvolle Redakteur war, den ich kenne. Er gab mir einmal das Manuskript einer Rezension über mein Kunstwerk der Zukunft, das von einem gewissen Herrn Palleske geschrieben worden war, zu lesen und sagte, er würde es nicht ohne meine ausdrückliche Zustimmung drucken, drängte mich jedoch nicht, sie zu geben. Es war ein oberflächlicher Artikel ohne wirkliches Verständnis des Themas und in höchst arroganten Worten verfasst. Ich hatte das Gefühl, dass er, wenn er in dieser Zeitschrift erscheinen würde, sicherlich unbequeme und ermüdende Erwiderungen von mir erfordern würde, in denen ich meine ursprüngliche These wiederholen müsste. Da ich keineswegs geneigt war, mich auf eine solche Kontroverse einzulassen, stimmte ich Kolatscheks Vorschlag zu und schlug vor, dass er das Manuskript besser an den Autor zurücksenden sollte, damit er es anderswo veröffentlichen konnte.

Durch Kolatschek lernte ich auch Reinhold Solger kennen, einen wirklich hervorragenden und interessanten Menschen. Aber seinem rastlosen und abenteuerlichen Geiste passte es nicht, in der kleinen und engen Schweizer Welt Zürichs eingesperrt zu bleiben, so dass er uns bald verließ und nach Nordamerika ging, wo er, wie ich hörte, Vorträge hielt und die politische Situation in Europa anprangerte. Es war schade, dass es diesem talentierten

Mann nie gelang, sich durch bedeutendere Arbeiten einen Namen zu machen. Seine Beiträge zu unserer Monatszeitschrift während der kurzen Zeit seines Aufenthaltes in Zürich gehörten sicherlich zu den besten, die ein Deutscher zu diesen Themen je geschrieben hat.

Im neuen Jahr 1851 schloss sich auch Georg Herwegh uns an, und ich freute mich, ihn eines Tages in Kolatscheks Wohnung zu treffen. Die Wechselfälle, die ihn nach Zürich gebracht hatten, kamen mir später in einer etwas anstößigen und aggressiven Art zu Ohren. Vorläufig legte Herwegh ein aristokratisches Gehabe an den Tag und gab sich das Gebaren eines vornehm erzogenen und luxuriösen Sohnes seiner Zeit, dem eine ziemlich freizügige Einfügung französischer Schimpfwörter zumindest eine gewisse Vornehmheit verlieh. Dennoch war da etwas an seiner Person, mit seinem schnellen, blitzenden Blick und seiner Freundlichkeit, das gut geeignet war, einen anziehenden Einfluss auszuüben. Ich fühlte mich fast geschmeichelt, als er meine Einladung zu meinen informellen Abendgesellschaften bereitwillig annahm, die vielleicht recht angenehme Zusammenkünfte gewesen sein mögen, da Bülow uns mit Musik unterhielt, obwohl sie mir persönlich keinerlei geistige Nahrung boten. Meine Frau pflegte zu erklären, dass Kolatschek, wenn ich anfing, aus meinem Manuskript vorzulesen, sofort einschlief, während Herwegh seine ganze Aufmerksamkeit ihrem Punsch widmete. Als ich später, wie bereits erwähnt, zwölf Abende hintereinander meine Oper und Drama unseren Zürcher Freunden vorlas, blieb Herwegh fern, weil er sich nicht mit denen mischen wollte, für die solche Dinge nicht geschrieben waren. Dennoch wurde mein Umgang mit ihm allmählich herzlicher. Ich respektierte nicht nur sein dichterisches Talent, das kürzlich Anerkennung gefunden hatte, sondern lernte auch die zarten und verfeinerten Eigenschaften seines reich kultivierten Intellekts zu schätzen und erfuhr im Laufe der Zeit, dass Herwegh seinerseits anfing, meine Gesellschaft zu begehren. Meine stetige Verfolgung jener tieferen und ernsteren Interessen, die mich so leidenschaftlich in Anspruch nahmen, schien ihn zu einer erhebenden Sympathie zu erwecken, selbst für jene Themen, die seit seinem plötzlichen Sprung in den dichterischen Ruhm, sehr zu seinem Nachteil, unter bloßen protzigen und trivialen Manierismen erstickt worden waren, die seiner ursprünglichen Natur völlig fremd waren. Möglicherweise wurde dieser Prozess durch die wachsenden Schwierigkeiten seiner Position beschleunigt, die er bisher als ein gewisses Maß an äußerer Pracht betrachtet hatte. Kurz gesagt, er war der erste Mensch, bei dem ich auf ein sensibles und mitfühlendes Verständnis für meine kühnsten Pläne und Ansichten stieß, und ich fühlte mich bald gezwungen, seiner Behauptung Glauben zu schenken, er befasse sich ausschließlich mit meinen Ideen, für die sich sicherlich kein anderer Mensch so tief einsetzte wie er.

Diese Vertrautheit mit Herwegh, in die sich gewiß auch ein Element der Zuneigung mischte, wurde noch durch Nachrichten verstärkt, die mich über ein neues dramatisches Gedicht erreichten, das ich für den kommenden Frühling entworfen hatte. Liszts Vorbereitungen im Spätsommer des Vorjahres für die Aufführung meines Lohengrin in Weimar waren erfolgreicher gewesen, als es mit so beschränkten Mitteln bisher möglich schien. Dieses Ergebnis konnte natürlich nur durch den Eifer eines Freundes erreicht werden, der mit so reichen und vielseitigen Gaben wie Liszt ausgestattet war. Obwohl es außerhalb seiner Macht lag, die Sänger, wie Lohengrin verlangte, schnell auf die Weimarer Bühne zu bringen, und er sich in vielen Punkten mit bloßen Andeutungen dessen, was dargestellt werden sollte, begnügen mußte, bemühte er sich nun durch allerlei geistreiche Mittel, diese Andeutungen klar verständlich zu machen. Zunächst einmal bereitete er einen ausführlichen Bericht über die Aufführung des Lohengrin vor. Selten hat eine schriftliche Beschreibung eines Kunstwerkes so aufmerksame Freunde gewonnen und von Anfang an deren begeisterte Anerkennung hervorgerufen wie diese bis in die unwesentlichsten Einzelheiten reichende Abhandlung Liszts. Karl Ritter hat sich durch eine vortreffliche deutsche Übersetzung des französischen Originals hervorgetan, die zuerst in der Illustrirten Zeitung erschien. Bald darauf veröffentlichte Liszt auch Tannhäuser in französischer Sprache, mit einem ähnlichen Vorwort über seine Entstehung, und diese Pamphlete waren das Hauptmittel, jetzt und noch lange danach, besonders im Ausland, nicht nur ein überraschend sympathisches Interesse an diesen Werken zu erwecken, sondern auch ein tiefes Verständnis derselben, wie es durch das bloße Studium meiner Klavierbearbeitungen unmöglich hätte erreicht werden können. Aber weit davon entfernt, sich damit zufrieden zu geben, verstand es Liszt, auch die Aufmerksamkeit von Intellektuellen außerhalb Weimars auf die Aufführungen meiner Opern zu lenken, um sie mit freundlichem Zwang allen aufzudrängen, die Ohren zum Hören und Augen zum Sehen hatten. Wenn auch seine guten Absichten bei Franz Dingelstedt nicht ganz durchkamen, der sich nur zu einem verworrenen Bericht über Lohengrin in der Allgemeinen Zeitung verpflichtete, so gewann doch seine enthusiastische Beredsamkeit Adolf Stahr ganz und gar für meine Arbeit. Seine ausführliche Lohengrin-Betrachtung in der Berliner National-Zeitung, in der er die hohe Bedeutung meiner Oper hervorhob, blieb nicht ohne bleibenden Einfluss auf das deutsche Publikum. Selbst im engeren Kreise der Berufsmusiker scheinen seine Wirkungen nicht unwichtig gewesen zu sein; denn Robert Franz, den Liszt fast mit Gewalt zu einer Lohengrin-Aufführung schleppte, sprach mit unmissverständlicher Begeisterung davon. Dieses Beispiel gab vielen anderen Zeitschriften den Anstoß, und eine Zeitlang schien es, als ob die sonst so stumpfsinnige Musikpresse sich energisch für meine Sache einsetzen würde.

Ich werde in Kürze Gelegenheit haben zu beschreiben, was dieser Bewegung schließlich eine ganz andere Richtung gab. Inzwischen fühlte sich Liszt durch diese freundlichen Zeichen ermutigt, mich zu ermutigen, meine schöpferische Tätigkeit wieder aufzunehmen, die nun seit einiger Zeit unterbrochen war. Sein Erfolg mit Lohengrin gab ihm Vertrauen in seine Fähigkeit, ein noch gewagteres Unterfangen auszuführen, und er lud mich ein, mein Gedicht Siegfrieds Tod für eine Aufführung in Weimar zu vertonen. Auf seine Empfehlung hin bot mir der Direktor des Weimarer Theaters, Herr von Ziegesar, an, im Namen des Großherzogs einen festen Vertrag mit mir abzuschließen. Ich sollte das Werk innerhalb eines Jahres fertigstellen und während dieser Zeit eine Bezahlung von fünfzehnhundert Mark (75 Pfund) erhalten.

Es war ein merkwürdiger Zufall, dass mich der Herzog von Coburg etwa zu dieser Zeit, ebenfalls durch Liszt, einlud, die Instrumentierung für eine von ihm komponierte Oper zu arrangieren, wofür er mir die Summe von zweitausendsiebenhundert Mark (135 L) anbot. Trotz meiner Stellung als Geächteter bot mir mein edler Gönner und künftiger Arbeitgeber an, mich in seinem Schloss in Coburg zu empfangen, wo ich in ruhiger Abgeschiedenheit mit ihm und Frau Birchpfeiffer, der Verfasserin des Librettos, das Werk ausführen könnte. Liszt erwartete natürlich nichts weiter von mir als eine anständige Entschuldigung für die Ablehnung dieses Angebots und schlug vor, ich solle mich auf „körperliche und geistige Depression" berufen. Mein Freund erzählte mir später, dass der Herzog meine Mitarbeit an seiner Partitur aufgrund meines geschickten Einsatzes von Posaunen gewünscht hatte. Als er sich durch Liszt erkundigte, was meine Regeln für deren Handhabung seien, antwortete ich, dass ich, bevor ich etwas für Posaunen schreiben könne, zunächst einige Ideen im Kopf haben müsse.

Andererseits aber war ich sehr versucht, den Weimarer Vorschlag in Erwägung zu ziehen. Noch müde von der anstrengenden Arbeit an Oper und Drama und beunruhigt durch viele Dinge, die mich deprimierten, setzte ich mich zum erstenmal seit vielen Monaten wieder an meinen aus der Dresdener Katastrophe geretteten Hartel-Flügel, um zu sehen, ob ich mich zur Komposition der Musik für mein schweres Heldendrama durchringen könnte. In raschen Umrissen skizzierte ich die Musik zum Nornenlied oder zu den Töchtern des Rheins, die in diesem ersten Entwurf nur grob angedeutet war. Als ich aber versuchte, Brunhildas erste Ansprache an Siegfried in ein Lied zu verwandeln, verließ mich der Mut völlig, denn ich konnte mich nicht zurückhalten, mich zu fragen, ob die Sängerin schon geboren sei, die imstande sei, diese heroische Frauengestalt zu beleben. Dabei kam mir die Idee meiner Nichte Johanna in den Sinn, die ich übrigens schon in Dresden wegen ihrer verschiedenen persönlichen Reize für diese Herrschaft bestimmt hatte. Sie hatte nun in Hamburg die Laufbahn der

Primadonna eingeschlagen, aber aus allen Berichten, die ich erhalten hatte, und besonders aus der Haltung, die sie in ihren Briefen an ihre Familie offen mir gegenüber einnahm, konnte ich nur schließen, daß meine bescheidenen Hoffnungen, ihre Talente für mich zu gewinnen, zum Scheitern verurteilt waren. Außerdem verwirrte es mich, daß mir als mögliche Ersatzperson für Johanna immer eine zweite Dresdner Primadonna, Mme. Gentiluomo Spatzer, vorschwebte, die einst Marschner mit Donizettis Dithyramben entzückt hatte. Endlich sprang ich wütend vom Klavier auf und schwor, nichts mehr für diese albernen, anspruchsvollen Schulmädchen zu schreiben. Wann immer ich die Möglichkeit sah, wieder näher mit dem Theater in Berührung zu kommen, überkam mich ein unbeschreiblicher Ekel, den ich vorläufig nicht überwinden konnte. Es war ein schwacher Trost, daß dieser Geistesstörung möglicherweise körperliche Krankheiten zugrunde lagen. Im Frühjahr dieses Jahres litt ich an einem merkwürdigen Ausschlag, der sich über meinen ganzen Körper ausbreitete. Mein Arzt verschrieb mir deshalb Schwefelbäder, die ich regelmäßig jeden Morgen nehmen sollte. Obwohl das Heilmittel meine Nerven so sehr erregte, dass ich später radikale Maßnahmen zur Wiederherstellung meiner Gesundheit ergreifen musste, wirkte der regelmäßige Morgenspaziergang in die Stadt und zurück, umgeben von dem frischen Grün und den frühen Frühlingsblumen des Mai, in der Zwischenzeit wie ein heiteres Stimulans auf meinen Geisteszustand. Jetzt kam mir die Idee des Gedichts des Jungen Siegfried, das ich als heroische Komödie als Vorspiel und Ergänzung zur Tragödie Siegfrieds Tod veröffentlichen wollte. Von meiner Idee mitgerissen, versuchte ich mir einzureden, dass dieses Stück leichter zu produzieren sein würde als das andere, ernstere und schrecklichere Drama. Mit diesem Gedanken im Kopf teilte ich Liszt mein Vorhaben mit und bot der Weimarer Direktion an, eine Partitur für den noch nicht geschriebenen „Jungen Siegfried" zu komponieren, wofür ich ihren Vorschlag, mir ein Jahresgehalt von fünfzehnhundert Mark zu gewähren, unbedingt annehmen würde. Sie stimmten diesem Vorschlag ohne Zögern zu, und ich bezog Quartier in der im Vorjahr von Karl Ritter geräumten Dachkammer, wo ich mir mit Hilfe von Schwefel und Maiblüten und in bester Laune vornahm, das Gedicht des „Jungen Siegfried" zu vollenden, wie es in meinem ursprünglichen Entwurf bereits umrissen war.

Ich muss nun einiges über die freundschaftlichen Beziehungen erzählen, die ich seit meiner Abreise aus Dresden mit Theodor Uhlig, dem jungen Musiker des bereits geschilderten Dresdner Orchesters, pflegte und die sich inzwischen zu einer wahrhaft fruchtbaren Verbindung entwickelt hatten. Sein unabhängiges und doch etwas unkultiviertes Wesen hatte sich in eine warme, fast grenzenlose Hingabe an mich verwandelt, die sowohl von Anteilnahme an meinem Schicksal als auch von gründlicher Kenntnis meiner Werke getragen war. Er hatte auch zu denen gehört, die nach Weimar gekommen waren, um meinen Lohengrin zu hören, und mir einen sehr ausführlichen Bericht über die Aufführung geschickt. Da der Leipziger Musikalienhändler Hartel meiner Bitte, den Lohengrin zu veröffentlichen, unter der Bedingung, dass ich keinen Anteil am Gewinn verlangen sollte, gern nachgekommen war, betraute ich Uhlig mit der Vorbereitung der Klavierbearbeitung. Aber es waren mehr die theoretischen Fragen, die in meinen Werken erörtert wurden, die das Hauptband bildeten, das uns durch einen ernsthaften Briefwechsel miteinander verband. Was mich an diesem Mann, den ich aufgrund seiner Ausbildung nur als Instrumentalisten betrachten konnte, besonders berührte, war, dass er mit klarem Verständnis und vollkommener Übereinstimmung genau jene Neigungen von mir erfasst hatte, die viele Musiker, die anscheinend eine höhere Bildung als er selbst besaßen, mit fast verzweifeltem Entsetzen als gefährlich für die orthodoxe Ausübung ihrer Kunst betrachteten. Er erwarb sich sofort die literarische Leichtigkeit, die notwendig war, um seine Übereinstimmung mit meinen Ansichten zum Ausdruck zu bringen, und lieferte dafür einen greifbaren Beweis in einer langen Abhandlung über „Instrumentalmusik", die in Kolatscheks deutscher Monatsschrift erschien. Er schickte mir auch eine weitere streng theoretische Arbeit über die „Struktur des musikalischen Themas und der Phrase". Darin zeigte er die Originalität seiner Ideen über Mozarts und Beethovens Methoden in einem Ausmaß, das nur durch die Gründlichkeit übertroffen wurde, mit der er die Frage gemeistert hatte, insbesondere dort, wo er ihre höchst charakteristischen Unterschiede diskutierte. Diese klare und erschöpfende Abhandlung schien mir hervorragend geeignet, die Grundlage für eine neue Theorie der höheren Kunst der musikalischen Phrasierung zu bilden, in der Beethovens dunkelste Konstruktion erklärt und zu einem verständlichen System ausgearbeitet werden konnte, das weitere Anwendung ermöglichen würde. Diese Abhandlungen lenkten die Aufmerksamkeit von Franz Brendel, dem scharfsinnigen Herausgeber der Neuen Zeitschrift für Musik, auf ihren brillanten jungen Autor. Er wurde von Brendel eingeladen, der Redaktion seiner Zeitung beizutreten, und es gelang ihm bald, die bisherige unentschlossene Haltung seines Chefs zu ändern. Da Brendels Ziele im Großen und Ganzen vollkommen ehrenhaft und ernst waren, wurde er schnell und endgültig dazu gebracht, jene Ansichten zu übernehmen, die von diesem Zeitpunkt an unter dem Titel „Neue Tendenz" in der Musikwelt für Aufsehen sorgten. Daraufhin fühlte ich mich gedrängt, seiner Zeitung einen epochalen Artikel zu diesem Thema beizusteuern. Mir war schon seit einiger Zeit aufgefallen, dass so übel klingende Schlagworte wie „jüdische Schnörkel" (Melismen), „Synagogenmusik" und dergleichen ohne Sinn und Verstand herumgeworfen wurden, außer dass sie sinnlosen Ärger zum Ausdruck brachten. Die so aufgeworfene Frage nach der Bedeutung des modernen Juden in der Musik veranlasste mich, den jüdischen Einfluss und die ihm eigenen Merkmale genauer zu untersuchen. Dies tat ich in einer langen Abhandlung über „Das Judentum in der Musik". Obwohl ich meine Identität als Autor nicht vor allen Fragen verbergen wollte, hielt ich es dennoch für ratsam, ein Pseudonym anzunehmen, damit mein sehr ernsthaft gemeintes Bemühen nicht zu einer rein persönlichen Angelegenheit degradiert und seine wahre Bedeutung dadurch vereitelt würde. Die Aufregung, ja die echte Bestürzung, die dieser Artikel hervorrief, ist mit keiner anderen ähnlichen Veröffentlichung vergleichbar. Die beispiellose Feindseligkeit, mit der ich bis heute von der gesamten europäischen Presse verfolgt werde, kann nur derjenige verstehen, der diesen Artikel und die furchtbare Aufregung, die er bei seiner Veröffentlichung verursachte, zur Kenntnis genommen hat. Man muss auch bedenken, dass fast alle Zeitungen Europas in den Händen von Juden sind. Abgesehen von diesen Tatsachen wäre es unmöglich, die uneingeschränkte Bitterkeit dieser anhaltenden Verfolgung zu verstehen, die sich nicht allein durch eine theoretische oder praktische Abneigung gegen meine Ansichten oder künstlerischen Werke erklären lässt. Die erste Folge des Artikels war ein Sturm, der über den armen Brendel hereinbrach, der völlig unschuldig war und sich seiner Straftat kaum bewusst war. Dieser entwickelte sich bald zu einer wilden Verfolgung, die nichts Geringeres als seinen Ruin zum Ziel hatte. Eine weitere unmittelbare Folge war, dass die wenigen Freunde, die Liszt dazu gebracht hatte, sich für mich auszusprechen, sich sofort in diskretes Schweigen flüchteten. Da es bald ratsam schien, im Interesse ihrer eigenen Produktion ihre Entfremdung von mir direkt zu bekunden, gingen die meisten von ihnen in die Reihen meiner Feinde über. Aber Uhlig klammerte sich um so fester an mich. Er stärkte Brendels schwächeren Durchhaltewillen und half ihm fortwährend mit Beiträgen für seine Zeitung, darunter tiefsinnige, andere witzige und sehr treffende. Er heftete sein Auge besonders auf einen meiner Hauptgegner, einen Mann namens Bischoff, den Hiller in Köln entdeckt hatte und der zuerst für mich und meine Freunde den Titel der Zukunftsmusiker erfand. Mit ihm geriet er in eine lange und etwas kurzweilige Kontroverse. Damit war der Grundstein für das Problem der sogenannten Zukunftsmusik gelegt, das zu einem europäischen Skandal werden sollte, obwohl Liszt den Titel schnell selbst mit gutmütigem Stolz annahm. Es ist wahr, dass ich diesen Namen in gewissem Maße im Titel meines Buches vorgeschlagen hatte: Kunstwerk der Zukunft; Aber zu einem Schlachtruf entwickelte es sich erst, als „Judaism in Music" die Schleusen des Zorns über mich und meine Freunde hereinbrechen ließ.

Mein Buch Oper und Drama erschien in der zweiten Hälfte dieses Jahres und trug natürlich, sofern es von den führenden Musikern der Zeit überhaupt zur Kenntnis genommen wurde, nur dazu bei, den Zorn, der gegen mich loderte, noch zu verstärken. Dieser Zorn nahm jedoch eher den Charakter von Verleumdung und Bosheit an, denn unsere Bewegung war inzwischen von einem großen Kenner dieser Dinge, Meyerbeer, auf ein klar definiertes

System reduziert worden, das er bis zu seinem bedauerlichen Tod mit sicherer Hand aufrechterhielt und praktizierte.

Uhlig war in der Anfangsphase des wütenden Aufruhrs gegen mich auf mein Buch Oper und Drama gestoßen. Ich hatte ihm das Originalmanuskript geschenkt, und da es schön rot gebunden war, kam ich auf die Idee, als Widmung die Worte „Rot, mein Freund, ist MEINE Theorie" hineinzuschreiben, im Gegensatz zu dem gotischen Sprichwort „Grau, mein Freund, ist alles Theorie". Dieses Geschenk löste einen erheiternden und höchst reizenden Briefwechsel mit meinem lebhaften und scharfsichtigen jungen Freund aus, den ich nach zwei langen Jahren der Trennung aufrichtig wiederzusehen wünschte. Es war für den armen Geiger, dessen Gehalt kaum dem eines Kammermusikers entsprach, nicht leicht, meiner Einladung nachzukommen. Aber er versuchte gern, alle Schwierigkeiten zu überwinden, und sagte, er würde Anfang Juli kommen. Ich beschloss, bis nach Rorschach am Bodensee zu fahren, um ihn zu treffen, damit wir einen Ausflug über die Alpen bis nach Zürich machen könnten. Ich machte einen angenehmen Umweg durch das Toggenburg, wie gewöhnlich zu Fuß. Auf diese Weise gelangte ich, heiter und erfrischt, nach St. Gallen, wo ich Karl Ritter aufsuchte, der seit Bülows Abreise in seltsamer Abgeschiedenheit allein dort geblieben war. Ich konnte den Grund seines Rückzugs erraten, obwohl er sagte, er habe sehr angenehme Beziehungen zu einem St. Galler Musiker namens Greitel gehabt, von dem ich nie wieder etwas gehört habe. Obwohl ich nach meinem langen Spaziergang sehr müde war, konnte ich es nicht unterlassen, das Manuskript meines Jungfer Siegfried, das ich gerade fertiggestellt hatte, dem schnellen und kritischen Urteil dieses intelligenten jungen Mannes vorzulegen, der es somit als erster hörte. Ich war über die Wirkung, die es auf ihn hatte, mehr als erfreut und überredete ihn in bester Stimmung, seinen seltsamen Rückzugsort aufzugeben und mit mir Uhlig zu treffen, damit wir alle drei über den Säntis zu einem langen und angenehmen Aufenthalt in Zürich gelangen könnten. Als ich meinen Gast beim ersten Anblick im vertrauten Hafen von Rorschach an Land brachte, erfüllte mich sofort die Sorge um seine Gesundheit, denn er offenbarte nur allzu deutlich seine Neigung zur Schwindsucht. Um ihn zu schonen, wollte ich auf die geplante Bergbesteigung verzichten, aber er protestierte eifrig, dass ihm diese Art der Bewegung an der frischen Luft nach der Plackerei seines elenden Geigenspiels nur guttun könne. Nachdem wir den kleinen Kanton Appenzell durchquert hatten, stand uns die keineswegs leichte Überquerung des Säntis bevor. Es war auch meine erste Erfahrung, im Sommer über ein ausgedehntes Schneefeld zu reisen. Nachdem wir die Hütte unseres Führers erreicht hatten, die auf einem schroffen Hang thront, wo wir uns mit äußerst karger Kost verwöhnten, mussten wir den hoch aufragenden und steilen Felsgipfel erklimmen, der den Gipfel des Berges bildet, der einige hundert Fuß über uns liegt. Hier verweigerte uns Karl plötzlich den Zutritt, und um ihn aus seiner Weichlichkeit zu reißen, musste ich den Führer zurückschicken, um ihn zu holen, der es auf unsere Bitte hin schaffte, ihn halb mit Gewalt mitzunehmen. Aber jetzt, da wir von Stein zu Stein die steile Klippe entlangklettern mussten, wurde mir bald klar, wie dumm es von mir gewesen war, Karl zu zwingen, an unserem gefährlichen Abenteuer teilzunehmen. Sein Schwindelgefühl machte ihn offensichtlich betäubt, denn er starrte vor sich hin, als könne er nichts sehen, und wir mussten ihn zwischen unseren Bergstöcken festhalten und jeden Moment damit rechnen, dass er zusammenbrechen und in den Abgrund stürzen würde. Als wir schließlich den Gipfel erreichten, sank er bewusstlos auf den Boden, und mir wurde jetzt völlig klar, was für eine schreckliche Verantwortung ich übernommen hatte, da der noch gefährlichere Abstieg noch vor mir lag. In einer Qual der Angst, die mich zwar meine eigene Gefahr völlig vergessen ließ, mir aber eine Vision meines jungen Freundes vermittelte, der zerschmettert auf den Felsen unten lag, erreichten wir schließlich sicher die Hütte des Führers. Da Uhlig und ich immer noch entschlossen waren, die steile Rückseite des Berges hinabzusteigen, was, wie uns der Führer mitteilte, nicht ungefährlich war, beschloss ich, den jungen Ritter in der Hütte zurückzulassen, da mir die unbeschreiblichen Qualen, die ich gerade seinetwegen erlitten hatte, eine Warnung gewesen waren. Hier sollte er auf die Rückkehr unseres Führers warten und in seiner Begleitung den nicht sehr gefährlichen Weg nehmen, auf dem wir gekommen waren. Wir trennten uns also, da er in Richtung Gallen zurückkehren sollte, während wir beide durch das schöne Toggenburgtal und am nächsten Tag über Rappersweil zum Zürichsee und so nach Hause wanderten. Erst viele Tage später beruhigte Karl unsere Sorgen um ihn, indem er in Zürich ankam. Er blieb kurze Zeit bei uns und reiste dann ab, wahrscheinlich um der Versuchung zu entgehen, noch mehr Bergsteigen zu unternehmen, was wir sicherlich geplant hatten. Ich hörte später von ihm, als er sich für einige Zeit in Stuttgart niedergelassen hatte, wo es ihm anscheinend gut ging. Er schloss bald große Freundschaft mit einem jungen Schauspieler und lebte in sehr vertrauter Beziehung zu ihm.

Ich war aufrichtig erfreut über den engen Umgang, den ich jetzt mit dem sanften jungen Dresdner Kammermusiker hatte, dessen männliche Charakterstärke und außergewöhnliche geistige Begabung ihn mir sehr sympathisch machten. Meine Frau sagte, sein lockiges goldenes Haar und seine strahlend blauen Augen ließen sie glauben, ein Engel sei gekommen, um bei uns zu bleiben. Seine Züge hatten für mich ein eigentümliches und, in Anbetracht seines Schicksals, rührendes Interesse, aufgrund seiner auffallenden Ähnlichkeit mit König Friedrich August von Sachsen, meinem früheren Gönner, der damals noch lebte und ein Gerücht zu bestätigen schien, das mich erreicht hatte, dass Uhlig sein leiblicher Sohn sei. Es war unterhaltsam, seine Neuigkeiten über Dresden und alles über das Theater und den Stand der Musik in dieser Stadt zu hören. Meine Opern, die einst ihr

Glanz gewesen waren, waren jetzt ganz aus dem Repertoire verschwunden. Er gab mir ein schönes Beispiel für die Meinung meiner verstorbenen Kollegen über mich, indem er den folgenden Vorfall erzählte. Als Kunst und Revolution und Kunstwerk der Zukunft auftauchten und unter ihnen diskutiert wurden, bemerkte einer von ihnen: „Ha! Er wird sich noch lange Sorgen machen müssen, bevor er wieder Dirigent vor seinen Namen schreiben kann." Um den Fortschritt in der Musik zu illustrieren, erzählte er, wie Reissiger sich aus einem plötzlichen Dilemma befreit hatte, als er einmal Beethovens Symphonie in A-Dur dirigieren musste, die ich zuvor aufgeführt hatte. Beethoven markiert bekanntlich das große Finale des letzten Satzes mit einem langgezogenen Forte, das er lediglich durch ein sempre piu forte steigert. An dieser Stelle hatte Reissiger, der die Symphonie vor mir dirigiert hatte, in der Annahme, die Gelegenheit sei günstig, ein Piano eingesetzt, um zumindest ein wirksames Crescendo zu erreichen. Dies hatte ich natürlich ignoriert und das Orchester angewiesen, die ganze Zeit mit voller Kraft zu spielen. Nun, da die Leitung dieses Werks wieder in die Hände meines Vorgängers gefallen war, fiel es ihm schwer, sein unglückliches Piano wieder einzusetzen; da er jedoch das Gefühl hatte, seine Autorität retten zu müssen, die kompromittiert worden war, erließ er die Regel, dass Mezzoforte statt Forte gespielt werden sollte.

Die schmerzlichste Nachricht aber, die er mir gab, war die völlige Vernachlässigung meiner unglücklichen Opernveröffentlichungen in den Händen des Hofmusikalienhändlers Meser, der sich, da er sah, daß immer wieder Geld ausgezahlt werden mußte, aber nichts einging, als ein Opferlamm betrachtete, das ich zur Schlachtbank gelockt hatte. Doch verweigerte er hartnäckig jede Einsicht in seine Bücher, indem er behauptete, er schütze damit mein Eigentum, da mir sonst alles, was ich besaß, gleich weggenommen worden sei. Ein angenehmeres Thema als dieses war Lohengrin. Mein Freund hatte die Klavierbearbeitung abgeschlossen und war bereits mit der Korrektur der Stichfahnen beschäftigt.

Durch seine enthusiastische Befürwortung der Wasserkur gewann Uhlig noch in anderer Hinsicht einen Einfluss auf mich, der von Dauer war. Er brachte mir ein Buch über dieses Thema von einem gewissen Rausse, das mir sehr gefiel, besonders durch seine radikalen, etwas Feuerbachschen Grundsätze. Seine kühne Ablehnung der gesamten Medizin mit all ihren Quacksalbereien, verbunden mit seiner Befürwortung der einfachsten Naturprozesse durch eine planmäßige Anwendung des stärkenden und erfrischenden Wassers, gewannen schnell meine glühende Anhängerschaft. Er behauptete z. B., dass jede echte Medizin nur insoweit auf unseren Organismus wirken könne, als sie Gift sei und daher von unserem System nicht aufgenommen werde; und er wies außerdem nach, dass Menschen, die durch die fortwährende Einnahme von Medikamenten geschwächt worden waren, von dem berühmten Priesnitz geheilt worden waren, der das in ihren Körpern enthaltene Gift wirksam durch die Haut ausgetrieben hatte. Ich dachte natürlich an die unangenehmen Schwefelbäder, die ich im Frühjahr genommen hatte und denen ich meine chronische und schwere Reizbarkeit zuschrieb. Damit lag ich wahrscheinlich nicht ganz falsch. Noch lange danach bemühte ich mich, dieses und alle anderen Gifte, die ich im Laufe der Zeit aufgenommen haben mochte, auszuscheiden und durch eine ausschließliche Wasserkur meinen ursprünglichen Gesundheitszustand wiederherzustellen. Uhlig behauptete, er sei durch gewissenhaftes Durchhalten einer Wasserkur vollkommen davon überzeugt, seine körperliche Gesundheit vollständig wiederherstellen zu können, und auch mein Glaube daran wuchs täglich.

Ende Juli brachen wir zu einer Exkursion durch die Mittelschweiz auf. Von Brunnen am Vierwaldstättersee aus fuhren wir über Beckenried nach Engelberg, von wo aus wir das wilde Surenen-Eck überquerten und dabei lernten, ziemlich leicht über den Schnee zu gleiten. Beim Überqueren eines angeschwollenen Gebirgsbaches hatte Uhlig jedoch das Unglück, ins Wasser zu fallen. Um meine Beunruhigung über ihn zu beruhigen, rief er sofort aus, dies sei eine sehr gute Art, die Wasserkur durchzuführen. Er machte kein Aufhebens um das Trocknen seiner Kleider, sondern breitete sie einfach in der Sonne aus und spazierte in der Zwischenzeit ruhig im Freien umher, in einem Zustand der Natur, und beteuerte, diese neuartige Form der Bewegung würde ihm gut tun. Wir verbrachten die Pause damit, das wichtige Problem der Themenkonstruktion Beethovens zu diskutieren, bis ich ihm scherzhaft erzählte, ich könne den Dresdner Rat Carns mit einer Gruppe hinter ihm herkommen sehen, was ihn für einen Moment ziemlich erschreckte. So erreichten wir leichten Herzens das Reusstal bei Attinghausen, wanderten abends weiter bis nach Amsteg und besuchten am nächsten Morgen trotz unserer großen Müdigkeit sogleich das Madrantal. Dort bestiegen wir den Hufigletscher, von wo aus wir eine herrliche Aussicht auf ein eindrucksvolles Bergpanorama genossen, das hier durch die Todykette begrenzt wird. Wir kehrten am gleichen Tage nach Amsteg zurück, und da wir beide völlig ermüdet waren, riet ich meinem Begleiter von der für den nächsten Tag geplanten Besteigung des Klausenpasses ins Schachental ab und überredete ihn, den leichteren Heimweg über Flüelen zu wählen. Als mein junger Freund, der immer ruhig und sehr bedächtig in seinem Benehmen war, Anfang August die Rückreise nach Dresden antrat, konnte ich bei ihm keinerlei Anzeichen von Erschöpfung feststellen. Er hoffte, bei seiner Ankunft die schwere Bürde des Lebens ein wenig zu erleichtern, indem er die Leitung der Zwischenaktmusik im Theater übernahm, die er künstlerisch gestalten wollte, und sich so von dem bedrückenden und demoralisierenden Dienst der Oper befreien wollte. Mit aufrichtigem Kummer begleitete ich ihn zur Postkutsche, und auch ihn schien eine plötzliche Vorahnung zu befallen. Tatsächlich war dies das letzte Mal, dass wir uns begegneten.

Vorläufig führten wir jedoch einen regen Briefwechsel, und da seine Mitteilungen stets angenehm und unterhaltsam waren und lange Zeit fast meine einzige Verbindung zur Außenwelt darstellten, bat ich ihn, mir so oft wie möglich lange Briefe zu schreiben. Da das Porto damals teuer war und umfangreiche Briefe unsere Taschen stark belasteten, kam Uhlig auf die geniale Idee, für unsere Korrespondenz die Paketpost zu verwenden. Da auf diese Weise nur Pakete von einem bestimmten Gewicht verschickt werden konnten, hatte eine deutsche Übersetzung von Beaumarchais' Figaro, von der Uhlig ein altes Exemplar besaß, die einzigartige Bestimmung, als Ballast für unsere Briefe hin und her zu dienen. Jedes Mal, wenn unsere Briefe die erforderliche Länge erreicht hatten, kündigten wir sie daher mit den Worten an: „Figaro bringt heute Nachrichten."

Uhlig fand inzwischen viel Freude an der „Mittheilung an meine Freunde", die ich unmittelbar nach unserer Trennung als Vorwort zu einer Ausgabe meiner drei Opern, dem „Fliegenden Holländer", „Tannhäuser" und „Lohengrin", schrieb. Er war auch amüsiert zu hören, dass Hartel, der das Buch gegen Zahlung von zehn Louisdor zur Veröffentlichung angenommen hatte , so heftig gegen bestimmte Passagen in diesem Vorwort protestierte, die seine Orthodoxie und seine politischen Gefühle verletzten, dass ich ernsthaft erwog, das Buch an einen anderen Verlag zu geben. Er überredete mich jedoch schließlich, nachzugeben, und ich beruhigte sein zartes Gewissen durch ein paar unbedeutende Änderungen.

Mit dieser ausführlichen Vorrede, die mich den ganzen August beschäftigt hatte, hoffte ich, meine Ausflüge in die Literatur ein für alle Mal zu beenden. Sobald ich jedoch ernsthaft daran dachte, die für Weimar versprochene Komposition des „Jungen Siegfried" in Angriff zu nehmen, befielen mich bedrückende Zweifel, die fast einem regelrechten Widerstreben gegen diese Arbeit gleichkamen. Da ich den Grund dieser Niedergeschlagenheit nicht klar erkennen konnte, schloss ich, dass sie in meinem Gesundheitszustande liege, und beschloss, eines Tages meine Theorien über die Vorzüge einer Wasserkur in die Tat umzusetzen, die ich immer mit großer Begeisterung vertreten hatte. Ich erkundigte mich nach einer benachbarten Wasserheilanstalt und teilte meiner Frau mit, dass ich nach Albisbrunnen fahren würde, das etwa fünf Kilometer von unserem Wohnsitz entfernt lag. Es war damals etwa Mitte September, und ich hatte mir vorgenommen, nicht eher zurückzukehren, als bis ich völlig genesen wäre.

Minna war ganz erschrocken, als ich meine Absicht bekannt gab, und betrachtete es als einen weiteren Versuch meinerseits, mein Zuhause zu verlassen. Ich bat sie jedoch, sich während meiner Abwesenheit der Aufgabe zu widmen, unsere neue Wohnung so komfortabel wie möglich einzurichten und einzurichten. Diese war zwar klein, befand sich aber praktischerweise im Erdgeschoss des Vordern Escher Hauser im Zeltweg. Wir hatten beschlossen, in die Stadt zurückzukehren, da die Lage unserer derzeitigen Unterkunft, insbesondere im Winter, sehr ungünstig war. Natürlich waren alle erstaunt über die Idee, dass ich so spät in der Saison eine Wasserkur machen sollte. Trotzdem gelang es mir bald, einen Mitpatienten zu gewinnen. Ich hatte nicht das Glück, Herwegh zu bekommen, aber das Schicksal war gnädig und schickte mir Hermann Müller, einen ehemaligen Leutnant der sächsischen Garde und einen ehemaligen Liebhaber von Schröder-Devrient, der sich als äußerst fröhlicher und angenehmer Gefährte erwies. Es war ihm unmöglich geworden, seine Stellung in der sächsischen Armee zu behaupten, und obwohl er nicht gerade ein politischer Flüchtling war, war ihm in Deutschland jede Karriere verschlossen, und doch begegnete ihm die ganze Hochachtung eines verbannten Patrioten, als er in die Schweiz kam, um einen Neuanfang im Leben zu versuchen. Wir hatten uns in meinen frühen Dresdener Tagen oft gesehen, und er fühlte sich bald in meinem Haus zu Hause, wo meine Frau ihn stets herzlich willkommen hieß. Ich überredete ihn leicht, mir bald nach Albisbrunnen zu folgen, um sich einer gründlichen Behandlung eines Gebrechens zu unterziehen, an dem er litt. Ich richtete mich dort so bequem wie möglich ein und freute mich auf hervorragende Ergebnisse. Die Kur selbst wurde in der üblichen oberflächlichen Weise von einem Dr. Brunner überwacht, den meine Frau bei einem ihrer Besuche an diesem Ort sofort den „Wasserjuden" taufte und den sie von ganzem Herzen verabscheute. Früh um fünf Uhr morgens wurde ich eingewickelt und mehrere Stunden lang in einem Zustand des Schwitzens gehalten; danach wurde ich in ein eiskaltes Bad mit einer Temperatur von nur vier Grad getaucht; dann musste ich einen flotten Spaziergang machen, um meinen Kreislauf in der frostigen Luft des Spätherbstes wieder in Gang zu bringen. Außerdem wurde ich auf Wasserdiät gesetzt; Wein, Kaffee oder Tee waren nicht erlaubt; und diese Diät, in der trostlosen Gesellschaft von lauter Unheilbaren, mit langweiligen Abenden, die nur durch verzweifelte Versuche, Whist zu spielen, aufgelockert wurden, und dem Verbot jeglicher geistiger Beschäftigung, führte zu Reizbarkeit und überreizten Nerven. Ich führte dieses Leben neun Wochen lang, aber ich war entschlossen, nicht aufzugeben, bis ich spürte, dass jede Art von Droge oder Gift, die ich jemals in meinen Körper aufgenommen hatte, an die Oberfläche gekommen war. Da ich Wein für äußerst gefährlich hielt, nahm ich an, dass mein Körper noch viele nicht assimilierte Substanzen enthielt, die ich bei verschiedenen Abendessen bei Sulzer aufgenommen hatte und die in starkem Schweiß verdunsten mussten. Dieses entbehrungsreiche Leben, das ich in kläglich mit gewöhnlichem Holz und den üblichen rustikalen Annehmlichkeiten einer Schweizer Pension ausgestatteten Räumen führte, weckte in mir dagegen eine unüberwindliche Sehnsucht nach einem gemütlichen und behaglichen Heim, ja, im Laufe des Jahres wurde diese Sehnsucht zu einem leidenschaftlichen Verlangen. Meine Phantasie malte sich immer wieder aus, wie und in welchem Stil ein Haus oder eine Wohnung eingerichtet und gestaltet sein müsse, um meinen Geist angenehm frei für künstlerisches Schaffen zu halten.

Zu dieser Zeit zeigten sich Anzeichen einer möglichen Besserung meiner Lage. Karl Ritter schrieb mir zu seinem Unglück aus Stuttgart, während ich im Hydro war, und beschrieb mir seine eigenen privaten Versuche, die Vorteile einer Wasserkur zu nutzen – nicht durch Bäder, sondern durch das Trinken großer Mengen Wasser. Ich hatte herausgefunden, dass es äußerst gefährlich war, große Mengen Wasser zu trinken, ohne sich der übrigen Behandlung zu unterziehen, und so flehte ich Karl an, sich der üblichen Kur zu unterziehen, keine weibische Angst vor Entbehrungen zu haben und sofort nach Albisbrunnen zu kommen. Er nahm mich beim Wort und traf zu meiner großen Freude in wenigen Tagen in Albisbrunnen ein. Theoretisch war er von der Wasserheilkunde begeistert, aber in der Praxis widersprach er ihr bald; und er verurteilte die Verwendung kalter Milch als unverdaulich und gegen die Gebote der Natur, da Muttermilch immer warm sei. Er fand die kalten Packungen und die kalten Bäder zu aufregend und zog es vor, sich hinter dem Rücken des Arztes auf bequeme und angenehme Weise zu behandeln. Bald entdeckte er im Nachbardorf eine elende Konditorei, und als man ihn dabei ertappte, wie er heimlich billiges Gebäck kaufte, wurde er sehr wütend. Er fühlte sich bald vollkommen unglücklich und wäre gern geflohen, hätte ihn nicht ein gewisses Ehrgefühl daran gehindert. Hier erreichte ihn die Nachricht vom plötzlichen Tod eines reichen Onkels, der jedem Mitglied von Karls Familie ein beträchtliches Vermögen hinterlassen hatte. Seine Mutter, die ihm und mir von der Verbesserung ihrer Lage erzählte, erklärte, sie könne mir nun das Einkommen zusichern, das mir die beiden Familien Laussot und Ritter vor einiger Zeit angeboten hatten. So erhielt ich ein Jahreseinkommen von zweitausendvierhundert Mark, solange ich es brauchte, und wurde Teilhaber der Familie Ritter.

Diese glückliche und ermutigende Wendung der Ereignisse veranlasste mich, meinen ursprünglichen Entwurf der Nibelungen zu vollenden und ihn in unseren Theatern aufzuführen, ohne Rücksicht auf die Durchführbarkeit der einzelnen Teile. Um dies zu tun, fühlte ich, dass ich mich von allen Verpflichtungen gegenüber der Weimarer Theaterleitung befreien musste. Ich hatte bereits sechshundert Mark Gehalt aus dieser Quelle bezogen, aber Karl war entzückt, mir diese Summe zur Verfügung zu stellen, damit ich sie zurückzahlen konnte. Ich schickte das Geld mit einem Brief nach Weimar zurück, in dem ich der Direktion meine größte Dankbarkeit für ihr Verhalten mir gegenüber ausdrückte, und schrieb gleichzeitig an Liszt, in dem ich ihm die genauesten Einzelheiten meines großen Plans mitteilte und erklärte, wie sehr ich mich verpflichtet fühlte, ihn auszuführen.

Liszt antwortete mir, wie sehr er sich freute, dass ich nun in der Lage war, ein so bemerkenswertes Werk in Angriff zu nehmen, das er schon allein wegen seiner überraschenden Originalität für in jeder Hinsicht meiner würdig hielt. Endlich konnte ich aufatmen, denn ich hatte immer geglaubt, dass es bloße Selbsttäuschung meinerseits war, zu behaupten, dass es möglich sei, den „Jungen Siegfried" mit den beschränkten Mitteln selbst des besten deutschen Theaters aufzuführen.

Die Wasserkur und die Wasserheilanstalt wurden mir immer widerwärtiger; ich sehnte mich nach meiner Arbeit, und der Wunsch, sie wieder aufzunehmen, machte mich ganz krank. Ich versuchte hartnäckig, mir zu verheimlichen, daß der Zweck meiner Kur völlig verfehlt war; ja, sie hatte mir mehr geschadet als genützt, denn obwohl die bösen Absonderungen nicht wiederkamen, schien mein ganzer Körper entsetzlich abgemagert. Ich glaubte, ich hätte genug von der Kur gehabt und tröstete mich mit der Hoffnung, daß sie mir in Zukunft Nutzen bringen würde. So verließ ich denn Ende November die Wasserheilanstalt. Müller sollte mir in einigen Tagen folgen, aber Karl, der konsequent sein wollte, war entschlossen, so lange zu bleiben, bis er bei sich selbst einen ähnlichen Erfolg wahrnahm, wie ich ihn erfahren hatte oder vorgab erfahren zu haben. Die Art und Weise, wie Minna unsere neue kleine Wohnung in Zürich eingerichtet hatte, gefiel mir sehr. Sie hatte einen großen und luxuriösen Diwan, mehrere Teppiche für den Boden und verschiedene kleine, zierliche Luxusartikel gekauft, und im Hinterzimmer war mein Schreibtisch aus gewöhnlichem Tannenholz mit einer grünen Tischdecke bedeckt und mit weichen grünen Seidenvorhängen behangen, was meine Freunde alle ungemein bewunderten. Dieser Tisch, an dem ich ständig arbeitete, reiste mit mir nach Paris, und als ich diese Stadt verließ, schenkte ich ihn Blandine Ollivier, Liszts ältester Tochter, die ihn in das kleine Landhaus in St. Tropez bringen ließ, das ihrem Mann gehörte, wo er, glaube ich, bis heute steht. Ich war sehr froh, meine Zürcher Freunde in meinem neuen Zuhause zu empfangen, das so viel günstiger gelegen war als mein früheres; nur verdarb ich mir meine Gastfreundschaft lange Zeit durch meine fanatische Agitation für eine Wasserdiät und meine Polemik gegen die Übel des Weins und anderer berauschender Getränke. Ich nahm eine Art von Religion an, die mir fast wie eine neue erschien: Als ich von Sulzer und Herwegh – letzterer war stolz auf seine Kenntnisse in Chemie und Physiologie – über die Absurdität von Rausses Theorie der giftigen Eigenschaften des Weins in die Enge getrieben wurde, fand ich Zuflucht in dem moralischen und ästhetischen Motiv, das mich den Genuss des Weins als einen bösen und barbarischen Ersatz für den ekstatischen Geisteszustand betrachten ließ, den nur die Liebe hervorrufen sollte. Ich behauptete, dass

Wein, auch wenn er nicht im Übermaß genossen wird, Eigenschaften besitzt, die einen Rauschzustand hervorrufen, den ein Mann sucht, um seine Stimmung zu heben, dass aber nur derjenige, der den Rausch der Liebe erlebt, seine Stimmung im edelsten Sinne des Wortes heben kann. Dies führte zu einer Diskussion über die modernen Beziehungen der Geschlechter, woraufhin ich die fast brutale Art und Weise kommentierte, in der sich Männer in der Schweiz von Frauen fernhielten. Sulzer sagte, er hätte überhaupt nichts gegen den Rausch einzuwenden, der durch den Verkehr mit Frauen entsteht, aber seiner Meinung nach liege die Schwierigkeit darin, diesen mit fairen Mitteln zu erreichen. Herwegh war geneigt, meinem Paradox zuzustimmen, bemerkte jedoch, dass Wein damit überhaupt nichts zu tun hatte, sondern einfach ein ausgezeichnetes und stärkendes Nahrungsmittel war, das laut Anakreon sehr gut mit der Ekstase der Liebe harmonierte. Als meine Freunde mich und meinen Zustand genauer studierten, hatten sie das Gefühl, dass sie Grund hatten, sich über meine törichten und hartnäckigen Extravaganzen große Sorgen zu machen. Ich sah schrecklich blass und dünn aus; ich schlief kaum und verriet bei allem, was ich tat, eine seltsame Erregung. Obwohl ich schließlich fast völlig den Schlaf verlor, tat ich immer noch so, als wäre ich noch nie in meinem Leben so gut oder so fröhlich gewesen, und ich nahm an den kältesten Wintermorgen weiterhin meine kalten Bäder und plagte meine Frau zu Tode, indem sie mir mit einer Laterne den Weg zum vorgeschriebenen Morgenspaziergang zeigen musste.

In diesem Zustand befand ich mich, als die gedruckten Exemplare von Oper und Drama bei mir eintrafen, und ich verschlang sie mit exzentrischer Freude mehr, als dass ich sie las. Ich glaube, diese maßlose Aufregung war das freudige Bewusstsein, mir jetzt sagen und zur Zufriedenheit aller und sogar Minnas beweisen zu können, dass ich mich endlich vollständig von meiner verhassten Karriere als Dirigent und Opernkomponist befreit hatte. Niemand hatte das Recht, die Forderungen an mich zu stellen, die mich vor zwei Jahren so unglücklich gemacht hatten. Das Einkommen, das mir die Ritters lebenslang zugesichert hatten und das mir absolute Freiheit geben sollte, trug ebenfalls zu meiner gegenwärtigen Gemütsverfassung bei und gab mir Vertrauen in alles, was ich unternahm. Obwohl meine Pläne für die Gegenwart dank der Gleichgültigkeit eines unkünstlerischen Publikums jede Möglichkeit der Verwirklichung auszuschließen schienen, konnte ich doch innerlich den Gedanken nicht unterdrücken, dass ich mich nicht für immer nur mit dem Papier befassen würde, auf dem ich schrieb. Ich erwartete, dass in Kürze eine große Reaktion in Bezug auf das Publikum und alles, was mit unserem sozialen Leben zusammenhing, einsetzen würde, und ich glaubte, dass in meiner kühn geplanten Arbeit genau das richtige Material lag, um den veränderten Bedingungen und wirklichen Bedürfnissen des neuen Publikums, dessen Verhältnis zur Kunst völlig verändert sein würde, das zu bieten, was erforderlich war. Da diese kühnen Erwartungen in meinem Kopf infolge meiner Beobachtungen des Zustands der Gesellschaft im Allgemeinen entstanden waren, konnte ich meinen Freunden natürlich nicht viel darüber sagen. Ich hatte die Bedeutung des allgemeinen Zusammenbruchs der politischen Bewegungen nicht missverstanden, fühlte aber, dass ihre wirkliche Schwäche in dem unzureichenden, wenn auch aufrichtigen Ausdruck ihrer Sache lag und dass die soziale Bewegung, weit davon entfernt, durch ihre politische Niederlage an Boden zu verlieren, im Gegenteil an Energie und Expansion gewonnen hatte. Ich stützte meine Meinung auf die Erfahrungen, die ich während meines letzten Besuchs in Paris gemacht hatte, als ich unter anderem an einer politischen Versammlung der sogenannten sozialdemokratischen Partei teilgenommen hatte. Ihr allgemeines Verhalten machte einen großen Eindruck auf mich; die Versammlung fand in einem provisorischen Saal namens Salle de la Fraternite im Faubourg St. Denis statt; sechstausend Männer waren anwesend, und ihr Verhalten, weit entfernt von Lärm und Tumult, erfüllte mich mit einem Gefühl der konzentrierten Energie und Hoffnung dieser neuen Partei. Die Reden der wichtigsten Redner der äußersten Linken der Nationalversammlung überraschten mich durch ihre rednerischen Höhenflüge sowie durch ihr offensichtliches Vertrauen in die Zukunft. Da diese extreme Partei sich allmählich gegen alles erstarkte, was die damals an der Macht befindliche reaktionäre Partei tat, und alle alten Liberalen sich diesen Sozialdemokraten öffentlich angeschlossen und ihr Wahlprogramm angenommen hatten, war es leicht zu erkennen, dass sie in Paris auf jeden Fall bei den bevorstehenden Wahlen für das Jahr 1852 und insbesondere bei der Ernennung des Präsidenten der Republik eine entschiedene Mehrheit haben würden. Meine eigene Meinung darüber wurde von ganz Frankreich geteilt, und es schien, dass das Jahr 1852 dazu bestimmt war, Zeuge einer sehr wichtigen Reaktion zu werden, die natürlich von der anderen Partei gefürchtet wurde, die der nahenden Katastrophe mit großer Besorgnis entgegensah. Der Zustand der anderen europäischen Staaten, die jeden lobenswerten Impuls mit brutaler Dummheit unterdrückten, überzeugte mich davon, dass dieser Zustand auch anderswo nicht lange anhalten würde, und alle schienen der Entscheidung des nächsten Jahres mit großen Erwartungen entgegenzusehen.

Ich hatte mit meinem Freund Uhlig die allgemeine Lage und die Wirksamkeit der Wasserkur besprochen; er war gerade frisch von den Orchesterproben im Dresdner Theater nach Hause gekommen und fand es sehr schwierig, einer drastischen Veränderung der menschlichen Verhältnisse zuzustimmen oder daran zu glauben. Er versicherte mir, ich könne mir nicht vorstellen, wie elend und gemein die Menschen im Allgemeinen seien, aber ich konnte ihn glauben machen, das Jahr 1852 werde mit großen und wichtigen Ereignissen verbunden sein. Unsere Ansichten zu diesem Thema wurden in der Korrespondenz ausgedrückt, die Figaro erneut eifrig weiterleitete.

Wenn wir uns über Gemeinheiten oder Missstände zu beklagen hatten, erinnerte ich ihn stets an dieses schicksals- und hoffnungsvolle Jahr und gab ihm zugleich zu verstehen, dass wir der Zeit des großen „Umbruchs" am besten ganz gelassen entgegensehen sollten, denn erst dann, wenn niemand mehr weiter weiß, können wir eingreifen und etwas anfangen.

Ich kann kaum ausdrücken, wie tief und fest diese Hoffnung von mir Besitz ergriffen hatte, und ich kann all meine zuversichtlichen Meinungen und Erklärungen nur der zunehmenden Erregung meiner Nerven zuschreiben. Die Nachricht vom Staatsstreich vom 2. Dezember in Paris erschien mir absolut unglaublich, und ich glaubte, die Welt würde mit Sicherheit untergehen. Als sich die Nachricht bestätigte und Ereignisse, von denen niemand glaubte, dass sie jemals eintreten könnten, offenbar eingetreten waren und wahrscheinlich von Dauer waren, gab ich die ganze Sache wie ein Rätsel auf, dessen Enträtselung ich nicht lösen konnte, und wandte mich angewidert von der Betrachtung dieser rätselhaften Welt ab. Als spielerische Erinnerung an unsere Hoffnungen des Jahres 1852 schlug ich Uhlig vor, dass wir in unserer Korrespondenz während dieses Jahres seine Existenz ignorieren und unsere Briefe auf Dezember 1851 datieren sollten, wodurch dieser besagte Monat Dezember von ewiger Dauer zu sein schien.

Bald darauf überkam mich eine außerordentliche Depression, in der die Enttäuschung über die politische Wende und die Reaktion auf meine übertriebene Wasserkur meine Gesundheit beinahe ruinierten. Ich erlebte die triumphale Rückkehr all der enttäuschenden Anzeichen einer Reaktion, die jedes hohe Ideal aus dem intellektuellen Leben verbannte und von der ich gehofft hatte, dass die Erschütterungen und Gärungen der letzten Jahre uns für immer befreit hätten. Ich prophezeite, dass die Zeit nahte, in der wir intellektuell so arm sein würden, dass das Erscheinen eines neuen Buches aus der Feder Heinrich Heines eine ziemliche Sensation auslösen würde. Als kurze Zeit später der Romancero aus der Feder dieses fast völlig in Vergessenheit geratenen Dichters erschien und von den Zeitungskritikern sehr gut rezensiert wurde, lachte ich laut; tatsächlich gehöre ich wohl zu den ganz wenigen Deutschen, die dieses Buch, dem übrigens ein großer Wert nachgesagt wird, noch nie auch nur angeschaut haben.

Ich war nun gezwungen, meinem körperlichen Zustand große Aufmerksamkeit zu schenken, da er mir viel Anlass zur Sorge gab und eine völlige Änderung meiner Methoden erforderlich machte. Ich führte diese Änderung sehr allmählich und mit der Mitwirkung meiner Freunde ein. Mein Bekanntenkreis hatte sich in diesem Winter erheblich erweitert, obwohl Karl Ritter, der eine Woche nach meiner Abreise aus Albisbrunnen geflohen war und versucht hatte, sich in unserer Nachbarschaft niederzulassen, nach Dresden floh, da er Zürich für seinen jugendlichen Geist viel zu langsam fand. Eine gewisse Familie namens Wesendonck, die sich kurz zuvor in Zürich niedergelassen hatte, suchte meine Bekanntschaft und nahm ihren Wohnsitz in derselben Wohnung im Hintern Escherhäuser, in der ich gewohnt hatte, als ich zum ersten Mal nach Zürich kam. Sie hatten die Wohnung dort auf Empfehlung des berühmten Marschalls von Bieberstein bezogen, der infolge der Revolution in Dresden nach mir eingezogen war. Ich erinnere mich, dass ich am Abend einer Party dort in einer Diskussion mit Professor Osenbruck unbändige Erregung zeigte. Ich quälte ihn während des gesamten Abendessens mit meinen hartnäckigen Widersprüchen derart, dass er mich regelrecht verabscheute und danach sorgfältig den Kontakt mit mir vermied.

Die Bekanntschaft mit den Wesendoncks verschaffte mir den Zutritt zu einem entzückenden Heim, das in puncto Komfort einen großen Kontrast zu den üblichen Häusern in Zürich bildete. Herr Otto Wesendonck, der ein paar Jahre jünger war als ich, hatte durch eine Partnerschaft in einem Seidengeschäft in New York ein beträchtliches Vermögen angehäuft und schien alle seine Pläne den Wünschen der jungen Frau unterzuordnen, die er einige Jahre zuvor geheiratet hatte. Sie stammten beide vom Niederrhein und waren, wie alle Bewohner dieser Gegenden, blond. Da er gezwungen war, seinen Wohnsitz in einem Teil Europas zu nehmen, der für die Förderung seines Geschäfts in New York günstig lag, zog er Zürich, vermutlich wegen seines deutschen Charakters, Lyon vor. Im vergangenen Winter hatten sie beide die Aufführung einer Symphonie von Beethoven unter meiner Leitung besucht, und da sie wussten, welche Sensation diese Aufführung in Zürich hervorgerufen hatte, dachten sie, es wäre wünschenswert, mich in ihren Freundeskreis aufzunehmen.

Etwa zu dieser Zeit wurde ich überredet, die Leitung des erweiterten Orchesters zu übernehmen, im Hinblick auf die Aufführung einiger musikalischer Meisterwerke bei drei Konzerten, die Anfang des neuen Jahres unter der Schirmherrschaft der Societe Musicale und zu im Voraus vereinbarten Bedingungen stattfinden sollten.

Bei einer dieser Gelegenheiten bereitete es mir ein großes Vergnügen, Egmont eine hervorragende Aufführung von Beethovens Musik zu dirigieren. Da Herwegh so begierig darauf war, etwas von meiner eigenen Musik zu hören, gab ich ihm die Ouvertüre zum Tannhäuser, wie ich ihm sagte, ganz zu seinem Vergnügen, und bereitete als Leitfaden ein beschreibendes Programm vor. Es gelang mir auch, die Ouvertüre zum Coriolanus, zu der ich auch ein erklärendes Programm geschrieben hatte, ausgezeichnet wiederzugeben. All dies wurde von meinen Freunden mit so viel Sympathie und Begeisterung aufgenommen, dass ich mich veranlasst sah, der Bitte von Lowe nachzukommen, der damals Direktor des Theaters war und mich bat, den Fliegenden Holländer aufzuführen. Um meiner Freunde willen willigte ich ein, mit der Operngesellschaft in Verhandlungen einzutreten, ein Unterfangen, das, obwohl es nur sehr kurze Zeit dauerte, äußerst verwerflich war. Freilich beseelten mich auch menschliche Erwägungen, denn die Aufführung war zugunsten von Schöneck, einem jungen Dirigenten, dessen wahres Talent für seine Kunst mich völlig für sich gewonnen hatte.

Die Anstrengungen, die mich dieser ungewohnte Ausflug in die Regionen der Opernproben usw. kostete, trugen sehr zu meinem überreizten Nervenzustand bei, und ich war genötigt, trotz aller tief verwurzelten Vorurteile gegen Ärzte, mir selbst zu misstrauen und mich gemäß der besonderen Empfehlung der Wesendoncks in die Hände von Dr. Rahn-Escher zu begeben, dem es durch seine sanfte und beruhigende Art nach einiger Zeit gelang, mich in einen gesünderen Zustand zu versetzen.

Ich sehnte mich danach, wieder so weit gesund zu werden, daß ich die Vollendung meines Nibelungenkomponisten in Angriff nehmen konnte. Ehe ich aber den Mut aufbringen konnte, damit anzufangen, dachte ich, ich wollte das Frühjahr abwarten und beschäftigte mich in der Zwischenzeit mit einigen Kleinigkeiten, unter anderem mit einem Brief an Liszt über die Gründung einer Goethe-Stiftung, in dem ich meine Gedanken über die Notwendigkeit der Gründung eines Deutschen Nationaltheaters darlegte, sowie mit einem zweiten Brief an Franz Brendel über die Gedankengänge, die meiner Meinung nach bei der Gründung einer neuen Musikzeitschrift aufgegriffen werden sollten.

Ich erinnere mich an einen Besuch von Henri Vieuxtemps zu dieser Zeit, der mit Belloni nach Zürich kam, um ein Abendkonzert zu geben, und mich und meine Freunde erneut mit seinem Geigenspiel begeisterte.

Mit dem nahenden Frühling wurde ich durch den Besuch von Hermann Franck angenehm überrascht, mit dem ich, seit ich ihn aus den Augen verloren hatte, ein interessantes Gespräch über den allgemeinen Verlauf der Ereignisse führte.

In seiner ruhigen Art äußerte er sein Erstaunen über die enthusiastische Art, mit der ich in die Dresdner Revolution verwickelt worden war. Da ich seine Bemerkung völlig missverstand, erklärte er, er halte mich für alles für enthusiastisch, könne mir aber kaum zutrauen, dass ich mich an so etwas Dummem wie so banalen Angelegenheiten ernsthaft beteiligt hätte. Jetzt erfuhr ich zum ersten Mal, wie die vorherrschende Meinung über diese vielgeschmähten Vorgänge in Deutschland war, und ich war in der Lage, meinen armen, als Feigling gebrandmarkten Freund Rockel in Schutz zu nehmen und nicht nur sein Verhalten, sondern auch mein eigenes in ein anderes Licht zu rücken, als es bisher selbst Hermann Franck gesehen hatte, der später sein aufrichtiges Bedauern darüber ausdrückte, uns so missverstanden zu haben.

Mit Rockel selbst, dessen Strafe aus königlicher Gnade in eine lebenslange Haftstrafe umgewandelt worden war, führte ich zu dieser Zeit einen Briefwechsel, aus dem sich bald zeigte, dass sein Leben in der erzwungenen Gefangenschaft trotz der Freiheit, die ich genoss, heiterer und glücklicher war als meines mit seiner Hoffnungslosigkeit.

Endlich kam der Monat Mai, und ich fühlte, ich brauchte Luftveränderung auf dem Lande, um meine geschwächten Nerven zu stärken und meine poetischen Pläne auszuführen. Wir fanden eine recht bequeme Zweitwohnung auf dem Gut Rinderknecht. Dieses lag auf halber Höhe des Zürichbergs, und wir konnten am 22. Mai – meinem 39. Geburtstag – ein Essen im Freien mit herrlicher Aussicht auf den See und die fernen Alpen genießen. Leider setzte eine Periode unaufhörlichen Regens ein, der den ganzen Sommer über kaum aufhörte, so dass ich die größte Mühe hatte, seinem deprimierenden Einfluss zu widerstehen. Ich machte mich jedoch bald an die Arbeit, und da ich begonnen hatte, meinen großen Plan auszuführen, indem ich am Ende begann und rückwärts ging, machte ich auf derselben Linie weiter, mit dem Anfang als Ziel. So nahm ich, nachdem ich Siegfrieds Tod und Junger Siegfried vollendet hatte, als nächstes eines der Hauptthemen in Angriff, die Walküre, die auf das einleitende Präludium des Rheingolds folgen sollte. Auf diese Weise beendete ich das Gedicht der Walküre bis Ende Juni. Gleichzeitig schrieb ich die Widmung der Partitur meines Lohengrin an Liszt sowie eine gereimte Abfuhr für einen grundlosen Angriff auf meinen Fliegenden Holländer in einer Schweizer Zeitung. Ein sehr unangenehmer Vorfall im Zusammenhang mit Herwegh verfolgte mich bis zu meinem Rückzugsort auf dem Land. Eines Tages stellte sich mir ein gewisser Herr Haug vor, der sich als ehemaliger römischer General aus Mazzinis Zeit bezeichnete, mit der Absicht, eine Art Verschwörung gegen ihn zu schmieden, im Namen, wie er sagte, der tief gekränkten Familie des „unglücklichen Lyrikers“. Es gelang ihm jedoch nicht, irgendeine Unterstützung von mir zu erhalten. Ein viel angenehmerer Vorfall war ein langer Besuch von Julia, der ältesten Tochter meiner verehrten Freundin Frau Ritter, die Kummer, den jungen Dresdner Kammermusiker, geheiratet hatte, dessen Gesundheit so völlig angegriffen schien, dass sie einen berühmten Hydropathen aufsuchen wollten, der nur wenige Meilen von Zürich entfernt praktizierte. Ich hatte jetzt eine gute Gelegenheit, diese Wasserkur zu missbrauchen, von der meine jungen Freunde so begeistert waren und von der sie immer geglaubt hatten, dass ich auch völlig verrückt danach sei. Aber wir überließen den Kammermusiker seinem Schicksal und freuten uns über den langen und angenehmen Besuch unseres liebenswürdigen und charmanten jungen Freundes.

Da ich mit dem Erfolg meiner Arbeit sehr zufrieden war und das Wetter außergewöhnlich kalt und regnerisch war, beschlossen wir, Ende Juni in unsere gemütliche Winterresidenz in Zürich zurückzukehren. Ich war entschlossen, dort zu bleiben, bis sich richtiges Sommerwetter einstellte, und dann beabsichtigte ich, eine Alpenwanderung zu unternehmen, die meiner Meinung nach meiner Gesundheit sehr zugute kommen würde. Herwegh hatte versprochen, mich zu begleiten, aber da er anscheinend daran gehindert war, brach ich Mitte Juli allein auf, nachdem ich mit meinem Reisegefährten ein Treffen im Wallis vereinbart hatte. Ich begann meine Wanderung in Alpnach am Vierwaldstättersee und hatte vor, auf wenig begangenen Pfaden die wichtigsten Punkte des Berner Oberlandes zu erwandern. Ich arbeitete ziemlich hart und besuchte zum Beispiel das Faulhorn, das damals als sehr schwer zu besteigender Berg galt. Als ich das Hospiz auf dem Grimsel beim Hasli Thal erreichte, fragte ich den Wirt, einen schönen, stattlich aussehenden Mann, nach der Besteigung des Siedelhorns. Er empfahl mir einen seiner Diener als Führer, einen rauhen, unheimlich aussehenden Mann, der mich, statt den üblichen Zickzack-Pfaden den Berg hinauf zu nehmen, schnurstracks hinaufführte, und ich hatte den Verdacht, dass er vorhatte, mich zu ermüden. Auf dem Gipfel des Siedelhorns war ich entzückt, auf der einen Seite einen Blick auf das Zentrum der Alpen zu erhaschen, dessen riesige Rücken uns allein zugewandt waren, und auf der anderen Seite ein plötzliches Panorama der italienischen Alpen mit dem Mont Blanc und dem Monte Rosa. Ich hatte darauf geachtet, eine kleine Flasche Champagner mitzunehmen, dem Beispiel von Prinz Pückler folgend, als er den Snowdon bestieg; leider fiel mir niemand ein, auf dessen Gesundheit ich trinken konnte. Wir stiegen nun weite Schneefelder hinab, über die mein Führer mit rasender Eile auf seinem Alpenstock glitt; ich begnügte mich damit, mich vorsichtig auf die Eisenspitze meines Stocks zu stützen und in gemäßigtem Tempo hinabzusteigen.

Ich kam todmüde in Obergestelen an und blieb dort zwei Tage, um mich auszuruhen und Herweghs Ankunft abzuwarten. Statt jedoch selbst zu kommen, traf ein Brief von ihm ein, der mich von meinen erhabenen Zwiegesprächen mit den Alpen zu der banalen Betrachtung der unangenehmen Lage herunterzog, in der sich mein unglücklicher Freund infolge des bereits beschriebenen Vorfalls befand. Er fürchtete, ich hätte mich von seinem Gegner täuschen lassen und mir deshalb eine ungünstige Meinung von ihm gebildet. Ich sagte ihm, er solle sich in dieser Hinsicht beruhigen und mich, wenn möglich, in der italienischen Schweiz wiedersehen. So machte ich mich also auf den Weg, den Griesgletscher zu besteigen und über den Pass auf die Südseite der Alpen zu klettern, nur in

Begleitung meines unheimlichen Führers. Während des Aufstiegs bot sich mir immer wieder ein äußerst trauriger Anblick: In den Oberalpen war eine Moderhinke-Epidemie unter den Kühen ausgebrochen, und mehrere Herden zogen in einer Reihe an mir vorbei auf dem Weg ins Tal, wo sie behandelt werden sollten. Die Kühe waren so mager geworden, dass sie wie Skelette aussahen und sich kläglich die Hänge hinabschleppten, und das lächelnde Land mit den fetten Wiesen schien ein wildes Vergnügen daran zu haben, diese traurige Pilgerfahrt zu betrachten. Am Fuße des Gletschers, der steil und steil vor mir aufragte, fühlte ich mich so niedergeschlagen und meine Nerven waren so überreizt, dass ich sagte, ich wolle umkehren. Daraufhin begegnete mir der grobe Sarkasmus meines Führers, der über meine Schwäche zu spotten schien. Meine daraus resultierende Wut stärkte meine Nerven, und ich bereitete mich sofort darauf vor, die steilen Eiswände so schnell wie möglich zu erklimmen, so dass er diesmal Schwierigkeiten hatte, mit mir Schritt zu halten. Wir bewältigten die fast zweistündige Wanderung über den Gletscherrücken unter Schwierigkeiten, die selbst diesem Einheimischen von Grimsel zumindest um seinetwillen Angst machten. Frischer Schnee war gefallen, der die Gletscherspalten teilweise verbarg und verhinderte, dass man die gefährlichen Stellen erkannte. Der Führer musste mir natürlich hier vorausgehen, um den Weg zu erkunden. Schließlich erreichten wir die Öffnung des oberen Tals, das ins Formazzatal übergeht, zu dem ein steiler, mit Schnee und Eis bedeckter Einschnitt führte. Hier begann mein Führer erneut sein gefährliches Spiel, mich geradewegs über die steilsten Hänge zu führen, anstatt im sicheren Zickzack zu gehen; auf diese Weise erreichten wir eine jähe Moräne, wo ich eine so unausweichliche Gefahr vor mir sah, dass ich darauf bestand, dass mein Führer ein Stück mit mir zurückging, bis wir auf einen Pfad stießen, der mir aufgefallen war und nicht so steil war. Er musste nachgeben, sehr gegen den Strich. Ich war tief beeindruckt von den ersten Anzeichen von Kultivierung, die wir bei unserem Abstieg aus der öden Wildnis sahen. Das erste karge Wiesenland, das für Vieh zugänglich war, hieß Bettel-Matt, und die erste Person, die wir trafen, war ein Murmeltierjäger. Die wilde Landschaft wurde bald durch das wunderbare Wirbeln und Rauschen eines Gebirgsflusses namens Tosa belebt, der an einer Stelle in einen prächtigen Wasserfall mit drei deutlich erkennbaren Armen mündet. Nachdem Moos und Schilf im Laufe unseres stetigen Abstiegs Gras und Wiesen gewichen waren und die Sträucher durch Kiefern ersetzt worden waren, erreichten wir endlich das Ziel unserer Tagesreise, das Dorf Pommath, von der italienischen Bevölkerung Formazza genannt, das in einem reizenden Tal liegt. Hier musste ich zum ersten Mal in meinem Leben gebratenes Murmeltier essen. Nachdem ich meinen Führer bezahlt und auf die Heimreise geschickt hatte, machte ich mich am nächsten Morgen allein auf den weiteren Abstieg durch das Tal, obwohl ich mich aufgrund von Schlafmangel nur teilweise von meiner Müdigkeit erholt hatte. Erst im

November dieses Jahres, als die ganze Schweiz durch die Nachricht in Aufruhr geriet, dass das Gasthaus Grimsel vom Wirt selbst angezündet worden war, der sich dadurch eine Erneuerung des Pachtvertrages von den Behörden erhoffte, erfuhr ich, dass mein Leben unter der Führung dieses Mannes in Gefahr geraten war. Sobald sein Verbrechen entdeckt wurde, ertränkte sich der Wirt in dem kleinen See, an dessen Ufern das Gasthaus liegt. Der Diener jedoch, den er bestochen hatte, um das Feuer zu entfachen, wurde gefangen und bestraft. Ich erkannte am Namen, dass es derselbe Mann war, den mir der würdige Wirt als Begleiter auf meiner einsamen Reise über den Gletscherpass gegeben hatte, und ich hörte gleichzeitig, dass kurz vor meiner Reise zwei Reisende aus Frankfurt auf demselben Pass umgekommen waren. Ich erkannte daher, dass ich auf wirklich bemerkenswerte Weise einer tödlichen Gefahr entgangen war, die mir gedroht hatte.

Ich werde nie die Eindrücke meiner Reise durch das immer tiefer werdende Tal vergessen. Besonders erstaunte mich die südliche Vegetation, die sich plötzlich vor einem ausbreitet, wenn man von einem steilen und engen Felspass herabsteigt, durch den die Tosa begrenzt wird. Ich kam am Nachmittag bei strahlendem Sonnenschein in Domodossola an und erinnerte mich hier an eine reizende Komödie eines Autors, dessen Namen ich vergessen habe, die ich einmal mit einer Platen-würdigen Raffinesse aufgeführt gesehen hatte und auf die mich Eduard Devrient in Dresden aufmerksam gemacht hatte. Die Szene des Stücks spielte in Domodossola und beschrieb genau die Eindrücke, die ich selbst beim Herabsteigen von den nördlichen Alpen nach Italien empfing und die einem plötzlich vor die Augen traten. Ich werde auch nie mein erstes einfaches, aber äußerst gut serviertes italienisches Abendessen vergessen. Obwohl ich zu müde war, um an diesem Tag weiter zu gehen, war ich sehr ungeduldig, an die Ufer des Lago Maggiore zu gelangen, und arrangierte daher eine Fahrt in einer Einspännerkutsche, die mich am selben Abend bis nach Baveno bringen sollte. Ich fühlte mich so zufrieden, während ich in meinem kleinen Gefährt dahinrollte, dass ich mir Vorwürfe machte, rücksichtslos das Angebot einer Begleitung abgelehnt zu haben, das mir ein durch den Vetturino kommender Offizier durch den Kutscher machte. Ich bewunderte die Zierlichkeit der Hausdekorationen und die freundlichen Gesichter der Menschen in den hübschen Dörfern, durch die ich fuhr. Eine junge Mutter, die mit ihrem Baby im Arm vorbeischlenderte und singend Flachs spann, machte ebenfalls einen unvergesslichen Eindruck auf mich. Bald nach Sonnenuntergang erblickte ich die Borromäischen Inseln, die anmutig aus dem Lago Maggiore aufragten, und wieder konnte ich vor Aufregung nicht schlafen bei dem Gedanken daran, was ich am nächsten Tag sehen könnte. Am nächsten Morgen entzückte mich der Besuch der Inseln selbst so sehr, dass ich nicht begreifen konnte, wie ich auf etwas so Reizvolles gestoßen war, und mich fragte, was daraus werden würde. Nach nur einem Tag Aufenthalt verließ ich den Ort mit dem Gefühl, nun vor etwas fliehen zu müssen, zu dem ich nicht gehörte, und fuhr um den Lago Maggiore herum, vorbei an Socarno, nach Bellinzona, wo ich mich wieder auf Schweizer Boden befand; von dort ging ich weiter nach Lugano, in der Absicht, dort einige Zeit zu bleiben, wenn ich meinen ursprünglichen Reiseplan durchführte. Aber ich litt bald unter der großen Hitze; selbst das Baden im sonnenverbrannten See war nicht erfrischend. Abgesehen von den schmutzigen Möbeln, zu denen auch die Denksopha aus Aristophanes' Wolken gehörte, war ich in einem palastartigen Gebäude, das im Winter als Regierungsgebäude des Kantons Tessin diente, im Sommer jedoch als Hotel genutzt wurde, prächtig untergebracht. Ich verfiel jedoch bald wieder in den Zustand, der mich so lange geplagt hatte und mich aufgrund meiner extremen Nervenanspannung und Aufregung daran hinderte, mich auszuruhen, wann immer ich Lust hatte, angenehm zu faulenzen. Ich hatte eine ganze Menge Bücher mitgenommen und nahm mir vor, mich mit Byron zu unterhalten. Leider musste ich mich sehr anstrengen, um an seinen Werken Freude zu finden, und die Schwierigkeit wurde noch größer, als ich begann, seinen Don Juan zu lesen. Nach einigen Tagen begann ich mich zu fragen, warum ich gekommen war und was ich hier tun wollte, als plötzlich Herwegh schrieb, er und mehrere Freunde beabsichtigten, mich an diesem Ort zu treffen. Ein geheimnisvoller Instinkt ließ mich meiner Frau telegraphieren, sie solle ebenfalls kommen. Sie folgte meinem Ruf mit überraschender Bereitwilligkeit und kam unerwartet mitten in der Nacht an, nachdem sie mit der Postkutsche über den St. Gotthardpass gereist war. Sie war so müde, dass sie auf der Denksopha sofort in einen tiefen Schlaf fiel, aus dem sie der heftigste Sturm, an den ich mich erinnern kann, nicht erwecken konnte. Am nächsten Tag trafen meine Zürcher Freunde ein.

Herweghs wichtigster Begleiter war Dr. Francois Wille. Ich hatte ihn einige Zeit zuvor in Herweghs Haus kennengelernt: Seine Hauptmerkmale waren ein von Studentenduellen stark gezeichnetes Gesicht und eine große Neigung zu witzigen und freimütigen Bemerkungen. Er hatte sich kürzlich in der Nähe von Meilen am Zürichsee aufgehalten und bat mich oft, ihn dort mit Herwegh zu besuchen. Hier bekamen wir etwas von den Sitten und Gebräuchen eines Hamburger Haushalts zu sehen, der von seiner Frau, der Tochter von Herrn Sloman, einem reichen Reeder, in recht wohlhabendem Stil geführt wurde. Obwohl er in Wirklichkeit sein ganzes Leben lang Student blieb, hatte er sich durch die Herausgabe einer Hamburger politischen Zeitung eine Stellung erarbeitet und einen großen Bekanntenkreis aufgebaut. Er war ein brillanter Gesprächspartner und galt als gute Gesellschaft. Er schien sich mit Herwegh zusammengetan zu haben, um dessen Abneigung gegen das Bergsteigen und seine daraus resultierende Abneigung, es zu unternehmen, zu überwinden. Er selbst hatte mit einem Professor Eichelberger Vorbereitungen getroffen, um über den Gotthardpass zu gehen, und Herwegh war darüber wütend geworden, da er erklärte,

Wanderungen seien nur dort erlaubt, wo man nicht fahren könne, und nicht auf diesen breiten Straßen. Nach einem Ausflug in die Gegend von Lugano, bei dem mir das in Italien so übliche kindische Geläut der Kirchenglocken übel wurde, überredete ich meine Freunde, mit mir zu den Borromäischen Inseln zu fahren, die ich unbedingt wiedersehen wollte. Während der Dampferfahrt auf dem Lago Maggiore begegneten wir einem zierlichen Mann mit langem Kavallerieschnurrbart, den man im Privaten scherzhaft General Haynau nannte, und das Misstrauen, mit dem wir ihm gegenüberzutreten vorgaben, war für uns eine Quelle der Erheiterung.

Wir erfuhren bald, daß es sich um einen überaus gutmütigen hannoverschen Edelmann handelte, der seit einiger Zeit zum Vergnügen durch Italien reiste und uns über den Verkehr mit den Italienern sehr nützliche Auskünfte geben konnte. Sein Rat war uns sehr nützlich, als wir die Borromäischen Inseln besuchten, wo sich meine Bekannten von meiner Frau und mir trennten, um auf dem kürzesten Weg zurückzureisen, während wir über den Simplon und durch Le Valais nach Chamounix weiterreisen wollten.

Aufgrund der Erschöpfung, die mir meine Tour bisher bereitet hatte, hatte ich das Gefühl, dass es einige Zeit dauern würde, bis ich wieder eine ähnliche Tour beginnen würde. Ich war daher begierig darauf, mir die Sehenswürdigkeiten der Schweiz so gründlich wie möglich anzusehen, da ich nun die Gelegenheit dazu hatte. Außerdem war ich gerade in der Stimmung, die mich dazu veranlasste, wichtige Ergebnisse aus neuen Landschaften zu erwarten, und ich wollte den Mont Blanc nicht verpassen. Die Besichtigung des Mont Blanc war mit großen Schwierigkeiten verbunden, darunter unsere nächtliche Ankunft in Martigny, wo uns wegen der Überfüllung der Hotels überall eine Unterkunft verweigert wurde, und nur aufgrund einer kleinen Intrige zwischen einem Postillion und einem Dienstmädchen fanden wir heimlich Unterschlupf für die Nacht in einem Privathaus, in dem die Besitzer nicht anwesend waren.

Wir besuchten pflichtgemäß das sogenannte Mer de Glace im Val de Chamounix und die Flégère, von der aus ich eine höchst eindrucksvolle Aussicht auf den Mont Blanc hatte. Meine Phantasie beschäftigte sich jedoch weniger mit der Besteigung dieses Gipfels als mit dem Schauspiel, das ich beim Überschreiten des Col des Géants erblickte, da mich weniger die große Höhe, die wir erreichten, als vielmehr die ungebrochene und erhabene Wildheit des letzteren ansprach. Eine Zeitlang hegte ich den Vorsatz, noch einmal eine solche Unternehmung zu unternehmen. Beim Abstieg von der Flégère stürzte Minna und verstauchte sich den Knöchel; die Folgen davon waren so schmerzhaft, dass wir von weiteren Unternehmungen abhielten. Wir sahen uns daher gezwungen, unsere Heimreise über Genf zu beschleunigen. Aber selbst von dieser wichtigeren und großartigeren Expedition, die fast die einzige war, die ich jemals rein zur Erholung unternommen hatte, kehrte ich mit einem seltsam unbefriedigten Gefühl zurück und konnte die Sehnsucht nach etwas Entscheidendem in der Ferne nicht unterdrücken, das meinem Leben eine neue Richtung geben würde.

Als ich nach Hause kam, fand ich Ankündigungen einer neuen und ganz anderen Wendung in meinem Schicksal. Diese bestanden aus Anfragen und Aufträgen von verschiedenen deutschen Theatern, die Tannhäuser aufführen wollten. Das erste, das sich bewarb, war das Schweriner Hoftheater. Rockels jüngste Schwester, die später den Schauspieler Moritz heiratete (den ich seit frühester Jugend kannte), war jetzt als junge Sängerin aus England, wo sie erzogen worden war, nach Deutschland gekommen. Sie hatte einem Beamten des dortigen Theaters namens Stocks, der die Position des Schatzmeisters innehatte, einen so begeisterten Bericht über den Eindruck gegeben, den Tannhäuser in Weimar auf sie gemacht hatte, dass er die Oper sehr gewissenhaft studierte und nun die Direktion dazu bewegte, die Aufführung zu übernehmen. Bald folgten die Theater in Breslau, Prag und Wiesbaden; bei letzterem fungierte mein alter Freund Louis Schindelmeisser als Dirigent. In kurzer Zeit folgten andere Theater; aber ich war höchst erstaunt, als das Berliner Hoftheater durch seinen neuen Direktor, Herrn von Hülsen, Anfragen stellte. Aufgrund dieses letzten Vorfalls durfte ich annehmen, dass die Kronprinzessin von Preußen, die mir gegenüber immer eine freundschaftliche Haltung hegte, gefördert durch meine treue Freundin Alwine Frommann, sich erneut intensiv für die Aufführung des „Tannhäuser" in Weimar interessiert hatte und den Anstoß zu dieser unerwarteten Entwicklung gegeben hatte.

Während ich mich über die Aufträge der kleineren Theater freute, bereiteten mir die der größten deutschen Bühnen große Sorgen. Ich wußte, daß es dort eifrige, mir ergebene Dirigenten gab, die gewiß von dem Wunsche geweckt waren, die Oper aufzuführen; in Berlin dagegen war die Sache ganz anders. Der einzige Dirigent neben Taubert, den ich früher als talentlosen und zugleich sehr eingebildeten Mann gekannt hatte, war Heinrich Dorn, an den ich aus meiner Jugend und von unserem gemeinsamen Aufenthalt in Riga die unangenehmsten Erinnerungen hatte. Zu beiden fühlte ich mich wenig hingezogen, noch sah ich eine Möglichkeit, die Leitung meiner eigenen Werke zu übernehmen, und da ich ihre Fähigkeiten wie ihre Böswilligkeit kannte, hatte ich allen Grund, an einer erfolgreichen Aufführung meiner Oper unter ihrer Leitung zu zweifeln. Da ich als Exilant nicht in der Lage war, persönlich nach Berlin zu kommen, um meine Arbeit zu überwachen, bat ich sogleich Listz um die Erlaubnis, ihn zu meinem Vertreter und Alter Ego zu ernennen, wozu er bereitwillig einwilligte. Als ich später die Ernennung Liszts zu einer meiner Bedingungen machte, erhob der Generaldirektor in Berlin Einwände mit der Begründung, die Ernennung eines Weimarer Dirigenten würde als eine grobe Beleidigung der preußischen

Hofkapellmeister angesehen werden, und ich müsse daher von einer solchen Forderung Abstand nehmen. Daraufhin kam es zu langwierigen Verhandlungen mit dem Ziel, die Angelegenheit zu kompromittieren, was dazu führte, dass die Produktion des Tannhäuser in Berlin erheblich verzögert wurde.

Während sich Tannhäuser jedoch nun rasch in den bürgerlichen deutschen Theatern verbreitete, wurde ich hinsichtlich der Qualität dieser Aufführungen sehr unruhig und konnte mir nie ein klares Bild von ihnen machen. Da meine Anwesenheit überall verboten war, griff ich auf eine sehr ausführliche Broschüre zurück, die mir als Leitfaden für die Aufführung meines Werks dienen und eine genaue Vorstellung meiner Absicht vermitteln sollte. Ich ließ dieses ziemlich umfangreiche Werk auf eigene Kosten drucken und geschmackvoll binden, und an jedes Theater, das die Opernpartitur bestellt hatte, schickte ich mehrere Exemplare davon mit der Maßgabe, dass sie dem Dirigenten, dem Bühnenmanager und den Hauptdarstellern zur Durchsicht und Orientierung ausgehändigt werden sollten. Aber seit dieser Zeit habe ich nie wieder von einer einzigen Person gehört, die diese Broschüre gelesen oder davon Notiz genommen hätte. Im Jahre 1864, als alle meine eigenen Exemplare durch meine sorgfältige Verteilung vergriffen waren, fand ich zu meiner großen Freude im Theaterarchiv mehrere Exemplare, die an das Münchner Hoftheater gesandt worden waren, völlig unversehrt und ungeschnitten. Ich war daher in der angenehmen Lage, Kopien der fehlenden Broschüre für den König von Bayern, der sie sehen wollte, sowie für mich und einige Freunde beschaffen zu können.

Es war ein merkwürdiger Zufall, daß die Nachricht von der Verbreitung meiner Oper auf den deutschen Theatern mit meinem Entschluß zusammenfiel, ein Werk zu komponieren, bei dessen Konzeption ich so entschieden von der Notwendigkeit beeinflußt worden war, unseren eigenen Theatern gegenüber absolut gleichgültig zu sein; doch diese unerwartete Wendung der Ereignisse beeinflußte meine Behandlung meines Vorhabens in keiner Weise. Im Gegenteil, indem ich an meinem Plan festhielt, gewann ich Vertrauen und ließ den Dingen ihren Lauf, ohne in irgendeiner Weise zu versuchen, die Aufführungen meiner Opern zu fördern. Ich ließ die Leute einfach machen, was sie wollten, und sah überrascht zu, während mir fortwährend Berichte über bemerkenswerte Erfolge zu Ohren kamen; keine davon jedoch veranlaßte mich, mein Urteil über unsere Theater im allgemeinen oder über die Oper im besonderen zu ändern. Ich blieb unerschütterlich in meinem Entschluß, meine Nibelungendramen aufzuführen, gerade als ob die gegenwärtige Opernbühne nicht existiere, da das ideale Theater meiner Träume notwendigerweise früher oder später kommen mußte. Ich verfasste daher im Oktober und November desselben Jahres das Libretto des Rheingolds und brachte damit den gesamten Zyklus des Nibelungenmythos, wie ich ihn entwickelt hatte, zu einem Abschluss. Gleichzeitig schrieb ich Junger Siegfried und Siegfrieds Tod, insbesondere letzteren, so um, dass sie in den richtigen Zusammenhang mit dem Ganzen gebracht wurden; und indem ich dies tat, wurden in Siegfrieds Tod wichtige Ergänzungen vorgenommen, die mit dem nun erkannten und offensichtlichen Zweck des gesamten Werks im Einklang standen. Ich war daher gezwungen, für dieses letzte Stück einen neuen Titel zu finden, der der Rolle entspricht, die es im gesamten Zyklus spielt. Ich nannte es Götterdämmerung und änderte den Namen Junger Siegfried in Siegfried, da es sich nicht mehr um eine isolierte Episode im Leben des Helden handelte, sondern seinen angemessenen Platz unter den anderen prominenten Figuren im Rahmen des Ganzen eingenommen hatte. Die Aussicht, dieses lange Gedicht für einige Zeit denen, von denen ich annehmen konnte, dass sie sich dafür interessieren würden, völlig unbekannt lassen zu müssen, war für mich eine Quelle großen Kummers. Da mich die Theater ab und zu überraschten, indem sie mir die üblichen Tantiemen für Tannhäuser schickten, verwendete ich einen Teil meines Gewinns darauf, eine Anzahl von Exemplaren meines Gedichts für meinen eigenen Gebrauch sauber drucken zu lassen. Ich ordnete an, dass nur fünfzig Exemplare dieser Luxusausgabe gedruckt werden sollten. Doch bevor ich diese angenehme Aufgabe vollendet hatte, überkam mich großer Kummer. Es ist wahr, ich stieß von allen Seiten auf Anzeichen von wohlwollendem Interesse an der Vollendung meines großen lyrischen Werkes, obwohl die meisten meiner Bekannten das Ganze für eine Schimäre oder vielleicht eine kühne Laune hielten. Der einzige, der sich mit einiger Herzlichkeit oder wirklicher Begeisterung darauf einließ, war Herwegh, mit dem ich häufig darüber sprach und dem ich im Allgemeinen die fertigen Teile vorlas. Sulzer war sehr verärgert über die Umgestaltung von Siegfrieds Tod, da er es für ein schönes und originelles Werk hielt und dachte, es würde diese Qualität verlieren, wenn ich mich entschließen würde, es in irgendeiner Weise zu verändern. Er bat mich daher, ihm das Manuskript der früheren Fassung zur Erinnerung zu überlassen, da es sonst ganz verloren gegangen wäre. Um mir die Wirkung des ganzen Gedichtes bei vollständiger Wiedergabe vorzustellen, entschloß ich mich, schon wenige Tage nach Vollendung des Werkes, Mitte Dezember, der Familie Wille auf ihrem Landsitz einen kurzen Besuch abzustatten, um es der kleinen Gesellschaft dort vorzulesen. Außer Herwegh, der mich begleitete, bestand die Gesellschaft dort aus Frau Wille und ihrer Schwester, Frau von Bissing. Diese Damen hatte ich bei meinen angenehmen Besuchen in Mariafeld, etwa zwei Stunden Fußmarsch von Zürich entfernt, oft auf meine eigentümliche Weise mit Musik unterhalten und mir dabei ein ergebenes und begeistertes Publikum gesichert, was Herrn Wille etwas ärgerte, da er oft zugab, er habe einen Hass gegen Musik; dennoch nahm er die Sache in seiner heiteren Art mit Humor.

Ich kam gegen Abend an, und wir nahmen uns sofort Rheingold vor, und da es noch nicht sehr spät schien und ich zu jeder Anstrengung fähig war, machte ich bis Mitternacht mit der Walküre weiter. Am nächsten Morgen nach dem Frühstück war Siegfried an der Reihe, und am Abend schloss ich mit der Götterdämmerung ab. Ich glaubte, mit dem Ergebnis zufrieden zu sein, und insbesondere die Damen waren so bewegt, dass sie keinen Kommentar wagten. Leider versetzte mich die Anstrengung in einen Zustand fast schmerzhafter Erregung; ich konnte nicht schlafen, und am nächsten Morgen war ich so abgeneigt zu Gesprächen, dass ich meine überstürzte Abreise unerklärlich ließ. Herwegh, der mich allein zurückbegleitete, schien meinen Gemütszustand zu erraten und teilte ihn, indem er ein ähnliches Schweigen bewahrte.

Nun wollte ich jedoch das Vergnügen haben, das fertige Werk meinem Freund Uhlig in Dresden anzuvertrauen. Ich stand in regelmäßigem Briefwechsel mit ihm, und er hatte die Entwicklung meines Plans verfolgt und war mit jeder Phase davon genau vertraut. Ich wollte ihm die Walküre nicht schicken, bevor das Rheingold fertig war, da dieses zuerst kommen sollte, und selbst dann wollte ich nicht, dass er das Ganze sah, bis ich ihm ein schön gedrucktes Exemplar schicken konnte. Doch zu Beginn des Herbstes erkannte ich in Uhligs Briefen Gründe für eine wachsende Besorgnis über seinen Gesundheitszustand. Er klagte über die Zunahme seiner schweren Hustenanfälle und schließlich über völlige Heiserkeit. Er dachte, das alles sei bloß Schwäche, die er zu überwinden hoffte, indem er seinen Körper mit der Kaltwasserbehandlung und langen Spaziergängen stärkte. Die Geigenarbeit im Theater fand er sehr anstrengend, aber wenn er einen flotten siebenstündigen Spaziergang aufs Land unternahm, fühlte er sich ausnahmslos viel besser. Er konnte jedoch seine Brustanfälle und seine Heiserkeit nicht loswerden und hatte Schwierigkeiten, sich verständlich zu machen, selbst wenn er mit einer Person sprach, die ihm ganz nahe stand. Bis zu diesem Zeitpunkt hatte ich den armen Kerl nicht beunruhigen wollen und immer gehofft, dass sein Zustand ihn dazu zwingen würde, einen Arzt aufzusuchen, der ihm natürlich eine vernünftige Behandlung verschreiben würde. Jetzt jedoch, da ich ständig nichts von ihm hörte, außer Beteuerungen seines Vertrauens in die Prinzipien der Wasserkur, konnte ich mich nicht länger zurückhalten und flehte ihn an, diesen Wahnsinn aufzugeben und sich in die Hände eines vernünftigen Arztes zu begeben, denn in seinem Zustand brauchte er nicht Kraft, sondern sehr sorgfältige Aufmerksamkeit. Der arme Mann war darüber äußerst beunruhigt, da er aus meinen Bemerkungen schloss, dass ich befürchtete, er sei bereits in einem fortgeschrittenen Stadium der Schwindsucht. „Was soll aus meiner armen Frau und meinen Kindern werden“, schrieb er, „wenn das wirklich der Fall ist?“ Unglücklicherweise war es zu spät; mit letzter Kraft versuchte er mir noch einmal zu schreiben, und endlich führte mein alter Freund Fischer, der

Chordirektor, Uhligs Anweisungen aus, und als diese nicht mehr hörbar waren, musste er sich dicht zu seinen Lippen herabbeugen. Die Nachricht von seinem Tode folgte mit erschreckender Schnelligkeit. Er ereignete sich am 3. Januar 1853. So raffte die Schwindsucht außer Lehrs noch einen anderen meiner mir wirklich ergebenen Freunde dahin. Das schöne Exemplar des Rings des Nibelungen, das ich für ihn bestimmt hatte, lag ungeschnitten vor mir, und ich schickte es seinem jüngsten Sohne, den er Siegfried getauft hatte. Ich bat seine Witwe, mir etwaige zurückgebliebene Broschüren theoretischer Natur zu überlassen, und gelangte in den Besitz mehrerer bedeutender, darunter auch der längeren Abhandlung über „Thema-Bau". Obwohl die Herausgabe dieser Werke wegen der notwendigen Überarbeitung mit sehr viel Mühe verbunden wäre, fragte ich Hartel in Leipzig, ob er der Witwe eine angemessene Summe für einen Band mit Uhligs Schriften zahlen würde. Der Verleger erklärte, er könne die Herausgabe ohne Bezahlung nicht übernehmen, da derartige Werke völlig uneinträglich seien. Schon damals war mir klar, wie sehr sich jeder Musiker, der sich für mich interessierte, in gewissen Kreisen unbeliebt gemacht hatte.

Uhligs trauriger Tod gab meinem Familienkreis die Oberhand über mich, was meine Theorien über Wasserkuren anging. Herwegh legte meiner Frau eindringlich nahe, dass sie darauf bestehen müsse, dass ich nach all den Anstrengungen, die ich bei den Proben und Konzerten, die ich den ganzen Winter über besuchte, auf ein Glas guten Weins trinke. Nach und nach gewöhnte ich mich auch wieder an den Genuss von milden Stimulantien wie Tee und Kaffee, während meine Freunde zu ihrer Freude bemerkten, dass ich wieder ein Mann unter Männern wurde. Dr. Rahn-Escher wurde mir nun ein willkommener und tröstender Freund und Besucher, der seit vielen Jahren die Behandlung meiner Gesundheit und insbesondere die Bedenken, die sich aus meinem überreizten Nervenzustand ergaben, genau verstand. Er bewies bald die Weisheit seiner Behandlung, als ich Mitte Februar vornahm, meine Tetralogie an vier aufeinanderfolgenden Abenden vor einem größeren Publikum laut vorzulesen. Ich hatte mir schon am ersten Abend eine schwere Erkältung eingefangen und erwachte am Morgen des Tages der zweiten Lesung mit schwerer Heiserkeit. Ich teilte dem Arzt sofort mit, dass es für mich eine ernste Angelegenheit wäre, wenn ich die Lesung nicht halten würde, und fragte ihn, was er mir raten würde, um die Heiserkeit so schnell wie möglich loszuwerden. Er empfahl mir, den ganzen Tag ruhig zu bleiben und mich am Abend gut eingepackt an den Ort bringen zu lassen, wo die Lesungen stattfinden sollten. Dort angekommen sollte ich zwei oder drei Tassen schwachen Tee trinken, und dann würde alles wieder in Ordnung sein; wenn ich mir jedoch Sorgen über die Nichteinhaltung meiner Verabredung machen würde, könnte es mir noch schlimmer gehen. Und tatsächlich verlief die Lesung dieses aufwühlenden Werkes ausgezeichnet, und ich konnte die Lesungen außerdem am dritten und vierten Abend fortsetzen und fühlte mich vollkommen wohl. Ich hatte für diese Treffen einen großen und schönen Raum im Hotel Baur au Lac reserviert und hatte die erfreuliche Erfahrung, dass es jeden Abend voller wurde, obwohl ich nur eine kleine Anzahl von Bekannten eingeladen hatte, sodass diese die Möglichkeit hatten, Freunde mitzubringen, von denen sie dachten, dass sie ein echtes Interesse an dem Thema hätten und nicht nur aus bloßer Neugier kämen. Auch hier schien das Urteil durchweg günstig, und von den ernstesten Universitätsleuten und Regierungsbeamten erhielt ich die Versicherung der größten Anerkennung und freundliche Bemerkungen, die zeigten, dass mein Gedicht und die damit verbundenen künstlerischen Ideen voll verstanden worden waren. Aus dem besonderen Ernst, mit dem sie ihre Meinungen äußerten, die in diesem Fall so zuversichtlich einstimmig waren, kam mir der Gedanke, zu versuchen, inwieweit dieser günstige Eindruck den höheren Zielen der Kunst dienen könnte. Gemäß den oberflächlichen Ansichten, die allgemein über diesen Gegenstand herrschen, schien jeder zu glauben, dass ich dazu bewegt werden könnte, mich mit dem Theater zu arrangieren. Ich versuchte herauszufinden, wie es möglich sein würde, das schlecht ausgestattete Zürcher Theater durch die Anwendung gesunder Grundsätze in ein hochentwickeltes umzuwandeln, und legte meine Ansichten dem Publikum in einer Broschüre mit dem Titel „Ein Theater in Zürich" vor. Die Auflage von etwa hundert Exemplaren wurde verkauft, doch bemerkte ich nie den geringsten Hinweis auf einen Erfolg der Veröffentlichung; Das Ergebnis war nur, daß mein vortrefflicher Freund, Herr Ott-Imhoff, bei einem Bankett der Musikgesellschaft seine völlige Ablehnung der Äußerungen verschiedener Leute zum Ausdruck brachte, diese meine Ideen seien alle sehr großartig, aber leider ganz undurchführbar. Dennoch fehlte meinen Vorschlägen das eine, was sie in seinen Augen wertvoll gemacht hätte, nämlich meine Einwilligung, die Leitung des Theaters persönlich zu übernehmen, da er die Durchführung meiner Ideen niemandem als mir anvertrauen wollte. Da ich jedoch auf der Stelle erklären mußte, daß ich mit einem solchen Vorhaben nichts zu tun haben wolle, ließ die Sache nach, und ich konnte im tiefsten Innern nicht umhin zu glauben, daß die guten Leute ganz recht hatten.

Inzwischen wuchs das Interesse an meinen Werken. Da ich mich nun entschieden weigern musste, den Wünschen meiner Freunde nach einer Aufführung meiner Hauptwerke im Theater nachzugeben, bat ich darum, eine Auswahl charakteristischer Stücke zusammenstellen zu dürfen, die leicht in Konzerten aufgeführt werden könnten, sobald ich die erforderliche Unterstützung erhalten könnte. Eine Abonnentenliste wurde in Umlauf gebracht, und sie hatte das erfreuliche Ergebnis, dass sich mehrere bekannte Kunstmäzene meldeten, um die Kosten zu garantieren. Ich musste mich verpflichten, ein Orchester zu engagieren, das meinen Anforderungen entsprach. Es wurden fähige Musiker aus nah und fern herbeigerufen, und nach endlosen Bemühungen begann ich zu spüren, dass etwas wirklich Befriedigendes erreicht werden würde.

Ich hatte dafür gesorgt, dass die Darsteller eine ganze Woche von Sonntag bis Sonntag in Zürich blieben. Die Hälfte dieser Zeit war ausschließlich für Proben vorgesehen. Die Aufführung sollte am Mittwochabend stattfinden, und am Freitag- und Sonntagabend sollte es Wiederholungen geben. Die Termine waren der 18., 20. und 22. Mai, da mein vierzigster Geburtstag auf den letztgenannten Tag fiel. Ich hatte die Freude, zu sehen, dass alle meine Anweisungen genau ausgeführt wurden. Aus Mainz, Wiesbaden, Frankfurt und Stuttgart und andererseits aus Genf, Lausanne, Basel, Bern und den wichtigsten Städten der Schweiz trafen ausgewählte Musiker pünktlich am Sonntagnachmittag ein. Sie wurden sofort zum Theater geleitet, wo sie ihre genauen Plätze auf dem Orchesterpult einnehmen mussten, das ich zuvor in Dresden entworfen hatte – und das sich auch hier als ausgezeichnet erwies – , um am nächsten Morgen als erstes ohne Verzögerung oder Unterbrechung mit den Proben beginnen zu können. Da mir diese Leute morgens und abends zur Verfügung standen, ließ ich sie eine Auswahl von Stücken aus dem „Fliegenden Holländer", „Tannhäuser" und „Lohengrin" lernen. Größere Mühe hatte ich, sie für einen Chor auszubilden, aber auch das verlief sehr zufriedenstellend. Sologesang war nicht möglich, außer der Ballade von Senta aus dem „Holländer", die von der Frau des Dirigenten Heim mit einer guten, wenn auch ungeübten Stimme und mit einem Maß an Elan gesungen wurde, das nichts zu wünschen übrig ließ. Tatsächlich konnten die Aufführungen kaum als öffentliche Konzerte bezeichnet werden, sondern hatten eher den Charakter von Familienunterhaltungen. Ich hatte das Gefühl, einen aufrichtigen Wunsch eines größeren Bekanntenkreises zu erfüllen, indem ich ihnen die wahre Natur meiner Musik vorstellte, die ich so verständlich wiedergab, wie es die Umstände erlaubten. Da es zugleich wünschenswert war, daß sie auch die poetische Grundlage derselben kennen sollten, lud ich die Leute, welche meine Konzerte besuchen wollten, ein, an drei Abenden in den Konzertsaal der Musikgesellschaft zu kommen, um mir die Libretti der drei Opern vorzulesen, aus denen sie Teile zu hören bekommen würden. Diese Einladung fand begeisterten Anklang, und ich durfte nun hoffen, daß mein Publikum besser vorbereitet zu den Auszügen aus meinen Opern kommen würde, als es bisher der Fall gewesen war. Was mich an den Aufführungen dieser drei Abende am meisten freute, war, daß ich zum erstenmal selbst etwas aus dem Lohengrin vortragen und mir so eine Vorstellung von der Wirkung meiner Kombination der Instrumentalstimmen in der Ouvertüre zu diesem Werk machen konnte.

Zwischen den Aufführungen fand ein Bankett statt, das, mit Ausnahme eines späteren in Pest, die einzige Veranstaltung dieser Art war, die jemals zu meinen Ehren abgehalten wurde. Die Rede des betagten Präsidenten der

Musikgesellschaft, Herrn Ott-Usteri, hat mich aufrichtig und tief berührt. Er machte alle aus so vielen Orten zusammengekommenen Musiker auf die Bedeutung ihrer Versammlung und ihre Ziele und Ergebnisse aufmerksam und empfahl ihnen als zuverlässigen Führer für ihre Heimreise die Überzeugung, zu der sie alle zweifellos gelangt waren, nämlich, einer wunderbaren neuen Schöpfung auf dem Gebiet der Kunst in nahe und echte Berührung gekommen zu sein.

Die Sensation, die diese Abendkonzerte auslösten, verbreitete sich in immer größeren Kreisen durch die ganze Schweiz. Einladungen und Bitten zu weiteren Wiederholungen gingen aus entfernten Städten ein. Man versicherte mir, ich könne die drei Aufführungen in der nächsten Woche wiederholen, ohne einen Rückgang des Publikums befürchten zu müssen. Als dieser Plan besprochen wurde und ich meine eigene Müdigkeit geltend machte und auch den Wunsch äußerte, diesen Konzerten ihren besonderen Charakter zu erhalten, indem ich sie nicht alltäglich werden ließ, war ich sehr froh über die mächtige und intelligente Unterstützung meines Freundes Hagenbuch, der bei dieser Gelegenheit unermüdlich war. Das Fest war beendet und die Gäste wurden zur festgesetzten Zeit entlassen.

Ich hatte gehofft, Liszt unter den Besuchern begrüßen zu können, da er im März zuvor in Weimar eine „Wagnerwoche" mit drei Opernaufführungen gefeiert hatte, von denen ich hier nur Ausschnitte gegeben hatte. Leider konnte er gerade nicht abreisen, versprach mir aber zur Wiedergutmachung einen Besuch Anfang Juli. Von meinen deutschen Freunden trafen nur die treue Frau Julie Kummer und Frau Emilie Ritter rechtzeitig ein. Da diese beiden Damen Anfang Juni nach Interlaken weitergereist waren und auch ich das Bedürfnis nach Abwechslung zu verspüren begann, brach ich gegen Ende des Monats mit meiner Frau zu einem Kurzurlaub auf. Der Besuch wurde durch anhaltenden Regen auf das Unerträglichste verdorben, und als wir am 1. Juli mit unseren Freundinnen in aller Verzweiflung die Heimreise nach Zürich antraten, setzte herrliches Sommerwetter ein, das längere Zeit anhielt. Mit liebevoller Begeisterung schrieben wir diese Veränderung sofort Liszt zu, da er gleich nach unserer Rückkehr nach Zürich in bester Stimmung in der Schweiz eintraf. Darauf folgte eine jener herrlichen Wochen, in denen jede Stunde des Tages zur kostbaren Erinnerung wird. Ich hatte bereits eine geräumigere Wohnung im zweiten Stock in den sogenannten Vorderen Escherhäusern bezogen, in denen ich vorher eine viel zu kleine Wohnung im Erdgeschoß bewohnt hatte. Frau Stockar-Escher, die Miteigentümerin des Hauses, war mir mit Begeisterung ergeben. Sie war selbst voller künstlerischer Begabung, eine ausgezeichnete Liebhaberin von Aquarellen, und hatte sich große Mühe gegeben, die neue Wohnung so luxuriös wie möglich einzurichten. Die unerwartete Besserung meiner Verhältnisse durch die fortdauernden Anforderungen meiner Opern erlaubte mir, meinem seit meinem Aufenthalt in der Wasserheilanstalt wiedererwachten und nach einer Verdrängung zu einer geradezu leidenschaftlichen Sehnsucht gewordenen Verlangen nach behaglicher Wohnlichkeit nachzugeben.

Ich hatte die Wohnung mit Teppichen und dekorativen Möbeln so reizend eingerichtet, dass Liszt selbst überrascht und bewundernd meine „zierliche Eleganz" betrat, wie er sie nannte. Jetzt kam mir zum ersten Mal das Vergnügen, meinen Freund als Komponistenkollegen näher kennenzulernen. Neben vielen seiner berühmten Klavierstücke, die er erst vor kurzem geschrieben hatte, arbeiteten wir mit großer Begeisterung mehrere neue Symphonien durch, insbesondere seine Faust-Symphonie. Später hatte ich Gelegenheit, die Eindrücke, die ich damals empfing, in einem Brief an Marie von Wittgenstein, der später veröffentlicht wurde, ausführlich zu schildern. Meine Begeisterung über alles, was ich von Liszt hörte, war ebenso tief wie aufrichtig und vor allem außerordentlich anregend. Ich dachte sogar daran, nach der langen Pause, die vergangen war, wieder mit dem Komponieren zu beginnen. Was könnte für mich vielversprechender und bedeutsamer sein als dieses lang ersehnte Treffen mit dem Freund, der sein ganzes Leben lang meisterhaft Musik gemacht und sich auch so sehr meinen eigenen Werken und der Verbreitung des richtigen Verständnisses derselben gewidmet hatte. Diese fast verwirrend schönen Tage mit dem unvermeidlichen Ansturm von Freunden und Bekannten wurden durch einen Ausflug an den Vierwaldstättersee unterbrochen, den nur Herwegh begleitete, dem Liszt die bezaubernde Idee hatte, einen „Trank der Gemeinschaft" mit sich und mir aus den drei Quellen des Grütli anzubieten.

Anschließend verabschiedete sich meine Freundin von uns, nachdem sie mit mir ein weiteres Treffen für den Herbst vereinbart hatte.

Obwohl ich mich nach Liszts Abreise ziemlich trostlos fühlte, sorgten die Beamten von Zürich dafür, dass ich bald eine Abwechslung bekam, die ich bisher nicht kannte. Sie bestand in der Übergabe eines Meisterwerks der Kalligraphie in Form eines Ehrendiploms, das mir der Zürcher Gesangverein verliehen hatte und das nun endlich fertig war. Dieses sollte mir unter der Begleitung eines imposanten Fackelzugs überreicht werden, an dem die verschiedenen Teile der Zürcher Bevölkerung teilnehmen sollten, die mir als Einzelpersonen oder als Mitglieder von Vereinen wohlgesinnt waren. So kam es, dass an einem schönen Sommerabend eine große Gruppe von Fackelträgern unter lauter Musik den Zeltweg erreichte. Sie boten ein Schauspiel, wie ich es noch nie zuvor gesehen hatte und das einen einzigartigen Eindruck auf mich machte. Nach dem Gesang konnte man die Stimme des Präsidenten des Gesangvereins von der Straße her hören. Ich war von dem Vorfall so sehr betroffen, dass mein unbezwingbarer Optimismus schnell alle anderen Gefühle überlagerte. In meiner Dankesrede machte ich deutlich, dass ich keinen Grund sehe, warum Zürich selbst nicht der Ort sein sollte, an dem ich die Erfüllung meiner künstlerischen Ideale vorantreiben und dies auf angemessene Weise bürgerschaftlich tun könnte. Ich glaube, man hat dies als Hinweis auf eine besondere Entwicklung der Männergesänge verstanden, und man war über meine kühnen Vorhersagen sehr erfreut. Abgesehen von dieser Verwirrung, für die ich verantwortlich war, waren die Zeremonie an diesem Abend und ihre Auswirkungen auf mich sehr heiter und wohltuend.

Aber ich fühlte noch immer die eigentümliche Abneigung und Furcht, das Komponieren wieder aufzunehmen, die ich früher nach längeren Pausen in der musikalischen Produktion empfunden hatte. Ich fühlte mich auch sehr erschöpft von allem, was ich getan und durchgemacht hatte, und die immer wiederkehrende Sehnsucht, mit allem Vergangenen völlig zu brechen, die mich leider seit meiner Abreise aus Dresden verfolgte, sowie die durch diese Angst genährte Sehnsucht und das Verlangen nach neuen und ungewohnten Umgebungen gewannen jetzt neue und quälende Kraft. Ich fühlte, dass ich, bevor ich eine so gigantische Aufgabe wie die Musik zu meinem Nibelungendrama in Angriff nahm, unbedingt einen letzten Versuch unternehmen musste, um zu sehen, ob ich nicht in einer neuen Umgebung ein Leben erreichen könnte, das meinen Gefühlen mehr entsprach, als ich nach so vielen Kompromissen jemals anstreben konnte. Ich plante eine Reise nach Italien oder in die Teile davon, die mir als politischer Flüchtling offen standen. Die Mittel zur Durchführung meines Wunsches wurden mir durch die Güte meines Freundes Wesendonck, der mir seit dieser Zeit treu ergeben ist, bereitwillig zur Verfügung gestellt. Ich wusste jedoch, dass es nicht ratsam war, diese Reise vor dem Herbst anzutreten, und da mir mein Arzt eine spezielle Behandlung zur Stärkung meiner Nerven empfohlen hatte – und sei es nur, um Italien zu genießen –, beschloss ich, zunächst nach St. Moritz Bad im Engadin zu fahren. Ich reiste in der zweiten Julihälfte in Begleitung von Herwegh ab. Seltsamerweise habe ich oft festgestellt, dass das, was andere Leute in ihren Tagebüchern lediglich als gewöhnlichen Besuch oder triviale Expedition vermerken konnten, für mich den Charakter eines Abenteuers annahm. Dies geschah auf unserer Reise nach Bad , als wir wegen überfüllter Kutschen in Chur in einem unaufhörlichen Regenguss aufgehalten wurden. Wir waren gezwungen, uns die Zeit mit Lesen in einem äußerst unbequemen Gasthof zu vertreiben. Ich besorgte mir Goethes Westöstlichen Divan, auf dessen Lektüre ich durch Daumers Bearbeitung von Hafis vorbereitet worden war. Bis heute denke ich nie an Goethes Worte zur Erläuterung dieser Gedichte, ohne an diese elende Verzögerung auf unserer Reise ins Engadin zu denken. In St. Moritz kamen wir nicht viel besser voran; das heutige, bequeme Kurhaus existierte damals noch nicht, und wir mussten uns mit den ärmlichsten Unterkünften zufrieden geben; das war mir wegen Herwegh besonders unangenehm, da er nicht aus Gesundheitsgründen, sondern einfach zum Vergnügen dorthin gefahren war. Doch bald erheiterte uns die schöne Aussicht auf die großen Täler, die bis auf die Alpenweiden ganz kahl waren und die sich uns auf unserem Weg die steilen Hänge hinab in die italienischen Täler boten. Nachdem wir den Schulmeister in Samaden als Führer zum Rosetch-Gletscher gewonnen hatten, begaben wir uns auf ernsthaftere Expeditionen. Wir hatten uns zuversichtlich auf ein außergewöhnliches Vergnügen gefreut, wenn wir so über die Abgründe des großen Mont Bernina hinausdrangen, dem wir den Palmenschmuck über dem Mont Blanc selbst verliehen. Leider blieb die Wirkung bei meinem Freund aufgrund der enormen Anstrengungen, die mit dem Aufstieg und der Überquerung des Gletschers verbunden waren, verloren. Noch einmal, aber diesmal in noch stärkerem Maße, empfand ich den erhabenen Eindruck der Heiligkeit dieses öden Ortes und die fast betäubende Ruhe, die das Verschwinden aller Vegetation auf das pulsierende Leben des menschlichen Organismus ausübt. Nachdem wir zwei Stunden tief im Gletscherpfad gewandert waren, nahmen wir eine mitgebrachte Mahlzeit und in den Spalten gekühlten Champagner ein, um uns für unsere mühsame Rückkehr zu stärken. Ich musste die Strecke fast zweimal zurücklegen, da Herwegh zu meinem Erstaunen in einem so nervösen Zustand war, dass ich ihm wiederholt den Weg auf und ab zeigen musste, bevor er sich entschloss, mir zu folgen. Die besonders anstrengende Luft in diesen Gegenden wurde mir dann bewusst, als wir auf unserem Rückweg bei der ersten Hirtenhütte Halt machten und uns mit köstlicher Milch erfrischten. Ich schluckte solche Mengen davon, dass wir beide völlig erstaunt waren, aber ich empfand dadurch keinerlei Unbehagen.

Die Wässer, ob innerlich oder äußerlich angewendet, sind bekanntermaßen stark mit Eisen gesättigt, und bei der Einnahme machte ich die gleiche Erfahrung wie bei früheren Gelegenheiten. Mit meinem äußerst erregbaren Nervensystem bereiteten sie mir mehr Ärger als Erleichterung. Die Mußestunden füllte ich mit der Lektüre von Goethes Wahlverwandtschaften aus, die ich seit meiner Jugend nicht mehr gelesen hatte. Diesmal verschlang ich das Buch von Anfang bis Ende, und es wurde auch zum Anlass hitziger Diskussionen zwischen Herwegh und mir. Da Herwegh über umfassende Kenntnisse der Eigenarten unserer großen poetischen Literatur verfügte, fühlte er sich verpflichtet, den Charakter Charlottes gegen meine Angriffe zu verteidigen. Meine Heftigkeit in dieser Angelegenheit zeigte, was für ein seltsames Wesen ich mit über vierzig noch war, und im Grunde meines Herzens musste ich zugeben, dass Herwegh Gothes Gedicht objektiv richtiger beurteilte als ich, da ich mich immer von einer Art moralischer Knechtschaft niedergedrückt fühlte, der Herwegh, wenn er sie überhaupt je empfunden hatte, aufgrund seiner eigentümlichen Beziehungen zu seiner willensstarken Frau ruhig nachgab. Als die Zeit zu Ende ging und ich erkannte, dass ich von der Behandlung nicht viel zu erwarten hatte, kehrten wir nach Zürich zurück. Das war etwa Mitte August, und ich begann nun ungeduldig meiner Italienreise entgegenzublicken. Endlich, im Monat September, der mir als für eine Italienreise ganz geeignet bezeichnet worden war, trat ich die Reise über Genf an, voll unbeschreiblicher Vorstellungen von dem, was vor mir lag und was ich als Ergebnis meiner Suche erwarten könnte. Wiederum unter allerlei seltsamen Abenteuern erreichte ich Turin mit einer Sonderpostkutsche über den Mont Cenis. Da ich nichts fand, was mich länger als ein paar Tage aufhalten konnte, eilte ich weiter nach Genua. Dort jedenfalls schienen die ersehnten Wunder in Reichweite. Der großartige Eindruck, den diese Stadt auf mich machte, überwältigt bis heute jede Sehnsucht, den Rest Italiens zu besuchen. Ein paar Tage lang war ich in einem Traum der Wonne; aber meine extreme Einsamkeit inmitten dieser Eindrücke ließ mich bald fühlen, dass ich ein Fremder in dieser Welt war und dass ich mich dort nie zu Hause fühlen würde. Da ich absolut unerfahren darin war, die Schätze der Kunst nach einem systematischen Plan zu suchen, gab ich mich in dieser neuen Welt einem eigentümlichen Geisteszustand hin, den man als einen musikalischen beschreiben könnte, und meine Hauptidee war, einen Wendepunkt zu finden, der mich dazu bewegen könnte, dort in stillem Genuss zu bleiben. Mein einziges Ziel war noch immer, eine Zuflucht zu finden, wo ich die angenehme Ruhe genießen könnte, die einer neuen künstlerischen Schöpfung angemessen ist. Als Folge des gedankenlosen Genusses von Eis bekam ich jedoch bald einen Anfall von Ruhr, der nach meiner vorherigen Hochstimmung die deprimierendste Mattigkeit hervorrief. Ich wollte dem schrecklichen Lärm des Hafens, in dessen Nähe ich wohnte, entfliehen und die absolute Ruhe suchen; und da ich dachte, eine Reise nach Spezia würde mir guttun, fuhr ich eine Woche später mit dem Dampfer dorthin. Sogar dieser Ausflug, der nur eine Nacht dauerte, wurde dank eines heftigen Gegenwindes zu einem anstrengenden Abenteuer. Die Ruhr wurde aufgrund der Seekrankheit schlimmer, und in völlig erschöpftem Zustand, kaum imstande, mich noch einen Schritt weiterzuschleppen, machte ich mich auf den Weg zum besten Hotel in Spezia, das zu meinem Entsetzen in einer lauten, engen Straße lag.

Nach einer Nacht im Fieber und ohne Schlaf zwang ich mich am nächsten Tag zu einem langen Marsch durch das mit Kiefernwäldern bedeckte Hügelland. Es sah alles trostlos und öde aus, und ich wusste nicht, was ich dort tun sollte. Als ich am Nachmittag zurückkam, streckte ich mich todmüde auf einem harten Lager aus und wartete auf die lang ersehnte Stunde des Schlafes. Sie kam nicht; aber ich verfiel in eine Art Schlafzustand, in dem ich mich plötzlich fühlte, als versinke ich in schnell fließendem Wasser. Das rauschende Geräusch formte sich in meinem Gehirn zu einem musikalischen Klang, dem Akkord Es-Dur, der in gebrochenen Formen fortwährend widerhallte; diese gebrochenen Akkorde schienen melodische Passagen von zunehmender Bewegung zu sein, doch der reine Dreiklang Es-Dur änderte sich nie, sondern schien durch seine Fortdauer dem Element, in das ich versank, eine unendliche Bedeutung zu verleihen. Ich erwachte in plötzlichem Schrecken aus meinem Dämmerzustand und hatte das Gefühl, als rauschten die Wellen hoch über meinem Kopf. Ich erkannte sofort, dass die Orchesterouvertüre zum Rheingold, die lange Zeit in mir verborgen gewesen sein musste, obwohl sie keine endgültige Form finden konnte, mir endlich offenbart worden war. Dann erkannte ich schnell meine eigene Natur; der Strom des Lebens sollte nicht von außen, sondern von innen zu mir fließen. Ich beschloss, sofort nach Zürich zurückzukehren und mit der Komposition meines großen Gedichts zu beginnen. Ich telegraphierte meiner Frau, um sie über meinen Entschluss zu informieren und meine Studie vorzubereiten.

Am selben Abend bestieg ich den Bus, der mich entlang der Riviera di Levante nach Genua brachte. Während dieser Reise, die den ganzen nächsten Tag dauerte, hatte ich wieder Gelegenheit, herrliche Eindrücke des Landes zu gewinnen. Vor allem die Farbenpracht der Wunder, die sich meinen Augen boten, war es, die mich so entzückte – das Röten der Felsen, das Blau des Himmels und des Meeres, das blasse Grün der Pinien, ja selbst das blendende Weiß einer Rinderherde wirkte so stark auf mich, dass ich seufzend vor mich hin murmelte: „Wie traurig ist es, dass ich nicht bleiben kann, um all dies zu genießen und so meine sinnliche Natur zu befriedigen."

In Genua fühlte ich mich wieder so angenehm angeregt, dass ich plötzlich dachte, ich hätte nur einer törichten Schwäche nachgegeben, und beschloss, meinen ursprünglichen Plan auszuführen. Ich traf bereits Vorbereitungen für eine Reise nach Nizza entlang der berühmten Riviera di Ponente, von der ich so viel gehört hatte, aber ich hatte mich kaum zu meinen früheren Plänen entschlossen, als ich erkannte, dass es nicht die erneute Freude an Italien war, die mich erfrischte und belebte, sondern der Entschluss, meine Arbeit wieder aufzunehmen. Und tatsächlich, sobald ich mich entschloss, diesen Plan zu ändern, stellte sich der alte Zustand mit allen Symptomen der Ruhr wieder ein. Daraufhin verstand ich mich selbst, gab die Reise nach Nizza auf und kehrte direkt auf dem nächsten Weg über Alessandria und Novara zurück.

Diesmal passierte ich die Borromäischen Inseln mit größter Gleichgültigkeit und gelangte über den Sankt Gotthard zurück nach Zürich.

Nach meiner Rückkehr hätte mich nur der sofortige Beginn meiner großen Arbeit glücklich machen können. Für den Augenblick jedoch sah ich, dass diese Arbeit durch meine Verabredung mit Liszt, der Anfang Oktober in Basel sein sollte, ernsthaft unterbrochen werden würde. Ich war unruhig und verärgert über die Unruhe und verbrachte die Zeit damit, meine Frau zu besuchen, die, da sie dachte, ich würde länger weg sein, in Baden am Stein eine Kur machte. Da ich leicht dazu überredet werden konnte, ein solches Experiment zu versuchen, wenn nur die Person, die es mir empfahl, optimistisch genug war, ließ ich mich zu einer Reihe heißer Bäder überreden, was meine Erregung beträchtlich steigerte.

Endlich war die Zeit für das Treffen in Basel gekommen. Auf Einladung des Großherzogs von Baden hatte Liszt in Karlsruhe ein Musikfest veranstaltet und geleitet, dessen Ziel es war, dem Publikum eine angemessene Interpretation unserer jeweiligen Werke zu bieten. Da mir die Einreise in das Gebiet des Deutschen Bundes noch nicht gestattet war, hatte Liszt Basel als den der badischen Grenze am nächsten gelegenen Ort gewählt und einige junge Männer mitgebracht, die in Karlsruhe seine ergebenen Verehrer gewesen waren, um mich herzlich willkommen zu heißen.

Ich kam als Erster an, und als ich abends allein im Speisesaal des Hotels saß und „Zu den drei Königen" sang, drang aus dem angrenzenden Vestibül die Melodie der Trompetenfanfare (aus Lohengrin), die die Ankunft des Königs ankündigte und von einem starken, wenn auch nicht zahlreichen Männerchor gesungen wurde, zu mir. Die Tür öffnete sich, und Liszt trat an der Spitze seiner fröhlichen kleinen Bande ein, die er mir vorstellte. Auch Bülow sah ich wieder, zum ersten Mal seit seinem abenteuerlichen Winterbesuch in Zürich und St. Gallen, und mit ihm Joachim, Peter Cornelius, Richard Pohl und Dionys Pruckner.

Liszt sagte mir, er erwarte am nächsten Tag einen Besuch von seiner Freundin Caroline von Wittgenstein und ihrer kleinen Tochter Marie. Die fröhliche und heitere Stimmung, die bei dieser Zusammenkunft herrschte (die, wie alles, was Liszt förderte, trotz ihrer intimen Art, von großartiger Unkonventionalität geprägt war), steigerte sich im Laufe des Abends zu einem fast exzentrischen Ausmaß der Heiterkeit. Inmitten unserer wilden Stimmung vermisste ich plötzlich Pohl. Ich wusste, dass er ein Verfechter unserer Sache war, da ich seine Artikel unter dem Pseudonym „Hoplit" gelesen hatte. Ich schlich mich davon und fand ihn im Bett, wo er unter rasenden Kopfschmerzen litt. Mein Mitgefühl hatte eine solche Wirkung auf ihn, dass er sich plötzlich geheilt erklärte. Er sprang aus dem Bett und ließ sich von mir eilig beim Anziehen helfen, und wir gesellten uns wieder zu unseren Freunden, bis die Nacht weit fortgeschritten war, und amüsierten uns ausgiebig. Am nächsten Tag war unser Glück vollkommen, als die Damen eintrafen, die für die nächsten Tage den Mittelpunkt unserer kleinen Gesellschaft bildeten. Es war damals für jeden, der mit Prinzessin Caroline in Kontakt kam, unmöglich, nicht von ihrer fröhlichen Art und der charmanten Art, mit der sie sich auf all unsere kleinen Pläne einließ, fasziniert zu sein.

Sie interessierte sich ebenso für die wichtigeren Fragen, die uns betrafen, wie für die zufälligen Einzelheiten unseres Lebens in Bezug auf die Gesellschaft, und sie hatte die magnetische Kraft, das Beste aus denen herauszuholen, mit denen sie verkehrte. Ihre Tochter machte einen ganz anderen Eindruck. Sie war kaum fünfzehn und hatte einen ziemlich verträumten Ausdruck auf ihrem jungen Gesicht und befand sich in der Phase, „in der sich Frausein und Kindheit treffen", was mir erlaubte, ihr das Kompliment zu machen, sie „das Kind" zu nennen. Während unserer lebhaften Diskussionen und Ausbrüche von Fröhlichkeit blickten ihre dunklen, nachdenklichen Augen uns so ruhig an, dass wir unbewusst fühlten, dass sie in ihrer Unschuld unabsichtlich den Grund unserer Fröhlichkeit verstand. Damals litt ich unter der Eitelkeit, meine Gedichte laut vortragen zu wollen (ein Verfahren, das Herwegh übrigens sehr ärgerte), und daher war es keine schwierige Aufgabe, mich dazu zu bewegen, mein Nibelungendrama vorzulesen. Da die Zeit unserer Trennung näher rückte, beschloss ich, nur Siegfried zu lesen.

Als Liszt nach Paris aufbrechen musste, um seine Kinder zu besuchen, begleiteten wir ihn alle bis nach Straßburg. Ich hatte beschlossen, ihm nach Paris zu folgen, aber die Fürstin wollte mit ihrer Tochter von Straßburg nach Weimar weiterreisen.

Während der wenigen freien Stunden unseres kurzen Aufenthaltes in Straßburg wurde ich gebeten, den Damen einige meiner Werke vorzulesen, aber ich fand keine passende Gelegenheit. Am Morgen unserer geplanten Abreise kam Liszt jedoch in mein Zimmer, um mir zu sagen, dass die Damen sich schließlich doch entschlossen hatten, uns nach Paris zu begleiten, und fügte lachend hinzu, dass Marie ihre Mutter dazu überredet hatte, ihre Pläne zu ändern, da sie den Rest der Nibelungengedichte hören wollte. Die Verlängerung unserer Reise mit all ihren reizenden Vorkommnissen entsprach ganz meinem Geschmack.

Wir waren sehr traurig, uns von unseren jüngeren Freunden zu trennen. Bülow erzählte mir, dass Joachim, der sich bisher eher zurückhaltend verhalten hatte, meinen großartigen Artikel über das „Judentum" nicht vergessen konnte und dass er sich deshalb in meiner Gegenwart schüchtern und unbehaglich fühlte. Er sagte auch, dass Joachim, als er ihn (Bülow) gebeten hatte, einen seiner Aufsätze vorzulesen, mit einer gewissen sanften Zurückhaltung gefragt hatte, ob ich darin „irgendetwas Jüdisches" finden könne.

Dieser rührende Charakterzug Joachims veranlasste mich, ihm zum Abschied ein paar besonders freundliche Worte zu sagen und ihn herzlich zu umarmen. Ich sah ihn nie wieder [Fußnote : Dies wurde 1869 geschrieben.] und hörte zu meinem Erstaunen, dass er fast unmittelbar nach unserer Abreise eine feindselige Haltung sowohl gegenüber Liszt als auch mir gegenüber eingenommen hatte. Die anderen jungen Männer waren bei ihrer Rückkehr nach Deutschland Opfer einer sehr komischen, wenn auch unangenehmen Erfahrung, nämlich der Begegnung mit der Polizei in Baden.

Sie waren in die Stadt gekommen, indem sie dieselbe fröhliche Melodie der Fanfare aus Lohengrin sangen, und es fiel ihnen sehr schwer, den Einwohnern eine zufriedenstellende Darstellung ihrer Person zu geben.

Unsere Reise nach Paris und unser Aufenthalt dort waren voller wichtiger Ereignisse und hinterließen unauslöschliche Spuren unserer außergewöhnlich innigen Freundschaft. Nach großen Schwierigkeiten fanden wir Zimmer für die Damen im Hotel des Princes, und Liszt schlug dann vor, dass wir einen Spaziergang auf den Boulevards machen sollten, die zu dieser Stunde verlassen waren. Ich nehme an, dass unsere Gefühle bei dieser Gelegenheit ebenso unterschiedlich waren wie unsere Erinnerungen. Als ich am nächsten Morgen das Wohnzimmer betrat, bemerkte Liszt mit seinem typischen kleinen Lächeln, dass die Prinzessin Marie bei dem Gedanken an weitere Lesungen bereits in großer Aufregung war. Paris bot für mich nicht viel Reiz, und da Prinzessin Caroline so wenig Aufmerksamkeit wie möglich erregen wollte und Liszt häufig in private Angelegenheiten gerufen wurde, nahmen wir unsere Lektüre, die wir in Basel unterbrochen hatten, gleich am ersten Morgen unseres Aufenthalts in Paris wieder auf, noch bevor wir das Hotel verlassen hatten. An den folgenden Tagen durfte ich nicht mit dem Lesen aufhören, bis der Ring des Nibelungen ganz beendet war. Schließlich zog Paris unsere Aufmerksamkeit auf sich, aber während die Damen die Museen besuchten, musste ich leider in meinem Zimmer bleiben, gequält von immer wiederkehrenden nervösen Kopfschmerzen. Liszt jedoch überredete mich gelegentlich, sie auf ihren Ausflügen zu begleiten. Zu Beginn unseres Aufenthalts hatte er eine Loge für eine Aufführung von Robert le Diable gemietet, weil er wollte, dass die Damen das große Opernhaus unter den günstigsten Bedingungen sehen konnten. Ich glaube, dass meine Freunde die schreckliche Depression teilten, an der ich bei dieser Gelegenheit litt. Liszt jedoch muss andere Gründe für seinen Besuch gehabt haben. Er hatte mich gebeten, Abendgarderobe zu tragen, und schien sehr erfreut darüber zu sein, als er mich in der Pause einlud, mit ihm einen Spaziergang durch das Foyer zu machen. Ich konnte sehen, dass er unter dem Einfluss gewisser Erinnerungen an entzückende Abende stand, die er in eben diesem Foyer verbracht hatte, und dass die düstere Aufführung dieses Abends ihn düster gestimmt haben musste. Wir schlichen uns leise zu unseren Freunden zurück und wussten kaum, warum wir diese eintönige Expedition begonnen hatten. Zu meinen größten künstlerischen Genüssen zählte ein Konzert der Morin-Chevillard Quartette Society, bei dem Beethovens Quartette in Es-Dur und cis-Moll gespielt wurden; die vorzügliche Wiedergabe dieses Werkes machte auf mich einen ganz ähnlichen Eindruck wie einst die Aufführung der 9. Symphonie durch das Orchester des Conservatoire. Wieder einmal hatte ich Gelegenheit, den großen künstlerischen Eifer zu bewundern, mit dem die Franzosen diese musikalischen Schätze meistern, die von den Deutschen bis heute so roh behandelt werden.

Dies war das erste Mal, dass ich das cis-Moll-Quartett wirklich näher kennenlernte, denn seine Melodie hatte ich noch nie zuvor begriffen. Wenn mich also sonst nichts an meinen Aufenthalt in Paris erinnert hätte, so wäre dies eine unvergängliche Erinnerung gewesen. Ich nahm auch andere, ebenso bedeutsame Eindrücke mit. Eines Tages lud mich Liszt ein, einen Abend bei ihm und seinen Kindern zu verbringen, die in Paris in der Obhut einer Gouvernante sehr ruhig lebten.

Es war für mich etwas ganz Neues, Liszt mit diesen jungen Mädchen zu sehen und ihn im Umgang mit seinem Sohn zu beobachten, der damals noch ein heranwachsender Junge war. Liszt selbst schien sich in seiner väterlichen Position, die ihm mehrere Jahre lang nur Sorgen ohne die damit verbundenen Freuden gebracht hatte, fremd zu fühlen.

Bei dieser Gelegenheit nahmen wir unsere Lektüre des letzten Aktes der Götterdämmerung wieder auf, die uns zum ersehnten Ende der Tetralogie führte. Berlioz, der uns während dieser Zeit besuchte, ertrug diese Lesungen mit bewundernswerter Geduld. Wir aßen einen Morgen vor seiner Abreise mit ihm zu Mittag, und er hatte seine Noten für seine Konzertreise durch Deutschland bereits eingepackt. Liszt spielte verschiedene Stücke aus seinem Benvenuto Cellini, während Berlioz sie in seinem eigentümlich monotonen Stil sang. Ich traf auch den Journalisten Jules Janin, der in Paris eine ziemliche Berühmtheit war, obwohl ich das erst nach langer Zeit erkannte; das einzige, was mich an ihm beeindruckte, war sein umgangssprachliches Pariser Französisch, das für mich völlig unverständlich war.

In meiner Erinnerung bleibt mir auch ein Abendessen mit anschließendem musikalischen Abend im Hause des berühmten Klavierfabrikanten Erard. In diesem Hause sowie bei einem Abendessen, das Liszt im Palais Royal gab, traf ich seine Kinder wieder. Daniel, der jüngste von ihnen, zog mich besonders durch seine Klugheit und seine auffallende Ähnlichkeit mit seinem Vater an, aber die Mädchen waren sehr schüchtern. Nicht vergessen darf ich einen Abend im Hause von Frau Kalergis zu erwähnen, einer Frau von außergewöhnlicher Individualität, die ich hier zum ersten Mal seit der frühen Aufführung des Tannhäuser in Dresden traf. Als sie mir beim Abendessen eine Frage über Louis Napoleon stellte, vergaß ich mich in meiner Aufregung und meinem Groll so sehr, dass ich jede weitere Unterhaltung mit den Worten beendete, ich könne nicht verstehen, wie jemand Großes von einem Mann erwarten könne, den keine Frau wirklich lieben könne. Als sich Liszt nach dem Abendessen ans Klavier setzte, bemerkte die junge Marie Wittgenstein, dass ich mich schweigend und ziemlich traurig von der übrigen Gesellschaft zurückgezogen hatte; Dies lag zum Teil an meinen

Kopfschmerzen und zum Teil an dem Gefühl der Isolation, das mich in dieser Umgebung überkam. Ich war gerührt von ihrer Anteilnahme und ihrem offensichtlichen Wunsch, mich abzulenken.

Nach einer sehr anstrengenden Woche verließen meine Freunde Paris. Da ich wieder einmal daran gehindert worden war, meine Arbeit aufzunehmen, beschloss ich, Paris nicht zu verlassen, bis ich meine Nerven wieder so weit beruhigt hätte, wie es für die Erfüllung meines großen Vorhabens unabdingbar war. Ich hatte meine Frau eingeladen, mich auf dem Rückweg nach Zürich zu treffen, um ihr Gelegenheit zu geben, Paris, wo wir beide so viel gelitten hatten, noch einmal zu sehen. Nach ihrer Ankunft kamen Kietz und Anders regelmäßig zum Abendessen, und auch ein junger Pole, der Sohn meines alten und geliebten Freundes, Graf Vincenz Tyszkiewicz, besuchte uns sehr oft.

Dieser junge Mann (der seit den ersten Tagen meiner Freundschaft mit seinem Vater geboren worden war) hatte sich, wie so viele heutzutage, leidenschaftlich der Musik gewidmet. Er hatte nach einer Aufführung von Freischütz in der Grande Opéra in Paris für ziemliches Aufsehen gesorgt, indem er erklärte, die vielen Kürzungen und Änderungen seien ein Betrug am eingeweihten Publikum gewesen, und er hatte die Theaterleitung auf die Rückzahlung des Eintrittsgeldes verklagt, das er bedauerte, nie bezahlt zu haben. Er hatte auch die Idee, eine Zeitung zu veröffentlichen, um auf die schlampige Führung der Musikgeschäfte in Paris aufmerksam zu machen, die seiner Meinung nach eine Beleidigung des öffentlichen Geschmacks war.

Prinz Eugen von Wittgenstein-Sayn, ein junger Amateurmaler, der zu Liszts engem Freundeskreis gehört hatte, malte eine Miniatur von mir, für die ich ihm mehrere Sitzungen widmen musste; es entstand unter Kietz' Anleitung und ist ziemlich gut gelungen.

Ich hatte eine wichtige Konsultation mit einem jungen Arzt namens Lindemann, einem Freund von Kietz. Er riet mir dringend, die Wasserkur aufzugeben, und versuchte, mich zur Gifttheorie zu bekehren. Er hatte die Aufmerksamkeit der Pariser Gesellschaft erregt, indem er sich im Krankenhaus vor Zeugen mit verschiedenen Giften impfte, um ihre Wirkung auf den Körper zu zeigen, ein Experiment, das er genau und äußerst wirksam durchführte. In Bezug auf meinen eigenen Fall erklärte er, dass dieser leicht behoben werden könne, wenn wir durch sorgfältige Experimente herausfinden würden, welche metallische Substanz mein Nervensystem speziell beeinflussen würde. Er empfahl mir ohne Zögern, im Falle sehr heftiger Anfälle Laudanum einzunehmen, und in Ermangelung dieses Giftes schien er Baldrian für ein ausgezeichnetes Heilmittel zu halten.

Ermüdet, ruhelos und höchst ungespannt verließ ich mit Minna gegen Ende Oktober Paris, ohne im geringsten zu verstehen, warum ich dort so viel Geld ausgegeben hatte. In der Hoffnung, dies durch die Förderung meiner Opern in Deutschland auszugleichen, zog ich mich ruhig in die Abgeschiedenheit meiner Zürcher Wohnung zurück, fest entschlossen, diese nicht eher zu verlassen, als bis wenigstens einige Teile meiner Nibelungendramen vertont wären.

Anfang November begann ich mit dieser lange aufgeschobenen Arbeit. Fünfeinhalb Jahre lang (seit Ende März 1848) hatte ich mich von jeder musikalischen Komposition ferngehalten, und da ich sehr bald die richtige Stimmung zum Komponieren fand, kann diese Rückkehr zu meiner Arbeit am ehesten mit einer Reinkarnation meiner Seele verglichen werden, nachdem sie in anderen Sphären gewandert war. Was die Technik anbelangt, geriet ich bald in eine Schwierigkeit, als ich begann, die Orchesterouvertüre, die in Spezia in einer Art Halbtraum konzipiert worden war, in meiner üblichen Art, sie in zwei Zeilen zu skizzieren, niederzuschreiben. Ich war gezwungen, zur vollständigen Partiturformel zu greifen; dies verleitete mich dazu, eine neue Art des Skizzierens auszuprobieren, die sehr hastig und oberflächlich war, und von der ich sofort die vollständige Partitur schrieb.

Dieser Vorgang führte oft zu Schwierigkeiten, da ich bei der kleinsten Unterbrechung meiner Arbeit den Faden meines Entwurfs verlor und von vorne beginnen musste, bevor ich ihn mir ins Gedächtnis rufen konnte.

Dies ließ ich bei „Rheingold" nicht zu. Die ganze Komposition war am 16. Januar 1854 in groben Zügen fertig, und so war auch der Plan für die musikalische Struktur dieses vierteiligen Werkes in allen thematischen Proportionen ausgearbeitet, denn in diesem großen Vorspiel mussten die thematischen Grundlagen des Ganzen gelegt werden.

Ich weiß noch, wie sehr sich mein Gesundheitszustand während des Schreibens dieser Arbeit verbesserte und dass mein Umfeld während dieser Zeit infolgedessen kaum einen Eindruck auf mich gemacht hat.

In den ersten Monaten des neuen Jahres dirigierte ich auch einige Orchesterkonzerte. Meinem Freund Sulzer zuliebe produzierte ich unter anderem die Ouvertüre zu Glucks Iphigenie in Aulis, nachdem ich ein neues Finale dazu geschrieben hatte. Die Notwendigkeit, das Finale von Mozart zu ändern, veranlasste mich, einen Artikel für die Musikzeitschrift Brendel über dieses künstlerische Problem zu schreiben. Diese Beschäftigungen hinderten mich jedoch nicht daran, an der Partitur des Rheingolds zu arbeiten, die ich rasch mit Bleistift auf einige einzelne Blätter strich. Am 28. Mai war die Instrumentierung des Rheingolds abgeschlossen. In meinem Privatleben hatte sich wenig geändert; die Dinge waren in den letzten Jahren gleich geblieben, und alles lief reibungslos. Nur meine finanzielle Lage war etwas prekär, was auf die Ausgaben für Möbel usw. des vergangenen Jahres zurückzuführen war, und auch auf die luxuriösere Lebensweise, die ich angenommen hatte, weil ich glaubte, dass meine jetzt bekannteren Opern mir ein höheres Einkommen bringen würden.

Die wichtigsten Theater hielten sich jedoch noch zurück, und zu meinem Leidwesen erwiesen sich alle meine Bemühungen um Verhandlungen mit Berlin und Wien als fruchtlos. Infolge dieser Enttäuschungen litt ich während des größten Teils des Jahres unter großen Sorgen und Nöten. Ich suchte ihnen durch neue Arbeit entgegenzuwirken, und statt die Partitur des Rheingolds auszuarbeiten, begann ich mit der Komposition der Walküre. Gegen Ende Juli hatte ich die erste Szene fertiggestellt, musste aber meine Arbeit wegen einer Reise in die Südschweiz unterbrechen.

Ich hatte eine Einladung der Eidgenössischen Musikgesellschaft erhalten, in jenem Jahr ihr Musikfestival in Sion zu dirigieren . Ich hatte abgelehnt, versprach aber zugleich, wenn möglich bei einem der Festkonzerte Beethovens Symphonie in A-Dur zu dirigieren. Unterwegs wollte ich Karl Ritter besuchen, der mit seiner jungen Frau nach Montreux an den Genfersee gezogen war. Die Woche, die ich mit diesem jungen Paar verbrachte, gab mir reichlich Gelegenheit zu zweifeln, ob ihr Glück von langer Dauer sein würde.

Karl und ich brachen kurz darauf zum Musikfestival im Wallis auf. Unterwegs gesellte sich in Martigny ein außergewöhnlicher junger Mann zu uns, Robert von Hornstein, der mir anlässlich meines großen Musikfestivals im Jahr zuvor als Enthusiast und Musiker vorgestellt worden war. Dieser eigenartige Sterbliche wurde als eine sehr willkommene Ergänzung unserer Gesellschaft angesehen, insbesondere von dem jungen Ritter, und beide jungen Leute sahen dem bevorstehenden Vergnügen mit großer Begeisterung entgegen; Hornstein war den ganzen Weg aus Schwaben gekommen, um mich das Festival im Kanton Wallis dirigieren zu hören. Wir kamen mitten in den musikalischen Festlichkeiten an, und ich war furchtbar enttäuscht, als ich feststellte, wie schlecht und unkünstlerisch die Vorkehrungen getroffen worden waren. Ich war so verblüfft, nachdem ich den übelsten Eindruck vom Klang des sehr spärlichen Orchesters in einer kleinen Kirche, die zugleich Kirche und Konzertsaal war, erhalten hatte, und so wütend bei dem Gedanken, in eine solche Angelegenheit hineingezogen worden zu sein, dass ich nur ein paar Zeilen an Methfessel, den aus Bern angereisten Leiter des Festes, schrieb und mich ohne weitere Umstände verabschiedete. Ich flüchtete mit der nächsten Postkutsche, die gerade im Begriff war abzufahren, und zwar so schnell, dass selbst meine jungen Freunde nichts von meiner Abreise bemerkten. Ich verschwieg ihnen absichtlich die Tatsache meiner plötzlichen Flucht; ich hatte meine eigenen Gründe dafür, und da sie psychologisch recht interessant waren, habe ich sie nie vergessen.

Als ich an diesem Tag nach dem enttäuschenden Eindruck, den ich gerade erhalten hatte, elend und deprimiert zum Abendessen zurückkkam, reagierten meine jungen Freunde auf meinen Ärger mit albernem und beinahe beleidigendem Gelächter. Ich nahm an, dass ihre Heiterkeit auf Bemerkungen zurückzuführen war, die sie vor meinem Eintreten auf meine Kosten gemacht hatten, da weder meine Ermahnungen noch mein Ärger sie dazu bewegen konnten, sich anders zu verhalten. Ich verließ angewidert das Esszimmer, bezahlte meine Rechnung und ging, ohne ihnen Gelegenheit zu geben, mein Weggehen zu bemerken. Ich verbrachte ein paar Tage in Genf und Lausanne und beschloss, auf dem Rückweg Frau Ritter zu besuchen; und dort traf ich die beiden jungen Leute wieder. Offensichtlich hatten auch sie das elende Fest aufgegeben und waren, völlig überrascht über meine plötzliche Abreise, fast sofort nach Montreux aufgebrochen, in der Hoffnung, Neuigkeiten von mir zu hören.

Ich erwähnte ihr rüdes Benehmen nicht, und als Karl mich herzlich einlud, noch ein paar Tage bei ihnen zu bleiben, nahm ich die Einladung an, hauptsächlich, weil mich ein eben beendetes Gedicht sehr interessierte. Es war eine Komödie namens Alkibiades, die er wirklich mit außerordentlicher Feinheit und Freiheit der Form behandelt hatte. Er hatte mir schon am Albisbrunnen von der Skizze zu diesem Werk erzählt und mir einen eleganten Dolch gezeigt, in dessen Klinge die Silben Alki eingebrannt waren.

Er erklärte, sein Freund, ein junger Schauspieler, den er in Stuttgart zurückgelassen hatte, besitze eine ähnliche Waffe, deren Klinge die Silben Biades trage. Es schien, als hätte Karl, auch ohne die symbolische Hilfe der Dolche, in dem jungen Tölpel Hornstein wieder die Ergänzung seiner eigenen „alkibiadesischen" Individualität gefunden, und es ist sehr wahrscheinlich, dass die beiden sich in Sion eingebildet hatten, sie würden eine „alkibiadesische" Szene vor Sokrates spielen. Seine Komödie zeigte mir, dass sein künstlerisches Talent glücklicherweise weit besser war als seine gesellschaftlichen Manieren. Bis heute bedauere ich, dass dieses ausgesprochen schwierige Stück nie aufgeführt wurde.

Hornstein benahm sich nun anständig und wollte über Vevey nach Lausanne. Ein Stück des Weges legten wir gemeinsam zu Fuß zurück, wobei sein drolliger Anblick mit dem Tornister auf dem Rücken höchst amüsant war. Meine Reise setzte ich allein von Bern nach Luzern fort und nahm dabei den kürzesten Weg nach Selisberg am Vierwaldstättersee, wo meine Frau zur Sauermilchkur weilte.

Die Symptome einer Herzkrankheit, die ich schon seit einiger Zeit bemerkt hatte, hatten sich verstärkt, und dieser Ort war ihr als besonders belebend und wohltuend empfohlen worden. Mit großer Geduld ertrug ich mehrere Wochen des Lebens in einer Schweizer Pension, aber meine Frau, die sich ganz an die Gepflogenheiten des Hauses angepasst hatte und sehr zufrieden zu sein schien, betrachtete mich als störendes Element.

Für mich war das eine große Prüfung, obwohl mir die schöne Luft und die täglichen Ausflüge in die Berge sehr gut taten. Ich ging sogar so weit, mir einen sehr wilden Ort auszusuchen, an dem ich mir in Gedanken ein kleines Haus bauen ließ, in dem ich in aller Ruhe arbeiten konnte.

Gegen Ende Juli kehrten wir nach Zürich zurück. Ich nahm meine Walküre wieder auf und beendete den ersten Akt im Monat August. Ich war gerade zu dieser Zeit von meinen Sorgen furchtbar niedergedrückt, und da ich mehr denn je absolute Ruhe für meine Arbeit brauchte, stimmte ich der Abreise meiner Frau sofort zu, als sie mir von ihrem beabsichtigten Besuch bei ihren Verwandten und Freunden in Dresden und Zwickau erzählte. Sie verließ mich Anfang September und schrieb mir von ihrem Aufenthalt in Weimar, wo die Fürstin Wittgenstein sie auf Schloss Altenburg mit der größten Gastfreundschaft empfangen hatte. Dort lernte sie Rockels Frau kennen, die vom Bruder ihres Mannes aufs aufopferndste gepflegt wurde. Es zeigte einen lebhaften und originellen Zug in Minnas Charakter, dass sie beschloss, Rockel in seinem Gefängnis in Waldheim zu besuchen, nur um seiner Frau Nachrichten von ihm zu geben, obwohl sie den Mann sehr hasste.

Sie erzählte mir von diesem Besuch und meinte sarkastisch, dass Rockel recht glücklich und munter aussehe und dass ihm das Leben im Gefängnis nicht schlecht zu stehen scheine.

Inzwischen stürzte ich mich mit neuem Eifer in meine Arbeit und hatte am 26. September eine Reinschrift der Rheingold-Partitur fertiggestellt. In der friedlichen Stille meines Hauses stieß ich damals zum ersten Mal auf ein Buch, das für mich von großer Bedeutung sein sollte. Es war Arthur Schopenhauers Die Welt als Wille und Vorstellung. Herwegh empfahl mir dieses Werk und sagte mir, dass es seltsamerweise erst vor kurzem entdeckt worden sei, obwohl es bereits seit über dreißig Jahren veröffentlicht sei. In einer Broschüre zu diesem Thema hatte ein gewisser Herr Frauenstadt die Öffentlichkeit auf das Buch aufmerksam gemacht, das mich sofort anzog, und ich begann sofort, es zu studieren. Seit langem wollte ich den wahren Wert der Philosophie verstehen. Meine Gespräche mit Lehrs in Paris in meinen sehr jungen Tagen hatten meine Sehnsucht nach diesem Wissenszweig geweckt, den ich zum ersten Mal entdeckte, als ich die Vorlesungen mehrerer Leipziger Professoren besuchte und in späteren Jahren durch die Lektüre von Schelling und Hegel. Den Grund dafür, dass sie mich nicht zufriedenstellten, schien ich aus den Schriften Feuerbachs zu verstehen, die ich zur gleichen Zeit studierte. Was mich an Schopenhauers Werk so enorm faszinierte, war nicht nur sein außergewöhnliches Schicksal, sondern auch die Klarheit und männliche Präzision, mit der die schwierigsten metaphysischen Probleme von Anfang an behandelt wurden.

Ich war sehr angezogen von der Arbeit, als ich die Meinung eines englischen Kritikers erfuhr, der offen zugab, dass er die deutsche Philosophie wegen ihrer völligen Unverständlichkeit, wie sie sich in Hegels Lehren zeigte, respektierte, bis ihm das Studium Schopenhauers klar machte, dass Hegels Mangel an Klarheit nicht so sehr auf seine eigene Unfähigkeit zurückzuführen war, sondern auf den absichtlich bombastischen Stil, in den dieser Philosoph seine Probleme gekleidet hatte. Wie jeder Mensch, der leidenschaftlich vom Leben begeistert ist, suchte auch ich zuerst nach den Schlussfolgerungen von Schopenhauers System. Mit seiner ästhetischen Seite war ich vollkommen zufrieden und war besonders erstaunt über seine edle Auffassung der Musik. Andererseits aber erschreckte mich die abschließende Zusammenfassung über die Moral, wie sie tatsächlich jeden in meiner Stimmung erschreckt hätte; denn hier werden die Vernichtung des Willens und die völlige Entsagung als die einzig wahre und endgültige Befreiung von jenen Fesseln individueller Beschränktheit bei der Einschätzung und Betrachtung der Welt dargestellt, die jetzt zum ersten Mal deutlich spürbar sind. Wer hoffte, eine philosophische Rechtfertigung für politische und soziale Agitation im Namen der sogenannten „individuellen Freiheit“ zu finden, fand hier sicherlich keine Unterstützung, da alles, was verlangt wurde, ein absoluter Verzicht auf alle derartigen Methoden zur Befriedigung der Ansprüche der Persönlichkeit war. Anfangs fand ich seine Ideen natürlich keineswegs schmackhaft und fühlte, dass ich jene sogenannte „heitere“ griechische Sicht der Welt, mit der ich in meinem Kunstwerk der Zukunft auf das Leben geblickt hatte, nicht ohne weiteres aufgeben konnte. Tatsächlich war es Herwegh, der mich schließlich durch eine rechtzeitige Erklärung zu einer ruhigeren Gemütsverfassung hinsichtlich meiner eigenen sensiblen Gefühle brachte. Aus dieser Wahrnehmung der Nichtigkeit der sichtbaren Welt – so sagte er – leitet sich alle Tragödie ab, und eine solche Wahrnehmung muss notwendigerweise als Intuition in jedem großen Dichter und sogar in jedem großen Menschen gelebt haben . Bei der erneuten Betrachtung meines Nibelungengedichts erkannte ich mit Erstaunen, daß mir gerade das, was mich jetzt theoretisch so in Verlegenheit brachte, aus meiner eigenen dichterischen Auffassung längst bekannt war. Jetzt endlich verstand ich meinen Wotan, und ich kehrte mit geläutertem Herzen zu dem erneuten Studium des Schopenhauerschen Buches zurück. Ich hatte erkannt, daß meine erste wesentliche Aufgabe darin bestand, den ersten Teil zu verstehen, nämlich die Darlegung und Erweiterung von Kants Lehre von der Idealität jener Welt, die uns bisher so fest in Zeit und Raum begründet schien, und ich glaubte, durch die Erkenntnis ihrer ungeheuren Schwierigkeit den ersten Schritt zu einem solchen Verständnis getan zu haben. Viele Jahre ließ mich dieses Buch danach nicht mehr los, und im Sommer des folgenden Jahres hatte ich es bereits zum vierten Mal vollständig studiert. Die Wirkung, die es nach und nach auf mich ausübte, war außerordentlich und übte sicher einen entscheidenden Einfluß auf meinen ganzen Lebensweg aus. Bei der Urteilsbildung über alle jene Dinge, die ich mir bisher nur durch die Sinne angeeignet hatte, hatte ich mir ungefähr dieselbe Kraft erworben, die ich mir früher in der Musik - nach Abkehr von der Lehre meines alten Meisters Weinlich - durch ein eingehendes Studium des Kontrapunkts erworben hatte. Wenn ich mich daher in späteren Jahren in meinen Freizeitschriften wieder zu Dingen äußerte, die sich auf jene Kunst bezogen, die mich so besonders interessierte, so waren darin gewiß Spuren dessen, was ich mir durch das Studium der Philosophie Schopenhauers angeeignet hatte, deutlich zu erkennen.

Da beschloß ich, dem verehrten Philosophen eine Abschrift meines Nibelungengedichts zu übersenden. Dem Titel fügte ich lediglich handschriftlich die Worte „Mit Hochachtung" hinzu, ohne jedoch ein einziges Wort an Schopenhauer selbst zu richten.

Dies tat ich teils aus großer Schüchternheit, ihn anzusprechen, teils, weil ich fühlte, dass ein Brief von mir, so ausführlich er auch sein mochte, Schopenhauer nicht viel helfen würde, wenn die Lektüre meines Gedichts ihm nichts über den Mann verriet, mit dem er es zu tun hatte. Ich verzichtete auf diese Weise auch auf den eitlen Wunsch, durch einen eigenhändigen Brief von ihm geehrt zu werden. Später erfuhr ich jedoch von Karl Ritter und auch von Dr. Wille, die beide Schopenhauer in Frankfurt besuchten, dass er sich eindrucksvoll und positiv über meine Poesie äußerte. Neben diesen Studien schrieb ich weiter an der Musik zur Walküre. Ich lebte zu dieser Zeit sehr zurückgezogen, meine einzige Entspannung waren lange Spaziergänge in der Nachbarschaft, und wie immer, wenn ich hart an meiner Musik arbeitete, verspürte ich das Verlangen, mich in Gedichten auszudrücken. Dies muss teilweise auf die ernste Stimmung zurückzuführen sein, die Schopenhauer erzeugte und die versuchte, einen ekstatischen Ausdruck zu finden. Eine solche Stimmung war es, die die Konzeption eines Tristan und Isolde inspirierte.

Karl Ritter hatte mir gerade eine Skizze zur dramatischen Behandlung dieses Stoffes (mit dem ich durch meine Studien in Dresden bestens vertraut war) vorgelegt und mich dadurch auf den Stoff für dieses Gedicht aufmerksam gemacht. Ich hatte meinem jungen Freund bereits meine Meinung über die Fehlerhaftigkeit seiner Skizze mitgeteilt. Er hatte es nämlich darauf angelegt, die leichteren Phasen des Romans hervorzuheben, während es die alles durchdringende Tragik war, die mich so tief beeindruckte, dass ich überzeugt war, sie müsse ungeachtet kleinerer Einzelheiten in kühnem Kontrast hervortreten. Nach meiner Rückkehr von einem meiner Spaziergänge notierte ich mir die Ereignisse der drei Akte in knapper Form, um sie später ausführlicher auszuarbeiten. Im letzten Akt führte ich eine Episode ein, die ich jedoch nicht weiter ausführte, nämlich den Besuch Parsifals an Tristans Sterbebett während seiner Suche nach dem Heiligen Gral. Das Bild des dahinsiechenden, aber nicht an seiner Wunde sterbenden Tristans identifizierte sich in meiner Vorstellung mit Amfortas im Gralsroman.

Ich zwang mich, dieses Gedicht für den Augenblick beiseite zu lassen und mich von nichts von meiner großen musikalischen Arbeit abhalten zu lassen. Inzwischen gelang es mir mit Hilfe von Freunden, meine finanzielle Lage zufriedenstellend zu ändern. Auch meine Aussichten in Bezug auf die deutschen Theater schienen besser. Minna war in Berlin gewesen und hatte durch den Einfluss unserer alten Freundin Alwine Frommann ein Gespräch mit Herrn von Hülsen, dem Direktor des Hoftheaters, geführt. Nachdem ich zwei Jahre vergeblicher Bemühungen verloren hatte, war ich mir endlich sicherer, Tannhäuser dort ohne weitere Hindernisse aufgeführt zu sehen, da es bei allen Theatern so beliebt geworden war, dass sein Misserfolg in Berlin seinem Ruf nicht schaden konnte; er konnte sich nur nachteilig auf die Berliner Leitung auswirken.

Anfang November kam Minna von ihrer Reise zurück, und auf die Nachricht, die sie mir über die Aufführung des Tannhäuser in Berlin gab, ließ ich die Dinge ihren Lauf nehmen, ein Entschluss, der mir später großen Ärger bereitete, da die Aufführung meines Werkes einfach miserabel war. Ich erhielt jedoch eine gewisse Entschädigung in Form der Tantiemen, die für mich eine wichtige und kontinuierliche Einnahmequelle darstellten.

Die Musikgesellschaft Zürich erwarb nun erneut mein Interesse für ihre Winterkonzerte. Ich versprach, zu dirigieren, aber nur unter der Bedingung, dass sie ernsthaft über die Verbesserung des Orchesters nachdenken würden. Ich hatte bereits zweimal die Bildung eines anständigen Orchesters vorgeschlagen und schickte dem Komitee nun einen dritten Plan, in dem ich ausführlich beschrieb, wie sie dieses Ziel durch Zusammenarbeit mit dem Theater mit verhältnismäßig geringem Aufwand erreichen könnten. Ich sagte ihnen, dass dieser Winter das letzte Mal sein würde, dass ich mich für ihre Konzerte interessiere, wenn sie diesen sehr vernünftigen Vorschlag nicht in Betracht zogen. Abgesehen von dieser Arbeit übernahm ich eine Quartettgesellschaft, die aus den Solisten des Orchesters bestand, die bestrebt waren, die richtige Interpretation der verschiedenen von mir vorgeschlagenen Quartette zu studieren.

Es war mir eine große Freude zu sehen, wie schnell das Publikum die Bemühungen dieser Künstler unterstützte, die so nebenbei für eine beträchtliche Zeit ihr Einkommen etwas aufbesserten. Was ihre künstlerischen Leistungen anging, so ging die Arbeit eher langsam voran; die bloße Tatsache, dass sie ihre jeweiligen Instrumente gut spielen konnten, ließ sie nicht sofort die Kunst des gemeinsamen Spielens verstehen, für die so viel mehr erforderlich ist als bloße dynamische Proportionen und Akzente, die nur durch die individuelle Entwicklung eines höheren künstlerischen Geschmacks in der Behandlung des Instruments durch seinen Exponenten erreicht werden können.

Ich war zu ehrgeizig und brachte ihnen tatsächlich Beethovens Quartett in cis-Moll bei, was endlose Mühe und Proben bedeutete. Ich schrieb einige analytische Anmerkungen zur besseren Würdigung dieses außergewöhnlichen Werks und ließ sie im Programm abdrucken. Ob ich auf das Publikum Eindruck machte oder ob ihm die Aufführung gefiel, konnte ich nie herausfinden. Wenn ich sage, dass ich die Skizze der gesamten Musik zur Walküre bis zum 30. Dezember desselben Jahres fertiggestellt hatte, genügt dies, um mein anstrengendes und aktives Leben zu dieser Zeit zu beweisen und zu zeigen, dass ich mich von keiner äußeren Ablenkung von meinem strengen Arbeitsplan abbringen ließ.

Im Januar 1855 begann ich mit der Instrumentierung der Walküre, musste sie jedoch unterbrechen, da ich einigen meiner Freunde versprochen hatte, ihnen Gelegenheit zu geben, die Ouvertüre zu Faust zu hören, die ich fünfzehn Jahre zuvor in Paris geschrieben hatte. Ich sah mir diese Komposition, die zu einer so wichtigen Änderung meiner musikalischen Ideen geführt hatte, noch einmal an. Liszt hatte das Werk kurz zuvor in Weimar aufgeführt und mir sehr positiv darüber geschrieben, wobei er gleichzeitig seinen Wunsch zum Ausdruck brachte, ich solle einige nur schwach angedeutete Teile ausführlicher umschreiben. Also machte ich mich sofort an die Arbeit, die Ouvertüre umzuschreiben, wobei ich die feinen Vorschläge meines Freundes gewissenhaft übernahm, und beendete sie so, wie sie später von Hartel veröffentlicht wurde. Ich brachte unserem Orchester diese Ouvertüre bei und fand die Aufführung überhaupt nicht schlecht. Meiner Frau jedoch gefiel sie nicht; sie sagte, es käme ihr so vor, als könne man „nichts Gutes daraus machen", und sie bat mich, sie nicht in London aufführen zu lassen, als ich in diesem Jahr dorthin ging. Zu dieser Zeit erhielt ich eine außergewöhnliche Bewerbung, wie ich sie nie wieder erhalten habe. Im Januar schrieb mir die London Philharmonic Society und fragte, ob ich bereit wäre, ihre Konzerte in der Saison zu dirigieren. Ich antwortete nicht sofort, da ich zuerst einige Einzelheiten erfahren wollte, und war eines Tages sehr überrascht, als ich Besuch von einem gewissen Mr. Anderson bekam, einem Mitglied des Komitees der berühmten Gesellschaft, der eigens nach Zürich gekommen war, um meine Annahme sicherzustellen.

Ich sollte für vier Monate nach London gehen, um acht Konzerte für die Philharmonic Society zu geben, für die ich insgesamt 200 Pfund erhalten sollte. Ich wusste nicht recht, was ich tun sollte, da es mir aus geschäftlicher Sicht keinen Vorteil brachte und das Dirigieren nicht viel zu meinem Metier gehörte, es sei denn, ich konnte mich auf wenigstens ein paar erstklassige künstlerische Produktionen verlassen.

Nur eines schien mir günstig, nämlich die Aussicht, wieder ein großes und ausgezeichnetes Orchester zu leiten, nachdem mir eines so lange verwehrt geblieben war, und die Tatsache, daß ich die Aufmerksamkeit jener fernen Welt der Musik auf mich gezogen hatte, faszinierte mich außerordentlich. Ich fühlte mich, als rufe mich das Schicksal, und endlich nahm ich die Einladung dieses einfachen und liebenswürdig wirkenden Engländers, Mr. Anderson, an, der, völlig zufrieden mit dem Ergebnis seiner Mission, sofort nach England abreiste, eingehüllt in einen großen Pelzmantel, dessen wirklichen Besitzer ich erst später kennenlernte. Bevor ich ihm nach England folgte, mußte ich mich von einem Unglück befreien, das ich mir durch meine allzu große Gutmütigkeit selbst zugefügt hatte. Der damalige Direktor des Zürcher Theaters, ein aufdringlicher und übereifriger Mensch, hatte mich schließlich seinem Wunsch, den Tannhäuser zu inszenieren, mit der Begründung überreden können, dieses Werk werde jetzt in allen Opernhäusern aufgeführt, und es wäre sehr schlimm für das Zürcher Theater, wenn es als einziges dieses Privilegs beraubt würde, bloß weil ich zufällig in der Stadt wohne. Außerdem mischte sich meine Frau in die Sache ein, und die Sänger, die Tannhäuser und Wolfram spielten, stellten sich sofort unter ihre Fittiche. Es gelang ihr auch wirklich, meine humanitären Gefühle gegenüber einem ihrer Schützlinge zu wecken, einem armen Tenor, der bis dahin vom Dirigenten schwer schikaniert worden war. Ich führte diese Leute einige Male durch ihre Rollen und sah mich infolgedessen gezwungen, die Bühnenproben zu besuchen, um ihre Aufführungen zu beaufsichtigen. Am Ende lief es darauf hinaus, dass ich mich immer wieder einmischen musste, bis ich mich am Dirigentenpult wiederfand und schließlich die erste Aufführung selbst dirigierte. Ich habe eine besonders lebhafte Erinnerung an die Sängerin, die bei dieser Gelegenheit die Elisabeth spielte. Sie hatte ursprünglich Soubrettenrollen übernommen und lief ihre Rolle mit weißen Samthandschuhen und einem baumelnden Fächer. Diesmal hatte ich wirklich genug von solchen Zugeständnissen, und als das Publikum mich am Ende vor den Vorhang rief, stand ich da und sagte meinen Freunden in aller Offenheit, dass dies das letzte Mal sei, dass sie mich zu etwas dergleichen zwingen würden. Ich riet ihnen, in Zukunft auf den Zustand ihres Theaters zu achten, da sie gerade einen überzeugenden Beweis für dessen fehlerhafte Konstruktion erhalten hatten – worüber sie alle sehr erstaunt waren. Eine ähnliche Ankündigung machte ich der Musikgesellschaft, wo ich vor meiner Abreise ebenfalls noch einmal – eigentlich zum letzten Mal – dirigierte. Leider schrieben sie meine Proteste meinem Sinn für Humor zu und waren nicht im Geringsten zu Anstrengungen angespornt, so dass ich im folgenden Winter sehr streng und fast unhöflich sein musste, um sie ein für alle Mal von weiteren Forderungen an mich abzuhalten. So ließ ich meine ehemaligen

Gönner in Zürich etwas verblüfft zurück, als ich am 26. Februar nach London aufbrach.

Ich reiste durch Paris und verbrachte einige Tage dort, während dieser Zeit sah ich nur Kietz und seinen Freund Lindemann (den er für einen Quacksalber hielt). Als ich am 2. März in London ankam, besuchte ich zunächst Ferdinand Prager. In seiner Jugend war er ein Freund der Gebrüder Rockel gewesen, die mir ein sehr positives Zeugnis von ihm gegeben hatten. Er erwies sich als ungewöhnlich gutmütiger Mensch, wenn auch von einer Erregbarkeit, die durch seinen Bildungsstandard nicht ausreichend ausgeglichen wurde. Nachdem ich die erste Nacht bei ihm zu Hause verbracht hatte, richtete ich mich am nächsten Tag mit seiner Hilfe in einem Haus in Portland Terrace, in der Nähe von Regent's Park, ein, an das ich mich von früheren Besuchen angenehm erinnerte. Ich versprach mir einen angenehmen Aufenthalt dort im kommenden Frühjahr, schon allein wegen der Nähe zu dem Teil des Parks, wo schöne Blutbuchen den Weg beschatteten. Aber obwohl ich vier Monate in London verbrachte, kam es mir so vor, als käme der Frühling nie, da das neblige Klima alle Eindrücke, die ich erhielt, so sehr überschattete. Prager begleitete mich gern, als ich die üblichen Besuche abstattete, darunter einen bei Costa. So wurde ich dem Direktor der Italienischen Oper vorgestellt, der zugleich der eigentliche musikalische Leiter Londons war. Er war nämlich auch Direktor der Sacred-Music Society, die fast wöchentlich Aufführungen von Werken Händels und Mendelssohns gab.

Prager brachte mich auch zu seinem Freund Sainton, dem Dirigenten des Londoner Orchesters. Nachdem er mich sehr herzlich empfangen hatte, erzählte er mir die bemerkenswerte Geschichte meiner Einladung nach London. Sainton, ein Südfranzose aus Toulouse mit naivem und feurigem Temperament, lebte mit einem reinrassigen deutschen Musiker aus Hamburg namens Lüders zusammen, dem Sohn eines Kapellmeisters, der ein schroffes, aber freundliches Wesen hatte. Ich war sehr bewegt, als ich später von dem Vorfall hörte, der diese beiden Männer zu unzertrennlichen Freunden gemacht hatte. Sainton war auf einer Konzerttournee über St. Petersburg gewesen und war in Helsingfors in Finnland gestrandet, unfähig, weiterzukommen, verfolgt vom Dämon des Unglücks. In diesem Moment hatte ihn die seltsame Gestalt des bescheidenen Hamburger Kapellmeistersohns auf der Treppe des Hotels angesprochen und gefragt, ob er geneigt wäre, sein Freundschaftsangebot anzunehmen und die Hälfte seines verfügbaren Bargeldes zu nehmen, da er (Lüders) natürlich die missliche Lage des anderen bemerkt hatte. Von diesem Moment an wurden die beiden unzertrennliche Freunde, machten Konzertreisen in Schweden und Dänemark, fanden auf seltsamste Weise über Hamburg ihren Weg zurück nach Le Havre, Paris und Toulouse und ließen sich schließlich in

London nieder – Sainton, um eine wichtige Stelle im Orchester anzunehmen, während Lüders sich mit der Plackerei des Unterrichtens so gut es ging durchzuschlagen. Nun fand ich sie zusammen in einem hübschen Haus lebend wie ein Ehepaar, jeder zärtlich um das Wohlergehen seines Freundes besorgt. Lüders hatte meine Essays über Kunst gelesen, und besonders meine Oper und Drama veranlasste ihn zu dem Ausruf: „Donnerwetter, da ist was dran!" Sainton spitzte die Ohren, und als der Dirigent der Philharmonischen Konzerte (der große Mr. Costa selbst) aus irgendeinem unbekannten Grund vor Beginn der Saison mit der Gesellschaft in Streit geriet und sich weigerte, ihre Konzerte länger zu dirigieren , empfahl ihnen Sainton, an den sich Mr. Anderson, der Schatzmeister, in dieser misslichen Lage um Rat gewandt hatte, auf Lüders' Betreiben, mich zu engagieren. Ich hörte nun, dass sie diesen Vorschlag nicht sofort umgesetzt hatten. Erst als Sainton beiläufig bemerkte, er habe mich in Dresden dirigieren sehen, entschloss sich Herr Anderson, nach Zürich zu reisen, um mich zu besuchen (in dem Pelzmantel, den Sainton ihm zu diesem Zweck geliehen hatte), und infolge dieses Besuchs war ich nun hier. Ich entdeckte auch bald, dass Sainton in diesem Fall mit der für seine Nation typischen Unbesonnenheit gehandelt hatte. Costa war nie auf die Idee gekommen, dass seine Aussage gegenüber der Philharmonischen Gesellschaft ernst genommen werden würde, und er war zutiefst angewidert über meine Ernennung. Da er an der Spitze desselben Orchesters stand, das mir für die philharmonischen Konzerte zur Verfügung stand, konnte er eine feindselige Haltung gegenüber den Unternehmungen entwickeln, für die ich verantwortlich war, und sogar mein Freund Sainton musste unter seiner Feindseligkeit leiden, ohne die Quelle des Ärgers wirklich zu erkennen.

Mit der Zeit wurde mir dies immer klarer, während es in anderen Bereichen reichlich Stoff für Unannehmlichkeiten aller Art gab. Zunächst einmal nahm Mr. Davison, der Musikkritiker der Times, eine äußerst feindselige Haltung ein, und daraus wurde mir zum ersten Mal klar und deutlich, welche Wirkung mein Aufsatz mit dem Titel „Das Judentum in der Musik" haben würde. Prager hatte mir außerdem mitgeteilt, dass Davisons äußerst mächtige Position bei der Times ihn daran gewöhnt hatte, von jedem, der aus musikalischen Gründen nach England kam, zu erwarten, dass er ihm durch allerlei feine Aufmerksamkeiten zuliebe gesalbt wurde. Jenny Lind war eine, deren Unterwerfung unter diese Ansprüche viel zu ihrem Erfolg beim Publikum beitrug, während Sontag der Ansicht war, dass ihr Rang als Gräfin Rossi sie über solche Erwägungen erhaben machte. Da ich völlig in das Vergnügen vertieft war, ein gutes, voll besetztes Orchester zu leiten, mit dem ich einige großartige Aufführungen zu geben hoffte, war es ein schwerer Schlag, zu erfahren, dass ich keinerlei Kontrolle über die Anzahl der Proben hatte, die ich für die Konzerte für notwendig hielt. Für jedes Konzert, das zwei Symphonien und mehrere kleinere Stücke umfasste, gestatteten mir die wirtschaftlichen Verhältnisse der Gesellschaft nur eine Probe. Dennoch hoffte ich, dass der Eindruck, den die von mir dirigierten Aufführungen machten, auch hier die Forderung nach einer besonderen Anstrengung rechtfertigen würde. Es erwies sich jedoch als absolut unmöglich, in irgendeiner Weise von den eingeschlagenen Wegen abzuweichen, und als ich dies erkannte, empfand ich sofort die Erfüllung der übernommenen Aufgabe als eine furchtbare Bürde. Im ersten Konzert spielten wir Beethovens Eroica, und mein Erfolg als Dirigent schien so ausgeprägt, dass der Vorstand der Gesellschaft offenbar bereit war, für das zweite eine besondere Anstrengung zu unternehmen. Er verlangte Auswahlen aus meinen eigenen Kompositionen sowie Beethovens 9. Symphonie und gewährte mir als außerordentliche Gunst zwei Proben. Dieses Konzert verlief ganz passabel. Ich hatte ein erläuterndes Programm für meine Lohengrin-Ouvertüre entworfen, aber die Worte „Heiliger Gral" und „Gott" wurden mit großer Feierlichkeit durchgestrichen, da dergleichen in weltlichen Konzerten nicht erlaubt war. Ich musste mich mit dem Chor der Italienischen Oper für die Symphonie begnügen und außerdem einen Bariton ertragen, dessen englisches Phlegma und italienische Ausbildung mich bei der Probe zur Verzweiflung trieben. Von der englischen Textversion verstand ich nur „Hail thee joy" für Freudenschoner Götterfunken. Die Philharmonische Gesellschaft schien alles auf den Erfolg dieses Konzerts gesetzt zu haben, das in der Tat nichts zu wünschen übrig ließ. Sie waren dementsprechend entsetzt, als der Reporter der Times auch diese Aufführung mit wütender Verachtung und Herabwürdigung angriff. Sie appellierten an Prager, mich zu überreden, Mr. Davison einige Aufmerksamkeiten zu schenken oder zumindest zuzustimmen, diesen Herrn zu treffen und ihm bei einem von Mr. Anderson organisierten Bankett gebührend vorgestellt zu werden. Aber Prager kannte mich inzwischen gut genug, um ihre Hoffnungen zunichte zu machen, ein derartiges Zugeständnis von mir zu erhalten. Das Bankett fiel aus und wie ich später erfuhr, begann die Gesellschaft von da an meine Ernennung zu bedauern, da ihr klar wurde, dass sie es mit einer völlig unbeugsamen und dickköpfigen Person zu tun hatte.

Da nach dem zweiten Konzert die Osterferien begannen und ich somit eine längere Pause einlegte, fragte ich meinen Freund um Rat, ob es nicht vernünftiger wäre, die ganze Sache aufzugeben – diese Leitung der philharmonischen Konzerte, von der ich so bald erkannt hatte, dass sie ein törichtes und fruchtloses Unterfangen war – und ruhig nach Zürich zurückzukehren. Prager versicherte mir, dass die Ausführung dieses Entschlusses in keiner Weise als eine Kritik der Situation angesehen werden würde, sondern einfach als eine beklagenswerte Unhöflichkeit meinerseits, und dass die Hauptleidtragenden meine Freunde sein würden. Dies gab mir den Ausschlag, und ich blieb – allerdings ohne jede Hoffnung, dem Musikleben in London neue Impulse zu verleihen. Der einzige anregende

Vorfall ereignete sich anlässlich des siebten Konzerts, das der Abend war, den die Königin für ihren jährlichen Besuch dieser Veranstaltungen gewählt hatte. Sie äußerte durch ihren Mann, Prinz Albert, den Wunsch, die Tannhäuser-Ouvertüre zu hören. Die Anwesenheit des Hofes verlieh dem Abend sicherlich eine angenehme zeremonielle Atmosphäre, und ich hatte auch das Vergnügen, auf ihren Wunsch hin ein ziemlich lebhaftes Gespräch mit Königin Victoria und ihrem Gemahl zu führen. Als die Frage aufkam, ob ich meine Opern aufführen sollte, wandte Fürst Albert ein, italienische Sänger würden meine Musik niemals interpretieren können. Ich war amüsiert, als die Königin diesem Einwand mit der Bemerkung begegnete, viele italienische Sänger seien schließlich Deutsche. All dies machte einen guten Eindruck und diente offenbar als Demonstration zu meinen Gunsten, ohne jedoch die tatsächliche Situation nennenswert zu beeinflussen. Die führenden Zeitungen verkündeten nach wie vor, jedes von mir dirigierte Konzert sei ein Fiasko. Ferdinand Hiller glaubte sich tatsächlich berechtigt, zum Trost seiner Freunde zu verkünden, meine Zeit in London gehe zu Ende und meine Verbannung sei praktisch eine Gewissheit. Dies geschah anlässlich des damals stattfindenden Rheinischen Musikfestivals. Als Ausgleich dafür erntete ich große Genugtuung aus einer Szene, die sich am Ende des achten und letzten von mir dirigierten Konzerts abspielte – eine jener merkwürdigen Szenen, die hin und wieder aus der lange unterdrückten Erregung der Beteiligten resultieren. Die Mitglieder des Orchesters hatten nach meinen Erfolgen sofort erkannt, dass es ratsam war, jede Sympathiebekundung mir gegenüber zu vermeiden, wenn sie bei ihrem wahren, wenn auch uneingestandenen Chef, Herrn Costa, in gutem Ansehen bleiben und sich vor einer möglichen baldigen Entlassung durch ihn schützen wollten. Dies war die Erklärung, die sie mir gaben, als die Zeichen der Anerkennung, die ich im Laufe unserer gemeinsamen Arbeit von den Spielern zu erhalten gewohnt war, plötzlich aufhörten. Jetzt jedoch, am Ende der Serie, brachen ihre unterdrückten Gefühle hervor und sie drängten sich von allen Seiten mit ohrenbetäubendem Jubel um mich, während sich das Publikum, das sonst geräuschvoll vor dem Ende den Saal verließ, ebenfalls in begeisterten Gruppen formierte und mich umringte, herzlich jubelte und mir die Hand drückte. So taten sich sowohl Spieler als auch Zuhörer zusammen, um meinen Abschied zu einer kaum zu übertreffenden Szene der Herzlichkeit zu machen.

Den merkwürdigsten Aspekt meines Lebens dort stellten jedoch die persönlichen Beziehungen dar, die sich aus meinem Aufenthalt in London ergaben.

Unmittelbar nach meiner Ankunft besuchte mich Karl Klindworth, ein junger Schüler Liszts, der mir als besonders begabt empfohlen worden war. Er wurde ein treuer und inniger Freund, nicht nur während meines

Aufenthaltes in London, sondern auch danach. So jung er auch war, hatte die kurze Zeit, die er in London verbracht hatte, genügt, um ihm eine Meinung über das englische Musikleben zu vermitteln, deren Berechtigung ich bald anerkennen musste, so schrecklich sie auch war. Unfähig, sich den seltsam organisierten englischen Musikercliquen anzupassen, verlor er sofort jede vernünftige Aussicht oder Hoffnung, die Anerkennung zu finden, die seinem Talent gebührte. Er gab sich damit zufrieden, sich seinen Weg durch die trostlose Wüste des englischen Musiklebens nur zu bahnen, indem er wie ein Tagelöhner Unterricht gab, und war zu stolz, den herrschenden Kritikern, die ihn sofort als Liszt-Schüler überfallen hatten, auch nur die geringste Aufmerksamkeit zu schenken. Er war wirklich ein ausgezeichneter Musiker und außerdem ein ausgezeichneter Pianist. Er trat sofort mit der Bitte an mich heran, die Partitur des Rheingoldes für Klavier bearbeiten zu dürfen, und zwar ausschließlich zum Gebrauch durch Virtuosen ersten Ranges. Leider ereilte ihn eine langwierige Krankheit, die mir den ersehnten Verkehr mit ihm auf lange Zeit raubte.

Obwohl Prager und seine Frau mir mit großer Treue zur Seite standen, war mein wirklicher Mittelpunkt der Vertrautheit der ursprüngliche Haushalt der Sainton-Luders. Ich war ständig zum Essen bei ihnen eingeladen und fand, mit wenigen Ausnahmen, Gelegenheit, meine Mahlzeiten mit diesen Freunden einzunehmen, deren Hingabe die aller anderen übertraf. Hier fand ich im Allgemeinen Erholung von den Unannehmlichkeiten meiner Geschäftsbeziehungen in London. Prager war oft anwesend und wir machten häufig einen Abendspaziergang durch die nebligen Straßen. Bei solchen Gelegenheiten stärkte uns Ludors gegen die Unbilden des Londoner Klimas mit einem ausgezeichneten Punsch, den er unter allen Umständen zubereiten konnte. Nur einmal trennten wir uns, und zwar in der fürchterlichen Menschenmenge, die eines Abends Kaiser Napoléon vom St. James's Palace zum Covent Garden Theatre begleitete. Er war mit seiner Gemahlin zu einem Besuch bei Königin Victoria während der kritischen Phase des Krimkriegs nach London gekommen, und die Londoner starrten ihn an, als er vorbeiging, nicht weniger gierig, als es andere Nationen unter ähnlichen Umständen tun. Es geschah, dass man mich für einen drängelnden Touristen hielt und mir gebührend Schläge in die Rippen verpasste, als ich die Straße überquerte, um vom Haymarket in die Regent Street zu gelangen. Das amüsierte mich sehr, da es sich offensichtlich um ein Missverständnis handelte.

Die schweren Verärgerungen, die teilweise aus dem besonders bedeutsamen Streit zwischen Sainton und Mr. Anderson (von Costa angestiftet) entstanden und mir jede Möglichkeit nahmen, Einfluss auf die Gesellschaft zu nehmen, führten andererseits zu einigen amüsanten Erlebnissen. Anderson war es, so schien es, gelungen, sich durch den Einfluss des Privatkutschers der Königin zum Dirigenten der Kapelle der Königin zu erheben. Da er absolut keine musikalischen Kenntnisse besaß, wurde das jährliche Hofkonzert, das er dirigieren musste, für den widerspenstigen Sainton zu einem wahren Fest der Absurdität, und ich hörte einige sehr lustige Geschichten darüber. Im Laufe dieser Verwicklungen kam noch etwas anderes ans Licht: Mrs. Anderson, die ich wegen ihrer großen Korpulenz Charlemagne getauft hatte, hatte sich unter anderem das Amt und Gehalt einer Hoftrompeterin angeeignet. Aus diesen und anderen ähnlichen Berichten war ich bald überzeugt, dass mein lebhafter Freund im Krieg der Enthüllungen von dieser kleinen, gemütlichen Clique geschlagen werden würde, und konnte später erleben, wie die Entscheidung gegen ihn ausfiel, als entweder er oder Anderson nachgeben mussten. Dies bestätigte meine Vorstellung, dass in diesem freien Land England die Dinge ähnlich gehandhabt wurden wie anderswo.

Die Ankunft Berlioz' stellte eine sehr wichtige Ergänzung unserer kleinen Gesellschaft dar. Auch er war nach London geholt worden, um zwei Konzerte der New Philharmonic Society zu dirigieren. Die Gesellschaft hatte zum ordentlichen Dirigenten – auf wessen Empfehlung ich nie etwas erfahren konnte – einen gewissen Dr. Wilde ernannt, einen typischen Engländer mit pausbäckigem Gesicht, bemerkenswert gutmütig, aber lächerlich inkompetent. Er hatte einige spezielle Unterrichtsstunden im Dirigieren bei dem Stuttgarter Dirigenten Lindpaintner genommen, der ihn so weit ausgebildet hatte, dass er zumindest versuchte, mit dem Takt des Orchesters Schritt zu halten, während das Orchester selbst seinen eigenen Weg ging. Ich hörte eine Beethoven-Symphonie, die auf diese Weise aufgeführt wurde, und war überrascht, dass das Publikum in genau denselben Applaus ausbrach, mit dem es eine meiner streng präzisen und wirklich feurigen Darbietungen begrüßte. Um diesen Konzerten jedoch eine besondere Note zu verleihen, hatten sie, wie gesagt, Berlioz für einige von ihnen eingeladen. Ich hörte ihn also einige klassische Werke dirigieren, etwa eine Mozart-Symphonie, und war erstaunt, dass ein Dirigent, der seine eigenen Kompositionen so energisch interpretierte, in die gewöhnlichste Routine des vulgären Taktschlägers verfiel. Gewiss machten einige seiner eigenen Kompositionen, etwa die wirkungsvolleren Fragmente aus der Romeo-und-Julia-Symphonie, wieder einen besonderen Eindruck auf mich; aber ich war mir jetzt der merkwürdigen Schwächen, die selbst die besten Ideen dieses außergewöhnlichen Musikers entstellen, bewusster als bei jenen früheren Gelegenheiten, als ich nur ein allgemeines Unbehagen verspürte, das der Stärke des Eindrucks angemessen war.

Ich fühlte mich jedoch sehr angeregt, als Sainton mich zwei oder drei Mal einlud, bei Berlioz zu Abend zu essen. Ich stand nun diesem seltsam begabten Menschen gegenüber, der in mancher Hinsicht gequält und sogar abgestumpft war. Als ich ihn, einen Mann, der erheblich älter war als ich, nur in der Hoffnung hierherkommen sah, ein paar Guineen zu verdienen, konnte ich mich im Vergleich dazu vollkommen glücklich und fast schwebend fühlen; denn mein eigenes Kommen war eher durch den Wunsch nach Zerstreuung, ein Verlangen nach äußerer Inspiration veranlasst worden. Sein ganzes Wesen drückte Müdigkeit und Verzweiflung aus, und ich wurde plötzlich von tiefem Mitgefühl für diesen Mann ergriffen, dessen Talent das seiner Rivalen so weit übertraf – denn das war mir sonnenklar. Berlioz schien von der Haltung heiterer Spontaneität, die ich ihm gegenüber einnahm, angenehm berührt zu sein. Sein sonst so kurzes, fast reserviertes Benehmen taute während der freundschaftlichen Stunden, die wir zusammen verbrachten, sichtlich auf. Er erzählte mir viele komische Dinge über Meyerbeer und die Unmöglichkeit, seinen Schmeicheleien zu entgehen, die von seinem unersättlichen Durst nach lobenden Artikeln diktiert wurden. Der ersten Aufführung seines Propheten war das übliche Diner de la veille vorausgegangen, und als Berlioz sich für sein Fernbleiben entschuldigte, machte Meyerbeer ihm zuerst zärtliche Vorwürfe und forderte ihn dann auf, das große Unrecht, das er ihm angetan hatte, wiedergutzumachen, indem er „einen wirklich netten Artikel" über seine Oper schrieb. Berlioz erklärte, es sei unmöglich, etwas Abwertendes über Meyerbeer in einer Pariser Zeitung unterzubringen.

Es fiel mir weniger leicht, mit ihm über tiefere künstlerische Themen zu diskutieren, da ich immer auf den echten Franzosen traf, der mit seiner flüssigen und gewandten Sprache so selbstsicher war, dass es ihm nie in den Sinn kam, daran zu zweifeln, ob er seine Gefährten richtig verstanden hatte. Einmal, in einem angenehmen Glühen der Inspiration (nachdem ich zu meiner eigenen großen Überraschung plötzlich die französische Sprache beherrschte), versuchte ich ihm meine Idee der „künstlerischen Konzeption" auszudrücken. Ich bemühte mich, die mächtige Wirkung der Lebenseindrücke auf das Temperament zu beschreiben, wie sie uns gleichsam gefangen halten, bis wir uns von ihnen befreien durch die einzigartige Entwicklung unserer innersten spirituellen Visionen, die nicht durch diese Eindrücke hervorgerufen, sondern nur durch sie aus ihrem tiefen Schlaf geweckt werden. Die künstlerische Struktur erscheint uns daher in keiner Weise als Ergebnis der Lebenseindrücke, sondern im Gegenteil als eine Befreiung von ihnen. An dieser Stelle lächelte Berlioz herablassend und umfassend und sagte: „Nous appelons cela: digerer." Mein Erstaunen über diese prompte Zusammenfassung meiner mühsamen Mitteilungen wurde durch das äußere Verhalten meines neuen Freundes noch weiter gerechtfertigt. Ich lud ihn ein, bei meinem letzten Konzert dabei zu sein, und auch bei einem kleinen Abschiedsfest, das ich danach zu Hause für meine wenigen Freunde gab. Er verließ bald den Tisch und sagte, er fühle sich unwohl, aber die Freunde, die zurückblieben, machten mir gegenüber keinen Hehl aus ihrer Überzeugung, dass Berlioz durch den überaus enthusiastischen Abschied, mit dem das Publikum mich verabschiedet hatte, seine Laune verdorben hatte.

Die Gesamternte der Bekanntschaften, die ich in London machte, war jedoch nicht besonders ertragreich. Ich erfreute mich an der Gesellschaft von Mr. Ellerton, einem würdevollen, angenehmen Mann, dem Schwager von Lord Brougham – einem Dichter, Musikliebhaber und, leider! Komponisten . Er bat darum, mir bei einem der philharmonischen Konzerte vorgestellt zu werden, und zögerte nicht, mir zu sagen, dass er mich in London willkommen hieße, weil es wahrscheinlich sei, dass ich dazu bestimmt sei, der übertriebenen Mendelssohn-Verehrung Einhalt zu gebieten. Er war auch der einzige Engländer, der mich durch Gastfreundschaft ehrte, und indem er mich und meine Freunde im University Club unterhielt, gab er mir Gelegenheit, die Großzügigkeit einer solchen Einrichtung in London zu erkennen. Nachdem wir dort eine sehr angenehme Zeit verbracht hatten, bekam ich einen Einblick in die schwächere Seite der englischen Gastfreundschaft dieser Art, obwohl der Vorfall recht freundlich war. Mein Gastgeber musste ganz selbstverständlich von zwei Männern nach Hause gebracht werden, wobei einer jeden Arm hielt, da es offensichtlich war, dass er ohne diese Hilfe nicht weit über die Straße gekommen wäre.

Ich lernte auch einen merkwürdigen Mann kennen, einen altmodischen, aber sehr freundlichen Komponisten namens Potter. Ich musste eine Symphonie von ihm spielen, die mich durch ihre bescheidenen Ausmaße und ihre saubere Entwicklung des Kontrapunkts unterhielt, umso mehr, als der Komponist, ein freundlicher älterer Einsiedler, sich mit fast beängstigender Demut an mich klammerte. Ich musste ihn geradezu zwingen, das richtige Tempo für das Andante in seiner Symphonie zu akzeptieren, und ihm so beweisen, dass es wirklich schön und interessant war. Er hatte so wenig Vertrauen in sein Werk, dass er der Meinung war, die Gefahr, die Leute damit zu langweilen, könne er nur vermeiden, indem er es in einer beschämenden Geschwindigkeit durchspielte. Er strahlte geradezu vor Freude und Dankbarkeit, als ich ihm großen Beifall sicherte, indem ich eben dieses Andante in meinem Tempo spielte.

Weniger gut kam ich mit einem gewissen Mr. MacFarrine aus, einem aufgeblasenen, melancholischen Schotten, dessen Kompositionen, wie man mir versicherte, vom Komitee der Philharmonic Society hochgeschätzt wurden. Er schien zu stolz, um mit mir über die Interpretation seiner Werke zu diskutieren, und ich war daher erleichtert, als eine Symphonie von ihm, die mir nicht zusagte, beiseite gelegt wurde. Als Ersatz wurde eine Ouvertüre mit dem Titel „Steeple-Chase" gewählt, die ich wegen ihres besonders wilden, leidenschaftlichen Charakters gern spielte.

Meine Bekanntschaft mit Beneke (einem Kaufmann) und seiner Familie war von vielen Unannehmlichkeiten begleitet. Wesendonck hatte mir ein Empfehlungsschreiben an sie gegeben, damit ich wenigstens ein „Haus" in London hatte, in das ich gehen konnte. Ich musste eine ganze deutsche Meile nach Camberwell zurücklegen, um ihren Einladungen zu folgen, nur um festzustellen, dass ich genau bei der Familie gelandet war, deren Haus Mendelssohn in London zu seinem Zuhause gemacht hatte. Die guten Leute wussten nicht, was sie mit mir anfangen sollten, außer mir zu den hervorragenden Leistungen meiner Mendelssohn-Aufführungen zu gratulieren und mich mit Beschreibungen des großzügigen Charakters des Verstorbenen zu belohnen.

Howard, der Sekretär der Philharmonic Society, ein würdiger und angenehmer alter Mann, war eine weitere Person (er glaubte, die einzige) in meinem englischen Bekanntenkreis, die sich die Mühe machte, mich zu unterhalten. Ich musste ein- oder zweimal mit seiner Tochter in die italienische Oper in Covent Garden gehen. Dort hörte ich Fidelio, das in ziemlich grotesker Weise von unreinen Deutschen und stimmlosen Italienern und mit Rezitativen aufgeführt wurde. So gelang es mir, häufige Besuche dieses Theaters zu vermeiden. Als ich mich bei meiner Abreise von London von Mr. Howard verabschieden wollte, war ich überrascht, Meyerbeer in seinem Haus zu treffen. Er war gerade in London angekommen, um seinen Nordstern zu dirigieren. Als ich ihn hereinkommen sah, fiel mir sofort ein, dass Howard, den ich nur als Sekretär der Philharmonic Society kannte, auch der Musikkritiker der Illustrated London News war; in dieser Eigenschaft hatte ihn der große Opernkomponist aufgesucht. Meyerbeer war völlig gelähmt, als er mich sah, und das versetzte mich in eine solche Gemütsverfassung, dass es uns unmöglich war, ein Wort zu wechseln. Mr. Howard, der sich sicher war, dass wir uns kannten, war darüber sehr überrascht und fragte mich beim Weggehen, ob ich Meyerbeer nicht kenne. Ich antwortete, er solle lieber Meyerbeer fragen. Als ich Howard an diesem Abend wieder traf, versicherte man mir, dass Meyerbeer in den höchsten Tönen von mir gesprochen hatte. Ich schlug ihm dann vor, einige Nummern der Paris Gazette musicale zu lesen, in denen Fetis vor einiger Zeit eine weniger positive Interpretation von Meyerbeers Ansichten über mich gegeben hatte. Howard schüttelte den Kopf und konnte nicht verstehen, wie sich zwei so GROSSE KOMPONISTEN auf so seltsame Weise begegnen konnten.

Eine angenehme Überraschung war der Besuch meines alten Freundes Hermann Franck. Er hielt sich damals in Brighton auf und war für ein paar Tage nach London gekommen. Wir unterhielten uns viel, und ich musste mich sehr anstrengen, um ihn in seiner Meinung über mich zu belehren, da er in den letzten Jahren, in denen wir keinen Verkehr mehr hatten, die wunderbarsten Berichte von deutschen Musikern gehört hatte. Er war zunächst erstaunt, mich in London zu finden, wo er es für unmöglich hielt, dass ich jemals ein geeignetes Feld für meine musikalischen Neigungen finden würde. Ich verstand nicht, was er mit meinen „Neigungen" meinte, aber ich erzählte ihm ganz einfach, wie ich dazu kam, die Einladung der Philharmonic Society anzunehmen, und dass ich vorhatte, meinen Vertrag für die diesjährigen Konzerte zu erfüllen und dann ohne weitere Umstände zu meiner Arbeit in Zürich zurückzukehren. Das klang ganz anders als der Zustand der Dinge, den er sich vorgestellt hatte, denn er hatte sich gezwungen gesehen, zu dem Schluss zu kommen, dass ich vorhatte, in London eine Festung zu errichten, von der aus ich einen Vernichtungskrieg gegen die gesamte Rasse deutscher Musiker führen würde. Dies war die einstimmige Erklärung meiner Absichten, die er in Deutschland gehört hatte. Nichts könne erstaunlicher sein, sagte er, als die überraschende Inkongruenz zwischen der erfundenen Gestalt, in der ich diesen Leuten erschien, und meiner wirklichen Natur, die er sofort erkannt hatte, als er mich wiedersah. Wir scherzten darüber und kamen uns näher. Ich war froh zu sehen, dass er die in den letzten Jahren bekannt gewordenen Werke Schopenhauers ebenso schätzte wie ich. Er äußerte seine Meinung darüber mit einzigartiger Entschiedenheit; er war der Ansicht, dass der deutsche Geist entweder zu einem völligen Verfall im Zusammenhang mit der nationalen politischen Situation oder zu einer ebenso völligen Erneuerung bestimmt sei, an der Schopenhauer seine Rolle spielen würde. Er verließ mich – um bald sein schreckliches und nicht minder unerklärliches Schicksal zu erleiden. Nur wenige Monate später, nach meiner Rückkehr nach Hause, hörte ich von seinem mysteriösen Tod. Er hielt sich, wie gesagt, in Brighton auf, um seinen Sohn, einen etwa sechzehnjährigen Jungen, in die englische Marine zu schicken. Mir war aufgefallen, dass der hartnäckige Entschluss des Sohnes, in dieser Truppe zu dienen, seinem Vater zuwider war. Am Morgen des Tages, an dem das Schiff ablegen sollte, wurde der Körper des Vaters zerschmettert auf der Straße gefunden, nachdem er aus dem Fenster gefallen war, während der Sohn leblos – anscheinend erwürgt – in seinem Bett gefunden wurde. Die Mutter war einige Jahre zuvor gestorben, und es gab niemanden mehr, der Auskunft über das schreckliche Ereignis geben konnte, das meines Wissens bis heute nicht aufgeklärt wurde. Franck hatte aus Vergesslichkeit bei seinem Besuch bei mir eine Karte von London zurückgelassen; diese habe ich aufbewahrt, da ich seine Adresse nicht kannte, und sie ist noch immer in meinem Besitz.

Schönere, wenn auch nicht ganz ungetrübte Erinnerungen habe ich an meine Beziehungen zu Semper, den ich ebenfalls in London kennenlernte, wo er sich mit seiner Familie seit einiger Zeit niedergelassen hatte. In Dresden war er mir immer so heftig und mürrisch erschienen, dass ich überrascht und bewundert war über die verhältnismäßig ruhige und gelassene Art, mit der er

die schreckliche Unterbrechung seiner beruflichen Laufbahn ertrug, und
über seine Bereitschaft, sein Talent (das ungewöhnlich produktiver Art war)
den Umständen anzupassen, in denen er sich befand. Aufträge für große
Bauten kamen für ihn in England nicht in Frage, aber er setzte bis zu einem
gewissen Grad seine Hoffnungen auf die ihm von Prinz Albert gewährte
Schirmherrschaft, da diese ihm einige Zukunftsperspektiven bot. Vorläufig
begnügte er sich mit Aufträgen für Innendekorationen und luxuriöse Möbel,
für die er gut bezahlt wurde. Er nahm diese Arbeit künstlerisch genauso ernst,
als ob es sich um einen großen Bau gehandelt hätte. Wir trafen uns oft, und
ich verbrachte auch einige Abende in seinem Haus in Kensington, wo wir
regelmäßig in den alten, seltsamen , ernsten Humor verfielen, der uns half,
die Schattenseiten des Lebens zu vergessen. Der Bericht, den ich nach meiner
Rückkehr über Semper geben konnte, beeinflusste Sulzer sehr bei seinem
erfolgreichen Versuch, ihn nach Zürich zu holen, um das neue
Polytechnikum zu bauen.

Bei verschiedenen Gelegenheiten besuchte ich auch einige nicht
uninteressante Theater in London, wobei ich natürlich Opernhäuser strikt
mied. Am meisten gefiel mir das kleine Adelphi Theatre im Strand, und ich
ließ Prager und Lüders oft mitkommen. Dort spielten sie einige dramatisierte
Märchen unter dem Titel Weihnachten. Eine der Aufführungen interessierte
mich besonders, weil sie aus einer subtil verbundenen Aneinanderreihung der
bekanntesten Märchen bestand, die ohne Unterbrechung am Ende der Akte
gespielt wurden. Sie begann mit „Die Gans, die die goldenen Eier legte" und
verwandelte sich in „Die drei Wünsche", ging dann über in „Rotkäppchen"
(wobei der Wolf in einen Kannibalen verwandelt wurde, der ein sehr
komisches kleines Reimpaar sang) und endete mit „Aschenputtel", variiert
mit anderen Zutaten. Diese Stücke waren in jeder Hinsicht hervorragend
inszeniert und gespielt, und ich gewann dort eine sehr gute Vorstellung von
der phantasievollen Kost, an der das englische Volk sich amüsieren kann. Die
Aufführungen im Olympic Theatre fand ich weniger einfach und unschuldig.
Neben witzigen Salonstücken im französischen Stil, die dort sehr gut gespielt
wurden, wurden Märchen aufgeführt, wie zum Beispiel Der gelbe Zwerg, in
dem Hobson, ein ungewöhnlich beliebter Schauspieler, die groteske
Titelrolle übernahm. Ich sah denselben Schauspieler wieder in einer kleinen
Komödie namens Garrick Fever, in der er am Ende einen betrunkenen Mann
darstellt, der, als die Leute darauf bestanden, ihn für Garrick zu halten, in
diesem Zustand die Rolle des Hamlet übernahm. Ich war sehr erstaunt über
viele Kühnheiten in seinem Schauspiel bei dieser Gelegenheit.

Ein kleines, abgelegenes Theater in Marylebone versuchte gerade, das
Publikum mit Shakespeares Stücken anzulocken. Ich besuchte dort eine
Aufführung der Lustigen Weiber, die mich durch ihre Korrektheit und
Präzision wirklich in Erstaunen versetzte. Sogar eine Aufführung von Romeo

und Julia im Haymarket Theatre machte trotz der großen Unterlegenheit der Truppe einen positiven Eindruck auf mich, und zwar aufgrund ihrer Genauigkeit und der szenischen Arrangements, die zweifellos ein Erbe der Garrick-Tradition waren. Aber ich erinnere mich noch an eine merkwürdige Illusion in diesem Zusammenhang: Nach dem ersten Akt erzählte ich Luders, der bei mir war, wie überrascht ich war, dass sie die Rolle des Romeo einem alten Mann gaben, der mindestens sechzig Jahre alt sein musste und der darauf aus zu sein schien, seine längst verlorene Jugend wiederzuerlangen, indem er mühsam ein süßliches, weibliches Aussehen annahm. Luders sah sich das Programm noch einmal an und rief: „Donnerwetter, es ist eine Frau!" Es war die einst berühmte Amerikanerin Miss Cushman.

Trotz aller Bemühungen war es mir nicht möglich, einen Platz für Henry VIII im Princess's Theatre zu bekommen. Dieses Stück war nach dem neuen Bühnenrealismus arrangiert und erfreute sich als prachtvolles, mit ungewöhnlicher Sorgfalt inszeniertes Spektakel unglaublicher Beliebtheit.

Im Bereich der Musik, mit der ich mich mehr beschäftigte, muss ich noch einige Konzerte der Sacred Music Society erwähnen, die ich in dem großen Saal der Exeter Hall besuchte. Die Oratorien, die dort fast jede Woche aufgeführt werden, haben zugegebenermaßen den Vorteil der großen Zuversicht, die durch häufige Wiederholung entsteht. Ebenso wenig konnte ich die große Präzision des siebenhundertstimmigen Chors anerkennen, der bei einigen Gelegenheiten, insbesondere bei Händels Messias, ein recht ansehnliches Niveau erreichte. Hier lernte ich den wahren Geist der englischen Musikkultur kennen, der mit dem Geist des englischen Protestantismus verbunden ist. Dies erklärt die Tatsache, dass ein Oratorium das Publikum weit mehr anzieht als eine Oper. Ein weiterer Vorteil ist das Gefühl unter den Zuhörern, dass ein Abend, den sie mit dem Anhören eines Oratoriums verbringen, als eine Art Gottesdienst angesehen werden kann und fast so gut ist wie ein Kirchenbesuch. Jeder im Publikum hält eine Händel-Klavierpartitur auf dieselbe Weise in der Hand, wie man in der Kirche ein Gebetbuch hält. Diese Partituren werden an der Kasse in Schilling-Ausgaben verkauft und mit größter Sorgfalt befolgt – aus Sorge, so schien es mir, bestimmte Stellen nicht zu verpassen, die das gesamte Publikum feierlich genossen hat. So gilt es beispielsweise zu Beginn des „Halleluja-Chores" als angemessen, dass jeder von seinem Platz aufsteht. Diese Bewegung, die wahrscheinlich als Ausdruck der Begeisterung entstand, wird heute bei jeder Aufführung des Messias mit peinlicher Genauigkeit ausgeführt.

All diese Erinnerungen vermischen sich jedoch mit der alles verschlingenden Erinnerung an eine fast ununterbrochene Krankheit, die in erster Linie zweifellos durch das in der ganzen Welt berüchtigte Klima Londons zu dieser Jahreszeit verursacht wurde. Ich hatte eine ständige Erkältung und befolgte daher den Rat meiner Freunde, eine schwere englische Kost zu mir zu nehmen, um der Wirkung der Luft zu widerstehen, aber dies verbesserte die Situation nicht im Geringsten. Zum einen konnte ich mein Haus nicht ausreichend aufwärmen, und die mitgebrachte Arbeit war das erste, was darunter litt. Die Instrumentierung der Walküre, die ich hier zu beenden gehofft hatte, kam nur auf mickrige hundert Seiten. Ich wurde dabei hauptsächlich dadurch behindert, dass ich die Skizzen, anhand derer ich die Instrumentierung vornehmen musste, niedergeschrieben hatte, ohne zu bedenken, inwieweit eine längere Unterbrechung meiner Arbeitsstimmung den Zusammenhang der Skizze beeinträchtigen könnte. Wie oft saß ich vor diesen mit Bleistift geschriebenen Seiten, als wären es unbekannte Hieroglyphen, die ich nicht entziffern konnte! In völliger Verzweiflung stürzte ich mich in Dante und unternahm zum ersten Mal ernsthafte Anstrengungen, ihn zu lesen. Die Hölle wurde in dieser Londoner Atmosphäre tatsächlich zu einer nie zu vergessenden Realität.

Doch endlich kam die Stunde der Erlösung selbst von jenem Übel, das ich mir durch meine letzte Annahme eingebrockt hatte, in der großen Welt akzeptiert, um nicht zu sagen, erwünscht zu sein. Der einzige Trost, den ich hatte, war die tiefe Rührung, die meine neuen Freunde mir beim Abschied entgegenbrachten. Ich eilte über Paris nach Hause, das in seine sommerliche Pracht gehüllt war, und sah die Leute wieder wirklich flanieren, statt sich geschäftlich durch die Straßen zu drängen. Und so kehrte ich am 30. Juni voller heiterer Eindrücke nach Zürich zurück, mit einem Reingewinn von genau tausend Francs.

Meine Frau hatte die Idee, ihre Sauermilchkur auf dem Selisberg am Vierwaldstättersee wieder aufzunehmen, und da ich dachte, die Bergluft würde auch meiner angeschlagenen Gesundheit guttun, beschlossen wir, sofort dorthin zu ziehen. Unser Vorhaben wurde durch die tödliche Krankheit meines Hundes Peps kurz verzögert. Infolge seines Alters zeigte er mit dreizehn Jahren plötzlich eine solche Schwäche, dass wir Bedenken hatten, ihn auf den Selisberg mitzunehmen, da er die Strapazen des Aufstiegs nicht ertragen hätte. Nach wenigen Tagen wurden seine Qualen erschreckend heftig. Er wurde stumpfsinnig und hatte häufige Krämpfe. Seine einzige bewusste Handlung bestand darin, oft aus seinem Bett aufzustehen (das im Zimmer meiner Frau stand, da er normalerweise in ihrer Obhut war) und bis zu meinem Schreibtisch zu stolpern, wo er erschöpft wieder niedersank. Der Tierarzt sagte, er könne nichts mehr tun, und da die Krämpfe allmählich furchtbar heftig wurden, riet man mir, die grausame Qual des armen Tieres zu verkürzen und es mit ein wenig Blausäure von seinen Schmerzen zu befreien. Seinetwegen verzögerten wir unsere Abreise, bis ich mich schließlich davon überzeugte, dass ein schneller Tod eine Wohltat für das arme, leidende Geschöpf wäre, für das es keine Hoffnung mehr gab. Ich mietete ein Boot und ruderte eine Stunde lang über den See, um einen jungen Arzt namens Obrist zu besuchen, den ich kannte. Ich wusste, dass er in den Besitz des Vorrats eines Dorfapothekers gekommen war, der verschiedene Gifte enthielt. Von ihm erhielt ich eine tödliche Dosis, die ich an einem herrlichen Sommerabend in meinem einsamen Boot über den See nach Hause brachte. Ich war entschlossen, nur dann zu diesem letzten Mittel zu greifen, wenn das arme Tier in Not geriet. In dieser letzten Nacht schlief er wie üblich in seinem Korb neben meinem Bett und hatte die ständige Angewohnheit, mich morgens mit seinen Pfoten zu wecken. Ich wurde plötzlich von seinem Stöhnen geweckt, das durch einen besonders heftigen Krampfanfall verursacht wurde; dann sank er geräuschlos zurück; und ich war von der Bedeutung des Augenblicks so seltsam bewegt, dass ich sofort auf meine Uhr schaute, um mir die Stunde einzuprägen, in der mein außergewöhnlich ergebener kleiner Freund starb; es war zehn Minuten nach eins am 10. Juli. Den nächsten Tag widmeten wir seiner Beerdigung und vergossen bittere Tränen um ihn. Frau Stockar-Escher, unsere Vermieterin, überließ uns ein hübsches kleines Grundstück in ihrem Garten, und dort begruben wir ihn mit seinem Korb und seinen Kissen. Sein Grab wurde mir viele Jahre später gezeigt, aber als ich das letzte Mal in den kleinen Garten ging, stellte ich fest, dass alles eine elegante Verwandlung durchgemacht hatte und es keine Anzeichen mehr von Peps Grab gab.

Endlich machten wir uns wirklich auf den Weg nach Selisberg, diesmal nur begleitet von dem neuen Papagei – als Ersatz für den guten alten Papo – aus der Kreutzberg-Menagerie, den ich meiner Frau im Jahr zuvor gekauft hatte. Auch dieser war ein sehr guter und intelligenter Vogel, aber ich überließ ihn ganz Minna, behandelte ihn mit ausnahmsloser Freundlichkeit, wurde aber nie zum Freund mit ihm. Glücklicherweise wurde unser Aufenthalt in der herrlichen Luft dieses Sommerortes, den wir sehr liebgewonnen hatten, durch anhaltend schönes Wetter begünstigt. Ich widmete meine ganze Freizeit, abgesehen von meinen einsamen Spaziergängen, der Reinschrift des vollpartiturierten Teils der Walküre und widmete mich auch wieder meiner Lieblingslektüre – dem Studium Schopenhauers. Ich hatte das Vergnügen, einen reizenden Brief von Berlioz zu erhalten, zusammen mit seinem neuen Buch Les Soirees de l'Orchestre, dessen Lektüre mich anregend fand, obwohl mir der Geschmack des Autors für das Groteske hier ebenso fremd war wie in seinen Kompositionen. Hier traf ich auch den jungen Robert von Hornstein wieder, der sich als angenehmer und intelligenter Zeitgenosse erwies. Besonders interessierte mich sein rascher und offensichtlich erfolgreicher Einstieg in das Studium Schopenhauers. Er teilte mir mit, dass er vorhabe, sich für einige Zeit in Zürich niederzulassen, wo auch Karl Ritter beschlossen hatte, für seine junge Frau und sich ein dauerhaftes Winterquartier zu nehmen.

Mitte August kehrten wir selbst nach Zürich zurück, und ich konnte mich mit aller Kraft der Vollendung der Instrumentation der Walküre widmen, während meine Beziehungen zu früheren Bekannten weitgehend dieselben blieben. Von außen erhielt ich Nachrichten von der stetigen Beharrlichkeit, mit der mein Tannhäuser nach und nach in den deutschen Theatern verbreitet wurde. Auch Lohengrin folgte seinem Beispiel, wenn auch ohne zunächst auf ganz günstige Aufnahme zu stoßen. Franz Dingelstedt, der damals Direktor des Münchner Hoftheaters war, übernahm es, Tannhäuser dort einzuführen, obwohl der Ort dank Lachner nicht für mich eingenommen war. Er schien es einigermaßen gut hingekriegt zu haben; der Erfolg war jedoch seiner Aussage nach nicht so groß, dass ich mein versprochenes Honorar pünktlich hätte erhalten können. Aber mein Einkommen reichte dank der gewissenhaften Verwaltung meines Freundes Sulzer nun aus, um mir eine sorgenfreie Arbeit zu ermöglichen. Aber als das kältere Wetter einsetzte, begegnete mir ein neuer Ärger. Ich litt den ganzen Winter über an unzähligen Wundroseanfällen, und jeder neue Anfall (aufgrund eines winzigen Ernährungsfehlers oder der geringsten Erkältung) war von heftigen Schmerzen begleitet. Es war offensichtlich die Folge der üblen Auswirkungen des Londoner Klimas. Was mich am meisten schmerzte, war die häufige Unterbrechung meiner Arbeit deswegen. Das Beste, was ich tun konnte, war zu lesen, wenn die Krankheit ihren Lauf nahm. Burnouffs Einführung in die Geschichte des Buddha interessierte mich unter meinen Büchern am meisten, und ich fand darin Material für ein dramatisches Gedicht, das mir seitdem im Gedächtnis geblieben ist, obwohl es nur vage skizziert ist. Vielleicht werde ich es noch ausarbeiten. Ich gab ihm den Titel Die Sieger. Es basiert auf der einfachen Legende eines Tschantala-Mädchens, das in den würdigen Bettlerorden namens Clakyamouni aufgenommen wird und durch seine überaus leidenschaftliche und reine Liebe zu Ananda, dem Hauptjünger Buddhas, selbst Verdienst erlangt. Neben der zugrunde liegenden Schönheit dieses einfachen Materials beeinflusste eine merkwürdige Beziehung zwischen ihm und der späteren Entwicklung meiner musikalischen Erfahrung meine Auswahl. Denn für den Geist Buddhas ist das vergangene Leben (in einer früheren Inkarnation) jedes Wesens, das vor ihm erscheint, ebenso klar offenbart wie die Gegenwart; und diese einfache Geschichte hat ihre Bedeutung, da sie zeigt, dass das vergangene Leben des leidenden Helden und der leidenden Heldin mit der unmittelbaren Gegenwart in diesem Leben verbunden ist. Ich sah sofort, dass die ständige Erinnerung an diese doppelte Existenz in der Musik durchaus emotional rüberkommen könnte, und ich beschloss dementsprechend, die Ausarbeitung dieses Gedichts als eine besonders angenehme Aufgabe im Auge zu behalten.

So hatten sich zwei neue Themen in meine Vorstellungskraft eingeprägt, Tristan und Die Sieger; mit diesen beschäftigte ich mich von diesem

Zeitpunkt an ständig, zusammen mit meinem großen Werk, den Nibelungen, dessen unvollendeter Teil noch immer gigantische Ausmaße annahm. Je mehr diese Projekte mich in Anspruch nahmen, desto ungeduldiger wand ich mich angesichts der ständigen Unterbrechungen meiner Arbeit durch diese widerwärtigen Krankheitsanfälle . Ungefähr zu dieser Zeit schlug Liszt vor, mir einen Besuch abzustatten, der im Sommer verschoben worden war, aber ich musste ihn bitten, nicht zu kommen, da ich nach meinen jüngsten Erfahrungen nicht sicher sein konnte, während der wenigen Tage, die er mir widmen konnte, nicht ans Krankenbett gefesselt zu sein. So verbrachte ich den Winter, ruhig und resigniert in meinen produktiven Momenten, aber launisch und gereizt gegenüber der Außenwelt und daher eine Quelle einiger Besorgnis für meine Freunde. Ich war jedoch froh, als Karl Ritters Ankunft in Zürich es ihm ermöglichte, wieder vertrauter mit mir zu werden. Indem er Zürich als festen Wohnsitz wählte, jedenfalls für die Wintermonate, bewies er mir seine Ergebenheit auf eine Weise, die mir gut tat und mehr als einen schlechten Eindruck auslöschte. Hornstein hatte es tatsächlich geschafft, ebenfalls zu kommen, konnte aber nicht bleiben. Er erklärte, er sei so nervös, dass er keine einzige Note auf dem Klavier anrühren könne, und machte keinen Versuch zu leugnen, dass er aufgrund des Geistestodes seiner Mutter große Angst davor habe, selbst verrückt zu werden. Obwohl ihn das in gewisser Weise interessant machte, waren seine intellektuellen Gaben durch eine solche Charakterschwäche getrübt , dass wir ihn bald für ziemlich hoffnungslos hielten und nicht untröstlich waren, als er Zürich plötzlich verließ.

Mein Kreis hatte sich in letzter Zeit durch einen neuen Bekannten beträchtlich vergrößert: Gottfried Keller, ein gebürtiger Zürcher, der gerade aus Deutschland, wo er durch seine Schriften einige Berühmtheit erlangt hatte, in die Arme seiner ihm wohlgesinnten Mitbürger zurückgekehrt war. Mehrere seiner Werke – insbesondere ein längerer Roman, Der Grüne Heinrich – waren mir von Sulzer in wohlwollender, wenn auch nicht übertriebener Weise empfohlen worden. Daher war ich überrascht, ihn als eine Person mit außerordentlich schüchternem und unbeholfenem Benehmen vorzufinden. Jeder war bei der ersten Bekanntschaft besorgt über seine Aussichten, und tatsächlich war diese Frage nach seiner Zukunft die Schwierigkeit. Obwohl alles, was er schrieb, von großem originellen Talent zeugte, war sofort klar, dass es sich lediglich um Versuche in Richtung künstlerischer Entwicklung handelte, und es stellte sich die unvermeidliche Frage, was nun folgen und seinen Ruhm wirklich begründen würde . Ich fragte ihn immer wieder, was er als nächstes tun werde. Als Antwort erwähnte er alle möglichen ausgereiften Pläne, von denen keiner bei näherer Bekanntschaft stichhaltig war. Glücklicherweise wurde ihm schließlich (offenbar aus patriotischen Erwägungen) eine Stelle im Staatsdienst zugeteilt, wo er zweifellos gute Dienste leistete, auch wenn seine literarische Tätigkeit nach seinen frühen Bemühungen brach zu liegen schien.

Herwegh, ein weiterer langjähriger Freund, hatte weniger Glück. Ich hatte mir auch lange Sorgen um ihn gemacht und versucht zu glauben, dass seine bisherigen Bemühungen nur die Einführung in wirklich ernsthafte künstlerische Leistungen waren. Er selbst gab zu, dass er das Gefühl hatte, sein Bestes liege noch vor ihm. Es schien ihm, als hätte er das ganze Material – Massen von „Ideen" – für ein großes poetisches Werk in Reserve; es fehlte nur noch der „Rahmen", in dem er alles malen konnte, und das war es, was er von Tag zu Tag zu finden hoffte. Als ich des Wartens müde wurde, machte ich mich daran, selbst den ersehnten Rahmen für ihn zu finden. Er wollte offensichtlich ein episches Gedicht in großem Maßstab entwickeln, in dem er die Ansichten verkörpern konnte, die er erworben hatte. Da er einmal auf Dantes Glück angespielt hatte, ein Thema wie die Pilgerfahrt durch Hölle und Fegefeuer ins Paradies gefunden zu haben, kam mir der Gedanke, als gewünschten Rahmen den Brahmanen-Mythos der Metempsychose vorzuschlagen, der in Platons Version in Reichweite unserer klassischen Bildung liegt. Er hielt die Idee nicht für übel, und ich gab mir daher einige Mühe, die Form eines solchen Gedichtes zu bestimmen. Er sollte sich für drei Akte mit je drei Liedern entscheiden, also insgesamt neun Lieder. Der erste Akt sollte seinen Helden in seinem asiatischen Geburtsland zeigen, der zweite seine Wiedergeburt in Griechenland und Rom, der dritte seine Wiedergeburt im Mittelalter und in der Neuzeit. Das alles gefiel ihm sehr, und er meinte, es könnte etwas daraus werden. Anders mein zynischer Freund Dr. Wille, der ein Gut auf dem Lande besaß, wo wir uns oft im Kreise seiner Familie trafen. Er war der Meinung, wir erwarteten viel zu viel von Herwegh. Aus der Nähe betrachtet war er ja nur ein junger Schwabe, dem durch den jüdischen Heiligenschein, den seine Frau ihm umwarf, weit mehr Ehre und Ruhm zuteil geworden war, als seine Fähigkeiten rechtfertigten. Am Ende musste ich diese hoffnungslos unfreundlichen Bemerkungen nur achselzuckend hinnehmen, denn ich konnte natürlich miterleben, wie der arme Herwegh von Jahr zu Jahr in eine tiefere Apathie versank, bis er am Ende zu nichts mehr fähig schien.

Sempers Ankunft in Zürich, die endlich stattgefunden hatte, belebte unseren Kreis beträchtlich. Die eidgenössischen Behörden hatten mich gebeten, meinen Einfluss auf Semper geltend zu machen, um ihn zu bewegen, eine Stelle als Lehrer am eidgenössischen Polytechnikum anzunehmen. Semper kam sofort herüber, um sich die Einrichtung zunächst anzusehen, und war von allem positiv beeindruckt. Er fand sogar Grund zur Freude bei Spaziergängen in den ungestümen Bäumen, „wo man wieder auf eine Raupe stoßen könnte", sagte er, und beschloss endgültig, nach Zürich zu übersiedeln, und brachte sich und seine Familie so dauerhaft in meinen

Bekanntenkreis. Freilich hatte er wenig Aussicht auf Aufträge für große Bauten und sah sich dazu verdammt, für immer den Schulmeister zu spielen. Er war jedoch mitten in der Arbeit an einem großen Werk über Kunst, das er nach verschiedenen Missgeschicken und einem Wechsel des Verlegers später unter dem Titel „Der Stil" herausbrachte. Ich fand ihn oft mit den Zeichnungen zur Illustration dieses Buches beschäftigt; Er zeichnete sie selbst sehr sauber auf Stein und fand so viel Gefallen an der Arbeit, dass er erklärte, das kleinste Detail seiner Zeichnungen interessiere ihn weit mehr als die großen, plumpen Architekturarbeiten.

Von nun an wollte ich gemäß meinem Manifest nichts mehr mit der Musikgesellschaft zu tun haben und dirigierte auch nie wieder eine öffentliche Aufführung in Zürich. Die Mitglieder dieser Gesellschaft ließen sich zunächst nicht davon überzeugen, dass ich es ernst meinte, und ich musste ihnen dies durch eine kategorische Erklärung klarmachen, in der ich ihre Nachlässigkeit und ihre Missachtung meiner dringenden Vorschläge zur Gründung eines anständigen Orchesters betonte. Die Entschuldigung, die ich ausnahmslos erhielt, war, dass zwar Geld genug unter dem musikalischen Publikum vorhanden sei, aber jeder sich scheue, mit einem bestimmten Betrag an die Spitze der Abonnementsliste zu treten, wegen der lästigen Bekanntheit, die er unter den Stadtbewohnern erlangen würde. Mein alter Freund, Herr Ott-Imhof, versicherte mir, dass es ihm nicht im Geringsten peinlich wäre, zehntausend Francs pro Jahr für einen solchen Zweck zu zahlen, aber dass von diesem Moment an jedermann fragen würde, warum er sein Einkommen auf diese Weise ausgebe. Es würde einen solchen Aufruhr erregen, dass er leicht über die Verwaltung seines Vermögens zur Rechenschaft gezogen werden könnte. Dabei fiel mir Goethes Ausruf am Anfang seiner „Ersten Schweizer Briefe" ein. Meine musikalischen Aktivitäten in Zürich hörten also von diesem Zeitpunkt an endgültig auf.

[Fußnote: Dies bezieht sich zweifellos auf die folgende Stelle: „Und die Schweizer nennen sich frei! Diese selbstgefälligen Bourgeois, die in ihren kleinen Städten eingesperrt sind, diese armen Teufel auf ihren Abgründen und Felsen, nennen sich frei! Gibt es überhaupt eine Grenze dafür, was man den Leuten glauben und schätzen lassen kann, vorausgesetzt, dass man ihnen die alte Fabel von der „Freiheit" in Spirituosen oder Wein aufbewahrt? Einst entledigten sie sich eines Tyrannen und dachten, sie seien frei. Dann geschah dank der herrlichen Sonne eine merkwürdige Verwandlung, und aus der Leiche ihres verstorbenen Unterdrückers erhob sich eine Schar kleinerer Tyrannen. Jetzt erzählen sie die alte Fabel weiter; von allen Seiten wird sie einem bis zum Überdruss in die Ohren gehämmert – sie haben das Joch des Despoten abgeworfen und sind frei geblieben. Und da sind sie, verschanzt hinter ihren Mauern und gefangen in ihren Sitten, ihren Gesetzen, der

Meinung ihrer Nachbarn und ihrem spießbürgerlichen Vorstadtdasein'
(Goethes Werke, Briefe aus der Schweiz, Erste Abteilung.) – Herausgeber]

Dagegen hatte ich zu Hause gelegentlich Musik. Klindworths Klavierpartitur
des Rheingolds sowie einiger Akte der Walküre lagen in sauberen und
kostbaren Kopien bereit, und Baumgartner wurde als erster hingesetzt, um
zu sehen, was er mit der furchtbar schwierigen Bearbeitung anfangen konnte.
Später stellten wir fest, dass Theodor Kirchner, ein Musiker, der sich in
Winterthur niedergelassen hatte und häufig nach Zürich kam, bestimmte
Teile der Klavierpartie besser spielen konnte. Die Frau von Heim, dem Leiter
des Gesangvereins, mit dem wir beide befreundet waren, wurde in den Dienst
gedrängt, die Frauenstimmen zu singen, wenn ich versuchte, einige der
Gesangspartien zu spielen. Sie hatte eine wirklich schöne Stimme und einen
warmen Ton und war die einzige Solistin bei den großen Aufführungen im
Jahre 1853 gewesen; nur war sie völlig unmusikalisch, und ich musste mich
sehr anstrengen, sie in Einklang zu bringen, und es war noch schwieriger, den
Takt richtig zu treffen. Immerhin gelang uns etwas, und meine Freunde
bekamen gelegentlich einen Vorgeschmack auf meine Nibelungenmusik.

Aber auch hier musste ich große Zurückhaltung üben, denn jede Aufregung
drohte, eine neue Wundrose hervorzurufen. Eine kleine Gruppe von uns war
eines Abends bei Karl Ritter, als ich auf die Idee kam, Hoffmanns Der
goldene Topf vorzulesen. Ich bemerkte nicht, dass es im Zimmer allmählich
kühler wurde, aber noch bevor ich mit der Lektüre fertig war, hatte ich zum
Entsetzen aller eine geschwollene, rote Nase und musste mühsam nach
Hause schleppen, um die Krankheit zu behandeln, die mich jedes Mal
schrecklich erschöpfte. Während dieser Leidensperioden vertiefte ich mich
immer mehr in die Entwicklung des Librettos des Tristan, während ich meine
Genesungsperioden der Partitur der Walküre widmete, an der ich fleißig, aber
mühsam arbeitete und die Reinschrift im März desselben Jahres (1856)
fertigstellte. Aber meine Krankheit und die Belastung der Arbeit hatten mich
in einen Zustand ungewöhnlicher Reizbarkeit versetzt, und ich kann mich
erinnern, wie extrem schlecht gelaunt ich war, als unsere Freunde, die
Wesendoncks, an jenem Abend kamen, um mir zur Fertigstellung meiner
Partitur eine Art Gratulationsbesuch abzustatten. Ich äußerte meine Meinung
über diese Art, mit meiner Arbeit zu sympathisieren, mit so außerordentlicher
Bitterkeit, dass die armen, beleidigten Besucher plötzlich und in großer
Bestürzung abreisten, und es bedurfte vieler Erklärungen, die ich im Laufe
der Tage nur mit Mühe abgeben konnte, um die Beleidigung
wiedergutzumachen. Meine Frau schnitt bei dieser Gelegenheit in ihren
Bemühungen, die Wogen zu glätten, hervorragend ab. Eine besondere
Verbindung zwischen ihr und unseren Freunden war durch die Einführung
eines sehr freundlichen kleinen Hundes in unser Haus entstanden, den die
Wesendoncks als Nachfolger meines guten alten Peps angeschafft hatten. Er

erwies sich als so gutes und einschmeichelndes Tier, dass er bald die zärtliche Zuneigung meiner Frau gewann, während auch ich ihm gegenüber immer sehr freundlich war. Diesmal überließ ich jedoch meiner Frau die Wahl des Namens, und sie erfand, offenbar als Pendant zu Peps, den Namen Fips, den ich ihm durchaus geben wollte. Er war jedoch immer mehr der Freund meiner Frau, denn trotz meines großen Gerechtigkeitssinns, der mich die Vortrefflichkeit dieser Tiere erkennen ließ, konnte ich sie nie so sehr ins Herz schließen wie Peps und Papo.

Etwa um die Zeit meines Geburtstages bekam ich Besuch von meinem alten Freunde Tichatschek aus Dresden, der mir seiner Ergebenheit und Begeisterung treu blieb – soweit ein so unkultivierter Mensch zu solchen Gefühlen fähig war. Am Morgen meines Geburtstages wurde ich auf rührende Weise durch die Klänge meines geliebten Adagios aus Beethovens e-Moll-Quartett geweckt. Meine Frau hatte die Musiker, die mir zu diesem Anlaß besonders am Herzen lagen, eingeladen, und sie hatten mit feiner Zartheit gerade jenes Stück ausgewählt, von dem ich einst mit so großer Ergriffenheit gesprochen hatte. Bei unserer Party am Abend sang Tichatschek mehrere Stücke aus Lohengrin und versetzte uns alle wirklich in Erstaunen durch die Brillanz seiner noch immer erhaltenen Stimme. Es war ihm auch durch seine Beharrlichkeit gelungen, die Unentschlossenheit der Dresdner Direktion, die auf ihre Unterwürfigkeit gegenüber dem Hofe zurückzuführen war, hinsichtlich weiterer Aufführungen meiner Opern zu überwinden. Sie wurden dort jetzt wieder mit großem Erfolg und vor ausverkauftem Haus aufgeführt. Auf einem Ausflug, den wir mit unserem Gast nach Brunnen am Vierwaldstättersee machten, zog ich mir eine leichte Erkältung zu und zog mir so meinen dreizehnten Anfall von Rotlauf zu. Einer der furchtbaren Südstürme, die es unmöglich machen, die Räume in Brunnen zu heizen, verstärkte meine Leiden diesmal noch, und zwar um so mehr, als ich trotz meines schmerzlichen Zustandes den Ausflug durchführte, um unserem Gast nicht durch frühere Umkehr die Freude zu verderben. Ich lag noch im Bett, als Tichatschek abreiste, und beschloß, wenigstens eine Luftveränderung im Süden zu versuchen, da mir diese furchtbare Krankheit in der Gegend von Zürich zu treiben schien. Ich wählte den Genfersee und beschloß, in der Nähe von Genf oder in der Nähe einen gut gelegenen Landort aufzusuchen, wo ich eine Kur beginnen konnte, die mir mein Zürcher Arzt verordnet hatte. Ich reiste also Anfang Juni nach Genf ab. Fips, der mich in mein ländliches Refugium begleiten sollte, machte mir auf der Reise große Sorgen; Ich hätte beinahe mein Reiseziel geändert, weil ich versucht hatte, ihn für einen Teil der Reise aus meinem Zugabteil zu vertreiben. Dank meiner energischen Art, mein Anliegen durchzusetzen, konnte ich meine Kur in Genf beginnen, denn sonst wäre ich wahrscheinlich in eine andere Richtung gegangen.

In Genf stieg ich zunächst im vertrauten alten Hotel de l'Ecu de Geneve ab, das in mir verschiedene Erinnerungen weckte. Hier konsultierte ich Dr. Coindet, der mich wegen der guten Luft nach Mornex auf dem Mont Saleve schickte und mir eine Pension empfahl. Mein erster Gedanke bei der Ankunft war, einen Ort zu finden, an dem ich ungestört sein würde, und ich überredete die Dame, die die Pension führte, mir einen isolierten Pavillon im Garten zu überlassen, der aus einem großen Empfangsraum bestand. Es bedurfte viel Überredungsarbeit, da alle Pensionsgäste – gerade die Leute, die ich meiden wollte – empört darüber waren, dass ihnen der Raum, der ursprünglich für ihre gesellschaftlichen Zusammenkünfte vorgesehen war, weggenommen wurde. Aber schließlich erreichte ich mein Ziel, obwohl ich mich verpflichten musste, meinen Salon am Sonntagmorgen zu räumen, weil er dann mit Bänken bestückt und für einen Gottesdienst eingerichtet war, was den Calvinisten unter den Pensionsgästen viel zu bedeuten schien. Ich kam damit ganz glücklich zurecht und brachte mein Opfer gleich am ersten Sonntag ehrenvoll dar, indem ich mich nach Genf begab, um die Zeitungen zu lesen. Am nächsten Tag jedoch teilte mir meine Gastgeberin mit, dass die Pensionäre sehr verärgert darüber seien, dass in meinem Salon nur der Gottesdienst und nicht die Wochentagsspiele abgehalten werden könnten. Ich wurde benachrichtigt und sah mich nach einer anderen Unterkunft um, die ich im Haus eines Nachbarn fand.

Dieser Nachbar war ein Dr. Vaillant, der ein ebenso schönes Grundstück erworben hatte, um dort ein hydropathisches Institut zu errichten. Ich erkundigte mich zunächst nach warmen Bädern, da mein Züricher Arzt mir geraten hatte, diese mit Schwefel zu verwenden, aber es bestand keine Aussicht, so etwas zu bekommen. Dr. Vaillant gefiel mir jedoch so gut, dass ich ihm meine Probleme erzählte. Als ich ihn fragte, was von zwei Dingen ich trinken sollte: heißes Schwefelbadewasser oder ein bestimmtes stinkendes Mineralwasser, lächelte er und sagte: „Monsieur, vous n'etes que nerveux. All dies wird Sie nur noch mehr aufregen; Sie müssen lediglich beruhigt werden. Wenn Sie sich mir anvertrauen, verspreche ich Ihnen, dass Sie sich nach zwei Monaten so weit erholt haben werden, dass Sie nie wieder Erysipel bekommen." Und er hielt sein Wort.

Ich habe mir durch diesen ausgezeichneten Arzt allerdings eine ganz andere Meinung über die hydrotherapeutischen Methoden gebildet, als ich sie mir durch den „Wasserjuden" von Albisbrunnen und andere unerfahrene Laien hätte aneignen können. Vaillant war in Paris selbst als Arzt berühmt gewesen (Lablache und Rossini hatten ihn konsultiert), hatte aber das Unglück, an beiden Beinen gelähmt zu werden, und nach vier Jahren hilflosen Elends, während dessen er seine ganze Praxis verlor und in völliges Elend versank, stieß er auf den ursprünglichen schlesischen Hydropathologen Priessnitz, zu dem er gebracht wurde, mit dem Ergebnis, dass er völlig genesen konnte.

Dort lernte er die Methode kennen, die sich als so wirksam erwiesen hatte, verfeinerte sie von allen Brutalitäten ihres Erfinders und versuchte, sich den Parisern durch den Bau eines Hydros in Meudon zu empfehlen. Aber er stieß auf keinen Zuspruch. Seine ehemaligen Patienten, die er zu einem Besuch seiner Anstalt zu überreden suchte, fragten lediglich, ob dort abends getanzt würde. Er konnte es nicht durchhalten, und diesem Umstand verdanke ich meine Begegnung mit ihm dort in der Nähe von Genf, wo er noch einmal versuchte, seine Kur praktisch auszunutzen. Er machte schon allein dadurch auf sich aufmerksam, dass er die Zahl der Patienten, die er in sein Haus aufnahm, streng beschränkte und darauf beharrte, dass ein Arzt nur dann für die richtige Anwendung und den Erfolg seiner Behandlung verantwortlich sein könne, wenn er in der Lage sei, seine Patienten zu jeder Tageszeit genau zu beobachten. Der Vorteil seines Systems, der mir so wunderbar zugute kam, war die durch und durch beruhigende Wirkung der Behandlung, die in der raffinierten Verwendung von Wasser bei mäßiger Temperatur bestand.

Außerdem hatte Vaillant ein besonderes Vergnügen daran, meine Bedürfnisse zu befriedigen, insbesondere mir Ruhe und Frieden zu verschaffen. So wurde mir beispielsweise meine Anwesenheit beim gemeinsamen Frühstück, das ich aufregend und unbequem fand, entschuldigt und ich durfte mir stattdessen in meinem Zimmer Tee kochen. Dies war ein ungewohntes Vergnügen für mich, und ich frönte ihm im Schutz der Heimlichkeit im Übermaß. Normalerweise trank ich zwei Stunden lang Tee hinter verschlossenen Türen, während ich nach den ermüdenden Anstrengungen meiner Morgenkur Walter Scotts Romane las. Ich hatte in Genf einige billige und gute französische Übersetzungen dieser Romane gefunden und einen ganzen Stapel davon nach Mornex mitgebracht. Sie passten wunderbar zu meinem Tagesablauf, der ernsthaftes Studium oder Arbeiten verbot; aber abgesehen davon stimmte ich jetzt voll und ganz mit Schopenhauers hoher Meinung vom Wert dieses Dichters überein, an der ich bis dahin gezweifelt hatte. Auf meinen einsamen Spaziergängen nahm ich zwar meistens einen Band von Byron mit, da ich eine Miniaturausgabe besaß, um ihn auf irgendeiner Berghöhe mit Blick auf den Mont Blanc zu lesen, aber ich ließ ihn bald zu Hause, denn ich merkte, dass ich ihn kaum noch aus der Tasche zog.

Die einzige Arbeit, die ich mir erlaubte, war das Skizzieren von Plänen für den Bau meines Hauses. Diese versuchte ich schließlich mit allen Materialien eines Bauzeichners richtig auszuarbeiten. Auf diese kühne Idee war ich nach Verhandlungen gekommen, die ich etwa zu dieser Zeit mit dem Leipziger Musikverlag Hartel über den Verkauf meiner Nibelungenkompositionen führte. Für die vier Werke verlangte ich sofort vierzigtausend Francs, von denen mir die Hälfte ausgezahlt werden sollte, wenn mit dem Bau des Hauses begonnen wurde. Der Verleger schien meinen Vorschlägen tatsächlich so positiv gegenüberzustehen, dass er mein Vorhaben ermöglichte.

Sehr bald jedoch änderte sich ihre Meinung über den Marktwert meiner Werke bedauerlicherweise. Ich konnte nie herausfinden, ob dies daran lag, dass sie mein Gedicht erst kurz zuvor sorgfältig geprüft und für undurchführbar befunden hatten, oder ob auf sie von derselben Seite Einfluss ausgeübt worden war, aus der die mit der Zeit immer deutlicher werdende Opposition gegen die meisten meiner Unternehmungen stammte. Wie dem auch sei, die Hoffnung, Kapital für meinen Hausbau zu verdienen, verließ mich; aber meine Architekturstudien nahmen ihren Lauf, und ich setzte mir das Ziel, die Mittel zu erwerben, um sie zu verwirklichen.

Da die zwei Monate, die ich für die Behandlung bei Dr. Vaillant vorgesehen hatte, am 15. August zu Ende waren, verließ ich den Kurort, der sich als so wohltuend erwiesen hatte, und machte mich sofort auf den Weg zu Karl Ritter, der mit seiner Frau für die Sommermonate ein hübsches und sehr bescheidenes kleines Haus in der Nähe von Lausanne bezogen hatte. Beide hatten mich in Mornex besucht, aber als ich versuchte, Karl zu einer Kaltwasserbehandlung zu überreden, erklärte er nach einem Versuch, dass selbst die beruhigendste Methode ihn erregte. Im Großen und Ganzen fanden wir jedoch eine ganze Reihe angenehmer Gesprächsthemen, und er sagte mir, er würde im Herbst nach Zürich zurückkehren.

Ich kehrte ziemlich gut gelaunt mit Fips nach Hause zurück, dessentwegen ich mit der Postkutsche reiste, um die unangenehme Bahnfahrt zu vermeiden. Auch meine Frau war von ihrer Sauermilchkur auf dem Selisberg nach Hause zurückgekehrt, und außerdem fand ich meine Schwester Clara dort untergebracht, die einzige meiner Verwandten, die mich in meinem Schweizer Rückzugsort besucht hatte. Wir machten sofort mit ihr einen Ausflug zu meinem Lieblingsort, Brunnen am Vierwaldstättersee, und verbrachten dort einen herrlichen Abend, an dem wir den herrlichen Sonnenuntergang und andere schöne Effekte der Alpenlandschaft genossen. Bei Einbruch der Nacht, als der Mond voll über dem See aufging, stellte sich heraus, dass unser enthusiastischer und aufmerksamer Gastgeber, Oberst Auf-der-Mauer, eine sehr schöne und wirkungsvolle Ovation für mich arrangiert hatte (ich war dort ein häufiger Besucher gewesen). Zwei von bunten Laternen beleuchtete Boote kamen an den Strand gegenüber unserem Hotel heran, mit der Brunnener Blaskapelle, die ausschließlich aus Laien vom Land bestand. Mit föderaler Standhaftigkeit und ohne jeglichen Versuch, einen gewissenhaften Gleichklang zu erzielen, spielten sie laut und unwiderlegbar einige meiner Kompositionen. Dann zollten sie mir in einer kleinen Rede ihren Respekt, und ich antwortete herzlich, woraufhin ich alle möglichen schwieligen Hände umklammerte, während wir am Strand ein paar Flaschen Wein tranken. Jahrelang kam ich bei meinen häufigen

Besuchen nie an diesem Strand vorbei, ohne einen freundlichen Händedruck oder eine Begrüßung zu erhalten. Ich war mir im Allgemeinen nicht sicher, was der jeweilige Bootsführer von mir wollte, aber es stellte sich immer heraus, dass ich es mit einem der Blaskapellenmusiker zu tun hatte, deren gute Absichten an diesem angenehmen Abend zum Ausdruck gekommen waren.

Der längere Aufenthalt meiner Schwester Clara bei uns in Zürich belebte unseren Familienkreis sehr angenehm. Sie war die Musikalische unter meinen Geschwistern, und ich genoss ihre Gesellschaft sehr. Es war mir auch eine Erleichterung, wenn ihre Anwesenheit die verschiedenen häuslichen Szenen dämpfte, die Minna verursachte, die infolge der fortschreitenden Entwicklung ihrer Herzkrankheit immer misstrauischer, heftiger und eigensinniger wurde.

Im Oktober erwartete ich einen Besuch von Liszt, der vorschlug, in Begleitung verschiedener bedeutender Persönlichkeiten einen längeren Aufenthalt in Zürich zu verbringen. Ich konnte jedoch nicht so lange warten, bis ich mit der Komposition von Siegfried begann, und begann am 22. September mit der Skizze der Ouvertüre.

Gegenüber unserem Hause hatte sich ein Kesselflicker niedergelassen, der mir den ganzen Tag mit seinem unaufhörlichen Hämmern die Ohren betäubte. Aus Ekel, nie ein freistehendes Haus zu finden, das vor jedem Lärm geschützt war, war ich nahe daran, das Komponieren ganz aufzugeben, bis diese unabdingbare Voraussetzung erfüllt sein würde. Aber gerade meine Wut auf den Kesselflicker war es, die mir in einem Moment der Erregung das Thema für Siegfrieds Wutausbruch gegen den stümperhaften Mime lieferte. Ich spielte meiner Schwester das kindisch streitsüchtige Polter-Thema in g-Moll vor und sang dabei wütend den Text, was uns alle so sehr zum Lachen brachte, dass ich beschloss, noch einen Versuch zu unternehmen. Dies führte dazu, dass ich bis zur Ankunft Liszts am 13. Oktober einen guten Teil der ersten Szene niederschrieb.

Liszt kam allein, und mein Haus wurde sofort zu einem musikalischen Mittelpunkt. Er hatte seine Faust- und Dante-Symphonien beendet, seit ich ihn das erste Mal gesehen hatte, und es war einfach wunderbar, ihn sie mir auf dem Klavier aus der Partitur spielen zu hören. Da ich überzeugt war, dass Liszt von dem großen Eindruck überzeugt sein musste, den seine Kompositionen auf mich machten, hatte ich keine Skrupel, ihn zu überreden, den falschen Schluss der Dante-Symphonie zu ändern. Wenn mich irgendetwas von der meisterhaften und poetischen Vorstellungskraft des Mannes überzeugt hatte, dann war es der ursprüngliche Schluss der Faust-Symphonie, in dem der zarte Duft einer letzten Erinnerung an Gretchen alles übertönt, ohne die Aufmerksamkeit durch eine heftige Störung zu fesseln.

Der Schluss der Dante-Symphonie schien mir ganz in die gleiche Richtung zu gehen, denn das zart eingeführte Magnificat lässt in gleicher Weise nur einen Hauch eines sanften, schimmernden Paradieses erahnen. Umso erschrockener war ich, als ich hörte, wie diese schöne Andeutung plötzlich auf erschreckende Weise durch eine pompöse, plagale Kadenz unterbrochen wurde, die, wie man mir sagte, Domenico darstellen sollte.

„Nein!“, rief ich laut, „das nicht! Weg damit! Keine majestätische Gottheit! Lass uns den feinen, sanften Schimmer.“

„Sie haben Recht“, sagte Liszt. „Das habe ich auch gesagt; es war die Prinzessin, die mich vom Gegenteil überzeugt hat. Aber es soll sein, wie Sie wünschen.“

Alles schön und gut – aber umso größer war mein Bedauern, als ich später erfuhr, dass nicht nur dieser Schluss der Dante-Symphonie beibehalten worden war, sondern dass sogar der zarte Schluss der Faust-Symphonie, der mir so besonders zugesagt hatte, durch die Einführung eines Chors effektvoller verändert worden war. Und das war ganz typisch für mein Verhältnis zu Liszt und seiner Freundin Caroline Wittgenstein!

Diese Frau sollte mit ihrer Tochter Marie ebenfalls bald zu Besuch kommen, und es wurden die notwendigen Vorbereitungen für ihren Empfang getroffen. Doch bevor diese Damen eintrafen, ereignete sich in meinem Hause ein äußerst peinlicher Zwischenfall zwischen Liszt und Karl Ritter. Allein Ritters Blicke und noch mehr eine gewisse abrupte Widersprüchlichkeit in seiner Sprechweise schienen Liszt in einen Zustand zu versetzen, in dem er leicht gereizt war. Eines Abends sprach Liszt in eindrucksvollem Ton über die Verdienste der Jesuiten, und Ritters unpassendes Lächeln schien ihn zu beleidigen. Bei Tisch drehte sich das Gespräch um den Kaiser der Franzosen, Louis Napoleon, dessen Verdienste Liszt ziemlich kurzerhand anerkennen wollte, während wir im Großen und Ganzen alles andere als begeistert von der allgemeinen Lage in Frankreich waren. Als Liszt in dem Versuch, den wichtigen Einfluss Frankreichs auf die europäische Kultur deutlich zu machen, als Beispiel die französische Akademie erwähnte, gönnte sich Karl erneut sein fatales Lächeln. Dies erzürnte Liszt über alle Maßen, und in seiner Antwort fügte er etwa folgendes hinzu: „Wenn wir nicht bereit sind, dies zuzugeben, was sind wir dann? Paviane!“ Ich lachte, aber Karl lächelte wieder nur – diesmal mit tödlicher Verlegenheit. Ich erfuhr später durch Bülow, dass ihm in einem jugendlichen Streit das Wort „Paviangesicht“ nachgeworfen worden war. Es war bald nicht mehr zu verbergen, dass Ritter sich von „dem Doktor“, wie er ihn nannte , grob beleidigt fühlte, und er verließ mein Haus schäumend vor Wut, um es jahrelang nicht mehr zu betreten. Nach einigen Tagen erhielt ich einen Brief, in dem er zunächst eine vollständige Entschuldigung von Liszt forderte, sobald er mich wieder besuchen käme, und falls dies nicht zu erreichen sei, Liszts Ausschluss aus meinem Haus. Es betrübte mich sehr, bald darauf einen Brief von Ritters Mutter zu erhalten, die ich sehr verehrte. Darin machte sie mir Vorwürfe wegen meiner ungerechten Behandlung ihres Sohnes, da ich für eine Beleidigung, die ihm in meinem Haus widerfahren war, keine Genugtuung erlangt hatte. Lange Zeit waren meine Beziehungen zu dieser Familie, so eng sie auch gewesen waren, schmerzlich gespannt, da es mir unmöglich war, ihnen den Vorfall im rechten Licht erscheinen zu lassen. Als Liszt nach einiger Zeit davon erfuhr, bedauerte auch er die Störung und machte mit lobenswerter Großzügigkeit den ersten Schritt zur Versöhnung, indem er Ritter einen freundlichen Besuch abstattete. Über den Vorfall wurde nichts gesagt, und Ritters Gegenbesuch galt nicht Liszt, sondern der inzwischen eingetroffenen Prinzessin. Danach beschloss Liszt, dass er nichts weiter tun könne; Ritter zog sich daher von nun an aus unserer Gesellschaft zurück und verlegte sein Winterquartier von Zürich nach Lausanne, wo er sich dauerhaft niederließ.

Nicht nur meine bescheidene Wohnung, sondern ganz Zürich schien voller Leben, als Prinzessin Caroline und ihre Tochter für einige Zeit im Hotel Baur ihren Wohnsitz nahmen. Die seltsame Aufregung, die diese Dame sofort über jeden brachte, den sie in ihren Kreis zu ziehen vermochte, glich bei meiner guten Schwester Clara (die damals noch bei uns war) fast einem Rausch. Es war, als ob Zürich plötzlich eine Großstadt geworden wäre. Kutschen fuhren hin und her, Lakaien begleiteten einen ein und aus, Mittag- und Abendessen strömten auf uns ein, und wir waren plötzlich von einer wachsenden Zahl interessanter Leute umgeben, deren Existenz wir in Zürich nicht einmal geahnt hatten, obwohl sie jetzt zweifellos überall auftauchten. Ein Musiker namens Winterberger, der sich bei gewissen Gelegenheiten zu exzentrischem Benehmen verpflichtet fühlte, war von Liszt dorthin gebracht worden; Kirchner, der Schumann-Enthusiast aus Winterthur, war fast immer da, angezogen von dem neuen Leben, und auch er versäumte es nicht, den Scherz zu machen. Aber es waren vor allem die Professoren der Universität Zürich, die Prinzessin Caroline aus ihren Zürcher Winkelgewohnheiten herauslockte. Sie nahm sie einzeln für sich und servierte sie uns wieder en masse. Wenn ich von meinem regelmäßigen Mittagsspaziergang kurz hereinschaute, speiste die Dame allein, bald mit Semper, bald mit Professor Kochly, bald mit Moleschott und so weiter. Sogar mein sehr eigenartiger Freund Sulzer war hineingezogen und, wie er nicht leugnen konnte, in gewisser Weise berauscht. Aber ein wirklich erfrischendes Gefühl von Freiheit und Spontaneität durchdrang alles, und besonders die ungezwungenen Abende in meinem Haus waren wirklich bemerkenswert frei und ungezwungen. Bei diesen Gelegenheiten half die Prinzessin mit polnisch-patriarchalischer Freundlichkeit der Hausherrin beim Servieren. Einmal musste ich, nachdem wir etwas Musik gehört hatten, den Inhalt meiner beiden neu konzipierten Gedichte, Tristan und Isolde und Die Sieger, einer Gruppe vortragen, die, halb sitzend, halb liegend vor mir, sicherlich nicht ohne Charme war.

Der Höhepunkt unserer Feierlichkeiten war jedoch Liszts Geburtstag am 22. Oktober, den die Fürstin mit gebührendem Pomp in ihrem eigenen Hause feierte. Jeder, der in Zürich Rang und Namen hatte, war da. Ein Gedicht von Hoffmann von Fallersleben wurde aus Weimar telegraphiert und auf Wunsch der Fürstin von Herwegh mit seltsam veränderter Stimme feierlich vorgelesen. Anschließend spielte ich mit Frau Heim den ersten Akt und eine Szene aus dem zweiten Akt der Walküre, begleitet von Liszt. Ich konnte mir eine günstige Vorstellung von der Wirkung unserer Aufführung machen, da Dr. Wille den Wunsch äußerte, diese Dinge schlecht aufgeführt zu hören, damit er sich ein richtiges Urteil bilden konnte, da er fürchtete, durch die Vortrefflichkeit unserer Aufführung verführt zu werden. Außerdem wurden Liszts Symphonische Dichtungen auf zwei Flügeln gespielt. Bei dem Fest entstand ein Streit über Heinrich Heine, über den Liszt allerlei heimtückische Bemerkungen machte. Frau Wesendonck antwortete mit der Frage, ob er nicht glaube, dass Heines Name als Dichter dennoch in den Tempel der Unsterblichkeit eingeschrieben werden würde.

„Ja, aber im Schlamm", antwortete Liszt schnell und sorgte damit, wie man sich vorstellen kann, für großes Aufsehen.

Leider musste unser Kreis bald einen großen Verlust erleiden, als Liszt an einer Hautkrankheit erkrankte, die ihn für längere Zeit ans Bett fesselte. Sobald es ihm etwas besser ging, setzten wir uns schnell wieder ans Klavier, um meine beiden fertigen Partituren des Rheingolds und der Walküre allein durchzuprobieren. Fürstin Marie hörte aufmerksam zu und konnte sogar zu einigen schwierigen Stellen des Gedichts kluge Vorschläge machen.

Auch Prinzessin Caroline schien außerordentlichen Wert darauf zu legen, sich über die eigentliche Intrige um das Schicksal der Götter in meinen Nibelungen völlig im Klaren zu sein. Sie nahm mich eines Tages in die Hand, ganz wie einer der Zürcher Professoren, en particulier, um diesen Punkt zu ihrer Zufriedenheit aufzuklären. Ich muss gestehen, dass ich unwiderlegbar erkannte, dass sie bestrebt war, die zartesten und geheimnisvollsten Aspekte der Intrige zu verstehen, wenn auch in einer etwas zu präzisen und sachlichen Art. Am Ende kam es mir vor, als hätte ich ihr ein französisches Gesellschaftsstück erklärt. Ihre gute Laune in all diesen Dingen war ebenso ausgeprägt wie die seltsame Liebenswürdigkeit ihres Wesens in anderer Hinsicht; denn als ich ihr eines Tages zur Veranschaulichung der ersten dieser beiden Eigenschaften erklärte, dass vier Wochen ununterbrochener Gesellschaft mit ihr mein Tod gewesen wären, lachte sie herzlich. Ich hatte Grund zur Traurigkeit angesichts der Veränderungen, die sich, wie ich erkannte, bei ihrer Tochter Marie vollzogen hatten; in den drei Jahren, seit ich sie zum ersten Mal gesehen hatte, war sie in außerordentlichem Maße verblasst. Wenn ich sie damals ein „Kind" nannte, so könnte ich sie heute nicht mehr als „junge Frau" bezeichnen. Ein verhängnisvolles Erlebnis schien sie vorzeitig altern zu lassen. Nur in der Aufregung, besonders abends in Gesellschaft von Freunden, trat die anziehende und strahlende Seite ihres Wesens in besonderem Maße zutage. Ich erinnere mich an einen schönen Abend bei Herwegh, als Liszt durch einen abscheulich verstimmten Flügel in dieselbe Begeisterung versetzt wurde wie durch die widerwärtigen Zigarren, denen er damals leidenschaftlicher zugetan war als den feineren Sorten. Wir alle waren gezwungen, unseren Glauben an Magie gegen den Glauben an wirkliche Hexerei einzutauschen, als wir seinen wunderbaren Phantasien auf diesem Pianoforte lauschten. Zu meinem großen Entsetzen zeigte Liszt noch mehr als einmal eine durch und durch übellaunige, ja streitsüchtige Reizbarkeit, wie sie sich schon in der unglücklichen Szene mit dem jungen Ritter gezeigt hatte. So war es beispielsweise gefährlich, Goethe zu loben, besonders in Gegenwart von Prinzessin Caroline. Sogar Liszt und ich hatten uns beinahe über den Charakter Egmonts gestritten (worauf er sehr erpicht zu sein schien), den er für seine Pflicht hielt, abzuwerten, weil der Mann sich von Alba täuschen ließ. Ich war gewarnt worden und hatte die Geistesgegenwart, mich bei dieser Gelegenheit darauf zu beschränken, die eigentümliche Physiologie meines Freundes zu beobachten und meine Aufmerksamkeit mehr auf seinen Zustand als auf den Gegenstand unseres Streits zu richten. Es kam nie wirklich zu Handgreiflichkeiten, aber von da an behielt ich mein Leben lang das vage Gefühl, dass es eines Tages zu einer solchen Auseinandersetzung kommen könnte, und dass es in diesem Fall sicherlich furchtbar werden würde. Vielleicht war es gerade dieses Gefühl, das mich bremste, wann immer sich eine Gelegenheit zu einem hitzigen Streit ergab. Weiß Gott, ich selbst hatte bei meinen Freunden einen so schlechten Ruf, dass ich so reizbar und plötzlich ausrasten konnte!

Nach meinem über sechswöchigen Aufenthalt bot sich uns vor meiner Rückkehr von diesem für mich so bedeutsamen Besuch noch einmal Gelegenheit, zusammenzukommen. Wir hatten vereinbart, eine Woche in St. Gallen zu verbringen, wo uns der junge Musikdirektor Schadrowsky eingeladen hatte, ein dortiges Vereinskonzert zu unterstützen.

Wir übernachteten zusammen im Gasthof Hecht, und die Prinzessin bewirtete uns, als ob sie in ihrem eigenen Haus wäre. Sie gab mir und meiner Frau ein Zimmer neben ihrem eigenen Privatgemach. Leider stand uns eine äußerst anstrengende Nacht bevor. Prinzessin Caroline hatte einen ihrer schweren Nervenanfälle, und um die schmerzhaften Halluzinationen, die sie in solchen Momenten quälten, zu verhindern, musste ihre Tochter Marie ihr die ganze Nacht mit einer Stimme vorlesen, die absichtlich weit über ihre natürliche Tonlage hinausging. Ich war furchtbar aufgeregt, besonders über die scheinbar unerklärliche Missachtung der Ruhe des Nachbarn, die ein solches Verhalten mit sich brachte. Um zwei Uhr morgens sprang ich aus dem Bett, klingelte ununterbrochen, bis der Kellner aufwachte, und bat ihn, mich in ein Schlafzimmer in einem der entlegensten Teile des Gasthofs zu führen. Wir zogen sofort um, nicht ohne die Aufmerksamkeit unserer Nachbarn zu erregen, auf die der Umstand jedoch keinen Eindruck machte. Am nächsten Morgen war ich sehr erstaunt, Marie wie immer erscheinen zu sehen, ganz unbefangen und ohne die geringsten Anzeichen eines außergewöhnlichen Ereignisses. Ich erfuhr nun, dass alle, die mit der Prinzessin zu tun hatten, an solche Störungen gewöhnt waren. Auch hier füllte sich das Haus bald mit Gästen aller Art: Herwegh und seine Frau kamen, Dr. Wille und seine Frau, Kirchner und mehrere andere, und bald stand unser Leben in der Hecht unserem Leben im Hotel Baur in Bezug auf Aktivität in nichts nach. Der Vorwand für all dies war, wie gesagt, das Gesellschaftskonzert des Musikvereins St. Gallen. Bei der Probe prägte Liszt dem Orchester zu meiner echten Freude trotz der begrenzten Mittel, die ihm zur Verfügung standen, zwei seiner Kompositionen, Orpheus und das Präludium, mit vollem Erfolg ein. Die Aufführung erwies sich als wirklich schön und voller Geist. Besonders entzückt war ich vom Orpheus und dem fein proportionierten Orchesterwerk, dem ich unter Liszts Kompositionen immer einen hohen Ehrenplatz eingeräumt hatte. Die besondere Gunst des Publikums dagegen galt dem Prélude, von dem der größte Teil als Zugabe gespielt wurde. Die Eroica-Sinfonie von Beethoven dirigierte ich unter sehr schmerzhaften Bedingungen, da ich mich bei solchen Gelegenheiten immer erkältete und danach meist fieberte. Meine Auffassung und Wiedergabe von Beethovens Werk machte einen starken Eindruck auf Liszt, dessen Meinung die einzige war, die für mich wirklich Gewicht hatte. Wir überwachten einander bei unserer Arbeit mit einer Nähe und Sympathie, die wirklich lehrreich war. Abends mussten wir zu unseren Ehren an einem kleinen Abendessen teilnehmen, bei dem die ehrenwerten Bürger von St. Gallen die edlen und tiefen Gefühle über die Bedeutung unseres Besuches zum Ausdruck brachten. Da ich von einem Dichter mit einer höchst schmeichelhaften Lobrede unterhalten wurde, war es für mich notwendig, mit ebenso großer Ernsthaftigkeit und Beredsamkeit zu antworten. In seiner dithyrambischen Begeisterung ging Liszt so weit, ein allgemeines Anstoßen vorzuschlagen, um seine Zustimmung zu seinem Vorschlag auszudrücken, das neue Theater von St. Gallen mit einer Musteraufführung von Lohengrin zu eröffnen. Niemand erhob Einwände. Am nächsten Tag, dem 24. November, trafen wir uns alle zu verschiedenen Festlichkeiten im Hause eines leidenschaftlichen Musikliebhabers, Herrn Bourit, eines reichen Kaufmanns aus St. Gallen. Hier hatten wir Klaviermusik, und Liszt spielte uns unter anderem die große Sonate in B-Dur von Beethoven vor, an deren

Ende Kirchner trocken und offen bemerkte: „Jetzt können wir wirklich sagen, dass wir das Unmögliche erlebt haben, denn ich werde das, was ich gerade gehört habe, immer als eine Unmöglichkeit betrachten." Bei dieser Gelegenheit wurde auf den zwanzigsten Jahrestag meiner Hochzeit mit Minna hingewiesen, der auf diesen Tag fiel, und nachdem die Hochzeitsmusik von Lohengrin gespielt worden war, bildeten wir einen reizenden Umzug à la Polonaise durch die verschiedenen Räume.

Trotz all dieser angenehmen Erlebnisse wäre ich sehr zufrieden gewesen, das Ende der Angelegenheit zu erleben und in die Ruhe meines Zuhauses in Zürich zurückzukehren. Die Unpässlichkeit der Prinzessin verzögerte jedoch die Abreise meiner Freunde nach Deutschland um mehrere Tage, und wir sahen uns gezwungen, einige Zeit in einem Zustand nervöser Anspannung und Ziellosigkeit zusammenzubleiben, bis ich schließlich am 27. November meine Besucher nach Rorschach begleitete und mich dort auf dem Dampfer von ihnen verabschiedete. Seitdem habe ich die Prinzessin oder ihre Tochter nie wieder gesehen, und ich glaube auch nicht, dass ich sie jemals wiedersehen werde.

Ich verabschiedete mich nicht ohne Bedenken von meinen Freunden, denn die Prinzessin war wirklich krank und Liszt schien sehr erschöpft zu sein. Ich empfahl ihnen, sofort nach Weimar zurückzukehren, und sagte ihnen, sie sollten auf sich aufpassen. Ich war daher sehr überrascht, als ich bald die Nachricht erhielt, dass sie einen längeren Aufenthalt in München machten. Dieser folgte unmittelbar auf ihre Abreise und war auch von vielen lauten Festlichkeiten und gelegentlichen künstlerischen Zusammenkünften begleitet. Ich kam daher zu dem Schluss, dass es dumm von mir war, Leuten mit einer solchen Konstitution zu empfehlen, etwas zu tun oder davon abzusehen. Ich für meinen Teil kehrte sehr erschöpft, schlaflos und gequält vom frostigen Wetter in dieser kalten Jahreszeit nach Zürich zurück. Ich befürchtete, dass ich mir durch meine bisherige Lebensweise einen neuen Anfall von Erysipel zugezogen hatte. Ich war sehr erfreut, als ich am nächsten Morgen aufwachte und keine Spur von dem entdeckte, was ich befürchtet hatte, und von diesem Tag an sang ich weiterhin das Lob meines ausgezeichneten Dr. Vaillant, wo immer ich auch hinkam. Anfang Dezember hatte ich mich soweit erholt, dass ich wieder mit der Komposition von Siegfried beginnen konnte. So nahm ich wieder mein geordnetes Leben auf, mit all seiner Belanglosigkeit, soweit es die äußeren Dinge betraf: Arbeit, lange Spaziergänge, Bücherlesen, Abende mit irgendeinem Freund aus dem häuslichen Kreis. Das einzige, was mich beunruhigte, war das Bedauern, das ich noch immer wegen meines Streits mit Ritter empfand, der auf den unglücklichen Zwischenfall mit Liszt zurückzuführen war. Ich verlor nun den Kontakt zu diesem jungen Freund, der mir in vielerlei Hinsicht lieb geworden war, völlig. Noch vor Ende des Winters verließ er Zürich, ohne mich wiederzusehen.

In den Monaten Januar und Februar (1857) vollendete ich den ersten Akt des Siegfried, indem ich die Komposition vollständig niederschrieb, um den früheren Bleistiftentwurf zu ersetzen, und mich sofort an die Orchestrierung machte; aber ich befolgte Vaillants Anweisungen wahrscheinlich mit zu viel Eifer. Von der Angst vor einer möglichen Rückkehr der Wundrose getrieben, versuchte ich sie abzuwehren, indem ich mich einmal wöchentlich, in Handtücher gehüllt, am Hydrotherapiesystem wiederholte und regelmäßig schwitzte. Auf diese Weise entging ich zwar dem gefürchteten Übel, aber die Anstrengung erschöpfte mich sehr, und ich sehnte mich nach der Rückkehr des warmen Wetters, wenn ich von den Härten dieser Behandlung befreit sein würde.

Jetzt begannen die Qualen, die mir meine lärmenden und musikalischen Nachbarn zufügten, immer heftiger zu werden. Abgesehen von dem Kesselflicker, den ich mit tödlichem Hass hasste und mit dem ich etwa einmal wöchentlich eine schreckliche Szene hatte, nahm die Zahl der Klaviere in meinem Haus zu. Der Höhepunkt kam mit der Ankunft eines gewissen Herrn Stockar, der jeden Sonntag in dem Zimmer unter meinem Flöte spielte, woraufhin ich jede Hoffnung aufgab, noch weiter zu komponieren. Eines Tages eröffneten mir meine Freunde Wesendonck, die von ihrem Überwinterungsaufenthalt in Paris zurückgekehrt waren, eine höchst willkommene Aussicht auf die Erfüllung meiner sehnlichsten Wünsche hinsichtlich meines zukünftigen Wohnsitzes. Wesendonck hatte bereits die Idee gehabt, mir auf einem von mir selbst ausgewählten Grundstück ein kleines Haus bauen zu lassen. Meine eigenen, mit trügerischem Geschick ausgearbeiteten Pläne waren bereits einem Architekten vorgelegt worden. Aber die Beschaffung eines geeigneten Grundstücks war und blieb eine große Schwierigkeit. Auf meinen Spaziergängen hatte ich schon lange ein Auge auf eine kleine Winterresidenz im Bezirk Enge geworfen, auf dem Hügelkamm, der den Zürichsee vom Sihlthal trennt. Sie hieß Lavater Cottage, da sie dem berühmten Phrenologen gehört hatte und er dort regelmäßig übernachtet hatte. Ich hatte die Dienste meines Freundes Hagenbuch, des Kantonssekretärs, in Anspruch genommen, damit er all seinen Einfluss nutzte, um mir an dieser Stelle so billig wie möglich ein paar Morgen Land zu sichern. Aber hierin lag die große Schwierigkeit. Das Stück Land, das ich benötigte, bestand aus verschiedenen Parzellen, die an größere Anwesen angrenzten, und es stellte sich heraus, dass es notwendig gewesen wäre, eine große Anzahl verschiedener Eigentümer auszuzahlen, um mein einziges Grundstück zu erwerben. Ich legte Wesendonck die Schwierigkeiten meines Falles vor und weckte in ihm allmählich den Wunsch, dieses weite Stück Land zu kaufen und ein schönes Grundstück mit einer großen Villa für seine eigene

Familie anzulegen. Die Idee war, dass ich dort auch ein Grundstück haben sollte. Die Anforderungen an meinen Freund hinsichtlich der Vorbereitungen und des Baus seines Hauses, das sowohl großzügig als auch würdevoll sein sollte, waren jedoch zu hoch, und er dachte auch, dass die Einschließung zweier Familien in einem Haus mit der Zeit zu Unannehmlichkeiten für beide Seiten führen könnte. Zufällig gab es ein bescheidenes kleines Landhaus mit Garten, das ich bewundert hatte und das nur durch eine schmale Fahrstraße von seinem Anwesen getrennt war; dieses beschloss Wesendonck für mich zu kaufen. Ich freute mich über alle Maßen, als ich von seiner Absicht hörte. Der Schock des übervorsichtigen Käufers war daher umso größer, als er eines Tages erfuhr, dass der jetzige Eigentümer, mit dem er zu zaghaft verhandelt hatte, sein Grundstück gerade an jemand anderen verkauft hatte. Glücklicherweise stellte sich heraus, dass der Käufer ein Geisteskranker war, dessen einzige Absicht beim Kauf darin bestand, sich mit seiner Irrenanstalt neben meinem Freund niederzulassen. Diese Nachricht weckte in Wesendonck die schrecklichsten Erwartungen und forderte seine Energie aufs Äußerste. Er gab nun Anweisung, dieses Stück Land müsse um jeden Preis von dem unglücklichen Spezialisten erworben werden. So gelangte es nach vielen ärgerlichen Wechselfällen in den Besitz meines Freundes, der ziemlich viel dafür bezahlen musste. Er erlaubte mir, es zu Ostern dieses Jahres zu besitzen, und verlangte von mir dieselbe Miete, die ich für meine Wohnung im Zeltweg bezahlt hatte, das heißt achthundert Francs jährlich.

Unsere Einrichtung in diesem Haus, das mich zu Beginn des Frühlings mit Leib und Seele beschäftigte, verlief nicht ohne viele Enttäuschungen. Das nur für den Sommer vorgesehene Häuschen musste durch den Einbau von Heizgeräten und anderen notwendigen Dingen winterfest gemacht werden. Zwar wurden die meisten notwendigen Arbeiten in dieser Hinsicht vom Eigentümer durchgeführt, aber es blieben noch unendlich viele Schwierigkeiten zu lösen. Es gab nichts, worüber meine Frau und ich nicht ständig unterschiedlicher Meinung waren, und meine Stellung als gewöhnlicher Bürger ohne einen einzigen Penny machte die Sache nicht einfacher. In finanzieller Hinsicht jedoch ereigneten sich von Zeit zu Zeit Ereignisse, die dazu geeignet waren, einem sanguinischen Gemüt vertrauensvolles Vertrauen in die Zukunft einzuflößen. Trotz der schlechten Aufführungen meiner Opern brachte mir Tannhäuser unerwartet gute Tantiemen aus Berlin. Auch aus Wien erhielt ich auf höchst merkwürdige Weise die Mittel, mir Luft zu verschaffen. Ich war noch immer von der Königlichen Oper ausgeschlossen, und man hatte mir versichert, dass ich, solange es einen kaiserlichen Hof gebe, nicht im Traum an eine Aufführung meiner aufrührerischen Werke in Wien denken dürfe. Dieser seltsame Zustand inspirierte meinen alten Direktor, Hoffmann aus Riga, der jetzt Direktor des Josephstädter Theaters war, dazu, die Aufführung des

Tannhäuser mit einer besonderen Operngesellschaft in einem von ihm selbst erbauten Sommertheater auf dem Lerchenfeld außerhalb der Wiener Grenzen zu wagen. Er bot mir für jede Aufführung, die ich lizenzieren würde, eine Lizenzgebühr von hundert Francs. Als Liszt, den ich über die Angelegenheit informierte, dieses Angebot verdächtig fand, schrieb ich ihm und teilte ihm mit, dass ich in dieser Hinsicht Mirabeaus Beispiel folgen wolle. Mirabeau, der von seinen Standesgenossen nicht in die Notabelnversammlung gewählt wurde, wandte sich als Tuchhändler an die Wähler von Marseille. Dies gefiel Liszt, und tatsächlich gelangte ich nun über das Sommertheater auf dem Lerchenfeld in die Hauptstadt des österreichischen Kaiserreichs. Von der Aufführung selbst erreichten mich die wundervollsten Berichte. Sulzer, der auf einer seiner Reisen durch Wien gekommen war und eine Aufführung gesehen hatte, hatte sich vor allem über die Dunkelheit des Hauses beschwert, die ihm nicht erlaubte, ein einziges Wort des Librettos zu lesen, und auch darüber, dass es mitten ins Publikum geregnet hatte. Eine andere Geschichte erzählte mir einige Jahre später der Schwiegersohn von Frau Herold, der Witwe des gleichnamigen Komponisten. Er war damals auf seiner Hochzeitsreise in Wien gewesen und hatte diese Lerchenfeld-Aufführung gehört. Der junge Mann versicherte mir, dass ihm die Aufführung dort trotz aller oberflächlichen Mängel echte Freude bereitet und einen tieferen Eindruck gemacht habe als die Aufführung im Berliner Hoftheater, die er später gesehen und für unermesslich minderwertig befunden hatte. Die Energie meines alten Rigaer Theaterdirektors in Wien brachte mir zweitausend Francs für zwanzig Tannhäuser-Aufführungen ein. Nach solch einer merkwürdigen Erfahrung, die einen klaren Beweis meiner Popularität darstellt, kann man es mir vielleicht verzeihen, dass ich zuversichtlich in die Zukunft geblickt und auf unkalkulierbare Ergebnisse meiner Arbeit vertraut habe, auch im Hinblick auf tatsächlichen Gewinn.

Während ich also mit der Einrichtung des kleinen Landhauses beschäftigt war, nach dem ich mich so sehr gesehnt hatte, und an der Orchestrierung des ersten Aktes von Siegfried arbeitete, vertiefte ich mich erneut in die Philosophie Schopenhauers und in Scotts Romane, zu denen ich eine besondere Zuneigung empfand. Ich beschäftigte mich auch damit, meine Eindrücke von Liszts Kompositionen zu erläutern. Zu diesem Zweck nahm ich die Form eines Briefes an Marie Wittgenstein an, der in Brendels Musikjournal veröffentlicht wurde.

Als wir zu dem Ort zogen, der mein ständiger Zufluchtsort fürs Leben werden sollte, begann ich erneut darüber nachzudenken, wie ich eine Grundlage für die Versorgung mit den Notwendigkeiten dieses Lebens schaffen könnte. Ich nahm meine Verhandlungen mit Hartel über die Nibelungen wieder auf, musste sie jedoch als unfruchtbar abtun und als wenig geeignet, zu einem Erfolg für dieses Werk zu führen. Ich beschwerte mich bei Liszt darüber und sagte ihm offen, wie froh ich wäre, wenn er dies dem Großherzog von Weimar (der, wie mir mein Freund erzählte, weiterhin als Förderer meines Nibelungen-Unternehmens angesehen werden wollte) mitteilen würde, damit er die Schwierigkeiten erkennen könnte, denen ich in dieser Angelegenheit gegenüberstand. Ich fügte hinzu, wenn man nicht erwarten könne, dass ein gewöhnlicher Buchhändler die Verantwortung für ein so außergewöhnliches Unterfangen übernehme, könne man doch hoffen, dass der Prinz, der es zu einer Ehrensache machen wollte, einen Beitrag, und zwar einen ernsthaften Beitrag, an den notwendigen Vorarbeiten leisten würde, zu denen auch die Entwicklung des Werks selbst sehr wohl gehören müsse. Ich wollte damit sagen, dass der Großherzog an Hartels Stelle treten, mir das Werk abkaufen und es in Raten zahlen sollte, je näher die Fertigstellung der Partitur rückte; er würde so Eigentümer werden und könnte später, wenn er wollte, seine Ausgaben über einen Verleger decken. Liszt verstand mich sehr gut, konnte es sich aber nicht verkneifen, mich von einer solchen Haltung Seiner Königlichen Hoheit abzubringen.

Meine ganze Aufmerksamkeit galt nun der jungen Großherzogin von Baden. Mehrere Jahre waren vergangen, seit Eduard Devrient vom Großherzog nach Karlsruhe versetzt worden war, um dort Direktor des Hoftheaters zu werden. Seit meiner Abreise aus Dresden hatte ich immer Kontakt mit Devrient gehalten, obwohl unsere Treffen selten waren. Außerdem hatte er mir die enthusiastischsten Briefe geschrieben, in denen er meine Broschüren Das Kunstwerk der Zukunft und Oper und Drama lobte. Er behauptete, das Karlsruher Theater sei so schlecht ausgestattet, dass er den Gedanken einer Aufführung meiner Opern in diesem Haus nicht gut ertragen könne. All diese Umstände änderten sich plötzlich, als der Großherzog heiratete und die junge Tochter der Kronprinzessin, die von meiner alten Freundin Alwine Frommann zu einer meiner Verfechterinnen gemacht worden war, sich so eine unabhängige Position in Karlsruhe sicherte und eifrig nach der Aufführung meiner Werke verlangte. Meine Opern wurden nun auch dort aufgeführt, und Devrient wiederum hatte das Vergnügen, mir mitzuteilen, wie groß das Interesse der jungen Prinzessin an ihnen war, die sogar häufig die Proben besuchte. Dies machte einen sehr angenehmen Eindruck auf mich. Von mir aus brachte ich meinen Dank in einem Schreiben an die Großherzogin selbst zum Ausdruck und legte als Andenken für ihr Album „Wotans Abschied" aus dem Finale der Walküre bei.

Der 20. April rückte näher, der Tag, an dem ich meine bereits vermietete Wohnung im Zeltweg verlassen sollte, die Hütte aber noch nicht beziehen konnte, da die Einrichtung noch nicht abgeschlossen war. Das schlechte Wetter hatte uns bei unseren häufigen Besuchen in dem Häuschen, in dem sich Maurer und Zimmerleute eingenistet hatten, Erkältungen beschert. In übelster Laune verbrachten wir eine Woche im Gasthof, und ich begann zu überlegen, ob es sich überhaupt lohnte, dieses neue Stück Land zu beziehen, denn ich ahnte plötzlich, dass es mein Schicksal sein würde, noch weiter zu wandern. Endlich zogen wir trotz allem Ende April ein. Es war kalt und feucht, die neue Heizung spendete keine Wärme, und wir waren beide krank und konnten kaum das Bett verlassen. Da kam ein gutes Omen: Der erste Brief, der mich erreichte, war ein Brief der Versöhnung und Liebe von Frau Julie Ritter, in dem sie mir mitteilte, dass der Streit, der durch das Verhalten ihres Sohnes entstanden war, endlich beendet sei. Es setzte nun schönes Frühlingswetter ein; am Karfreitag erwachte ich und fand zum erstenmal die Sonne hell in diesem Hause, das Gärtchen leuchtete grün, die Vögel sangen, und endlich konnte ich auf dem Dache sitzen und den lang ersehnten Frieden mit seiner verheißenden Botschaft genießen. Voller dieser Empfindung fiel mir plötzlich ein, daß es Karfreitag war, und ich erinnerte mich an die Bedeutung, die dieses Omen schon einmal für mich angenommen hatte, als ich Wolframs Parsifal las. Seit dem Aufenthalt in Marienbad, wo ich die Meistersinger und Lohengrin gezeugt hatte, hatte ich mich nie wieder mit jenem Gedicht beschäftigt; jetzt stürzten mich seine edlen Möglichkeiten mit überwältigender Gewalt, und aus meinen Gedanken über Karfreitag ersann ich rasch ein ganzes Drama, das ich mit wenigen Federstrichen skizzierte und in drei Akte teilte.

Mitten in der Einrichtung des Hauses, einer nie endenden Arbeit, an die ich mich mit aller Kraft machte, fühlte ich einen inneren Drang zur Arbeit: ich nahm Siegfried wieder auf und begann den zweiten Akt zu komponieren. Ich war mir noch nicht im Klaren, welchen Namen ich meinem neuen Zufluchtsort geben sollte. Da der einleitende Teil dieses Aktes dank meiner günstigen Gemütsverfassung sehr gut ausfiel, brach ich in Gelächter aus bei dem Gedanken, ich solle mein neues Heim „Fafners Ruhe" nennen, in Anlehnung an die erste Arbeit, die darin verrichtet worden war. Es war jedoch nicht dazu bestimmt. Das Anwesen hieß weiterhin einfach „Asyl", und ich habe es in der Datierung meiner Werke unter diesem Namen bezeichnet.

Die gescheiterte Aussicht auf eine Unterstützung der Nibelungen durch den Großherzog von Weimar befeuerte in mir eine anhaltende Niedergeschlagenheit; denn ich sah eine Last vor mir, von der ich mich nicht befreien konnte. Gleichzeitig wurde mir eine romantische Botschaft übermittelt: Ein Mann, der sich über den Namen Ferreiro freute, stellte sich mir als brasilianischer Konsul in Leipzig vor und teilte mir mit, dass der Kaiser von Brasilien von meiner Musik sehr angezogen sei. Der Mann verstand es, meine Zweifel an diesem seltsamen Phänomen in den Briefen, die er schrieb, zu zerstreuen; der Kaiser liebte alles Deutsche und wünschte sich sehr, dass ich zu ihm nach Rio de Janeiro käme, damit ich dort persönlich meine Opern dirigieren könnte. Da in diesem Land nur Italienisch gesungen wurde, war es notwendig, mein Libretto zu übersetzen, was der Kaiser als sehr einfach und tatsächlich als eine Verbesserung des Librettos selbst betrachtete. Seltsamerweise übten diese Vorschläge einen sehr angenehmen Einfluss auf mich aus. Ich fühlte, dass ich mit Leichtigkeit ein leidenschaftliches musikalisches Gedicht verfassen könnte, das auf Italienisch ganz ausgezeichnet gelingen würde, und wandte meine Gedanken mit immer neuer Vorliebe wieder Tristan und Isolde zu. Um die Intensität der vom Kaiser von Brasilien beteuerten großmütigen Zuneigung zu meinen Werken irgendwie zu erproben, schickte ich umgehend die teuer gebundenen Bände mit den Klavierfassungen meiner drei früheren Opern an Señor Ferreiro und hegte lange die Hoffnung auf eine sehr schöne Rückkehr von ihrem gnädigen und glänzenden Empfang in Rio Janeiro. Aber von diesen Klavierfassungen und dem Kaiser von Brasilien und seinem Konsul Ferreiro habe ich zeitlebens keine Silbe mehr gehört. Semper allerdings verwickelte sich in eine architektonische Verstrickung mit diesem tropischen Land: es wurde ein Wettbewerb zum Bau eines neuen Opernhauses in Rio ausgeschrieben; Semper hatte seine Teilnahme angekündigt und einige großartige Pläne fertiggestellt, die uns viel Unterhaltung boten und unter anderem für Dr. Wille von besonderem Interesse zu sein schienen, der meinte, dass es für einen Architekten ein neues Problem sein müsse, ein Opernhaus für ein schwarzes Publikum zu entwerfen. Ich habe nicht erfahren, ob die Ergebnisse von Sempers Verhandlungen mit Brasilien viel zufriedenstellender waren als meine; jedenfalls weiß ich, dass er das Theater nicht gebaut hat.

Eine heftige Erkältung versetzte mich für einige Tage in hohes Fieber; als ich mich davon erholt hatte, war mein Geburtstag gekommen. Als ich abends wieder auf meinem Dache saß, hörte ich zu meiner Überraschung aus der Nähe über den Garten eines der Lieder der drei Rheintöchter aus dem Finale des Rheingolds an mein Ohr. Frau Pollert, deren Ärger mit ihrem Mann einst einer zweiten Aufführung meines (an sich schon sehr schwierigen) Liebesverbots in Magdeburg im Wege gestanden hatte, war im letzten Winter wieder als Sängerin und auch als Mutter zweier Töchter am Theaterhimmel von Zürich aufgetreten. Da sie noch immer eine schöne Stimme hatte und mir voll Wohlwollens war, ließ ich sie den letzten Akt der Walküre für sich und die Rheintöchterszenen aus dem Rheingold mit ihren beiden Töchtern einstudieren, und wir hatten es im Laufe des Winters oft geschafft, diese Musik für unsere Freunde in kleinen Stücken aufzuführen. Am Abend meines Geburtstages überraschte mich das Lied meiner ergebenen Freundinnen auf eine sehr rührende Weise, und ich empfand plötzlich eine seltsame Umwälzung der Gefühle, die mich gegen die Fortsetzung der Nibelungenkomposition abschreckte und mich um so mehr begierig machte, den Tristan wieder aufzunehmen. Ich beschloß, diesem seit langem im

Geheimen gehegten Verlangen nachzugeben und mich sofort an diese neue Aufgabe zu machen, die ich nur als eine kurze Unterbrechung der großen hatte betrachten wollen. Um mir jedoch zu beweisen, daß mich kein Gefühl der Abneigung von der älteren Arbeit abschreckte, beschloß ich, die eben begonnene Komposition des zweiten Aktes des Siegfrieds wenigstens zu vollenden. Dies tat ich mit dem rechten guten Willen, und allmählich dämmerte mir die Musik des Tristan immer deutlicher vor Augen.

Teilweise waren es äußere Motive, die mir für die Ausführung meiner Aufgabe anziehend und vorteilhaft erschienen, die mich an die Arbeit am Tristan trieben. Diese Motive wurden ganz deutlich, als Eduard Devrient Anfang Juli zu mir kam und drei Tage bei mir blieb. Er erzählte mir von der guten Aufnahme meiner Depesche durch die Großherzogin von Baden, und ich schloss daraus, er sei beauftragt, sich mit mir über irgendein Vorhaben zu verständigen; ich teilte ihm mit, ich hätte beschlossen, meine Arbeit am Nibelungen durch die Komposition einer Oper zu unterbrechen, die mich durch ihren Inhalt und ihre Anforderungen wieder in Beziehung zu den Theatern setzen müsse, so minderwertig sie auch sein mögen. Ich würde mir selbst Unrecht tun, wenn ich sagen würde, dieser äußere Beweggrund allein habe die Konzeption des Tristan inspiriert und mich zu seiner Aufführung bewogen. Dennoch muss ich gestehen, dass eine merkliche Veränderung in der Gemütsverfassung eingetreten war, in der ich vor einigen Jahren die Vollendung des größeren Werkes ins Auge gefaßt hatte. Zugleich war ich gerade von meinen Schriften über die Kunst zurückgekommen, in denen ich versucht hatte, die Gründe für den Verfall unserer öffentlichen Kunst und insbesondere des Theaters zu erklären, indem ich versuchte, eine Verbindung zwischen diesen Gründen und dem vorherrschenden Zustand der Kultur herzustellen. Es wäre mir damals unmöglich gewesen, mich einem Werk zu widmen, dessen unmittelbare Aufführung ich auf einem unserer bestehenden Theater studieren musste. Nur eine völlige Missachtung dieser Theater, wie ich bereits früher bemerkte, konnte mich dazu bewegen, meine künstlerische Arbeit wieder aufzunehmen. Was die Nibelungendramen anbelangte, musste ich mich ohne zu zögern an die einzige wesentliche Bedingung halten, dass sie nur unter ganz außergewöhnlichen Bedingungen aufgeführt werden konnten, wie ich sie später im Vorwort zur gedruckten Ausgabe des Gedichts beschrieb. Dennoch hatte die erfolgreiche Popularisierung meiner früheren Opern meine Stimmung so weit beeinflusst, dass ich, als ich mich der Fertigstellung von mehr als der Hälfte meines großen Werks näherte, das Gefühl hatte, ich könne der Möglichkeit, dass auch dieses aufgeführt werden könnte, mit wachsender Zuversicht entgegensehen. Bis zu diesem Zeitpunkt war Liszt der einzige gewesen, der die geheime Hoffnung meines Herzens genährt hatte, da er überzeugt war, dass der Großherzog von Weimar etwas für mich tun würde, aber nach meinen jüngsten Erfahrungen waren diese Aussichten nichts wert, während ich Grund zu der Hoffnung hatte, dass ein neues Werk von ähnlicher Konzeption wie Tannhäuser oder Lohengrin überall mit beträchtlicher Begeisterung aufgenommen werden würde. Die Art und Weise, wie ich schließlich den Plan des Tristan ausführte, zeigt deutlich, wie wenig ich an unsere Opernhäuser und die Reichweite ihrer Möglichkeiten dachte. Trotzdem hatte ich noch einen ununterbrochenen Kampf um die Notwendigkeiten des Lebens zu führen, und es gelang mir, mich selbst so weit zu täuschen, dass ich mich einbildete, ich würde, indem ich die Komposition der Nibelungen unterbrach und den Tristan aufnahm, im praktischen Geist eines Mannes handeln, der die auf dem Spiel stehenden Fragen sorgfältig abwägt. Devrient war sehr erfreut zu hören, dass ich ein Werk in Angriff nahm, das als praktisch angesehen werden konnte. Er fragte mich, an welchem Theater ich mein neues Werk aufführen wollte. Ich antwortete, ich könne natürlich nur ein Theater in Betracht ziehen, in dem ich die Inszenierung persönlich betreuen könne. Ich dachte mir, dies sei entweder in Brasilien oder, da ich aus dem Gebiet des Deutschen Bundes ausgeschlossen war, in einer der Städte nahe der deutschen Grenze, die mir vermutlich eine Operngesellschaft zur Verfügung stellen könnten. Als Ort hatte ich Straßburg im Sinn, aber Devrient war aus vielen praktischen Gründen völlig gegen ein solches Unterfangen; er meinte, eine Aufführung in Karlsruhe sei leichter zu arrangieren und würde größeren Erfolg haben. Mein einziger Einwand dagegen war, dass ich in dieser Stadt daran gehindert wäre, persönlich an der Einstudierung und Inszenierung meines Werkes teilzunehmen. Devrient meinte jedoch, ich könne diesbezüglich einige Hoffnung hegen, da der Großherzog von Baden mir so wohlgesinnt sei und sich regen Anteil an meiner Arbeit nehme. Ich war hoch erfreut, dies zu erfahren. Devrient sprach auch mit großer Sympathie über den jungen Tenor Schnorr, der nicht nur über bewundernswerte Talente verfügte, sondern sich auch sehr zu meinen Opern hingezogen fühlte. Ich war jetzt in bester Stimmung und spielte Devrients Gastgeber, so gut ich konnte. Eines Morgens spielte und sang ich ihm das ganze Rheingold vor, was ihm offenbar große Freude bereitete. Halb im Ernst, halb im Scherz erzählte ich ihm, dass ich die Rolle des Mime speziell für ihn geschrieben hätte und dass er, wenn das Werk fertig wäre, es noch nicht zu spät wäre, das Vergnügen haben könnte, die Rolle zu übernehmen. Da Devrient bei mir war, musste er natürlich seinen Teil des Rezitierens beitragen. Ich lud alle Freunde unseres Kreises ein, darunter Semper und Herwegh, und Devrient las uns die Szenen mit Mark Anton aus Shakespeares Julius Caesar vor. Seine Interpretation der Rolle war so erfolgreich, dass sogar Herwegh, der die Rezitation von Anfang an mit Spott betrachtet hatte, den Erfolg der geschickten Manipulation des geübten Schauspielers offen anerkannte. Devrient schrieb von meinem Haus aus einen Brief an den Großherzog von Baden, in dem er ihm seine Eindrücke von mir und wie er mich gefunden hatte, mitteilte. Bald nach seiner Abreise erhielt ich einen handschriftlichen Brief des Großherzogs, der

in sehr liebenswürdigen Worten verfasst war und in dem er mir zunächst aufs
Überschwänglichste für das Souvenir dankte, das ich seiner Frau für ihr
Album geschenkt hatte , und gleichzeitig seine Absicht erklärte, sich für
meine Sache einzusetzen und vor allem meine Rückkehr nach Deutschland
zu erreichen.

Von nun an musste mein Entschluss, den Tristan aufzuführen, ernstlich in
Erwägung gezogen werden, wie es in meinem Schicksalsbuch in deutlichen
Buchstaben niedergeschrieben war. All diesen Umständen verdankte ich es,
dass die günstige Stimmung anhielt, in der ich nun den zweiten Akt des
Siegfrieds zu Ende brachte. Meine täglichen Spaziergänge führten mich an
hellen Sommernachmittagen in das stille Sihlthal, in dessen waldiger
Umgebung ich lange und aufmerksam dem Gesang der Waldvögel lauschte
und erstaunt die Bekanntschaft ganz neuer Melodien machte, gesungen von
Sängern, deren Gestalten ich nicht sah und deren Namen ich nicht kannte.
In der Waldszene des Siegfrieds brachte ich in künstlerischer Nachahmung
der Natur alles, was mir von diesen Melodien in Erinnerung blieb, zu Papier.
Anfang August hatte ich die Komposition des zweiten Aktes sorgfältig
skizziert. Ich war froh, dass ich den dritten Akt mit dem Erwachen
Brunhildas für die Zeit aufgespart hatte, in der ich wieder mit der Oper
fortfahren könnte, denn es schien mir, als seien nun alle Probleme meiner
Arbeit glücklich gelöst und es bliebe mir nur noch, reine Freude daran zu
haben.

Da ich fest davon überzeugt war, mit meiner künstlerischen Kraft sparsam
umzugehen, schickte ich mich nun an die Niederschrift des Tristan. Eine
gewisse Belastung für meine Geduld stellte dabei die Ankunft des
vortrefflichen Ferdinand Prager aus London dar. Sein Besuch war mir im
übrigen eine wahre Freude, da ich in ihm einen treuen und lebenslangen
Freund erkennen mußte. Nur war es schwierig, daß er sich in der
Wahnvorstellung litt, er sei außerordentlich nervös und vom Schicksal
verfolgt. Dies war mir ein beträchtlicher Verdruß, da ich beim besten Willen
kein Mitleid mit ihm aufbringen konnte. Aus der Verlegenheit halfen wir uns
durch einen Ausflug nach Schaffhausen, wo ich zum erstenmal den
berühmten Rheinfall besuchte, der mir einen gehörigen Eindruck machte.

Etwa um diese Zeit zogen die Wesendoncks in ihre Villa, die inzwischen von
Stuckateuren und Tapezierern aus Paris verschönert worden war. Damit
begann eine neue Phase in meinen Beziehungen zu dieser Familie, die zwar
nicht wirklich wichtig war, aber doch erheblichen Einfluß auf meine äußere
Lebensführung ausübte. Wir waren durch die enge Nachbarschaft auf dem
Lande so vertraut miteinander geworden, daß es nicht zu vermeiden war, daß
unsere Vertrautheit schon durch die tägliche Begegnung merklich zunahm.
Ich hatte oft bemerkt, daß Wesendonck in seiner offenen, geraden Art
Unbehagen über die Art und Weise zeigte, wie ich mich in seinem Hause

einrichtete. In vielen Dingen, in der Heizung und Beleuchtung der Räume, auch in den Essenszeiten, wurden mir Rücksichten entgegengebracht, die seine Rechte als Hausherr zu beeinträchtigen schienen. Es bedurfte einiger vertraulicher Gespräche darüber, um eine halb stillschweigende, halb ausdrückliche Übereinstimmung herzustellen. Dieses Verständnis hatte im Laufe der Zeit die Tendenz, in den Augen anderer Leute eine zweifelhafte Bedeutung anzunehmen, und erforderte ein gewisses Maß an Vorsicht in einer inzwischen außerordentlich engen Vertrautheit. Diese Vorsicht war für die beiden Parteien, die in das Geheimnis eingeweiht waren, gelegentlich eine Quelle großer Belustigung. Merkwürdigerweise fiel diese engere Verbindung mit meinem Nachbarn mit der Zeit zusammen, als ich begann, mein Libretto Tristan und Isolde auszuarbeiten.

Robert Franz kam nun zu Besuch nach Zürich. Ich war entzückt von seiner angenehmen Persönlichkeit, und sein Besuch beruhigte mich, dass den etwas gespannten Beziehungen, die zwischen uns entstanden waren, seit er bei der Aufführung des Lohengrin für mich eintrat, keine tiefere Bedeutung beigemessen werden musste. Das Missverständnis war hauptsächlich auf die Einmischung seines Schwagers Heinrich zurückzuführen (der eine Broschüre über mich geschrieben hatte). Wir spielten und sangen zusammen; er begleitete mich bei einigen seiner Lieder, und meine Kompositionen für die Nibelungen schienen ihm zu gefallen. Aber eines Tages, als die Wesendoncks ihn zum Abendessen einluden, bat er, er dürfe allein mit der Familie ohne andere Gäste sein, denn wenn ich da wäre, würde er nicht die Bedeutung erlangen, auf die er so viel Wert legte. Wir lachten darüber, und ich lachte umso herzlicher, weil ich manchmal ganz dankbar war, dass mir die Mühe erspart blieb, mit Leuten zu sprechen, die so merkwürdig wortkarg waren, wie ich Franz empfand. Nachdem er uns verlassen hatte, schickte er uns nie wieder ein Wort über sich oder seine Taten.

Als ich den ersten Akt des Tristan fast beendet hatte, traf ein frisch verheiratetes Paar in Zürich ein, das sicherlich einen bedeutenden Anspruch auf mein Interesse hatte. Es war etwa Anfang September, als Hans von Bülow mit seiner jungen Frau Cosima (einer Tochter Liszts) im Hotel Raben ankam. Ich lud sie in mein kleines Haus ein, damit sie die ganze Zeit ihres Aufenthaltes in Zürich bei mir verbringen konnten, da ihr Besuch hauptsächlich meinetwegen war.

Den Monat September verbrachten wir aufs angenehmste miteinander. Inzwischen hatte ich das Libretto zu Tristan und Isolde vollendet, und Hans machte mir zugleich von jedem Akt eine Reinschrift. Ich las es meinen beiden Freunden Akt für Akt vor, bis ich sie endlich alle zu einer privaten Lesung zusammenbringen konnte, die auf die wenigen vertrauten Freunde, die das Publikum bildeten, einen tiefen Eindruck machte. Da Frau Wesendonck der letzte Akt besonders zu berühren schien, sagte ich tröstend, man solle sich nicht darüber grämen, da es in einer so ernsten Sache gewöhnlich so ausgehe, und Cosima stimmte mir herzlich zu. Auch Musik machten wir viel miteinander, da ich in Bülow endlich den rechten Mann gefunden hatte, um Klindworths grauenhafte Bearbeitung meiner Nibelungenpartituren zu spielen. Aber die beiden Akte des Siegfried, die nur als Entwürfe niedergeschrieben waren, meisterte Hans mit so vollendeter Kunst, daß er sie spielen konnte, als wären sie wirklich für Klavier arrangiert. Wie gewöhnlich übernahm ich alle Gesangsstimmen; manchmal hatten wir ein paar Zuhörer, unter denen Frau Wille die vielversprechendste war. Cosima hörte schweigend mit gesenktem Kopf zu; wenn man sie zu einer Meinungsäußerung drängte, begann sie zu weinen.

Gegen Ende September verließen mich meine jungen Freunde, um zu ihrem Zielort Berlin zurückzureisen und ihr Eheleben wie gute Bürger zu beginnen.

Wir hatten einstweilen durch so viel Spiel eine Art Totengeläut über den Nibelungen angestimmt, und nun lag er ganz beiseite. Die Folge war, daß er, als wir ihn später für ähnliche Zusammenkünfte aus seiner Mappe holten, glanzlos aussah und immer leiser wurde, als wollte er uns an die Vergangenheit erinnern. Anfang Oktober jedoch begann ich sofort mit der Komposition des Tristan und beendete den ersten Akt bis zum neuen Jahr , als ich bereits mit der Orchestrierung des Vorspiels beschäftigt war. Während dieser Zeit entwickelte ich eine verträumte, furchtsame Leidenschaft für den Ruhestand. Arbeit, lange Spaziergänge bei Wind und Wetter, Abende mit Calderon-Lektüre verbracht – das war mein Lebensstil, und wenn er gestört wurde, geriet ich in den tiefsten Zustand der Gereiztheit. Meine Verbindung mit der Welt beschränkte sich fast ausschließlich auf meine Verhandlungen mit dem Musikalienhändler Hartel über die Veröffentlichung des Tristan. Da ich diesem Mann gesagt hatte, ich hätte als Gegenstück zu dem ungeheuren Nibelungen-Unternehmen ein machbares Werk im Sinn, das sich in seinen Anforderungen an den Produzenten im Grunde auf die Verpflichtung einiger guter Sänger beschränkte, so war er so eifrig, mein Angebot anzunehmen, dass ich wagte, vierhundert Louisdor zu verlangen. Daraufhin antwortete mir Hartel, ich solle sein Gegenangebot, das er mir in einem versiegelten Brief beifügte, nur unter der Bedingung lesen, dass ich sofort zustimme, meine eigenen Forderungen ganz zu vernachlässigen, da er das von mir geplante Werk nicht für ohne Schwierigkeiten aufführbar halte. In dem versiegelten Beipackzettel fand ich, dass er mir nur einhundert Louisdor anbot , sich aber verpflichtete, mir nach fünf Jahren die Hälfte des Erlöses zu überlassen, mit der Alternative, meine Rechte für weitere hundert Louisdor abzukaufen. Ich musste diese Bedingungen erfüllen und machte mich bald daran, den ersten Akt so zu orchestrieren, dass dem Graveur immer nur ein Stapel Blätter auf einmal ausgehändigt wurde.

Außerdem interessierte mich damals die erwartete Krise des amerikanischen Geldmarkts im November, deren Folgen während einiger verhängnisvoller Wochen das gesamte Vermögen meines Freundes Wesendonck zu gefährden drohten. Ich erinnere mich, dass die drohende Katastrophe von denen, die ihr wahrscheinlich zum Opfer fallen würden, mit großer Würde ertragen wurde; dennoch warf die Möglichkeit, ihr Haus, ihr Grundstück und ihre Pferde verkaufen zu müssen, einen unvermeidlichen Schatten auf unsere abendlichen Treffen; und nach einer Weile ging Wesendonck weg, um Vereinbarungen mit verschiedenen ausländischen Bankiers zu treffen.

In dieser Zeit verbrachte ich die Vormittage in meinem Haus mit der Komposition des Tristan, und jeden Abend lasen wir Calderon, der einen tiefen und bleibenden Eindruck auf mich machte, denn ich war dank Schack ziemlich vertraut mit der spanischen dramatischen Literatur geworden. Endlich legte sich die gefürchtete amerikanische Krise glücklicherweise, und bald zeigte sich, dass Wesendoncks Vermögen beträchtlich zugenommen hatte. Wiederum las ich an den Winterabenden den Tristan einem größeren Kreis von Freunden vor. Gottfried Keller gefiel die kompakte Form des Ganzen, das eigentlich nur drei volle Szenen umfasste. Semper jedoch war darüber sehr verärgert; er wandte ein, dass ich alles zu ernst nehme, und sagte, der Reiz der künstlerischen Gestaltung eines solchen Stoffes bestehe darin, dass das Tragische so zerlegt werde, dass man selbst an den ergreifendsten Stellen Vergnügen finden könne. Gerade das gefiel ihm an Mozarts Don Juan, man begegnete dort den tragischen Typen wie bei einem Maskenball, wo selbst der Dominostein dem einfachen Charakter vorzuziehen sei. Ich gab zu, dass es mir viel besser gehen würde, wenn ich das Leben ernster und die Kunst leichter nähme, doch vorläufig wollte ich das umgekehrte Verhältnis gelten lassen.

Tatsächlich schüttelten die Leute den Kopf. Nachdem ich den ersten Akt der Komposition skizziert und den Charakter meiner musikalischen Produktion genauer entwickelt hatte, dachte ich mit einem eigentümlichen Lächeln an meine erste Idee, dieses Werk als eine Art italienische Oper zu schreiben, und wurde weniger besorgt über das Ausbleiben von Nachrichten aus Brasilien. Andererseits wurde meine Aufmerksamkeit gegen Ende dieses Jahres besonders auf das gelenkt, was in Paris in Bezug auf meine Opern vor sich ging. Ein junger Autor aus dieser Stadt schrieb mir und bat mich, ihm die Übersetzung meines Tannhäuser anzuvertrauen, da der Leiter des Theatre Lyrique, M. Carvalho, Schritte unternahm, diese Oper in Paris aufzuführen. Ich war darüber beunruhigt, da ich befürchtete, dass das Urheberrecht an meinen Werken in Frankreich nicht gesichert war und dass sie dort nach eigenem Gutdünken darüber verfügen könnten. Dagegen erhob ich entschieden Einspruch. Wie dieses Vorhaben ablaufen würde, war mir aus einem Bericht, den ich kurz zuvor über die Aufführung von Webers

Euryanthe in eben diesem Theatre Lyrique gelesen hatte, und den anstößigen Ausschmückungen oder vielmehr Verstümmelungen, die für die Aufführung vorgenommen worden waren, wohl bekannt. Da Liszts ältere Tochter Blandine vor kurzem den berühmten Anwalt E. Ollivier geheiratet hatte und ich daher auf ihre wesentliche Hilfe zählen konnte, entschloss ich mich, für eine Woche nach Paris zu gehen, um die Angelegenheit zu regeln, wegen der ich angesprochen worden war, und auf jeden Fall meine Autorenrechte rechtlich zu sichern. Darüber hinaus befand ich mich in einer sehr melancholischen Stimmung, zu der die Überarbeitung und die ständige Beschäftigung mit der Art von Aufgaben, die Semper, vielleicht mit Recht, als zu ernst bezeichnet hatte, aufgrund der Anspannung meiner geistigen Kräfte beitrugen.

Von dieser Gemütsverfassung (die mich seltsamerweise dazu brachte, alle weltlichen Sorgen zu verachten) habe ich, wenn ich mich recht erinnere, in einem Brief an meine alte Freundin Alwine Frommann am Silvesterabend 1857 Zeugnis abgelegt.

Mit Beginn des neuen Jahres 1858 wurde die Notwendigkeit einer Arbeitspause so deutlich, dass ich mich geradezu davor fürchtete, mit der Instrumentation des ersten Aktes von Tristan und Isolde zu beginnen, bis ich mir die ersehnte Reise gegönnt hätte. Denn leider boten mir in diesem Augenblick weder Zürich noch mein Heim noch die Gesellschaft meiner Freunde irgendeine Erholung.

Auch die angenehme und unmittelbare Nähe der Familie Wesendonck steigerte mein Unbehagen, denn es war mir geradezu unerträglich, alle meine Abende Gesprächen und Unterhaltungen zu widmen, an denen mein guter Freund Otto Wesendonck sich ebenso zu beteiligen verpflichtet fühlte wie ich und wir anderen. Seine Befürchtung, in seinem Hause würde sich bald alles nach meinem und nicht nach seinem Vorbild richten, verlieh ihm jene eigentümliche Aggressivität, mit der sich ein sich vernachlässigt fühlender Mensch wie ein Feuerlöscher in jedes in seiner Gegenwart geführte Gespräch einschleicht.

All dies wurde mir bald bedrückend und lästig, und niemand, der nicht meine Lage erkannte und Zeichen von Mitgefühl dafür zeigte, konnte mein Interesse wecken, und selbst dann war es nur ein sehr träges. So entschloss ich mich mitten im strengen Winterwetter, und ungeachtet der Tatsache, dass ich vorläufig völlig ohne die nötigen Mittel war und daher allerlei lästige Vorsichtsmaßnahmen treffen musste, meinen Ausflug nach Paris durchzuführen. Ich empfand eine wachsende Vorahnung, dass ich fortgehen würde, um nie wieder zurückzukehren. Ich kam am 15. Januar in Straßburg an, zu aufgeregt, um im Augenblick noch weiter zu reisen. Von dort schrieb ich an Eduard Devrient nach Karlsruhe und bat ihn, den Großherzog zu bitten, mir nach meiner Rückkehr aus Paris einen Adjutanten nach Kehl zu schicken, der mich bei einem Besuch in Karlsruhe begleiten sollte, da ich insbesondere die Künstler kennenlernen wollte, die im Tristan singen sollten. Etwas später wurde ich von Eduard Devrient wegen meiner Unverschämtheit zur Rede gestellt, großherzogliche Adjutanten zur Verfügung zu haben. Ich schloss daraus, dass er meine Bitte auf den Wunsch nach einem Ehrenzeichen zurückführte, während ich gedacht hatte, dies sei die einzige Möglichkeit für mich, einen politischen Geächteten, Karlsruhe zu besuchen, obwohl mein Ziel rein beruflicher Natur war. Ich konnte mir ein Lächeln über diese seltsame Fehleinschätzung nicht verkneifen, war aber auch erschrocken über diesen Beweis der Oberflächlichkeit meines alten Freundes und begann mich zu fragen, was er als nächstes tun würde.

Ich stapfte müde in der Dämmerung durch die Promenade von Straßburg, um meine überreizten Nerven zu beruhigen, als ich plötzlich überrascht war, als ich auf einem Theaterplakat das Wort TANNHÄUSER sah. Als ich mir das Plakat genauer ansah, sah ich, dass es die Ouvertüre zu Tannhäuser war, die als Vorspiel zu einem französischen Stück aufgeführt werden sollte. Die genaue Bedeutung verstand ich nicht ganz, aber natürlich nahm ich meinen Platz im Theater ein, das sehr leer war. Das Orchester, das im Kontrast zum leeren Haus noch größer wirkte, war in einem riesigen Raum versammelt und sehr stark. Die Aufführung meiner Ouvertüre unter dem Dirigentenstab war wirklich sehr gut.

Da ich ziemlich vorn im Parkett saß, erkannte mich der Paukenspieler, der 1853 bei meinen Zürcher Aufführungen mitgewirkt hatte. Die Nachricht von meiner Anwesenheit verbreitete sich wie ein Lauffeuer durch das ganze Orchester, bis sie bis zu den Ohren des Dirigenten gelangte und große Aufregung verursachte. Das kleine Publikum, das offenbar nur des französischen Stückes wegen erschienen war und der Ouvertüre keine besondere Aufmerksamkeit zu schenken suchte, war sehr erstaunt, als sich am Ende der Ouvertüre der Dirigent und das ganze Orchester nach meinem Parkett umwandten und begeisterten Beifall ausstießen, den ich mit einer Verbeugung quittieren musste. Aller Augen folgten mir gespannt, als ich nach dieser Szene den Saal verließ, um dem Dirigenten meine Aufwartung zu machen. Es war Herr Hasselmann, gebürtig aus Straßburg und anscheinend ein sehr gutmütiger, liebenswürdiger Mensch. Er begleitete mich in mein Hotel und erzählte mir unter anderem die mit der Aufführung meiner Ouvertüre verbundenen Umstände. Diese überraschten mich etwas. Gemäß den Bestimmungen eines Vermächtnisses eines reichen Straßburger Bürgers, eines großen Musikliebhabers, der bereits sehr viel zum Bau des Theaters beigetragen hatte, musste das Orchester, das seiner Wohltätigkeit zu seinem florierenden Zustand verdankte, während der üblichen Theateraufführungen einmal wöchentlich eines der größeren Instrumentalwerke mit vollem

Orchester aufführen. Diesmal war es zufällig die Ouvertüre zu Tannhäuser. Das vorherrschende Gefühl in meinem Geist war Neid, dass Straßburg einen Bürger hervorgebracht hatte, wie ihn in keiner der Städte, in denen ich mit Musik verbunden war, und insbesondere in Zürich, je ein solcher das Licht der Welt erblickt hatte.

Während ich mit Dirigent Hasselmann über die Lage der Musik in Straßburg diskutierte, fand in Paris Orsinis berühmtes Attentat auf den Kaiser statt. Auf meiner Reise am nächsten Morgen hörte ich einige vage Gerüchte darüber, aber erst am 17., bei meiner Ankunft in Paris, erfuhr ich vom Kellner in meinem Hotel alle Einzelheiten. Ich betrachtete dieses Ereignis als einen bösartigen Schlag des Schicksals, der mich persönlich traf. Schon beim Frühstück am nächsten Morgen fürchtete ich, meinen alten Bekannten, den Agenten des Innenministeriums, hereinkommen und meine sofortige Ausreise aus Paris als politischer Flüchtling fordern zu sehen. Ich nahm an, dass ich als Besucher des damals neu eröffneten Grand Hotel du Louvre von der Polizei mit größerem Respekt behandelt würde als in dem kleinen Hotel an der Ecke der Rue des Filles St. Thomas, in dem ich einst aus Spargründen übernachtet hatte. Ursprünglich wollte ich in einem mir bekannten Hotel in der Rue le Pelletier Quartier beziehen , aber der Anschlag war genau an diesem Ort verübt worden, und die Hauptverbrecher waren dort verfolgt und verhaftet worden. Das war ein merkwürdiger Zufall! Wenn ich doch nur zwei Tage zuvor in Paris angekommen und dorthin gefahren wäre!!!

Nachdem ich so den Dämon meines Schicksals angesprochen hatte, machte ich mich auf die Suche nach Monsieur Ollivier und seiner jungen Frau. In ersterem fand ich bald einen sehr einnehmenden und eifrigen Freund, der sich sofort entschlossen der Angelegenheit annahm, die mein Hauptanliegen in Paris war. Eines Tages besuchten wir einen Notar, der ein Freund von ihm war und der ihm gegenüber eine Verpflichtung zu haben schien. Dort erteilte ich Ollivier eine formelle und wohlüberlegte Vollmacht, meine Eigentumsrechte als Autor zu vertreten, und trotz vieler offizieller Formalitäten in Form von Stempeln wurde ich mit vollkommener Gastfreundschaft behandelt, so dass ich mich unter dem Schutz meines Freundes gut aufgehoben fühlte. Während meiner Spaziergänge mit meinem Freund Ollivier im Palais de Justice und in der Salle des pas perdus wurde ich den berühmtesten Anwälten der Welt vorgestellt, die dort in ihren Berretts und Roben umherschlenderten, und ich war bald so vertraut mit ihnen, dass sie einen Kreis um mich bildeten und mich das Thema Tannhäuser erklären ließen. Dies gefiel mir sehr. Nicht weniger erfreut war ich über mein Gespräch mit Ollivier über seine politischen Ansichten und seine Position. Er glaubte noch immer an die Republik, die nach dem unvermeidlichen Sturz der napoleonischen Herrschaft Bestand haben würde. Er und seine Freunde hatten nicht die Absicht, eine Revolution zu provozieren, aber sie hielten sich bereit für den Moment, in dem sie kommen würde, wie es unvermeidlich war, und waren dieses Mal fest entschlossen, sie nicht wieder der Plünderung niederträchtiger Verschwörer zu überlassen. Im Prinzip stimmte er den logischen Schlussfolgerungen des Sozialismus zu; er kannte und respektierte Proudhon, aber nicht als Politiker; er glaubte, dass nichts auf eine dauerhafte Grundlage gestellt werden könne, außer durch die Initiative einer politischen Organisation. Mittels einfacher Gesetzgebung, die bereits mehrere Verordnungen zum Schutz des öffentlichen Wohls vor dem Missbrauch privater Privilegien erlassen hatte, würden selbst die kühnsten Forderungen nach einem Gemeinwesen, das auf gleichen Rechten für alle beruhte, allmählich erfüllt werden.

Mit großer Befriedigung stellte ich nun fest, dass ich in meiner Charakterentwicklung erhebliche Fortschritte gemacht hatte, da ich diesen und anderen Themen zuhören und darüber diskutieren konnte, ohne in einen Zustand der Erregung zu geraten, wie es mir früher bei ähnlichen Diskussionen passierte.

Blandine machte auf mich zugleich einen sehr positiven Eindruck durch ihre Sanftheit, ihre Heiterkeit und einen gewissen ruhigen Witz, der zu einer schnellen Auffassungsgabe hinzukam. Wir verstanden uns sehr schnell; die kleinste Andeutung genügte, um ein gegenseitiges Verständnis über jedes Thema herzustellen, das uns interessierte.

Der Sonntag kam und mit ihm ein Konzert im Konservatorium. Da ich bisher nur bei den Proben dabei gewesen war und es nie bis zu den Aufführungen geschafft hatte, gelang es meinen Freunden, mir einen Platz in der Loge von Frau Herold zu verschaffen, der Witwe des Komponisten, einer Frau mit sympathischem Wesen, die sich sofort wärmstens für meine Musik aussprach. Sie kannte sie zwar nur wenig, aber sie war durch die Begeisterung ihrer Tochter und ihres Schwiegersohns davon überzeugt worden, die, wie ich bereits erwähnte, während ihrer Flitterwochen in Wien und Berlin Tannhäuser gehört hatten. Das war wirklich eine angenehme Überraschung . Außerdem hörte ich jetzt zum ersten Mal in meinem Leben eine Aufführung von Haydns Jahreszeiten, die dem Publikum großen Spaß machte, da es die gleichmäßigen, blumigen Stimmkadenzen, die in der modernen Musik so selten sind, in Haydns Musik aber so häufig am Ende der musikalischen Phrasen vorkommen, sehr originell und reizvoll fand. Den Rest des Tages verbrachten wir sehr angenehm im Kreise der Familie Herold. Gegen Ende des Abends trat ein Mann ein, dessen Erscheinen mit großer Aufmerksamkeit begrüßt wurde. Es war Herr Scudo, der, wie ich später erfuhr, der berühmte Musikredakteur der Revue des deux Mondes war. Sein Einfluss auf andere Zeitschriften war beträchtlich, aber bisher war er sicherlich nicht zu meinen Gunsten gewesen. Die freundliche Gastgeberin wünschte, dass ich seine Bekanntschaft machte, damit er sich einen guten

Eindruck von mir machen konnte, aber ich sagte ihr, dass ein solches Ziel nicht durch ein Gespräch im Salon erreicht werden könne, und später wurde meine Meinung bestätigt, dass die Gründe, warum ein Herr dieser Art, der keine Kenntnisse von der Materie besitzt, sich einem Künstler gegenüber feindlich erklärt, nichts mit dessen Überzeugungen oder gar mit dessen Zustimmung oder Ablehnung zu tun haben. Bei einer späteren Gelegenheit mussten diese guten Leute dafür leiden, dass sie sich für mich interessiert hatten, denn in einem Bericht über meine Konzerte von Herrn Scudo wurden sie als eine Familie mit starken demokratischen Tendenzen lächerlich gemacht.

Ich besuchte nun meinen Freund Berlioz, dessen Bekanntschaft ich vor kurzem in London aufgefrischt hatte, und fand ihn im Großen und Ganzen wohlgesinnt.

Ich teilte ihm mit, dass ich gerade erst zu einem kurzen Vergnügungstrip nach Paris gekommen war. Er war zu dieser Zeit damit beschäftigt, eine große Oper zu komponieren, Die Trojaner. Um einen Eindruck von dem Werk zu bekommen, war ich besonders gespannt darauf, das Libretto zu hören, das Berlioz selbst geschrieben hatte, und er verbrachte einen Abend damit, es mir vorzulesen. Ich war enttäuscht, nicht nur was es betraf, sondern auch von seiner außergewöhnlich trockenen und theatralischen Darbietung. Ich bildete mir ein, in letzterem den Charakter der Musik zu erkennen, zu der er seine Worte vertont hatte, und ich versank in völliger Verzweiflung, da ich erkennen konnte, dass er dies als sein Meisterwerk betrachtete und dessen Aufführung als das große Ziel seines Lebens erwartete.

Ich erhielt auch eine Einladung bei den Olliviers von der Familie Erard, in deren Haus ich meine alte Freundin, die Witwe von Spontini, wieder traf. Wir verbrachten dort einen ziemlich reizenden Abend, bei dem ich, seltsamerweise, für die musikalische Unterhaltung am Klavier verantwortlich sein musste. Sie erklärten, sie seien völlig in den Geist der verschiedenen Auszüge aus meinen Opern eingetaucht, die ich in meiner inzwischen charakteristischen Art gespielt hatte, und sie hätten sie ungemein genossen. Jedenfalls hatte man in diesem prachtvollen Salon noch nie zuvor ein so inniges, herzliches Spiel gehört. Abgesehen davon machte ich durch die freundliche Höflichkeit von Frau Erard und ihrem Schwager Schaffer, die seit dem Tod ihres Mannes das Geschäft weiterführten, eine große Anschaffung in Form der Zusage eines der berühmten Flügel ihrer Fabrik. Damit schien die Düsternis meiner Reise nach Paris in Licht verwandelt zu sein, denn ich war so erfreut darüber, dass ich jedes andere Ergebnis als Chimäre und dieses als die einzige Realität betrachtete.

Danach verließ ich Paris am 2. Februar in heiterer Stimmung und besuchte auf meiner Heimreise meinen alten Freund Kietz in Epernay, wo M. Paul

Chandon, der Kietz seit seiner Kindheit kannte, sich für den ruinierten Maler interessiert hatte, indem er ihn in sein Haus aufnahm und ihm eine Reihe von Porträtaufträgen erteilte. Sobald ich ankam, wurde ich unwiderstehlich in Chandons gastfreundliches Haus gezogen und konnte es nicht ablehnen, ein paar Tage dort zu bleiben. In Chandon fand ich einen leidenschaftlichen Bewunderer meiner Opern, insbesondere von Rienzi, dessen Uraufführung er während seiner Dresdner Zeit miterlebt hatte. Ich besuchte auch die wunderbaren Weinkeller in der Champagne, die sich meilenweit in das Herz des felsigen Bodens erstreckten. Kietz malte ein Porträt in Öl, und die Meinung aller, dass es sehr bald fertig sein würde, amüsierte mich ziemlich.

Nach vielen überflüssigen Unterhaltungen befreite ich mich endlich von dieser unerwarteten Gastfreundschaft und kehrte am 5. Februar nach Zürich zurück, wo ich gleich nach meiner Ankunft brieflich eine Abendgesellschaft vereinbart hatte, da ich glaubte, viel zu erzählen zu haben, was ich allen gemeinsam erzählen konnte, statt in langen und ermüdenden Briefen an einzelne Freunde. Semper, der zu der Gesellschaft gehörte, ärgerte sich, dass er in Zürich geblieben war, während ich in Paris war, und er wurde ganz wütend über meine heiteren Abenteuer und erklärte mich für ein freches Kind des Glücks, während er es als das größte Unglück ansah, an dieses elende Loch Zürich gekettet zu sein. Wie lächelte ich innerlich über seinen Neid auf mein Glück!

Meine Geschäfte machten nur wenig Fortschritte, da meine Opern an fast jedes Theater verkauft worden waren und ich nur sehr wenig vom Erlös übrig hatte. Von all diesen Aufführungen hörte ich jetzt nichts mehr, außer dass sie sehr wenig Geld einbrachten. Ich fand mich damit ab, Rienzi herauszubringen, da es gerade für unsere minderwertige Theaterklasse geeignet war. Bevor man es zum Verkauf anbot, war es wünschenswert, es in Dresden noch einmal aufführen zu lassen; aber das, so hieß es, sei wegen des Eindrucks, den die Orsini-Empörung hinterlassen hatte, unmöglich. So arbeitete ich weiter an der Instrumentierung des ersten Aktes von Tristan und konnte während dieser Zeit das Gefühl nicht loswerden, dass höchstwahrscheinlich andere Einwände, außer denen der politischen Spitzfindigkeit, gegen die Verbreitung dieses Werks erhoben würden. Ich setzte meine Arbeit daher vage und etwas hoffnungslos fort.

Im Monat März teilte mir Frau Wesendonck mit, sie wolle zum Geburtstag ihres Mannes eine Art musikalische Unterhaltung in ihrem Hause veranstalten. Sie hatte eine Vorliebe für kleine Serenadenmusik, die ich im Winter mit Hilfe von acht Instrumentalisten aus Zürich zu ihrem eigenen Geburtstag arrangiert hatte. Der Stolz der Wesendonck-Villa war ein geräumiger Saal, der von Pariser Stuckateuren sehr elegant dekoriert worden war, und ich hatte einmal bemerkt, dass Musik dort gar nicht schlecht klingen würde. Wir hatten es im kleinen Rahmen ausprobiert, aber jetzt sollte es im größeren Rahmen versucht werden. Ich bot an, ein ansehnliches Orchester zusammenzustellen, um zur Unterhaltung der Gesellschaft Fragmente der Beethoven-Symphonien aufzuführen, die hauptsächlich aus den helleren Teilen bestanden. Die notwendigen Vorbereitungen erforderten viel Zeit, und das Datum des Geburtstags musste überschritten werden. So war es fast Ostern, und unser Konzert fand fast Ende März statt. Das Musical At Home war ein großer Erfolg. Ein volles Orchester spielte unter meiner Leitung mit größtem Eklat die Beethoven-Stücke, und den in den umliegenden Räumen verstreuten Gästen wurden ausgewählte Stücke aus den Symphonien vorgetragen. Ein so beispielloses Heimkonzert schien alle in große Aufregung zu versetzen.

Die junge Tochter des Hauses überreichte mir zu Beginn der Vorstellung einen nach einem Entwurf Sempers geschnitzten Elfenbeinstab, den ersten und einzigen, den ich je geschenkt bekam. An Blumen und Zierbäumen, unter denen ich beim Dirigieren stand, fehlte es nicht, und als wir, meinem Geschmack für musikalische Effekte entsprechend, nicht mit einem lauten, sondern mit einem tief wiegenden Stück, etwa dem Adagio aus der 9. Sinfonie, zum Abschluss kamen, hatten wir das Gefühl, die Zürcher Gesellschaft habe tatsächlich etwas ganz Einmaliges erlebt, und meine Freunde, denen ich diese Auszeichnung verliehen hatte, waren davon tief berührt.

Dieses Fest hinterließ bei mir die melancholischsten Eindrücke; ich fühlte mich, als hätte ich den Höhepunkt meines Lebens erreicht, ja, ich hätte ihn überschritten und die Sehne des Bogens sei überspannt. Frau Wille erzählte mir später, daß sie an jenem Abend von ähnlichen Gefühlen überwältigt worden sei. Am 3. April schickte ich das Manuskript der Partitur des ersten Aktes von Tristan und Isolde nach Leipzig zum Stich; ich hatte Frau Wesendonck bereits versprochen, die Bleistiftskizze für die Instrumentation des Vorspiels zu überreichen, und schickte sie ihr mit einem Brief, in dem ich ihr ernsthaft und ruhig die Gefühle erklärte, die mich damals beseelten. Meine Frau war seit einiger Zeit besorgt über ihre Beziehungen zu unserer Nachbarin; sie beklagte sich mit zunehmender Bitterkeit, daß sie von ihr nicht mit der Aufmerksamkeit behandelt werde, die der Frau eines Mannes gebühre, den Frau Wesendonck so gern in ihrem Hause empfing, und daß wir uns, wenn wir uns trafen, eher wegen der Besuche dieser Dame bei mir als bei ihr trafen. Bis jetzt hatte sie keine wirkliche Eifersucht geäußert. Da sie an jenem Morgen zufällig im Garten war, traf sie den Diener, der das Paket für Frau Wesendonck trug, nahm es ihm ab und öffnete den Brief. Da sie den Gemütszustand, den ich in dem Brief geschildert hatte, nicht verstehen konnte, interpretierte sie meine Worte bereitwillig vulgär und fühlte sich daher berechtigt, in mein Zimmer zu platzen und mich mit den außergewöhnlichsten Vorwürfen über die schreckliche Entdeckung, die sie gemacht hatte, anzugreifen. Später gab sie zu, dass nichts sie mehr geärgert hatte als die extreme Ruhe und scheinbare Gleichgültigkeit, mit der ich ihr dummes Verhalten behandelte. Tatsächlich sagte ich kein Wort; ich bewegte mich kaum, sondern ließ sie einfach gehen. Ich konnte nicht umhin zu erkennen, dass dies von nun an der unerträgliche Charakter der ehelichen Beziehungen sein würde, die ich vor acht Jahren wieder aufgenommen hatte. Ich sagte ihr kategorisch, sie solle still sein und weder in ihrem Urteil noch in ihrer Tat einen Fehler begehen, und versuchte ihr klarzumachen, in welche ernste Lage uns dieser dumme Vorfall gebracht hatte. Sie schien wirklich zu verstehen, was ich meinte, und versprach, still zu sein und ihrer absurden Eifersucht nicht nachzugeben. Leider litt das arme Geschöpf bereits an einer schweren Herzkrankheit, die ihre Laune beeinträchtigte; sie konnte die eigentümliche Depression und schreckliche Unruhe, die eine Herzvergrößerung verursacht, nicht abschütteln, und schon nach wenigen Tagen fühlte sie, dass sie ihren Gefühlen Luft machen musste, und das einzige Mittel, das ihr dazu einfiel, war, unsere Nachbarin, Frau Wesendonck, mit einem Nachdruck, den sie für gut gemeint hielt, vor den Folgen einer unvorsichtigen Intimität mit mir zu warnen.

Als ich von einem Spaziergang zurückkam, traf ich Herrn Wesendonck und seine Frau in ihrem Wagen, die gerade zu einer Ausfahrt aufbrachen. Ich bemerkte ihr besorgtes Benehmen im Gegensatz zu dem eigentümlich lächelnden und zufriedenen Ausdruck ihres Mannes. Ich erkannte die Lage deutlich, als ich später meine Frau mit einem wunderbar heiteren Gesicht wiederfand. Sie streckte mir mit großer Großzügigkeit die Hand entgegen und versicherte mir ihre erneuerte Zuneigung. Auf meine Frage, ob sie vielleicht ihr Versprechen gebrochen habe, antwortete sie zuversichtlich, dass sie wie eine kluge Frau gezwungen gewesen sei, die Dinge in Ordnung zu bringen. Ich sagte ihr, dass sie sehr wahrscheinlich einige sehr unangenehme Konsequenzen durch den Bruch ihres Wortes erfahren würde. Zunächst hielt ich es für unerlässlich, dass sie Schritte zur Verbesserung ihrer Gesundheit unternahm, wie wir es zuvor vereinbart hatten, und sagte ihr, dass sie am besten so bald wie möglich in den Kurort fahren sollte, der ihr in Brestenberg am Hallwyler See empfohlen worden war. Wir hatten wunderbare Berichte über die Heilungen von Herzkrankheiten gehört, die der Arzt dort bewirkt hatte, und Minna war durchaus bereit, sich seiner Behandlung zu unterziehen. Einige Tage später brachte ich sie daher mit ihrem Papagei zu dem angenehm gelegenen und gut ausgestatteten Wasserplatz, der etwa drei Stunden entfernt war. In der Zwischenzeit vermied ich es, Fragen darüber zu stellen, was mit unseren Nachbarn geschehen war. Als ich sie in Brestenberg zurückließ und mich verabschiedete, schien sie den schmerzlichen Ernst unserer Lage durchaus zu begreifen. Ich konnte ihr kaum etwas Trost spenden, außer dass ich im Interesse unseres künftigen Zusammenlebens versuchen würde, die gefürchteten Folgen ihres Wortbruchs zu mildern.

Bei meiner Rückkehr nach Hause erlebte ich die unangenehmen Folgen des Verhaltens meiner Frau gegenüber unserer Nachbarin. In völliger Missdeutung meiner rein freundschaftlichen Beziehungen zu der jungen Frau, deren einziges Interesse an mir darin bestand, meine Ruhe und mein Wohlergehen zu wahren, war Minna so weit gegangen, mit der Anzeige des Mannes der Dame zu drohen. Frau Wesendonck fühlte sich hierüber so tief beleidigt, da sie sich überhaupt nicht bewusst war, etwas Unrechtes getan zu haben, dass sie über mich vollkommen erstaunt war und sagte, sie könne nicht begreifen, wie ich meine Frau zu einem solchen Missverständnis verleiten konnte. Das Ergebnis dieser Störung war, dass ich dank der diskreten Vermittlung unserer gemeinsamen Freundin Frau Wille von jeder Verantwortung für das Verhalten meiner Frau freigesprochen wurde; mir wurde jedoch zu verstehen gegeben, dass es der beleidigten Dame von nun an unmöglich sein würde, mein Haus wieder zu betreten oder überhaupt mit meiner Frau zu verkehren. Dass dies die Aufgabe meines Hauses und meine Entfernung aus Zürich zur Folge hätte, schien man nicht zu begreifen und wollte es auch nicht zugeben. Ich hoffte, dass meine Beziehungen zu diesen guten Freunden zwar gestört, aber nicht wirklich zerstört worden waren und dass die Zeit die Dinge wieder in Ordnung bringen würde. Ich fühlte, dass ich auf eine Besserung der Gesundheit meiner Frau hoffen musste, wenn sie ihre Torheit eingestehen und so wieder in der Lage sein würde, ihren Umgang mit unseren Nachbarn auf vernünftige Weise wieder aufzunehmen.

Es verging einige Zeit, während der die Familie Wesendonck eine mehrwöchige Vergnügungsreise nach Norditalien unternahm.

Als der versprochene Erard-Flügel eintraf, wurde mir schmerzlich bewusst, was für ein Blechkessel mein alter Flügel von Breitkopf und Härtel gewesen war, und ich verbannte ihn sogleich in die niederen Regionen, wo meine Frau ihn als Andenken „an alte Zeiten" behalten wollte. Sie nahm ihn später mit nach Sachsen, wo sie ihn für dreihundert Mark verkaufte. Der neue Flügel sprach mein musikalisches Empfinden ungemein an, und während ich improvisierte, schien ich ganz natürlich in die sanften nächtlichen Klänge des zweiten Aktes des Tristan zu gleiten, dessen Komposition ich nun zu skizzieren begann. Das war Anfang Mai. Meine Arbeit wurde unerwartet unterbrochen durch den Befehl des Großherzogs von Weimar, ihn an einem bestimmten Tag in Luzern zu treffen, wo er sich nach seiner Rückkehr aus Italien aufhielt. Ich nutzte diese Gelegenheit, um im Hotel im Zimmer des Kammerherrn von Beaulieu eine längere Unterredung mit meinem ehemaligen nominellen Gönner zu führen, den ich während meiner Flucht kennengelernt hatte.

Aus dieser Unterredung mit Karl Alexander schloss ich, dass meine Haltung gegenüber dem Großherzog von Baden in Bezug auf die Aufführung des Tristan in Karlsruhe Eindruck auf den Weimarer Hof gemacht hatte, denn während er diese Angelegenheit besonders erwähnte, schloss ich aus seinen Worten, dass er auch um mein Nibelungenwerk besorgt war, für das er, wie er erklärte, immer das lebhafteste Interesse gezeigt hatte, und dass er meine Zusicherung wollte, dass diese Komposition in Weimar aufgeführt würde. Ich hatte keine ernsthaften Einwände dagegen. Darüber hinaus war ich von der Persönlichkeit dieses lockeren und gutmütigen Prinzen sehr unterhalten, der, obwohl er neben mir auf einem schmalen Sofa plaudernd saß, offensichtlich darauf bedacht war, mir durch seine außergewöhnlich ausgewählte Sprache den Eindruck eines kultivierten Mannes zu vermitteln. Ich war sehr überrascht, dass sein würdevolles Auftreten nicht im Geringsten gestört wurde, als Herr von Beaulieu, um uns zu unterhalten, einige ziemlich ungeschickte Bemerkungen machte, die witzig gemeint waren. Nachdem der Großherzog mich in aller Zurückhaltung nach meiner Meinung über Liszts Kompositionen gefragt hatte, bemerkte ich zu meiner Überraschung an seinem allgemeinen Verhalten, dass es ihm überhaupt nicht unangenehm war, als der Kammerherr die verächtlichste Meinung über den berühmten Freund des Großherzogs äußerte und sagte, Liszts Kompositionen seien eine reine Manie seinerseits. Dies gab mir einen seltsamen Einblick in diese königliche Freundschaft, und ich hatte einige Mühe, während des Gesprächs ernst zu bleiben. Ich musste dem Großherzog am nächsten Morgen einen weiteren Besuch abstatten, aber bei dieser Gelegenheit sah ich ihn ohne seinen Kammerherrn, dessen Abwesenheit sich sicherlich günstig auf die Bemerkungen des Prinzen über seinen Freund auswirkte.

Liszt, dessen inspirierende Unterhaltung und Ratschläge er lautstark loben konnte. Ich war überrascht, als die Großherzogin zu uns kam, und wurde von ihr mit einer höchst herablassenden Verbeugung empfangen, deren Förmlichkeit ich nie vergessen habe. Ich betrachtete meine Begegnung mit diesen erhabenen Persönlichkeiten als ein äußerst amüsantes Abenteuer auf meinen Reisen. Ich habe seitdem nie wieder von ihnen gehört. [Fußnote: Dies wurde 1869 diktiert] Später, als ich Liszt in Weimar besuchte, kurz bevor er von dort abreiste, konnte er den Großherzog nicht einmal dazu bewegen, mich zu empfangen!

Kurz nach meiner Rückkehr von dieser Expedition kam Karl Tausig mit einem Empfehlungsschreiben von Liszt zu Besuch; er war damals sechzehn Jahre alt und überraschte alle durch sein zierliches Äußeres und seine ungewöhnliche Frühreife in Verständnis und Benehmen. Er war bereits in Wien, bei seinem öffentlichen Auftritt als Pianist, als zukünftiger Liszt begrüßt worden. Er gab sich alle Allüren eines Liszt und rauchte bereits die stärksten Zigarren in einem solchen Ausmaß, dass ich einen geradezu grauenhaften Abscheu vor ihnen empfand. Im übrigen war ich sehr froh, dass er sich entschlossen hatte, einige Zeit in der Nachbarschaft zu verbringen, umso mehr, als ich seine amüsante, halb kindliche, aber sehr intelligente und wissende Persönlichkeit und vor allem sein außergewöhnlich vollendetes Klavierspiel und seine schnelle musikalische Begabung am besten zu schätzen wusste. Er spielte die kompliziertesten Stücke vom Blatt und wusste seine erstaunliche Leichtigkeit zu den extravagantesten Kunststücken zu meiner Unterhaltung einzusetzen. Später zog er ganz in unsere Nähe; Er war mein täglicher Gast bei allen Mahlzeiten und begleitete mich auf meinen üblichen Spaziergängen ins Sihlthal. Er versuchte sich jedoch bald davor zu drücken. Er begleitete mich auch zu einem Besuch bei Minna in Brestenberg. Da ich diese Ausflüge regelmäßig jede Woche wiederholen musste, um den Erfolg der Behandlung zu beobachten, suchte Tausig auch diesen auszuweichen, da ihm weder Brestenbergs noch Minnas Unterhaltung zu gefallen schien. Er konnte jedoch eine Begegnung mit ihr nicht vermeiden, als sie Ende Mai zurückkehrte, da sie sich gezwungen sah, ihre Kur für einige Tage zu unterbrechen, um sich um ihre Haushaltsangelegenheiten zu kümmern. Ich bemerkte an ihrem Benehmen, dass sie den jüngsten häuslichen Erschütterungen keine Bedeutung mehr beimaß; sie betrachtete die Sache als eine kleine „Liebesgeschichte", die sie wieder in Ordnung gebracht hatte. Da sie dies mit einer gewissen unangenehmen Leichtfertigkeit erwähnte, war ich gezwungen, ihr klar und deutlich zu erklären, obwohl ich es ihr wegen ihres Gesundheitszustands gerne erspart hätte, dass aufgrund ihres Ungehorsams und ihres törichten Verhaltens gegenüber unserem Nachbarn die Möglichkeit unseres Verbleibs auf dem Anwesen, auf dem wir uns gerade erst mit so viel Mühe niedergelassen hatten, höchst fraglich sei. Ich fühlte mich verpflichtet, sie zu warnen, dass wir auf die Notwendigkeit einer Trennung vorbereitet sein müssten, da ich fest entschlossen war, dass ich, sollte dieses gefürchtete Ereignis eintreten, nicht damit einverstanden sein würde, anderswo unter ähnlichen häuslichen Bedingungen zu leben. Die Ernsthaftigkeit, mit der ich bei dieser Gelegenheit über den Charakter unseres früheren gemeinsamen Lebens sprach, beeindruckte und schockierte sie so sehr, dass sie, als sie sich völlig darüber im Klaren war, dass es ihre Schuld war, dass das Heim, das wir mit so viel Mühe aufgebaut hatten, zerstört worden war, zum ersten Mal in unserem Leben in leises Wehklagen ausbrach. Dies war die erste und einzige Gelegenheit, bei der sie mir ein Zeichen liebevoller Demut gab, als sie mir spät in der Nacht die Hand küsste, als ich mich zurückzog. Dies berührte mich zutiefst, und mir schoss der Gedanke durch den Kopf, dass im Charakter der armen Frau möglicherweise eine große und entscheidende Veränderung stattgefunden haben könnte. Dies gab mir den Anstoß, erneut auf die Möglichkeit zu hoffen, dass wir unser begonnenes Leben fortsetzen könnten.

Alles trug zur Aufrechterhaltung dieser Hoffnung bei: meine Frau kehrte nach Brestenberg zurück, um den zweiten Teil ihrer Kur zu vollenden; das herrlichste Sommerwetter begünstigte meine Stimmung zur Arbeit am zweiten Akt des Tristan; die Abende mit Tausig erheiterten mich, und meine

Beziehungen zu meinen Nachbarn, die mir nie nachtragend gewesen waren, schienen mir die Möglichkeit eines würdigen und wünschenswerten Verständnisses für die Zukunft zu begünstigen. Es war durchaus wahrscheinlich, dass, wenn meine Frau nach ihrer Kur zu ihren Freunden nach Sachsen reiste, die Zeit die Vergangenheit schließlich in Vergessenheit geraten lassen würde und ihr eigenes künftiges Verhalten sowie die veränderte Haltung unseres tief gekränkten Nachbarn es ermöglichen würden, unseren gegenseitigen Verkehr in würdiger Weise wieder aufzunehmen.

Die Aussicht auf die Ankunft eines angenehmen Besuchers sowie einige zufriedenstellende Verhandlungen mit zwei der bedeutendsten deutschen Theater freuten mich noch mehr.

Im Juni trat der Berliner Direktor wegen Lohengrin an mich heran, und wir kamen bald zu einer Einigung. Auch in Wien hatte die erzwungene Einsetzung des Tannhäuser seine Wirkung auf die Haltung der Leitung des Hoftheaters gezeigt. Erst kürzlich war der bekannte Dirigent Karl Eckert mit der technischen Leitung der Oper betraut worden. Er nutzte die glückliche Gelegenheit, die sich durch den Besitz einer sehr guten Sängertruppe und die Schließung des Theaters wegen dringend notwendiger Restaurierungsarbeiten bot, um der Truppe Zeit zu geben, Lohengrin zu studieren, mit dem Ziel, die Akzeptanz dieses neuen und schwierigen Werkes bei den Hofbehörden zu erreichen. Daraufhin machte er mir seine Angebote. Ich wollte auf den gleichen Bedingungen bestehen, wie sie in Berlin gewährt wurden, aber er wollte dem nicht zustimmen, da die Einnahmen des Hauses aufgrund des Platzmangels im alten Theater sehr gering waren. Andererseits besuchte mich eines Tages Dirigent Esser; Er war aus Wien gekommen, um alle Vorbereitungen zu treffen, und bot mir im Namen der Direktion etwa zweitausend Mark in bar für die ersten zwanzig Aufführungen des Lohengrin an und versprach mir für deren Abschluss eine weitere Summe von zweitausend Mark. Die offene und freundliche Art des ehrenwerten Musikers überzeugte mich, und ich schloss sofort mit ihm ab. Das Ergebnis war, dass Esser die Partitur des Lohengrin mit mir an Ort und Stelle mit großer Gewissenhaftigkeit und Eifer durchging und allen meinen Wünschen besondere Aufmerksamkeit schenkte. In voller Zuversicht auf einen günstigen Ausgang verabschiedete ich mich von ihm, und er eilte nach Wien zurück, um sofort an die Arbeit zu gehen.

In bester Laune vollendete ich dann die Kompositionsskizzen zum zweiten Akte des Tristan und begann mit der genaueren Ausführung, kam aber mit der ersten Szene nicht ganz zurecht, da ich fortwährenden Unterbrechungen ausgesetzt war. Tichatschek kam mir noch einmal einen Besuch ab und nahm in meinem kleinen Gästezimmer Wohnung, um sich, wie er sagte, von den Folgen seiner letzten Anstrengungen zu erholen. Er rühmte sich, meine mehrfach verbotenen Opern wieder in das Repertoire des Dresdner Theaters aufgenommen und auch selbst mit großem Erfolg daran mitgewirkt zu haben.

Auch Lohengrin sollte dort aufgeführt werden. Obwohl dies sehr erfreulich war, wusste ich nicht im Geringsten, was ich mit dem guten Mann in so enger Umgebung anfangen sollte. Glücklicherweise konnte ich ihn Tausig übergeben, der meine Verlegenheit verstand und Tichatschek den ganzen Tag ziemlich für sich behielt, indem er mit ihm Karten spielte. Der junge Tenor Niemann, von dessen großem Talent ich so viel gehört hatte, traf bald mit seiner Braut, der berühmten Schauspielerin Seebach, ein und schien mir durch seine fast riesenhafte Gestalt der richtige Mann für Siegfried zu sein. Die Tatsache, dass ich zwei berühmte Tenöre gleichzeitig bei mir hatte, verursachte den Ärger, dass keiner von beiden mir etwas vorsang, da sie sich in Gegenwart des anderen unwohl fühlten. Ich glaubte jedoch fest daran, dass Niemanns Stimme seiner imposanten Persönlichkeit ebenbürtig sein musste. Etwa um dieselbe Zeit (15. Juli) holte ich meine Frau aus Brestenberg ab. Während meiner Abwesenheit hatte mein Diener, ein schlauer Sächse, es für angebracht gehalten, zur Feier der Rückkehr der Hausherrin eine Art Triumphbogen zu errichten. Dies führte zu großen Komplikationen, da Minna zu ihrer großen Freude davon überzeugt war, dass dieser blumengeschmückte Triumphbogen die Aufmerksamkeit unserer Nachbarn sehr erregen würde, und dachte, dies würde ausreichen, um zu verhindern, dass sie ihre Heimkehr als demütigend empfanden. Sie bestand mit triumphierender Freude darauf, dass die Dekorationen mehrere Tage lang stehen blieben. Etwa zur selben Zeit statteten die Bülows, ihrem Versprechen getreu, einen weiteren Besuch ab. Der unglückliche Tichatschek verschob seine Abreise erneut und bewohnte daher weiterhin unser einziges kleines Gästezimmer, so dass ich gezwungen war, meine Freunde mehrere Tage länger im Hotel zu lassen. Die Besuche, die sie den Wesendoncks und mir abstatteten, boten mir jedoch bald Gelegenheit, zu meiner großen Überraschung zu erfahren, welche Wirkung der Triumphbogen auf die junge Frau unseres Nachbarn gehabt hatte, die immer noch ihre verletzten Gefühle pflegte. Als ich ihre leidenschaftlichen Proteste hörte, erkannte ich, wie weit die Dinge gekommen waren, und gab sofort alle Hoffnung auf, der uneinigen Lage ein friedliches Ende zu bereiten. Es waren Tage furchtbarer Angst. Ich wünschte mich in die entfernteste Wüste und war doch in der peinlichen Lage, mein Haus für eine Reihe von Besuchern offen halten zu müssen. Endlich verabschiedete sich Tichatschek, und ich konnte den Rest meines Aufenthalts wenigstens der angenehmen Pflicht widmen, meine Lieblingsgäste zu bewirten. Die Bülows schienen mir wirklich von der Vorsehung geschickt worden zu sein, um die schreckliche Aufregung zu unterdrücken, die im Hause herrschte. Hans machte das Beste daraus, als er mich am Tage seiner Ankunft mitten in einer furchtbaren Szene mit Minna erwischte, da ich ihr gerade offen gesagt hatte, dass nach dem, was ich von der gegenwärtigen Lage der Dinge sah, unser Bleiben hier nicht mehr möglich sei und dass ich meine Abreise nur auf die Zeit nach dem Besuch unserer jungen Freunde verschiebe. Diesmal musste ich jedoch zugeben, dass sie nicht ganz schuld war.

Wir verbrachten einen weiteren ganzen Monat zusammen in dem Häuschen, das ich übrigens unbewusst Asyl getauft hatte. Es war eine äußerst anstrengende Zeit, und die Erfahrungen, die ich jeden Tag durchlebte, bestärkten mich nur in meinem Entschluss, das Haus aufzugeben. Unter diesen Umständen mussten auch meine jungen Gäste leiden, denn meine Sorge übertrug sich auf alle, die mit mir sympathisierten. Klindworth, die aus London zu Besuch kam, um die Düsterkeit dieses außergewöhnlichen Haushalts noch zu verstärken, gesellte sich bald zu uns. So war das Haus plötzlich voll und der Tisch von traurigen, auf mysteriöse Weise niedergeschlagenen Gästen umgeben, deren Bedürfnisse von jemandem erfüllt wurden, der ihr Zuhause bald für immer verlassen sollte.

Es schien mir, als müsse es einen Menschen geben, der besonders geeignet war, Licht und Versöhnung oder wenigstens eine erträgliche Ordnung in die Düsternis und Not zu bringen, die uns alle umgab. Liszt hatte mir einen Besuch versprochen, aber er war so glücklich, außerhalb der Reichweite dieser quälenden Umstände zu leben, er hatte eine solche Welterfahrung und besaß jene angeborene Gelassenheit in einem so außergewöhnlichen Maße, dass er mir nicht sehr wahrscheinlich schien, diesen Missverständnissen mit rationalem Geist zu begegnen. Ich fühlte mich fast geneigt, meine endgültige Entscheidung von der Wirkung seines erwarteten Besuchs abhängig zu machen. Vergebens baten wir ihn, seine Reise zu beschleunigen; er bot mir an, mich einen Monat später am Genfer See zu treffen! Da verließ mich mein Mut. Der Verkehr mit meinen Freunden verschaffte mir jetzt keine Befriedigung mehr, denn obwohl sie nicht verstehen konnten, warum ich aus einem Zuhause vertrieben werden sollte, das mir so gut gefiel, war es doch für jeden offensichtlich, dass ich unter diesen Bedingungen nicht bleiben konnte. Musik gab es noch ab und zu, aber sie geschah halbherzig und zerstreut. Zu allem Übel wurde uns ein nationales Gesangsfest aufgezwungen, bei dem ich allerlei Anforderungen zu erfüllen hatte; dies ging nicht immer ohne Unannehmlichkeiten vorüber, da ich u. a. den Besuch des eigens für das Fest engagierten Franz Lachner ablehnen und seinen Besuch nicht erwidern mußte. Tausig erfreute uns zwar mit dem Singen von Lachners „Altdeutschem Schlachtlied" in der obersten Oktave, die ihm dank seines jungenhaften Falsetts durchaus greifbar war; aber auch seine Streiche vermochten uns nicht mehr aufzuheitern. Alles, was unter anderen Umständen diesen Sommermonat zu einem der anregendsten meines Lebens gemacht hätte, trug jetzt zu meinem Unbehagen bei, ebenso der Aufenthalt der Gräfin d'Agoult, die, zu Besuch bei ihrer Tochter und ihrem Schwiegersohn, sich einstweilen unserer Gesellschaft anschloß. Um das Haus zu füllen, kam nach langem Murren und Schmollen auch Karl Ritter und erwies sich wieder einmal als sehr interessant und originell.

Als die Zeit des allgemeinen Abschieds schließlich näher rückte, hatte ich alle Einzelheiten im Zusammenhang mit der Auflösung meines Hauses geregelt. Den notwendigen geschäftlichen Teil regelte ich durch einen persönlichen Besuch bei Herrn Wesendonck, und in Gegenwart Bülows verabschiedete ich mich von Frau Wesendonck, die sich trotz ihrer immer wiederkehrenden Missverständnisse in dieser Angelegenheit schließlich bittere Vorwürfe machte, als sie sah, dass diese Missverständnisse mit der Auflösung meines Hauses endeten. Meine Freunde waren sehr betrübt, sich von mir zu trennen, während ich ihren Kummerbekundungen nur mit Apathie begegnen konnte. Am 16. August reisten auch die Bülows ab; Hans war in Tränen gebadet und seine Frau Cosima war düster und schweigsam. Ich hatte mit Minna vereinbart, dass sie etwa eine Woche dort bleiben sollte, um aufzuräumen und unsere wenigen Habseligkeiten nach ihrem Gutdünken zu verteilen. Ich hatte ihr geraten, diese unangenehmen Aufgaben jemand anderem anzuvertrauen, da ich es kaum für möglich hielt, dass sie für eine so elende Aufgabe geeignet sein würde, die unter den gegebenen Umständen sehr anstrengend für sie sein würde. Sie antwortete vorwurfsvoll: „Es wäre schön, wenn wir bei all unserem Unglück unser Eigentum vernachlässigten. Ordnung muss sein." Später erfuhr ich zu meinem Ärger, dass sie den Umzug und ihre eigene Abreise mit solcher Förmlichkeit durchführte, indem sie in den Tageszeitungen ankündigte, dass die Sachen wegen ihrer plötzlichen Abreise billig verkauft würden, und damit viel Neugier weckte, dass verwirrende Gerüchte verbreitet wurden, die der ganzen Angelegenheit eine skandalöse Bedeutung gaben, was später sowohl mir als auch der Familie Wesendonck viel Unannehmlichkeit bereitete.

Am 17. August, dem Tag nach der Abreise der Bülows (deren Aufenthalt der einzige Grund für meine Verzögerung gewesen war), stand ich nach einer schlaflosen Nacht im Morgengrauen auf und ging ins Speisezimmer hinunter, wo Minna mich bereits zum Frühstück erwartete, da ich mit dem Fünf-Uhr-Zug abreisen wollte. Sie war ruhig; nur als sie mich im Wagen zum Bahnhof begleitete, wurde sie von ihrer Erregung unter den schwierigen Umständen überwältigt. Es war der strahlendste Sommertag mit einem klaren, wolkenlosen Himmel; ich erinnere mich, dass ich kein einziges Mal zurückblickte oder eine Träne vergoss, als ich mich von ihr verabschiedete, und das erschreckte mich fast. Während ich im Zug fuhr, konnte ich ein zunehmendes Gefühl der Behaglichkeit nicht verbergen; es war offensichtlich, dass die absolut nutzlosen Sorgen der letzten Wochen nicht länger zu ertragen waren und dass mein Lebensziel eine völlige Trennung von ihnen verlangte. Am Abend desselben Tages kam ich in Genf an; hier wollte ich mich ein wenig ausruhen und mich sammeln, um meinen Lebensplan in aller Ruhe zu ordnen. Da ich die Absicht hatte, einen weiteren Versuch zu unternehmen, mich in Italien niederzulassen, schlug ich nach meiner früheren Erfahrung vor, bis zum kühleren Herbstwetter zu warten, um mich nicht wieder dem schädlichen Einfluss des plötzlichen Klimawechsels auszusetzen. Ich arrangierte einen einmonatigen Aufenthalt im Maison Fazy und machte mir vor, dass ein längerer Aufenthalt dort sehr angenehm sein würde. Ich erzählte Karl Ritter, der in Lausanne war, von meiner Absicht, nach Italien zu gehen, und zu meiner Überraschung schrieb er mir, dass auch er beabsichtige, sein Zuhause aufzugeben und allein nach Italien zu gehen, da seine Frau aus familiären Gründen den Winter über nach Sachsen fahren würde. Er bot sich als mein Reisegefährte an. Dies passte mir ausgezeichnet, und da Ritter mir außerdem versicherte, dass er von einem früheren Besuch wusste, dass das Klima in Venedig zu dieser Jahreszeit recht angenehm sei, sah ich mich zu einer hastigen Abreise veranlasst. Ich musste jedoch meinen Pass regeln. Von den Gesandtschaften in Bern erwartete ich eine Bestätigung, daß ich als politischer Flüchtling in Venedig, das zwar zu Österreich gehörte, aber nicht zum Deutschen Bund gehörte, nichts zu befürchten hätte. Liszt, den ich ebenfalls um Auskunft bat, riet mir auf keinen Fall, nach Venedig zu reisen; dagegen erklärte der Bericht, den einige meiner Freunde in Bern vom österreichischen Botschafter erhielten, die Stadt für völlig sicher; so teilte ich nach kaum einer Woche Aufenthalt in Genf Karl Ritter meine Abreisebereitschaft mit und suchte ihn in seiner Villa in Lausanne auf, um gemeinsam die Reise anzutreten.

Wir sprachen unterwegs nicht viel, sondern gaben uns schweigend unseren Eindrücken hin. Der Weg führte über den Simplon zum Lago Maggiore, wo ich von Baveno aus nochmals die Borromäischen Inseln besuchte. Dort, auf dem Terrassengarten der Isola Bella, verbrachte ich einen herrlichen Spätsommermorgen in der Gesellschaft meines jungen Freundes, der nie aufdringlich, im Gegenteil aber zu viel Schweigsamkeit neigte. Zum ersten Male fühlte ich mich ganz ruhig und von der Hoffnung auf eine neue, harmonische Zukunft erfüllt. Wir setzten unsere Reise mit der Kutsche über Sesto Calende nach Mailand fort, und Karl war von einer solchen Sehnsucht nach seinem geliebten Venedig erfüllt, daß er mir kaum Zeit lassen konnte, den berühmten Dom zu bewundern; ich hatte aber nichts dagegen, mich bei diesem Ziel zu beeilen. Als wir vom Bahndamm aus auf das vor uns aus dem Wasserspiegel aufragende Venedig blickten, verlor Karl in einer begeisterten Bewegung seinen Hut aus dem Wagen; ich glaubte, es ihm gleichtun zu müssen, und warf ihn ebenfalls hinaus; Wir kamen also barhäuptig in Venedig an und bestiegen sofort eine Gondel, um den Canale Grande bis zur Piazzetta bei San Marco hinunterzufahren. Das Wetter war plötzlich düster geworden, und der Anblick der Gondeln erschreckte mich ganz; denn trotz allem, was ich über diese eigenartigen, schwarz verhüllten Schiffe gehört hatte, war der Anblick einer solchen eine unangenehme Überraschung: Als ich unter das schwarze Sonnensegel musste, musste ich an die Cholera-Angst vor einiger Zeit denken. Ich hatte wirklich das Gefühl, an einem Trauerzug während einer Pest teilzunehmen. Karl versicherte mir, dass es allen anfangs genauso ging, man sich aber bald daran gewöhnte. Dann folgte die lange Fahrt durch die Windungen des Canale Grande. Der Eindruck, den alles hier auf mich machte, trug nicht dazu bei, meine melancholische Stimmung zu vertreiben. Während Karl beim Anblick der zerstörten Mauern nur die Ca d'Oro von Fanny Elser oder einen anderen berühmten Palast sah, wurden meine traurigen Blicke ganz von den zerfallenden Ruinen zwischen diesen interessanten Gebäuden absorbiert. Endlich schwieg ich, ließ mich an der weltberühmten Piazzetta absetzen und mir den Dogenpalast zeigen, behielt mir jedoch das Recht vor, ihn zu bewundern, bis ich mich von der äußerst melancholischen Stimmung befreit hätte, in die mich meine Ankunft in Venedig versetzt hatte.

Am nächsten Morgen brach ich vom Hotel Danieli auf, wo wir nur eine düstere Unterkunft gefunden hatten, und suchte mir zunächst eine Unterkunft, die mir für meinen längeren Aufenthalt angemessen wäre. Ich hörte, dass einer der drei Giustiniani-Paläste, der nicht weit vom Palazzo Foscari liegt, wegen seiner im Winter etwas ungünstigen Lage derzeit sehr wenig besucht sei. Ich fand dort einige sehr geräumige und imposante Wohnungen, von denen man mir sagte, dass sie alle unbewohnt blieben. Ich mietete hier ein großes, herrschaftliches Zimmer mit angrenzendem geräumigen Schlafzimmer. Ich ließ mein Gepäck schnell dorthin bringen und sagte mir am Abend des 30. August: „Endlich lebe ich in Venedig." Meine Hauptidee war, dass ich hier ungestört arbeiten könnte. Ich schrieb sofort nach Zürich und bat um die Nachsendung meines Erard „Grand" und meines Bettes, da ich hinsichtlich des letzteren das Gefühl hatte, ich sollte herausfinden, was Kälte in Venedig bedeutet. Außerdem störten mich bald die graugetünchten Wände meines großen Zimmers, da sie so wenig zu der Decke paßten, die mit einem Fresko bedeckt war, das ich für recht geschmackvoll hielt. Ich beschloß, die Wände des großen Zimmers mit Vorhängen von dunkelrotem Farbton zu bedecken, wenn auch von ganz gewöhnlicher Qualität. Dies machte sofort viel Ärger; aber es schien mir, daß es sich lohnte, darüber hinwegzukommen, als ich mit wachsender Befriedigung von meinem Balkon auf den wundervollen Kanal hinabblickte und mir sagte, hier würde ich Tristan vollenden. Auch ließ ich noch ein wenig mehr dekorieren; ich ließ dunkelrote Portieren, wenn auch aus dem billigsten Material, über die gewöhnlichen Türen anbringen, die der ungarische Wirt in dem zerstörten Palast anstelle der ursprünglichen wertvollen hatte einbauen lassen, die wahrscheinlich verkauft worden waren. Außerdem hatte der Wirt einiges an prunkvollem Mobiliar besorgt, so einige vergoldete Stühle, die mit gewöhnlichem Baumwollplüsch bespannt waren; aber das auffälligste Stück war ein schön geschnitzter, vergoldeter Tischsockel, auf dem eine gewöhnliche Kiefernholzplatte angebracht war, die ich mit einem einfachen roten Tuch bedecken musste. Schließlich kam der Erard; er wurde in die Mitte des großen Raumes gestellt, und nun sollte das wunderbare Venedig mit Musik erobert werden.

Doch befiel mich die Ruhr, die ich in Genua erlitten hatte, wieder und machte mich wochenlang zu jeder geistigen Tätigkeit unfähig. Die unvergleichliche Schönheit Venedigs hatte ich bereits schätzen gelernt und war voller Hoffnung, dass meine Freude daran mir die Kraft zurückgeben würde, meine wieder auflebenden künstlerischen Gelüste zu befriedigen. Bei einem meiner ersten Spaziergänge an der Riva wurde ich von zwei Fremden angesprochen, von denen sich der eine als Graf Edmund Zichy, der andere als Fürst Dolgorukow vorstellte. Sie waren beide kaum eine Woche zuvor aus Wien abgereist, wo sie bei der Uraufführung meines Lohengrin dabei gewesen waren; sie berichteten mir aufs befriedigendste über den Erfolg derselben, und ich konnte an ihrer Begeisterung erkennen, dass ihre Eindrücke sehr günstig waren. Graf Zichy verließ Venedig bald darauf, Fürst Dolgorukow aber beschloss, den Winter dort zu verbringen. Obwohl ich bestimmt beabsichtigte, Gesellschaft zu meiden, gelang es diesem etwa fünfzigjährigen Russen bald, mich seinen Überredungskünsten nachzugeben. Er hatte ein ernstes und äußerst ausdrucksvolles Gesicht (er war stolz darauf, direkt kaukasischer Abstammung zu sein) und zeigte in jeder Hinsicht eine bemerkenswerte Kultur, ein breites Wissen über die Welt und vor allem einen Geschmack für Musik, in der er auch so bewandert war, dass es einer Leidenschaft gleichkam. Ich hatte ihm zunächst erklärt, dass ich aufgrund meines Gesundheitszustandes gezwungen war, auf jede Gesellschaft zu verzichten, und dass ich vor allem Ruhe brauchte. Abgesehen von der Schwierigkeit, ihm auf den wenigen Spaziergängen in Venedig völlig aus dem Weg zu gehen, führte das Restaurant im Albergo San Marco, wo ich jeden Tag mit Ritter zu Abend aß, unvermeidlich zu Begegnungen mit diesem Fremden, dem ich schließlich aufrichtig zugetan war. Er hatte seinen Wohnsitz in diesem Hotel genommen, und ich konnte ihn nicht daran hindern, dort zu essen. Während meines Aufenthalts in Venedig trafen wir uns fast täglich und blieben weiterhin sehr freundschaftlich verbunden. Andererseits war ich sehr überrascht, als ich eines Abends nach meiner Wohnung zurückkehrte und erfuhr, dass Liszt gerade angekommen war. Ich eilte eilig zu dem Zimmer, das mir als seins bezeichnet wurde, und sah dort zu meinem Entsetzen den Pianisten Winterberger, der sich meinem Gastgeber als gemeinsamer Freund von mir und Liszt vorgestellt hatte, und der in der Verwirrung des Augenblicks zu dem Schluss gekommen war, dass der Neuankömmling Liszt selbst sei. Tatsächlich hatte ich diesen jungen Mann erst kürzlich als Anhänger Liszts während seines verhältnismäßig langen Aufenthalts in Zürich kennengelernt; er galt als ausgezeichneter Organist und wurde auch als zweiter am Klavier herangezogen, wenn es um die Besetzung von zwei Klavieren ging. Außer einigen albernen Benehmens seinerseits war mir nichts Besonderes an ihm aufgefallen. Ich war jedoch überrascht, dass er meine Adresse als seine Unterkunft in Venedig gewählt hatte. Er sagte mir, er sei lediglich der Vorgänger einer gewissen Prinzessin Galitzin, für die er ein Winterquartier in Venedig zu organisieren habe; er kenne dort niemanden, aber da er in Wien gehört habe, dass ich hier wohne, sei es ganz natürlich, dass er sich zuerst in meinem Hotel bewerbe. Ich argumentierte mit ihm, dass dies kein Hotel sei , und kündigte an, dass ich sofort ausziehen würde, wenn seine russische Prinzessin daran denke, neben mir zu wohnen. Er beruhigte mich dann, indem er mir sagte, dass er mit der Erwähnung der Prinzessin nur einen guten Eindruck auf den Gastgeber machen wollte, da er glaubte, dass sie bereits anderswo Zimmer gebucht hatte. Als ich ihn erneut fragte, was er in diesem Palast zu tun gedenke, und ihn darauf aufmerksam machte, dass es sehr teuer sei und ich die hohen Ausgaben nur deshalb in Kauf nehme, weil es das Wichtigste sei, ungestört zu sein, keine Nachbarn zu haben und kein Klavier zu hören, versuchte er mich zu beruhigen, indem er versicherte, dass er mir sicherlich nicht zur Last fallen würde und dass ich mich über seine Anwesenheit im selben Haus beruhigen könne, bis er einen Umzug arrangiert habe. Sein nächster Versuch war, sich in die Gunst von Karl Ritter einzuschleichen; sie beide entdeckten ein Wohnzimmer im Palast, das weit genug von meinem entfernt war, um außer Hörweite zu sein. Auf diese Weise willigte ich ein, seine Nähe zu ertragen, obwohl es lange dauerte, bis ich Ritter erlaubte, ihn abends zu mir zu bringen.

Ein venezianischer Klavierlehrer, Tessarin mit Namen, vermochte sich mehr als Winterberger bei mir zu gewinnen. Er war ein typischer, schöner Venezianer mit einer merkwürdigen Sprachbehinderung, hatte eine Leidenschaft für die deutsche Musik und war mit Liszts neuen Kompositionen, aber auch mit meinen eigenen Opern gut vertraut. Er bekannte, er sei im Verhältnis zu seiner Umgebung ein „weißer Rabe" in musikalischen Dingen. Auch gelang es ihm, sich mir durch Ritter zu nähern, der sich in Venedig mehr dem Studium der menschlichen Natur als der Arbeit zu widmen schien. Er hatte sich eine kleine und äußerst bescheidene Wohnung an der Riva dei Schiavoni genommen, die, da sie sonnig lag, keiner künstlichen Heizung bedurfte. Dies war in Wirklichkeit weniger für ihn selbst, als für sein spärliches Gepäck, da er kaum jemals zu Hause war, sondern tagsüber nach Bildern und Sammlungen lief; abends aber studierte er die menschliche Natur in den Cafes auf dem Markusplatz. Er war der einzige Mensch, den ich täglich regelmäßig sah; sonst mied ich jede andere Gesellschaft oder Bekanntschaft streng. Ich wurde wiederholt vom Leibarzt der Fürstin Galitzin gebeten, diese Dame aufzusuchen, die sehr bald nach

Venedig kam und ein prachtvolles Leben zu führen schien. Als ich einmal die Klavierauszüge von Tannhäuser und Lohengrin brauchte und hörte, die Fürstin sei die einzige Person in Venedig, die sie besitze, erdreistete ich mich, sie darum zu bitten, aber ich fühlte mich nicht verpflichtet, sie zu diesem Zweck aufzusuchen. Nur einmal gelang es einem Fremden, meine Abgeschiedenheit zu stören, und zwar, weil mir sein Aussehen gefiel, als ich ihn im Albergo San Marco traf; es war der Maler Rahl aus Wien. Einmal ging ich so weit, für ihn, Fürst Dolgoroukow und den Klavierlehrer Tessarin eine Art Soirée zu veranstalten, bei der einige meiner Stücke gespielt wurden. Damals gab Winterberger sein Debüt.

Alle meine gesellschaftlichen Erlebnisse während der sieben Monate, die ich in Venedig verbrachte, beschränkten sich auf diese wenigen Versuche freundschaftlichen Umgangs, und im übrigen waren meine Tage während der ganzen Zeit mit größter Regelmäßigkeit verplant. Ich arbeitete bis zwei Uhr, dann bestieg ich die stets bereitstehende Gondel und fuhr den feierlichen Canale Grande entlang nach der hellen Piazzetta, deren eigentümlicher Reiz immer eine heitere Wirkung auf mich ausübte. Von hier aus begab ich mich nach meinem Restaurant auf dem Markusplatz, und wenn ich meine Mahlzeit beendet hatte, spazierte ich allein oder mit Karl die Riva entlang zum Giardino Pubblico, dem einzigen Vergnügungspark Venedigs, wo es Bäume gibt, und fuhr bei Einbruch der Nacht mit der Gondel den Kanal hinunter, der dann düsterer und stiller wurde, bis ich die Stelle erreichte, wo ich meine einsame Lampe aus der nachtverhangenen Fassade des alten Palazzo Giustiniani leuchten sah. Wenn ich noch etwas gearbeitet hatte, kam Karl, angekündigt durch das Rauschen der Gondel, regelmäßig um acht Uhr zu einem mehrstündigen Plausch bei unserem Tee herein. Sehr selten wechselte ich diese Routine durch einen Theaterbesuch ab. Wenn ich es tat, zog ich die Aufführungen im Camploi-Theater vor, wo Goldonis Stücke sehr gut gespielt wurden; in die Oper ging ich jedoch selten, und wenn ich ging, dann nur aus Neugier. Häufiger, wenn uns schlechtes Wetter unseren Spaziergang verwehrte, besuchten wir das Volksdrama im Malibran-Theater, wo die Aufführungen tagsüber stattfanden. Der Eintritt kostete uns sechs Kreuzer. Das Publikum war ausgezeichnet, die Mehrheit war in Hemdsärmeln, und die Stücke waren im Allgemeinen von überaus melodramatischer Art. Eines Tages jedoch sah ich zu meinem großen Erstaunen und meiner intensiven Freude in eben diesem Theater Le Baruffe Chioggiote, die groteske Komödie, die Goethe zu seiner Zeit so stark angesprochen hatte. Diese Aufführung war so naturgetreu, dass sie alles übertraf, was ich je gesehen hatte.

Es gab wenig anderes, das meine Aufmerksamkeit im unterdrückten und verkommenen Leben des venezianischen Volkes erregte, und der einzige Eindruck, den ich von den exquisiten Ruinen dieser wunderbaren Stadt, soweit es menschliches Interesse betraf, gewann, war der eines Badeortes, der zum Nutzen der Besucher unterhalten wurde. Seltsamerweise war es das durch und durch deutsche Element guter Militärmusik, dem in der österreichischen Armee so viel Aufmerksamkeit geschenkt wird, das mich mit dem öffentlichen Leben in Venedig in Berührung brachte. Die Dirigenten der beiden dort einquartierten österreichischen Regimenter begannen, meine Ouvertüren zu spielen, Rienzi und Tannhäuser zum Beispiel, und luden mich ein, ihren Proben in ihren Kasernen beizuwohnen. Dort traf ich auch den gesamten Offiziersstab und wurde von ihnen mit großer Achtung behandelt. Diese Kapellen spielten an wechselnden Abenden bei strahlender Beleuchtung mitten auf dem Markusplatz, dessen akustische Eigenschaften für diese Art von Produktion wirklich ausgezeichnet waren. Gegen Ende meiner Mahlzeit wurde ich oft plötzlich durch den Klang meiner eigenen Ouvertüren aufgeschreckt; dann, als ich am Fenster des Restaurants saß und mich den Eindrücken der Musik hingab, wusste ich nicht, was mich mehr blendete, die unvergleichliche Piazza, prächtig erleuchtet und erfüllt von unzähligen sich bewegenden Menschen, oder die Musik, die in rauschender Pracht vom Winde davongetragen zu werden schien. Nur eines fehlte, was man von einem italienischen Publikum sicherlich hätte erwarten können: die Leute waren zu Tausenden um die Kapelle versammelt und hörten gespannt zu, aber keine zwei Hände vergaß sich je so weit, zu applaudieren, da das geringste Anzeichen der Billigung der österreichischen Militärmusik als Verrat am italienischen Vaterland angesehen worden wäre. Das gesamte öffentliche Leben in Venedig litt auch unter dieser außerordentlichen Kluft zwischen der Öffentlichkeit und den Behörden; dies zeigte sich besonders deutlich in den Beziehungen der Bevölkerung zu den österreichischen Offizieren, die in Venedig öffentlich umherschwammen wie Öl auf Wasser. Auch die Bevölkerung verhielt sich mit nicht weniger Zurückhaltung, oder man könnte sogar sagen Feindseligkeit, gegenüber der Geistlichkeit, die zum größten Teil italienischer Herkunft war. Ich sah eine Prozession von Klerikern in ihren Ornaten über den Markusplatz ziehen, begleitet vom Volk, das seinen Spott unverhohlen verbarg.

Es war Ritter sehr schwer, mich dazu zu bewegen, meine täglichen Aktivitäten zu unterbrechen, um eine Galerie oder eine Kirche zu besuchen, obwohl mich die überaus vielfältigen architektonischen Besonderheiten und Schönheiten, wann immer wir durch die Stadt zu fahren hatten, immer wieder aufs Neue entzückten. Aber die häufigen Gondelfahrten nach dem Lido bildeten praktisch während meines gesamten Aufenthaltes in Venedig mein größtes Vergnügen. Besonders auf unseren Heimfahrten bei Sonnenuntergang überwältigten mich immer wieder einzigartige Eindrücke. Während des ersten Teils unseres Aufenthalts im September desselben Jahres sahen wir bei einer dieser Gelegenheiten die wunderbare Erscheinung des großen Kometen, der zu dieser Zeit in seiner höchsten Helligkeit war und allgemein als Vorbote einer bevorstehenden Katastrophe galt. Der Gesang eines Volksgesangvereins, der von einem Beamten des venezianischen Arsenals ausgebildet wurde, erschien wie eine wahre Lagunenidylle. Sie sangen meist nur dreistimmige, natürlich harmonisierte Volkslieder. Neu war mir, dass die hohe Stimme nicht über den Tonumfang des Alts hinausging, das heißt, ohne den Sopran zu berühren, wodurch dem Chorklang eine männliche Jugendlichkeit verliehen wurde, die ich bis dahin nicht kannte. An schönen Abenden glitten sie in einer großen, beleuchteten Gondel den Canale Grande hinunter, hielten vor einigen Palästen an, als wollten sie eine Serenade singen (wenn sie darum gebeten und dafür bezahlt wurden, wohlgemerkt) und zogen in der Regel eine Reihe anderer Gondeln mit sich. Während einer schlaflosen Nacht, als ich mich in den frühen Morgenstunden gedrängt fühlte, auf meinen Balkon zu gehen, hörte ich zum ersten Mal das berühmte alte Volkslied der Gondolieri. Ich glaubte, den ersten Ruf in der Stille der Nacht zu hören, der vom Rialo bis etwa eine Meile entfernt wie eine raue Klage ankam, und antwortete in derselben Tonlage aus noch größerer Entfernung in einer anderen Richtung. Dieser melancholische Dialog, der in längeren Abständen wiederholt wurde, berührte mich so sehr, dass ich die sehr einfachen musikalischen Bestandteile nicht in meinem Gedächtnis festhalten konnte. Bei einer späteren Gelegenheit wurde mir jedoch gesagt, dass dieses Volkslied von großem poetischen Interesse sei. Als ich eines Nachts spät auf dem düsteren Kanal nach Hause zurückkehrte, erschien plötzlich der Mond und beleuchtete die wunderbaren Paläste und die große Gestalt meines Gondoliere, der über dem Heck der Gondel aufragte und langsam seinen riesigen Bug bewegte. Plötzlich stieß er einen tiefen Schrei aus, der dem Schrei eines Tieres nicht unähnlich war; der Schrei wurde allmählich stärker und formte sich nach einem langgezogenen „Oh!" zu dem einfachen musikalischen Ausruf „Venezia!". Darauf folgten andere Geräusche, an die ich mich nicht deutlich erinnere, da ich damals so bewegt war. Dies waren die Eindrücke, die mir während meines Aufenthalts in Venedig am charakteristischsten erschienen, und sie blieben bei mir bis zum Abschluss des zweiten Aktes von Tristan und erinnerten mich möglicherweise sogar an den langgezogenen Schrei des Hirtenhorns zu Beginn des dritten Aktes.

Diese Empfindungen traten jedoch nicht sehr leicht oder nacheinander auf. Körperliche Leiden und meine üblichen Sorgen, die mich nie ganz verließen, behinderten und störten meine Arbeit oft erheblich. Kaum hatte ich es mir in meinen Räumen gemütlich gemacht, deren Nordlage sie häufigen Windstößen aussetzte (vor denen ich praktisch keinen Schutz in Form von Heizgeräten hatte), und kaum hatte ich die demoralisierende Wirkung der Ruhr überwunden, als ich infolge des starken Klima- und Luftwechsels einer spezifisch venezianischen Krankheit zum Opfer fiel, nämlich einem

Karbunkel am Bein. Dies geschah gerade, als ich den so grausam unterbrochenen zweiten Akt wieder aufnehmen wollte . Das Leiden, das ich zuerst als leicht angesehen hatte, verschlimmerte sich bald und wurde äußerst schmerzhaft, und ich war gezwungen, einen Arzt zu rufen, der mich fast vier Wochen lang sorgfältig behandeln musste. Es war im Spätherbst, gegen Ende November, als Ritter mich verließ, um seine Verwandten und Freunde in Dresden und Berlin zu besuchen; Ich blieb daher während dieser langen Krankheit ganz allein und hatte keine andere Gesellschaft als die der Dienerschaft des Hauses. Da ich nicht arbeiten konnte, vergnügte ich mich mit der Lektüre der Geschichte Venedigs von Graf Daru, die mich, da ich an Ort und Stelle war, sehr interessierte. Dadurch verlor ich einige meiner weitverbreiteten Vorurteile gegen die tyrannische Regierungsform im alten Venedig. Der berüchtigte Rat der Zehn und die Staatsinquisition erschienen mir in einem eigentümlichen, wenn auch sicherlich schrecklichen Licht; das offene Eingeständnis, dass in der Geheimhaltung seiner Methoden die Macht des Staates lag, schien mir so entschieden im Interesse jedes einzelnen Mitglieds dieser wunderbaren Republik, dass die Unterdrückung allen Wissens sehr weise als republikanische Pflicht angesehen wurde. Tatsächliche Heuchelei war dieser Staatsverfassung völlig fremd; außerdem übte das klerikale Element, wie respektvoll es auch von der Regierung behandelt wurde, nie einen unwürdigen Einfluss auf die Entwicklung des Charakters der Bürger aus wie in anderen Teilen Italiens. Aus den furchtbaren eigennützigen Berechnungen der Staatsräson wurden Maximen ganz alten heidnischen Charakters, die zwar nicht an sich böse waren, aber doch an ähnliche Maximen der Athener erinnerten, die, wie wir bei Thukydides lesen, von ihnen in aller Einfachheit als Grundlagen der menschlichen Moral übernommen wurden. Außerdem nahm ich, wie schon öfter, zur Stärkung noch einmal einen Band von Schopenhauer zur Hand, mit dem ich vertraut geworden war, und empfand ein Gefühl der Erleichterung, als ich merkte, dass ich die quälenden Lücken in seinem System nun mit den Hilfsmitteln erklären konnte, die er selbst zur Verfügung stellte.

Meine wenigen Verbindungen zur Außenwelt beruhigten sich nun, aber eines Tages betrübte mich ein Brief von Wesendonck, in dem er mir den Tod seines etwa vierjährigen Sohnes Guido mitteilte; es bedrückte mich, dass ich mich geweigert hatte, sein Pate zu werden, unter dem Vorwand, ich könnte ihm Unglück bringen. Dieses Ereignis berührte mich tief, und da ich mich nach einer gründlichen Ruhe sehnte, plante ich für mich eine kurze Reise über die Alpen, in der Absicht, Weihnachten mit meinen alten Freunden zu verbringen und ihnen mein Beileid auszusprechen. Ich teilte Frau Wille diesen Plan mit und erhielt als Antwort, seltsamerweise, von ihrem Mann statt von ihr einige ganz unerwartete Einzelheiten über die äußerst unangenehme Neugier, die meine plötzliche Abreise aus Zürich hervorgerufen hatte, insbesondere in Bezug auf die Rolle, die meine Frau dabei gespielt hatte und über die die Familie Wesendonck so sehr verärgert war. Da ich auch hörte, wie geschickt Wesendonck die Angelegenheit behandelt hatte, folgten einige angenehme Mitteilungen in versöhnlicher Sprache. Es war sehr Minnas Verdienst, daß sie sich in ihren Briefen in ihren Beziehungen zu mir als weise und rücksichtsvoll erwiesen hatte, und daß sie während ihres Aufenthaltes in Dresden, wo sie ihre alten Freunde wiedertraf, ein ruhiges Leben führte, und ich sie stets in freundschaftlicher Weise versorgte. Dadurch verstärkte sie den Eindruck, den sie zur Zeit jener rührenden nächtlichen Szene auf mich gemacht hatte, und ich stellte ihr gern die Möglichkeit einer häuslichen Wiedervereinigung vor, vorausgesetzt, daß wir eine dauerhafte Heimat gründen könnten, was ich mir damals nur in Deutschland und womöglich in Dresden als möglich vorstellen konnte. Um eine Vorstellung davon zu bekommen, ob eine solche Vereinbarung möglich sei, wandte ich mich unverzüglich an Lüttichau, da ich von Minna günstige Berichte über seine freundliche Gesinnung und warme Zuneigung zu mir erhalten hatte. Ich ging wirklich so weit, ihm herzlich und ausführlich zu schreiben. Es war mir eine weitere Lehre, als ich als Antwort gelegentlich einige trockene Zeilen in sachlichem Ton erhielt, in denen er darauf hinwies, daß im Augenblick hinsichtlich meiner gewünschten Rückkehr nach Sachsen nichts getan werden könne. Andererseits erfuhr ich durch die Polizeibehörden in Venedig, daß der sächsische Gesandte in Wien mich leidenschaftlich auch aus Venedig hinaustreiben wollte. Dies gelang mir jedoch nicht, da ich durch einen Schweizer Paß genügend geschützt war, den die österreichischen Behörden zu meiner großen Freude gebührend respektierten. Die einzige Hoffnung, die ich hinsichtlich meiner ersehnten Rückkehr nach Deutschland hatte, beruhte auf den freundschaftlichen Bemühungen des Großherzogs von Baden. Eduard Devrient, an den ich mich auch um genauere Auskünfte über unser Vorhaben einer Uraufführung des Tristan wandte , teilte mir mit, daß der Großherzog meine Anwesenheit bei der Aufführung als selbstverständlich ansehe; ob er von sich aus Schritte gegen die Liga unternehme, falls seine direkten Bemühungen um die Erlaubnis des Königs von Sachsen fruchtlos bleiben sollten, oder ob er dies auf andere Weise zu erreichen gedenke, wisse er nicht. Ich sah daher ein, daß ich mit der Möglichkeit einer baldigen Niederlassung in Deutschland nicht rechnen konnte.

Einen großen Teil meiner Zeit nahm die Korrespondenz mit dem Ziel in Anspruch, mir die notwendigen Lebensunterhaltsmittel zu beschaffen, was damals, infolge der geteilten Haushaltsführung, nicht unerhebliche Belastungen für meine Kasse bedeutete. Glücklicherweise hatten sich einige der größeren Theater noch nicht auf meine Opern eingelassen, so daß ich von ihnen noch einige Gagen erwarten konnte, während die der aktiveren Theater bereits ausgegeben waren. Das Stuttgarter Hoftheater war das letzte, das sich um den Tannhäuser bewarb. Stuttgart war mir damals aus den oben genannten Gründen besonders zugetan; dies galt auch für Wien, das als erster Ort der Aufführung des Lohengrin für notwendig gehalten hatte, und infolge seines Erfolges den Tannhäuser für notwendig hielt. Meine Verhandlungen mit Eckert, dem damaligen Direktor, führten bald zu befriedigenden Ergebnissen.

Dies alles geschah im Laufe des Winters und des frühen Frühlings 1859. Im übrigen führte ich, wie beschrieben, ein sehr ruhiges und regelmäßiges Leben. Nach der Wiederherstellung der Funktionsfähigkeit meines Beines konnte ich im Dezember meine regelmäßigen Gondelfahrten zur Piazzetta und die abendlichen Rückfahrten wieder aufnehmen und mich auch eine Zeitlang ununterbrochen meiner musikalischen Arbeit widmen. Weihnachten und Silvester verbrachte ich ganz allein, doch in meinen nächtlichen Träumen befand ich mich oft in Gesellschaft, was meine Ruhe sehr störte.

Anfang 1859 erschien Karl Ritter plötzlich wieder zu seinen üblichen Abendbesuchen in meiner Wohnung. Die Sorge um die Aufführung eines von ihm geschriebenen dramatischen Stückes hatte ihn an die Ostseeküste geführt. Es war ein Werk, das er kurz vor ARMIDA vollendet hatte und in dem er in vielen Teilen wieder sein großes Talent zeigte. Das ganze Stück ist darauf ausgerichtet, furchtbare Einblicke in die Seele des Dichters zu geben, und diese verhindern, daß man über einige Teile des Stückes ein günstiges Urteil fällt; andere Teile aber, namentlich die Begegnung Rinaldos mit Armida und die gewaltsame Geburt ihrer Liebe, schildert der Autor mit wahrhaft poetischem Feuer. Wie bei allen derartigen Werken, denen in Wirklichkeit immer die Oberflächlichkeit des Dilettanten anhaftet, hätte man vieles ändern und umschreiben müssen, um es bühnenwirksamer zu machen. Karl wollte davon nichts wissen; im Gegenteil glaubte er in einem intelligenten Theaterdirektor in Stettin den Mann gefunden zu haben, der alle mir eigenen Rücksichten beiseite lassen würde. Doch diese Hoffnung war enttäuscht worden, und er war nach Venedig zurückgekehrt, um seinen Wunsch zu erfüllen, ziellos zu leben. Im Kapuzinergewand durch Rom zu wandern und stundenlang die Kunstschätze zu studieren, das war die Art von Leben, die er jedem anderen vorgezogen hätte.

Von einer Umgestaltung der Armida wollte er nichts wissen, sondern erklärte seine Absicht, sich an ein neues dramatisches Material zu machen, das er Machiavellis Florentiner Historien entnommen hatte. Um welches Material es sich dabei handelte, wollte er nicht näher spezifizieren, damit ich ihn nicht von der Verwendung abbringen könnte, da es nur Situationen und absolut keine Hinweise auf einen Zweck enthielt. Er schien keine Lust mehr zu haben, sich der musikalischen Arbeit hinzugeben, obwohl sich der junge Mann mir auch in dieser Hinsicht durch eine bald nach seiner Ankunft in Venedig geschriebene Fantasie für Klavier in einem durchaus interessanten Licht zeigte. Dennoch zeigte er eine höher intelligente Würdigung als früher für die Entwicklung des zweiten Aktes des Tristan, in dem ich endlich regelmäßig Fortschritte gemacht hatte. Abends spielte ich ihm, Winterberger und Tessarin häufig die Teile vor, die ich tagsüber fertiggestellt hatte, und sie waren immer tief bewegt. Während der früheren Unterbrechung meiner Arbeit, die ziemlich lange gedauert hatte, hatte Hartel den ersten Akt der Partitur gestochen und Bülow ihn für Klavier bearbeitet. So lag ein Teil der Oper in monumentaler Vollendung vor mir, während ich mich hinsichtlich der Ausführung des Ganzen noch in fruchtbarer Aufregung befand. Und nun, in den ersten Monaten des Jahres, näherte sich auch die Instrumentation dieses Aktes, den ich weiterhin in Blattgruppen dem Verleger zum Stiche zuschickte, der Vollendung. Mitte März konnte ich die letzten Blätter nach Leipzig abschicken.

Jetzt war es notwendig, neue Entscheidungen für meinen Lebensplan zu treffen. Es stellte sich die Frage, wo ich den dritten Akt komponieren sollte; denn ich wollte ihn nur an einem Ort beginnen, an dem ich Aussicht hatte, ihn ungestört zu beenden. In Venedig schien dies nicht der Fall zu sein. Meine Arbeit hätte mich bis in den Spätsommer hinein beschäftigt, und meiner Gesundheit wegen glaubte ich nicht, dass ich es wagen würde, das heiße Wetter in Venedig zu verbringen. Das Klima um diese Jahreszeit war mir nicht zuträglich. Ich hatte bereits große Nachteile und alles andere als günstige Folgen daraus gezogen, dass ich an diesem Ort nicht die belebende Erholung genießen konnte, die das Herumwandern mit sich bringt. Einmal im Winter, als ich Lust auf einen schönen Spaziergang hatte, war ich mit dem Zug nach Viterbo gefahren, um dort einige Meilen landeinwärts in Richtung der Berge zu wandern und mich körperlich zu betätigen. Unfreundliches Wetter hatte meinen Fortschritt behindert, und dies, zusammen mit anderen ungünstigen Umständen, führte dazu, dass ich von meinem Ausflug nichts Wertvolleres mitnahm als eine positive Meinung über die Lagunenstadt, in die ich als Zufluchtsort vor dem Staub der Straßen und dem Anblick grausamer Pferde floh. Außerdem stellte sich jetzt heraus, dass mein weiterer Aufenthalt in Venedig nicht mehr ganz von meinem eigenen Willen abhing. Ich war kürzlich (sehr höflich) vor einen Polizeikommissar zitiert worden, der mir ohne Umschweife mitteilte, dass es von Seiten der sächsischen Gesandtschaft in Wien eine unaufhörliche Agitation gegen meinen Verbleib in dem Teil des österreichischen Kaiserreichs gegeben habe. Als ich erklärte, dass ich meinen Aufenthalt nur bis zum Frühlingsanfang verlängern wollte, wurde mir geraten, die Erlaubnis dazu bei Erzherzog Maximilian einzuholen, der als Vizekönig in Mailand residierte und meinem Antrag aufgrund einer in einem ärztlichen Attest behaupteten Krankheit den Vorzug gab. Ich tat dies, und der Erzherzog erteilte der Verwaltungsregierung von Venedig umgehend per Telegramm die Anweisung, mich in Ruhe zu lassen.

Doch bald wurde mir klar, daß die politische Lage, die das österreichische Italien in Aufruhr versetzte, Anlass zu neuerlichen aktiven Vorsichtsmaßnahmen gegen Fremde werden könnte. Der Ausbruch eines Krieges mit Piemont und Frankreich rückte immer näher, und die Anzeichen tiefer Erregung in der italienischen Bevölkerung wurden mit jedem Augenblick unverkennbarer. Eines Tages, als ich mit Tessarin die Riva auf und ab schlenderte, stießen wir auf eine ziemlich große Menge Fremder, die mit einer Mischung aus Respekt und Neugier Erzherzog Maximilian und seiner Frau zusahen, wie sie während eines kurzen Besuchs in Venedig Luft schöpften. Mein venezianischer Pianist teilte mir die Situation schnell mit, stieß mich heftig an und versuchte, mich am Arm von der Stelle wegzuziehen: damit ich, wie er erklärte, nicht den Hut vor dem Erzherzog ziehen müsse. Als ich die stattliche und sehr anziehende Gestalt des jungen Prinzen vorbeigehen sah, schlich ich lachend an meinem Freund vorbei und freute mich aufrichtig, ihm durch meinen Gruß für seinen Schutz danken zu können, obwohl er natürlich nicht wusste, wer ich war.

Bald jedoch begann alles einen ernsteren Aspekt anzunehmen und düster und deprimierend auszusehen. Von Tag zu Tag war die Riva so voll mit neu ausgeschifften Truppen, dass sie für einen Spaziergang völlig unzugänglich wurde. Die Offiziere dieser Truppen machten im Großen und Ganzen einen sehr positiven Eindruck auf mich, und ihre einfache deutsche Sprache, während sie harmlos miteinander plauderten, erinnerte mich angenehm an die Heimat. In den einfachen Leuten hingegen konnte ich unmöglich Vertrauen empfinden, denn in ihnen sah ich hauptsächlich die stumpfen, unterwürfigen Züge gewisser führender slawischer Rassen in der österreichischen Monarchie. Man konnte in ihnen eine gewisse rohe Kraft nicht übersehen, aber es war nicht weniger klar, dass ihnen jene naive Intelligenz fehlte, die ein so anziehendes Merkmal des italienischen Volkes ist. Ich konnte der ersteren Rasse ihren Sieg über die letztere nur missgönnen. Der Gesichtsausdruck dieser Truppen kam mir im Herbst dieses Jahres in Paris wieder ins Gedächtnis, als ich nicht umhin konnte, die ausgesuchten französischen Truppen, die Jäger von Vincennes und die Zuaven, mit diesen österreichischen Soldaten zu vergleichen, und ohne jede wissenschaftliche Kenntnis der Strategie verstand ich blitzschnell die Schlachten von Magenta und Solferino. Vorläufig erfuhr ich, dass Mailand bereits im Belagerungszustand war und für Ausländer fast vollständig gesperrt war. Da ich beschlossen hatte, mein Sommerquartier in der Schweiz am Vierwaldstättersee zu suchen, beschleunigte diese Nachricht meine Abreise; denn ich wollte mir meinen Rückzug nicht durch die Erfordernisse des Krieges abschneiden lassen. Ich packte also meine Sachen, schickte den Erard noch einmal über den Gotthard und bereitete mich vor, von meinen wenigen Bekannten Abschied zu nehmen. Ritter hatte beschlossen, in Italien zu bleiben; er beabsichtigte, nach Florenz und Rom zu gehen, wohin

Winterberger, mit dem er eine Freundschaft geschlossen hatte, vorausgeeilt war. Winterberger erklärte, er habe von einem Bruder genug Geld bekommen, um Italien zu genießen – eine Erfahrung, die er für seine Erholung und Genesung für notwendig hielt, von welcher Krankheit ich nicht weiß. Ritter rechnete daher damit, Venedig in kürzester Zeit zu verlassen. Mein Abschied von dem würdigen Dolgoroukow, den ich unter großen Schmerzen verließ, war sehr herzlich, und ich umarmte Karl am Bahnhof, wahrscheinlich zum letzten Mal, denn von diesem Augenblick an hatte ich keine direkte Nachricht von ihm und habe ihn bis heute nicht gesehen.

Am 24. März erreichte ich nach einigen Abenteuern, die mir die militärische Kontrolle durch Fremde bereitete, Mailand, wo ich drei Tage blieb, um mir die Sehenswürdigkeiten anzusehen. Da mir kein offizieller Führer zur Seite stand, begnügte ich mich damit, den einfachsten Anweisungen zu folgen, die ich zur Brera, zur Ambrosianischen Bibliothek, zum „Abendmahl" von Leonardo da Vinci und zur Kathedrale bekommen konnte. Ich erklomm die verschiedenen Dächer und Türme dieser Kathedrale an allen Stellen. Da ich, wie immer, feststellte, dass meine ersten Eindrücke die lebhaftesten waren, beschränkte ich meine Aufmerksamkeit in der Brera hauptsächlich auf zwei Bilder, die mir gleich beim Betreten entgegentraten: Van Dycks „Der heilige Antonius vor dem Jesuskind" und Crespis „Das Martyrium des heiligen Stephanus". Bei dieser Gelegenheit wurde mir klar, dass ich kein guter Bilderkenner war, denn wenn das Motiv mich einmal klar und sympathisch angesprochen hat, bestimmt es meinen Blick und nichts anderes zählt. Ein seltsames Licht wurde jedoch auf die Wirkung der rein künstlerischen Bedeutung eines Meisterwerks geworfen, als ich vor Leonardo da Vincis „Abendmahl" stand und dasselbe erlebte wie alle anderen. Dieses Kunstwerk, obwohl als Bild fast vollständig zerstört, übt eine so außergewöhnliche Wirkung auf den Geist des Betrachters aus, dass selbst nach genauer Betrachtung der daneben hängenden Kopien, die es in restauriertem Zustand darstellen, sich dem Auge seiner Seele plötzlich die Tatsache offenbart, dass der Inhalt des Originals absolut unnachahmlich ist, wenn er sich dem zerstörten Bild zuwendet. Am Abend beeilte ich mich, wieder zur italienischen Komödie zu kommen. Sie war mir sehr ans Herz gewachsen und hatte sich hier im winzigen Teatro Re zum Nutzen eines kleinen Publikums der unteren Schichten niedergelassen. Die Italiener von heute verachten sie leider von ganzem Herzen. Auch hier wurden die Komödien von Goldoni mit, wie mir schien, beträchtlicher und geistreicher Kunstfertigkeit aufgeführt. Andererseits war es mein Schicksal, einer Vorstellung im Scala-Theater beizuwohnen, wo sich in einem Ambiente von außerordentlicher äußerer Pracht der traurige Verfall des italienischen Geschmacks bewahrheitete . Vor dem brillantesten und enthusiastischsten Publikum, das man sich nur wünschen kann, das sich in diesem riesigen

Theater versammelt hatte, wurde eine unglaublich wertlose Fälschung einer Oper von einem modernen Komponisten aufgeführt, dessen Namen ich vergessen habe. Am selben Abend erfuhr ich jedoch, dass das italienische Publikum zwar leidenschaftlich gern sang, aber das Ballett als Hauptstück betrachtete; denn offensichtlich sollte die öde Oper am Anfang nur den Weg für eine grobe choreografische Aufführung über ein Thema bereiten, das nicht weniger anspruchsvoll war als das von Antonius und Kleopatra. In diesem Ballett sah ich sogar den kalten Politiker Octavianus, der bis jetzt seine Würde nicht so weit verloren hatte, als Figur in irgendeiner italienischen Oper aufzutreten, pantomimisch agieren und es ziemlich erfolgreich schaffen, eine Haltung diplomatischer Zurückhaltung zu wahren. Der Höhepunkt wurde jedoch in der Szene von Kleopatras Begräbnis erreicht. Dies gab dem riesigen Personal des Balletts die Möglichkeit, die unterschiedlichsten malerischen Effekte in höchst charakteristischen Kostümen zur Schau zu stellen.

Nachdem ich diese Eindrücke ganz allein empfangen hatte, reiste ich an einem strahlenden Frühlingstag über Como, wo alles in voller Blüte stand, über das mir bereits bekannte Lugano und den Gotthard, den ich in kleinen offenen Schlitten entlang hoher Schneewände zu überqueren hatte, nach Luzern. Als ich Luzern erreichte, war das Wetter bitterkalt, ganz im Gegensatz zu dem heiteren Frühling, den ich in Italien genossen hatte. Die Geldzuteilung, die ich für meinen Aufenthalt in Luzern vorgenommen hatte, beruhte auf der Annahme, dass das große Hotel Schweizerhof von ungefähr dieser Zeit bis zum Beginn der Sommersaison völlig leer sein würde und ich dort ohne weitere Vorkehrungen eine geräumige und lärmfreie Unterkunft finden könnte. Diese Hoffnung war nicht umsonst gewesen. Der höfliche Direktor des Hotels, Oberst Segesser, teilte mir im Nebengebäude links ein ganzes Stockwerk zur freien Verfügung zu. Hier konnte ich es mir in den größeren Zimmern zu einem mäßigen Preis recht bequem machen. Da das Hotel zu dieser Jahreszeit nur über sehr wenig Personal verfügte, blieb es mir überlassen, jemanden zu organisieren, der mich bediente. Zu diesem Zweck fand ich eine sorgfältige Frau, die sich bestens um mein Wohl kümmern konnte. Viele Jahre später, als ich mich an die guten Dienste erinnerte, die sie mir erwiesen hatte, insbesondere als die Zahl der Gäste zunahm, stellte ich sie als meine Haushälterin ein.

Bald trafen meine Sachen aus Venedig ein. Der Erard hatte die Alpen erneut überqueren müssen, als Schnee lag. Als er in meinem geräumigen Salon aufgestellt war, sagte ich mir, dass all diese Mühe und Kosten auf mich genommen worden waren, damit ich endlich den dritten Akt von Tristan und Isolde vollenden konnte. Es gab Zeiten, in denen mir dies als ein extravaganter Ehrgeiz erschien; denn die Schwierigkeiten, die mir im Weg standen, mein Werk zu vollenden, schienen es unmöglich zu machen. Ich verglich mich mit Leto, die, um einen Ort zu finden, an dem sie Apollo und Artemis zur Welt bringen konnte, durch die Welt gejagt wurde und keinen Ruheort finden konnte, bis Poseidon, der Mitleid mit ihr hatte, die Insel Delos aus dem Meer aufsteigen ließ.

Ich wollte Luzern als dieses Delos betrachten. Aber der schreckliche Einfluss des Wetters, das bis Ende Mai bitterkalt und ständig nass war, lastete auf äußerst unfreundliche Weise auf meiner Stimmung. Da ich so große Opfer gebracht hatte, um diesen neuen Zufluchtsort zu finden, dachte ich, jeder Tag sei nutzlos vergeudet worden, der nichts zu meiner Kompositionsarbeit beigetragen hatte. Den größten Teil meines dritten Aktes beschäftigte ich mich mit einem unsagbar traurigen Thema; es kam so weit, dass ich mich nur mit Schaudern an die ersten Monate dieser Auswanderung nach Luzern erinnern kann.

Wenige Tage nach meiner Ankunft hatte ich bereits die Wesendoncks in Zürich besucht. Unsere Begegnung war melancholisch, aber keineswegs verlegen. Ich verbrachte einige Tage im Hause meiner Freunde, wo ich meine alten Zürcher Bekannten wiedersah und mir vorkam, als ob ich von einem Traum in den anderen überginge. Überhaupt nahm alles für mich einen Anschein von Substanzlosigkeit an. Mehrmals im Laufe meines Aufenthaltes in Luzern wiederholte ich diesen Besuch, der mir zweimal, einmal anlässlich meines Geburtstages, widerfuhr.

Neben der Arbeit, die ich jetzt einigermaßen ruhmreich verrichtete, war ich auch noch mit der Sorge beschäftigt, meinen Lebensunterhalt und den meiner Frau zu bestreiten. Aus eigenem Antrieb und aus Respekt vor den Umständen, in denen meine Freunde, die Ritters, lebten, hatte ich mich bereits in Venedig gezwungen gesehen, ihre freiwillige Unterstützung für die Zukunft abzulehnen. Ich begann das wenige, was ich mit Mühe aus meinen Opern herausholen konnte, die ich bis zu diesem Zeitpunkt produzieren konnte, zu erschöpfen. Es war beschlossen, dass ich mich dem Nibelungenwerk widmen sollte, wenn Tristan fertig war, und ich hielt es für meine Pflicht, einen Weg zu finden, mein zukünftiges Leben zu erleichtern. Dieses Nibelungenwerk spornte mich zu diesem Versuch an. Der Großherzog von Weimar interessierte sich immer noch dafür, wie ich aus den Mitteilungen schließen konnte, die ich im vergangenen Jahr von ihm erhalten hatte. Ich schrieb daher an Liszt und wiederholte meine Bitte, er möge dem Großherzog ernsthaft vorschlagen, das Urheberrecht an dem Werk zu kaufen und seine Veröffentlichung zu veranlassen, mit dem Recht, es zu seinen Bedingungen an einen Verleger zu veräußern. Ich legte meine früheren, abgebrochenen Verhandlungen mit Hartel bei, die nun als gute Grundlage für das dienen sollten, was man als geschäftliche Vereinbarung bezeichnen könnte, die Liszt mit dem Großherzog eingehen sollte. Liszt gab mir bald eine verlegene Andeutung, dass Seine Königliche Hoheit nicht wirklich daran interessiert sei. Das genügte mir völlig.

Andererseits war ich durch die Umstände gezwungen, mit Meser in Dresden eine Vereinbarung über das unglückliche Urheberrecht meiner drei früheren Opern zu treffen. Der Schauspieler Kriete, einer meiner Hauptgläubiger, stellte klägliche Forderungen nach der Rückzahlung seines Kapitals. Schmidt, ein Dresdner Rechtsanwalt, bot an, die Angelegenheit in Ordnung zu bringen, und nach einem langen und hitzigen Briefwechsel wurde vereinbart, dass ein gewisser H. Müller, der Nachfolger des kurz zuvor verstorbenen Meser, das Urheberrecht an diesen Veröffentlichungen übernehmen sollte. Bei dieser Gelegenheit erfuhr ich nur von den Kosten und Ausgaben, die meinem ehemaligen Agenten entstanden waren; es war jedoch unmöglich, eine klare Rechnung über die Einnahmen zu erhalten, die er aus meinen Werken erzielt hatte, abgesehen von der Tatsache, dass der Rechtsanwalt mir gegenüber zugab, dass der verstorbene Meser einige Tausend Taler beiseite gelegt haben musste, die jedoch nicht in die Hände bekommen werden konnten, da er seinen Erben überhaupt keine Mittel hinterlassen hatte.

Um den bekümmerten Kriete zu besänftigen, war ich schließlich gezwungen, meine Rechte an den von Meser veröffentlichten Werken für neuntausend Mark zu verkaufen, was genau der Summe entsprach, die ich Kriete und einem anderen Gläubiger schuldete, der einen kleineren Anteil hielt. Hinsichtlich der noch ausstehenden Zinsrückstände auf das Geld zu Zinseszins blieb ich Krietes persönlicher Schuldner; die Gesamtsumme belief sich im Jahr 1864 auf fünftausendvierhundert Mark, die zu dieser Zeit mit dem ganzen Druck des Gesetzes von mir eingefordert wurden. Im Interesse von Pusinelli, meinem Hauptgläubiger, der im Rahmen dieser Vereinbarung nur unzureichend bezahlt werden konnte, behielt ich mir das französische Urheberrecht an diesen drei Opern vor, falls diese Musik in Frankreich produziert werden sollte, und zwar auf meine Bemühungen hin, einen Verleger zu finden, der sie in diesem Land kauft.

Nach dem Inhalt eines Briefes des Advokaten Schmidt war dieser Vorbehalt von meinem jetzigen Verleger in Dresden angenommen worden. Pusinelli verzichtete in freundschaftlicher Gesinnung darauf, die ihm aus dieser Vereinbarung erwachsenden Vorteile hinsichtlich des mir früher geliehenen Kapitals in Anspruch zu nehmen. Er versicherte mir, er werde es niemals in Anspruch nehmen. So blieb mir für die Zukunft eine Möglichkeit offen: Wenn meine Opern ihren Weg nach Frankreich finden würden, so würde mir, obwohl von einem Gewinn aus meinen Werken nicht die Rede sein konnte, das dafür aufgewendete Kapital und das, wofür ich bürgen musste, zurückerstattet werden. Als mein Pariser Verleger Flaxland und ich später eine Vereinbarung trafen, erklärte sich Mesers Nachfolger in Dresden zum alleinigen Eigentümer meiner Opern und schaffte es tatsächlich, Flaxland bei der Führung seiner französischen Geschäfte so viele Hindernisse in den Weg zu legen, dass dieser sich gezwungen sah, den Frieden für 6.000 Francs zu erkaufen. Das hatte zur Folge, dass Flaxland in die Lage versetzt wurde, zu leugnen, dass ich derjenige war, der das französische Urheberrecht an meinem Werk besaß. Daraufhin wandte ich mich wiederholt an den Rechtsanwalt Adolph Schmidt, um zu meinen Gunsten Zeugnis abzulegen, und verlangte von ihm nichts weiter, als dass er mir eine Kopie der Korrespondenz über die von mir vorbehaltenen Rechte zukommen lassen sollte, die im Luzerner Geschäft wirksam geworden waren. Auf alle Briefe, die er zu diesem Thema an ihn richtete, verweigerte er jedoch hartnäckig eine Antwort, und ich erfuhr später von einem Wiener Rechtsanwalt, dass ich die Hoffnung aufgeben müsse, derartige Beweise zu erhalten, da ich keine rechtlichen Mittel in der Hand hätte, den Rechtsanwalt dazu zu zwingen, wenn er nicht dazu geneigt wäre.

Wenn ich dadurch auch kaum Gelegenheit hatte, meine Zukunftsaussichten zu verbessern, so hatte ich doch wenigstens die Genugtuung, die Partitur des Tannhäuser endlich gestochen zu sehen. Da der Bestand meiner früheren Autographen, vor allem durch die verschwenderische Geschäftstätigkeit Mesers, erschöpft war, hatte ich schon in Venedig Hartel überredet, die Partitur stechend zu machen. Mesers Nachfolger hatte die vollen Rechte an diesem Werk erworben und betrachtete es daher als Ehrensache, die Partitur nicht an einen anderen Verleger abzugeben; er übernahm daher die Aufgabe, sie auf eigene Kosten herzustellen. Unglücklicherweise verlangte das Schicksal, dass ich schon ein Jahr später die ersten beiden Szenen völlig überarbeiten und neu konstruieren musste. Noch heute bedauere ich, dass ich dieses frische Werk nicht in die gestochene Partitur einbringen konnte.

Die Hartels, die nie in ihrer Annahme schwankten, dass Tristan dem Theater eine gute Nahrung bieten könnte, ließen ihre Männer eifrig die Partitur des zweiten Aktes gravieren, während ich am dritten arbeitete. Der Prozess des Eintragens von Korrekturen, während ich mitten in der Komposition des dritten Aktes steckte – eine einzige lange Ekstase – übte einen seltsamen, fast unheimlichen Einfluss auf mich aus; denn in den ersten Szenen dieses Aktes wurde mir klar, dass ich in dieser Oper (von der man völlig ungerechtfertigt angenommen hatte, sie sei leicht zu produzieren) die gewagteste und exotischste Konzeption in all meinen Werken verkörpert hatte. Während ich an der großen Szene des Tristan arbeitete, fragte ich mich oft, ob ich nicht verrückt sei, ein solches Werk einem Verleger zum Drucken für das Theater geben zu wollen. Und doch hätte ich mich in dieser Leidensgeschichte nicht von einem einzigen Akzent trennen können, obwohl mich das Ganze aufs Äußerste quälte.

Meine Magenbeschwerden versuchte ich unter anderem durch mäßige Gaben von Kissinger Wasser zu überwinden. Da ich durch die frühen

Spaziergänge, die ich während dieser Kur machen musste, müde und arbeitsunfähig war, kam ich auf die Idee, statt dessen einen kleinen Ausritt zu machen. Zu diesem Zweck lieh mir der Hoteldirektor ein fünfundzwanzigjähriges Pferd namens Lise. Auf diesem Tier ritt ich jeden Morgen, so lange es mich tragen konnte. Es trug mich nie sehr weit, sondern kehrte regelmäßig an bestimmten Stellen um, ohne meine Anweisungen auch nur im Geringsten zu beachten.

So vergingen die Monate April, Mai und der größte Teil des Juni, ohne dass ich auch nur die Hälfte meiner Komposition für den dritten Akt vollendet hatte, und die ganze Zeit über kämpfte ich mit einer Stimmung tiefster Melancholie. Endlich kam die Zeit der Ankunft der Gäste; das Hotel mit seinen Nebengebäuden begann sich zu füllen, und es war nicht länger möglich, mein außergewöhnliches Vorrecht hinsichtlich der Nutzung solch erlesener Unterkünfte aufrechtzuerhalten. Es wurde vorgeschlagen, mich in das zweite Stockwerk des Hauptgebäudes zu verlegen, wo nur Reisende untergebracht wurden, die auf ihrer Reise in andere Orte der Schweiz übernachteten, während in den Nebengebäuden Leute untergebracht wurden, die für einen längeren Aufenthalt kamen und ihre Zimmer Tag und Nacht nutzten. Tatsächlich funktionierte diese Anordnung hervorragend. Von nun an war ich während der Stunden meiner Arbeit in meinem kleinen Wohnzimmer mit angrenzendem Schlafzimmer völlig ungestört, da die von Fremden in diesem Stockwerk für die Nacht belegten Zimmer tagsüber völlig leer waren.

Schließlich stellte sich wirklich herrliches Sommerwetter ein, das gute zwei Monate anhielt, mit immer wolkenlosem Himmel. Ich genoss den seltsamen Reiz, mich vor der extremen Hitze der Sonne dadurch zu schützen, dass ich mein Zimmer sorgfältig kühl und dunkel hielt und nur abends auf den Balkon ging, um mich dem Einfluss der Sommerluft hinzugeben. Zwei gute Hornisten machten mir große Freude, indem sie fast regelmäßig in einem Boot auf dem See einfache Volkslieder vortrugen. Auch in meiner Arbeit hatte ich jetzt glücklicherweise den kritischen Punkt überschritten, und trotz seines traurigen Charakters versetzte mich die gedämpftere Stimmung des noch zu meisternden Teils meines Gedichts in eine aufrichtige spirituelle Ekstase, während der ich die Komposition des gesamten Werkes bis Anfang August abschloss und nur noch Bruchstücke zu orchestrieren brauchte.

So einsam mein Leben auch war, so beschäftigten mich doch die aufregenden Ereignisse des italienischen Krieges mit großem Interesse. Ich verfolgte diesen ebenso unerwarteten wie bedeutsamen Kampf in dem spannenden Verlauf seiner Erfolge und Rückschläge. Dennoch blieb ich nicht ganz ohne Gesellschaft. Im Juli kam Felix Drasecke, den ich vorher nicht kannte, zu einem längeren Besuch nach Luzern. Nachdem er eine Aufführung des Vorspiels zu Tristan und Isolde unter der Leitung Liszts gehört hatte, hatte er sich fast sofort entschlossen, mich persönlich kennenzulernen. Ich war von seiner Ankunft völlig erschrocken und wusste nicht, was ich mit ihm anfangen sollte. Da seine Gespräche zudem einen gewissen scherzhaften Ton annahmen und von Personen und Umständen überflossen, für die ich allmählich jegliches Verständnis verlor, begann er mich bald zu langweilen, was ihn überraschte und was er so deutlich erkannte, dass er meinte, nach ein paar Tagen besser gehen zu müssen. Dies brachte mich wiederum in Verlegenheit, und ich war nun besonders bemüht, ihn von der schlechten Meinung zu befreien, die er sich von mir gebildet hatte. Ich lernte ihn bald lieb gewinnen, und lange Zeit, bis kurz vor seiner Abreise aus Luzern, war er mein täglicher Begleiter, dessen Verkehr mir viel Freude bereitete, denn er war ein hochbegabter Musiker und keineswegs ein Prüder. Aber Drasecke war nicht mein einziger Besucher.

Wilhelm Baumgartner, mein alter Zürcher Bekannter, kam aus Freundlichkeit mir gegenüber für einige Wochen nach Luzern. Endlich kam Alexander Seroff aus St. Petersburg für einige Zeit in die Gegend. Er war ein bemerkenswerter Mann von großer Intelligenz und offen für Liszt und mich eingestellt. Er hatte meinen Lohengrin in Dresden gehört und wollte mehr von mir wissen – ein Ehrgeiz, den ich befriedigen musste, indem ich ihm in der mir eigenen rauhen Art den Tristan vorspielte. Ich ging mit Drasecke auf den Pilatus und hatte wieder einen schwindelkranken Begleiter zu versorgen. Zur Feier seines Abschieds lud ich ihn zu einem Ausflug nach Brunnen und zum Grütli ein. Danach nahmen wir einstweilen Abschied voneinander, da seine bescheidenen Mittel ihm ein längeres Bleiben nicht erlaubten und auch ich ernsthaft an meine Abreise dachte.

Nun stellte sich die Frage, wohin ich gehen sollte. Ich hatte Briefe, zuerst durch Eduard Devrient, schließlich direkt an den Großherzog von Baden, gerichtet und ihn um die Garantie gebeten, dass ich mich, wenn nicht in Karlsruhe selbst, so doch in einem kleinen Ort in der Nähe niederlassen dürfe. Dies würde genügen, um eine nicht mehr zu unterdrückende Sehnsucht zu stillen, hin und wieder mit einem Orchester und einer Sängertruppe zu verkehren, und sei es nur, um sie spielen zu hören. Später erfuhr ich, dass der Großherzog sich wirklich in der Sache in Bewegung gesetzt hatte, indem er an den König von Sachsen schrieb. Aber noch immer herrschte dort die Ansicht, dass ich keine Amnestie erhalten, sondern nur auf einen Gnadenakt hoffen könne, vorausgesetzt natürlich, dass ich mich zuvor bei einem Richter zur Vernehmung melden müsse. So blieb die Erfüllung meines Wunsches unmöglich, und ich schreckte vor dem Problem zurück, wie ich eine Aufführung meines Tristans erreichen könnte, die ich persönlich beaufsichtigen könnte, wie ich es mir vorgenommen hatte. Man versicherte mir, der Großherzog werde wissen, welche Maßnahmen zu ergreifen seien, um der Situation zu begegnen. Die Frage war aber, wohin ich mich wenden sollte, um einen Ort zu finden, an dem ich mich niederlassen und eine gewisse Aussicht auf Bleiben haben konnte. Ich sehnte mich wieder nach einer dauerhaften Heimat. Nach reiflicher Überlegung kam ich zu dem Schluss, dass Paris der einzige Ort war, an dem ich sicher sein konnte, ab und zu ein gutes Orchester und ein erstklassiges Quartett zu hören. Ohne diese anregenden Einflüsse wurde Zürich schließlich unerträglich, und in keiner anderen Stadt als Paris, wo ich ungestört bleiben konnte, konnte ich sicher darauf rechnen, eine künstlerische Erholung auf ausreichend hohem Niveau zu finden.

Endlich musste ich mich aufraffen, um eine Entscheidung über meine Frau zu treffen. Wir waren nun schon ein ganzes Jahr voneinander getrennt. Nach den harten Lektionen, die ich ihr erteilt hatte und die sie nach ihren Briefen tief beeindruckt hatten, war ich berechtigt anzunehmen, dass die Erneuerung unseres gemeinsamen Lebens erträglicher werden würde, zumal sie dadurch die schwere Schwierigkeit ihres Lebensunterhalts beseitigen würde. Ich vereinbarte daher mit ihr, dass sie im Spätherbst zu mir nach Paris kommen sollte. Inzwischen war ich bereit, dort nach einer möglichen Bleibe zu suchen, und verpflichtete mich, die Überführung unserer Möbel und unseres Hausrats in die französische Hauptstadt zu veranlassen. Zur Durchführung dieses Plans war finanzielle Unterstützung unabdingbar, da die Mittel, die mir zur Verfügung standen, völlig unzureichend waren. Ich machte dann Wesendonck hinsichtlich meiner Nibelungen dasselbe Angebot, das ich dem Großherzog von Weimar gemacht hatte, nämlich, dass er das Urheberrecht für die Veröffentlichung des Werkes erwerben sollte. Wesendonck kam meinen Wünschen ohne Einwände nach und war bereit, jeden der fertiggestellten Teile meines Werkes für ungefähr dieselbe Summe aufzukaufen, die ein Verleger später dafür zahlen würde. Meine Abreise konnte ich nicht festlegen , sie fand am 7. September statt, als ich für drei Tage meine Freunde in Zürich besuchte. Ich verbrachte diese Tage bei Wesendonck, wo ich gut versorgt wurde und meine früheren Bekannten Herwegh, Semper und Gottfried Keller wiedersah. Einer der Abende, die ich mit ihnen verbrachte, war von einem lebhaften Streit mit Semper über die politischen Ereignisse der Zeit geprägt. Semper gab vor, in der jüngsten Niederlage Österreichs die Niederlage der deutschen Nationalität zu erkennen; in dem romanischen Element, das Louis Napoleon verkörperte, erkannte er eine Art assyrischen Despotismus, den er sowohl in der Kunst als auch in der Politik hasste. Er drückte sich mit solchem Nachdruck aus, dass Keller, der sonst so schweigsam war, zu einer lebhaften Debatte herausgefordert wurde. Semper wiederum war darüber so erzürnt, dass er schließlich in einem Anfall von Verzweiflung mir vorwarf, ich hätte ihn ins Lager des Feindes gelockt, weil ich der Grund für seine Einladung zu den Wesendoncks gewesen sei. Wir versöhnten uns noch am selben Abend und trafen uns danach noch mehrere Male wieder, wobei wir darauf achteten, unsere Diskussionen nie wieder so leidenschaftlich werden zu lassen. Von Zürich fuhr ich nach Winterthur, um Sulzer zu besuchen. Ich sah meinen Freund nicht selbst, sondern nur seine Frau und den Jungen, den sie ihm seit meinem letzten Besuch geboren hatte; Mutter und Kind machten auf mich einen sehr rührenden und freundlichen Eindruck, besonders als ich erkannte, dass ich meinen alten Freund nun im Lichte eines glücklichen Vaters betrachten musste.

Am 15. September erreichte ich Paris. Ich hatte vorgehabt, mich irgendwo in der Nähe der Champs Elysees niederzulassen, und suchte deshalb sofort nach einer vorübergehenden Unterkunft in diesem Viertel, die ich schließlich in der Avenue de Matignon fand. Mein Hauptziel war es, in einem kleinen Haus abseits der Hauptstraßen den gewünschten ruhigen Zufluchtsort zu finden. Ich machte mich sofort daran, diesen zu finden, und hielt es für meine Pflicht, jeden Bekannten zu nutzen, der mir in den Sinn kam. Die Olliviers waren zu dieser Zeit nicht in Paris; die Gräfin d'Agoult war krank und war auch mit den Vorbereitungen für ihre Abreise nach Italien beschäftigt und konnte mich nicht empfangen. Sie verwies mich an ihre Tochter, die Gräfin Charnace, die ich besuchte, ohne ihr jedoch erklären zu können, was ich vorhatte. Ich suchte auch die Familie Herold auf, die mich bei meinem letzten Besuch in Paris so freundlich empfangen hatte; aber ich fand Mme. Herold befand sich in einem seltsamen und krankhaft reizbaren Gemützustand, der auf eine Krankheit zurückzuführen war, so dass ich, statt meine Ansichten mit ihr zu besprechen, nur daran dachte, sie zu beruhigen und sie nicht durch die geringste Bitte um Hilfe zu verärgern. In meiner leidenschaftlichen Sehnsucht, ein Zuhause zu finden, beschloss ich, keine weiteren Informationen einzuholen, sondern mich selbst um die Sache zu kümmern. Schließlich entdeckte ich in der Rue Newton in der Nähe der Barriere de l'Etoile, einer Seitenstraße der Champs Elysees, die noch nicht nach einem früheren Plan von Paris fertiggestellt war, eine hübsche kleine Villa mit einem kleinen Garten. Ich nahm sie für drei Jahre zu einer Miete von viertausend Francs pro Jahr. Hier konnte ich jedenfalls absolute Ruhe und völlige Abgeschiedenheit vom Straßenlärm erwarten . Schon diese Tatsache allein sprach mich sehr dafür an, das kleine Haus zu nehmen, dessen letzter Bewohner der bekannte Schriftsteller Octave Feuillet gewesen war, der damals unter der Schirmherrschaft des kaiserlichen Hofes stand. Aber ich war verwirrt, dass das Gebäude, obwohl ich nichts Altes in seiner Struktur erkennen konnte, innen so vernachlässigt worden war. Der Eigentümer ließ sich auf keinen Fall dazu bewegen, etwas zu unternehmen, um das Gebäude zu restaurieren und bewohnbar zu machen, selbst wenn ich eingewilligt hätte, eine höhere Miete zu zahlen. Den Grund dafür fand ich einige Zeit später heraus: Das Anwesen selbst war infolge der Pläne zum Wiederaufbau von Paris dem Untergang geweiht; aber es war noch nicht an der Zeit, den Eigentümern die Absichten der Regierung offiziell bekannt zu geben, denn wäre dies geschehen, wären ihre Ansprüche auf Entschädigung sofort geltend geworden. Ich lebte daher in der angenehmen Illusion, dass sich alles, was ich für die Inneneinrichtung und die Restaurierung des Anwesens ausgeben musste, im Laufe der Jahre als gut investiertes Geld erweisen würde. Ich ging daher ohne zu zögern daran, die notwendigen Anweisungen für die Arbeiten zu geben, und befahl, meine Möbel aus Zürich zu schicken, in der Annahme, dass ich mich, da das Schicksal mich zu meiner Wahl getrieben hatte, für den Rest meines Lebens als Einwohner von Paris betrachten könnte.

Während das Haus vorbereitet wurde, versuchte ich mir einen Überblick darüber zu verschaffen, was die Popularität meiner künstlerischen Werke für mein künftiges Leben bringen könnte. Als erstes suchte ich Monsieur de Charnal auf und ließ mich von ihm über die Übersetzung des Librettos meines Rienzi informieren, die ihm anvertraut worden war. Es stellte sich heraus, dass Monsieur Carvalho, der Direktor des Théâtre Lyrique, absolut nichts anderes als Tannhäuser wissen wollte. Ich überredete ihn, mich zu besuchen, um die Angelegenheit zu besprechen. Er erklärte, er sei ganz bestimmt geneigt, eine meiner Opern aufzuführen, nur müsse es Tannhäuser sein, denn, wie er erklärte, diese Oper werde von den Parisern mit mir in Verbindung gebracht, und sie fänden es lächerlich, irgendein anderes Werk unter dem Namen „Wagner" aufzuführen. Was meine Wahl des Übersetzers für das Gedicht dieser Oper betraf, schien er große Zweifel zu hegen: Er fragte mich, ob ich mich nicht geirrt hätte, worauf ich versuchte, genauere Informationen über die Fähigkeiten von Monsieur de Charnal zu erhalten, und zu meinem Entsetzen feststellen musste, dass dieser charmante junge Mann, der damit prahlte, an einem Melodram namens „Schinderhannes" mitgearbeitet zu haben, das seiner Meinung nach ein deutsches romantisches Thema war, nicht die geringste Ahnung von der Art des Werkes hatte, mit dem er sich befasste.

Da mich seine Begeisterung rührte, versuchte ich mit ihm einige Verse zu formen und sie musikalisch umsetzbar zu machen; aber es gelang mir nicht, und alle meine Mühe war vergebens. Bülow hatte mich einmal auf Auguste de Gasperini aufmerksam gemacht, einen jungen Arzt, der seine Praxis aufgegeben hatte und den er in Baden-Baden kennengelernt hatte, wo er entdeckte, dass er meine Musik außerordentlich liebte. Ich besuchte ihn ohne Zeitverlust, und da er nicht in Paris war, schrieb ich ihm. Dieser Mann schickte mir seinen Freund Leroy mit einem Empfehlungsschreiben. Er war ein gut ausgebildeter Pariser Musiklehrer, der durch seine anziehende Persönlichkeit meine Achtung gewann. Mein Vertrauen zu ihm wurde geweckt, weil er mir sofort davon abriet, mich mit einem unbekannten Journalisten einer Theaterzeitung zu verbinden (in der sich schließlich M. de Charnal zu erkennen gab), und mir riet, mich an Roger zu wenden, einen hochbegabten und erfahrenen Opernsänger, der beim Pariser Publikum beliebt gewesen war und die deutsche Sprache beherrschte. Das fiel mir schwer vom Herzen: Ich nahm die Einladung an, die Leroy mir durch einen anderen Freund vermittelt hatte, der mich eines Tages zu Rogers Landsitz mitnahm, um ihn zu treffen. Ich habe den Namen dieses großen Anwesens vergessen, das der bis dahin so berühmte Pariser Tenor bewohnte; das Schloss hatte einst einem Marquis gehört, war in einem sehr prächtigen Stil erbaut und von ausgedehnten Jagdgründen umgeben. Es war der Wunsch, ein Gewehr zu handhaben und dieses Gelände (das er liebte) zu nutzen, der diesem bezaubernden Sänger nur kurze Zeit zuvor ein schreckliches Unglück zugefügt hatte, bei dem sein rechter Arm zerschmettert worden war.

Einige Monate nach dem Unfall fand ich Roger völlig genesen vor; der Unterarm hatte jedoch amputiert werden müssen. Die Frage war nun, ob ein berühmter Mechaniker, der ihm versprochen hatte, ihm einen perfekten Ersatz für das verlorene Glied zu bauen, auch in Bezug auf freie Gestikulation, seine Aufgabe erfüllen könnte. Er hatte damit ziemlich gute Erfolge, wie ich einige Zeit später mit eigenen Augen sah, als ich Roger bei einer Benefizvorstellung der Grand Opera mitspielen sah und seinen Arm so geschickt einsetzte, dass er allein aus diesem Grund großen Applaus erhielt. Trotzdem musste er sich damit abfinden, dass er als „behindert" galt und seine Karriere an der Grand Opera in Paris zu Ende war. Vorerst schien er froh zu sein, sich eine literarische Beschäftigung zu sichern, und nahm meinen Vorschlag, eine Übersetzung des Tannhäuser für den praktischen Gebrauch anzufertigen, mit großer Freude an. Er sang mir den französischen Text einiger der Hauptthemen vor, die er bereits übersetzt hatte, und sie schienen mir gut. Nachdem ich einen Tag und eine Nacht mit dem einst so beliebten und nun zu einem traurigen Niedergang verurteilten Sänger verbracht hatte, war ich sehr guter Dinge und voller Hoffnung, zumal seine kluge Art, meine Oper zu behandeln, mir eine angenehme Vorstellung davon gab, wie weit man den französischen Geist kultivieren kann. Trotzdem musste ich die Vorstellung, dass Roger für mich tätig werden würde, bald aufgeben, da er lange Zeit ganz damit beschäftigt war, die Stellung, in die er durch seinen schrecklichen Unfall geraten war, zu sichern. Er war so mit seinen eigenen Angelegenheiten beschäftigt, dass er mir kaum eine Antwort auf meine Fragen geben konnte, und ich verlor ihn vorübergehend ganz aus den Augen.

Zu dieser Vereinbarung mit Roger war ich mehr durch Zufall als durch Notwendigkeit gekommen, denn ich hielt weiterhin an meinem Plan fest, mir in Paris einfach eine passende Bleibe zu suchen. Meine ernsthaften künstlerischen Unternehmungen dagegen waren nach wie vor auf Deutschland gerichtet, aus dem ich, aus einem anderen Blickwinkel betrachtet, zwangsverbannt war. Bald jedoch änderte sich die ganze Lage:

Die geplante Tristan-Aufführung in Karlsruhe, die ich weiterhin im Auge behalten hatte, wurde schließlich für abgesagt erklärt. Ich musste im Unklaren bleiben, aus welchem genauen Grund dieses Vorhaben, das man früher offenbar mit so viel Eifer verfolgt hatte, aufgegeben worden war. Devrient wies mich darauf hin, daß alle seine Versuche, eine angemessene Darstellung der Herrschaft Isoldes zu erreichen, durch meine Entscheidung gegen den Sänger Garrigues (der bereits den jungen Schnorr geheiratet hatte) zunichte gemacht worden seien, und daß er sich um so unfähig fühle, Ratschläge für den Rest der Angelegenheit zu erteilen, als der Tenor Schnorr, der mir so sehr ergeben war, selbst die Hoffnung aufgegeben habe, den letzten Teil der ihm übertragenen Aufgabe ausführen zu können. Ich sah sofort ein, daß dies ein Hindernis war, das ich mit all seinen verhängnisvollen Folgen hätte überwinden können, wenn man mir gestattet hätte, Karlsruhe auch nur für kurze Zeit zu besuchen. Aber die bloße Äußerung dieses Wunsches schien, sobald er wiederholt wurde, die bittersten Gefühle gegen mich zu erregen. Devrient äußerte seine Meinung zu der Angelegenheit mit so viel Heftigkeit und Brutalität, daß ich nicht umhin konnte zu sehen, daß das, was mich von Karlsruhe abhielt, hauptsächlich seine persönliche Abneigung war, mich dort zu haben oder in die Leitung seines Theaters eingegriffen zu werden.

Einen weniger starken Faktor in der Situation fand ich in dem schmerzlichen Gefühl, das der Großherzog jetzt bei der Aussicht empfand, sein mir einst gegebenes Versprechen, ihn in Karlsruhe, wo er residierte, zu besuchen, nicht erfüllen zu können; wenn der Hauptzweck des Besuches unter dem Druck anderer Erwägungen zurücktreten sollte, konnte er diesen Umstand nur im Lichte eines beinahe wünschenswerten Ereignisses betrachten. Gleichzeitig erhielt ich von Bülow, der mehrere Male nach Karlsruhe gereist war, ziemlich deutliche Hinweise darauf, was Devrient vorhatte. Die Angelegenheit wurde erst später vollständig aufgeklärt; für den Augenblick war es für mich von größter Wichtigkeit, mich mit der Tatsache abzufinden, dass ich von Deutschland völlig abgeschnitten war und mir ein neues Feld für die Aufführung des Tristan überlegen musste, der mir so am Herzen lag. Ich entwarf rasch einen Plan zur Gründung eines deutschen Theaters in Paris selbst, wie es in früheren Jahren unter Mitwirkung von Schröder-Devrient existiert hatte. Ich glaubte, ich könne mich darauf verlassen, dass dies möglich sei, da mir die bedeutendsten Sänger des deutschen Theaters bekannt waren und mir gern folgen würden, wenn ich sie zu einer solchen Mission nach Paris riefe. Von Tichatschek, Mitterwurzer, dem Tenor Niemann und auch von Luise Meyer in Wien erhielt ich bereitwillige Zusagen, falls es mir gelingen sollte, eine deutsche Opernsaison in Paris auf solider Basis zu etablieren. Meine unmittelbare und dringlichste Sorge war es dann, in Paris einen geeigneten Mann für diese Aufgabe zu finden, der die Ausführung meines Plans auf eigenes Risiko übernehmen würde. Mein Ziel war es, die Salle Ventadour für eine Frühjahrssaison von zwei Monaten nach dem Ende der italienischen Oper zu sichern. Dort sollten dann Aufführungen meiner Opern Tannhäuser, Lohengrin und schließlich Tristan durch eine ausgewählte Truppe und einen Chor deutscher Sänger zum Nutzen des Pariser Publikums im Allgemeinen und mir im Besonderen stattfinden.

Mit diesem Ziel vor Augen nahmen meine Sorgen und Bemühungen jetzt eine ganz andere Richtung als bei meiner Rückkehr nach Paris; die Pflege von Bekanntschaften, besonders mit einflussreichen Personen, war mir jetzt äußerst wichtig. Aus diesem Grund war ich froh, als ich hörte, dass Gasperini endgültig in Paris angekommen war. Obwohl ich ihn vorher nur flüchtig gekannt hatte, teilte ich ihm jetzt sofort meine Pläne mit und wurde auf die freundlichste Weise einem reichen Mann vorgestellt, der ihm wohlgesinnt war, einem gewissen Monsieur Lucy, der, wie man mir sagte, nicht ohne Einfluss war und damals Generalkonkursverwalter in Marseille war. Unsere Überlegungen überzeugten uns, dass es das Nötigste und Unverzichtbarste war, jemanden zu finden, der sich meldete und unser Unternehmen finanzierte. Mein Freund Gasperini konnte nur zustimmen, dass es aufgrund der Meinungen, die er selbst vertreten hatte, natürlich war, dass ich Monsieur Lucy als genau den Mann ansah, den wir brauchten; aber er hielt es für ratsam, unserem Freund unsere Wünsche mit einiger Vorsicht vorzutragen, denn obwohl Lucy viel chaleur de coeur hatte, war er in erster Linie ein Geschäftsmann und verstand nur wenig von Musik. Vor allem war es notwendig, dass meine Kompositionen in Paris bekannt wurden, damit weitere Unternehmungen auf den so erzielten Ergebnissen basieren konnten. Mit diesem Ziel vor Augen beschloss ich, einige wichtige Konzerte zu veranstalten. Um dies zu erreichen, musste ich meinen alten Freund Belloni, Liszts ehemaligen Sekretär, in den Kreis meiner näheren Bekannten aufnehmen. Er zog sofort einen seiner Gefährten in unsere Sache, einen hochintelligenten Mann namens Giacomelli, den ich immer als alles andere als gutmütig kannte. Er war Herausgeber einer Theaterzeitschrift und wurde mir von Belloni wärmstens empfohlen, sowohl wegen seines ausgezeichneten Französisch als auch wegen seiner außergewöhnlichen Fähigkeiten in anderer Hinsicht. Das seltsame Redaktionsbüro meines neuen Beschützers wurde von da an zu einem meiner wichtigsten Treffpunkte, den ich fast täglich besuchte und wo ich all die merkwürdigen Wesen traf, mit denen man sich in Paris zu Theater- und ähnlichen Zwecken verkehren muss. Als nächstes musste ich überlegen, wie ich den geeignetsten Saal für meine geplanten Konzerte finden könnte. Es war offensichtlich, dass ich vor dem Pariser Publikum am vorteilhaftesten erscheinen würde, wenn ich mir das Theater und das Orchester der Grande Opéra sichern könnte.

Dazu musste ich mich an Kaiser Napoleon wenden, was ich in einem kurzen Brief tat, den Gasperini für mich verfasste. Die Feindseligkeit von Fould, der damals Minister des Hauses Napoleons war, musste wahrscheinlich aufgrund seiner freundschaftlichen Beziehungen zu Meyerbeer in Kauf genommen werden. Dem schädlichen und gefürchteten Einfluss dieser Person hofften wir durch den von M. Mocquard, Napoleons Sekretär, entgegenzuwirken, der, wie Ollivier erklärte, alle kaiserlichen Reden verfasste. In einem Elan feuriger Großzügigkeit beschloss Lucy, sich in einem Empfehlungsschreiben an den Freund seiner Jugend zu wenden, denn als solchen betrachtete er Mocquard. Da selbst diese Mitteilung keine Antwort aus den Tuilerien erhielt, zweifelten ich und meine praktischeren Freunde Belloni und Giacomelli, mit denen ich Konsultationen führte, jeden Tag mehr an unserer eigenen Macht im Vergleich zu der des Ministers des Hauses, und deshalb begannen wir stattdessen Verhandlungen mit Calzado, dem Direktor der italienischen Oper. Wir erhielten von dieser Seite eine direkte Absage, worauf ich mich schließlich entschloss, den Mann persönlich zu sprechen. Mit einer Überredungskunst, die mich selbst erstaunte, und vor allem durch die Aussicht auf einen möglicherweise großen Erfolg meines Tristan in der italienischen Oper, gelang es mir tatsächlich, schließlich seine Zustimmung zu erhalten, die Salle Ventadour für drei Abende mit jeweils einer Woche Abstand zu mieten. Aber selbst meine leidenschaftliche Beredsamkeit, die Giacomelli auf dem Heimweg pries, konnte ihn nicht dazu bewegen, die Miete zu senken, die er auf viertausend Francs pro Abend festsetzte, nur für die Miete und Beleuchtung des Saals.

Danach war das Wichtigste, ein erstklassiges Orchester für meine Konzerte zu bekommen, und meine beiden Agenten hatten in dieser Hinsicht vorläufig mehr als genug zu tun. Infolge ihrer Bemühungen um mich bemerkte ich nun die ersten Anzeichen einer feindseligen und bisher ungeahnten Haltung meines alten Freundes Berlioz mir und meinem Unternehmen gegenüber. Voll des günstigen Eindrucks, den er bei unserer Begegnung in London im Jahre 1855 auf mich gemacht hatte und der durch eine zeitweilige freundschaftliche Korrespondenz noch verstärkt wurde, hatte ich ihn gleich nach meiner Ankunft in Paris zu Hause aufgesucht. Da er nicht zu Hause war, kehrte ich in die Straße zurück, wo ich ihn auf seinem Heimweg traf, und bemerkte, dass sein Anblick eine krampfhafte Schreckbewegung auslöste, die sich in seiner ganzen Physiognomie und Haltung auf fast grausige Weise äußerte. Ich sah auf den ersten Blick, wie die Dinge zwischen uns standen, verbarg aber meine eigene Unruhe hinter dem Anschein natürlicher Besorgnis über seinen Gesundheitszustand, von dem er mir sofort versicherte, er sei ein Folterzustand und könne die heftigsten Neuralgieanfälle, von denen er gerade erkrankte, nur mit Hilfe elektrischer Behandlung ertragen. Um sein Leiden zu lindern, bot ich ihm an, ihn sofort zu verlassen, aber dies schämte ihn so sehr für seine Haltung, dass er mich drängte, mit ihm in sein Haus zurückzukehren. Hier gelang es mir, ihn etwas freundlicher mir gegenüber zu stimmen, indem ich ihm meine wahren Absichten in Paris enthüllte: selbst die Konzerte, die ich zu geben beabsichtigte, sollten nur dem Zweck dienen, die öffentliche Aufmerksamkeit so weit zu erregen, dass es möglich wurde, die deutsche Oper hier zu etablieren, so dass ich, wenn ich es wünschte, die Aufführung solcher meiner eigenen Werke überwachen konnte, die ich noch nicht gehört hatte; während ich andererseits den Gedanken an eine französische Aufführung des Tannhäuser, wie sie der Direktor Carvalho offenbar in Erwägung gezogen hatte, völlig aufgab. Aufgrund dieser Erklärungen stand ich offenbar eine Zeit lang auf recht freundschaftlichem Fuß mit Berlioz. Ich dachte daher, dass ich in Bezug auf die Verpflichtung von Musikern für die geplanten Konzerte nichts Besseres tun könnte, als meine Agenten an diesen erfahrenen Freund zu verweisen, dessen Rat sich sicherlich als unschätzbar erweisen würde. Sie teilten mir später mit, dass Berlioz sich zunächst wohlwollend gezeigt hatte, sein Verhalten sich jedoch eines Tages plötzlich geändert hatte, als Frau Berlioz den Raum betrat, in dem sie die Angelegenheit besprachen, und in einem Ton wütender Überraschung ausrief: „Komm, ich glaube, Sie haben Ratschläge für die Konzerte von M. Wagner?" Belloni erfuhr dann, dass diese Dame gerade ein wertvolles Armband angenommen hatte, das ihr Meyerbeer geschickt hatte. Als Mann von Welt sagte er zu mir: „Zählen Sie nicht auf Berlioz", und damit war die ganze Angelegenheit erledigt.

Von diesem Augenblick an war Bellonis helles Gesicht von einem Ausdruck tiefster Besorgnis umhüllt. Er glaubte entdeckt zu haben, daß die ganze Pariser Presse mir gegenüber äußerst feindselig eingestellt war, was, wie er nicht im geringsten zweifelte, auf die ungeheure Agitation zurückzuführen war, die Meyerbeer von Berlin aus in Gang gesetzt hatte. Er erfuhr, daß von dort aus ein dringender Briefwechsel mit den Redakteuren der bedeutendsten Pariser Zeitschriften geführt worden war, und daß unter anderen der berühmte Fiorentino Meyerbeers Beunruhigung über mein Pariser Unternehmen bereits ausgenutzt hatte, um ihm mit Lobpreisungen meiner Musik zu drohen, was Meyerbeer natürlich zu weiteren Bestechungsgeldern reizte. Dies steigerte Bellonis Besorgnis, und er riet mir vor allem, zu versuchen, finanzielle Unterstützung für meine Pläne zu finden, oder, wenn ich keine Aussicht darauf hätte, mich allein auf die kaiserliche Macht zu verlassen. Er wies darauf hin, daß es mir absolut unmöglich sei, die Konzerte ganz auf meine eigene Verantwortung ohne finanzielle Unterstützung durchzuführen, und seine Argumente bewirkten, daß ich mich entschloß, vorsichtig zu sein; denn durch meine Reise nach Paris und meine Einsetzung dort waren meine Mittel völlig erschöpft. So war ich wieder gezwungen, mit den Tuilerien über die unentgeltliche Vermietung des Opernhauses und seines Orchesters zu verhandeln. Ollivier trat nun mit vernünftigen

Ratschlägen und Verbindungen auf, die mich mit allen möglichen Leuten in Kontakt brachten, unter anderem mit Camille Doucet (einem führenden Mitglied von Foulds Ministerium und auch einem Dramatiker). Auf diese Weise hoffte ich, in die Gegenwart von Meyerbeers Bewunderer, dem unnahbaren und schrecklichen Staatsminister, vorzudringen. Ein Ergebnis dieser Verbindungen war jedoch, dass ich eine dauerhafte Freundschaft mit Jules Ferry schloss, obwohl sich unsere Bekanntschaft für den unmittelbaren Zweck als völlig nutzlos erwies. Der Kaiser und sein Sekretär schwiegen hartnäckig, und dies sogar, nachdem ich die Zustimmung des Großherzogs von Baden zur Fürsprache seines Botschafters in Paris in meinem Namen erhalten hatte, und auch die des Schweizer Botschafters, Dr. Kern, deren vereinte Kräfte versuchen sollten, mich und möglicherweise auch den Kaiser über Foulds Manöver aufzuklären. Aber es war nutzlos – alle blieben wie zuvor still.

Unter diesen Umständen erschien es mir als eine Laune des Schicksals, daß Minna ihre Bereitschaft ankündigte, mich nach Paris zu begleiten, und ich ihre Ankunft in Kürze zu erwarten hatte. Bei der Auswahl wie bei der Einrichtung des kleinen Hauses in der Rue Newton hatte ich auf unser künftiges Zusammenleben besonders Rücksicht genommen. Mein Wohnzimmer war durch eine Treppe von ihrem getrennt, und ich hatte darauf geachtet, daß es dem von ihr bewohnten Teil des Hauses an Komfort nicht fehlen sollte. Vor allem aber hatte mich die durch unser letztes Wiedersehen in Zürich wiedererwachte Zuneigung veranlaßt, die Räume mit besonderer Sorgfalt einzurichten und auszuschmücken, damit sie ein freundliches Aussehen erhielten und das Zusammenleben mit dieser mir ganz fremden Frau erträglicher machten. Aus diesem Grunde wurde mir später Luxusliebe vorgeworfen. Es bestand auch die Möglichkeit, in unserem Hause einen Salon einzurichten, und obwohl ich nicht vorhatte, mich damit zu vergnügen, entdeckte ich schließlich, daß ich außer den Schwierigkeiten der Verhandlungen mit unzuverlässigen Pariser Handwerkern auch noch Ausgaben zu tragen hatte, mit denen ich nicht gerechnet hatte. Aber ich tröstete mich mit dem Gedanken, daß Minna, da es jetzt nicht anders ging, wenigstens erfreut sein würde, wenn sie das Haus betrat, das sie fortan führen sollte. Ich hielt es auch für notwendig, ein Dienstmädchen für sie zu besorgen, und eine besonders geeignete Person wurde mir von Frau Herold empfohlen. Ich hatte auch gleich nach meiner Ankunft einen Diener eingestellt, und obwohl es sich dabei um einen etwas stumpfsinnigen Schweizer aus dem Wallis handelte, der einst zur Leibwache des Papstes gehört hatte, wurde er mir bald ganz ergeben. Außer diesen beiden Dienern war da noch die frühere Köchin meiner Frau, die sie aus Zürich mitgenommen hatte und die sie begleitete, als ich sie am 17. November endlich am Bahnhof abholen konnte. Hier reichte mir Minna sogleich den Papagei und ihren Hund Fips, der mich unwillkürlich an ihre Ankunft im

Hafen von Rorschach vor zehn Jahren erinnerte. Wie damals auch, gab sie mir jetzt sogleich zu verstehen, daß sie nicht aus Not zu mir gekommen sei, und wenn ich sie schlecht behandle, wisse sie ganz genau, wohin sie sich wenden müsse. Auch war nicht zu leugnen, daß seither eine nicht unwesentliche Veränderung in ihr vorgegangen war; sie gestand, daß sie von einer ähnlichen Angst und Furcht erfüllt sei, wie sie eine Person empfindet, die in eine neue Lage eintritt und nicht weiß, ob sie diese aushalten werde. Hier suchte ich sie abzulenken, indem ich sie mit meiner öffentlichen Stellung bekanntmachte, die sie als meine Frau natürlich teilen würde. Leider konnte sie dies überhaupt nicht verstehen, und es sprach sie auch nicht an, während ihre Aufmerksamkeit sogleich von der Inneneinrichtung unseres Hauses in Anspruch genommen wurde. Daß ich mir einen Diener genommen hatte, erfüllte sie bloß mit Hohn; aber dass ich ihr unter dem Titel einer Zofe eine mir wirklich sehr notwendige Dienerin zur Verfügung stellen sollte, machte sie wütend. Diese Person, die mir Frau Herold mit der Versicherung empfohlen hatte, sie habe bei der Pflege ihrer kranken und verstorbenen Mutter Engelsgeduld bewiesen , wurde durch Minnas Behandlung so schnell demoralisiert, dass ich sie nach sehr kurzer Zeit von mir aus eilig entließ und dabei von meiner Frau heftig vorgeworfen bekam, dass ich der Frau ein kleines Trinkgeld gegeben hatte. In noch größerem Maße verwöhnte sie meinen Diener, der sich schließlich weigerte, ihren Befehlen zu gehorchen, und als ich ihn bemängelte, wurde er auch mir gegenüber so unverschämt, dass ich ihn auf den allerletzten Termin fortschicken musste. Er hinterließ eine sehr gute vollständige Livree, die ich mir soeben mit großem Aufwand gekauft hatte und die bei mir blieb, da ich keine Lust verspürte, je wieder einen Diener zu haben. Dagegen kann ich nur das allerhöchste Zeugnis für die Schwäbin Therese ablegen, die von nun an während meines ganzen Aufenthaltes in Paris den ganzen Dienst des Haushalts allein versah. Diese Frau, die mit ungewöhnlicher Scharfsinnigkeit begabt war, begriff sofort meine peinliche Lage gegenüber ihrer Herrin, und da sie die Fehler meiner Frau verstand, gelang es ihr durch ihre unermüdliche Tätigkeit, die Dinge sowohl für mich als auch für den Haushalt zum besten Vorteil zu wenden und so ihre schlechten Auswirkungen zu neutralisieren.

So begab ich mich bei diesem letzten Wiedersehen mit Minna noch einmal in einen Zustand des Daseins, den ich schon mehrmals durchlebt hatte und der nun von neuem beginnen sollte. Diesmal war es beinahe ein Segen, dass von stillem Rückzug keine Rede sein konnte, sondern dass ich im Gegenteil eine endlose Reihe weltlicher Beziehungen und Tätigkeiten eingehen musste, zu denen mich das Schicksal erneut ganz gegen meine Wahl und Neigung trieb.

Mit Beginn des Jahres 1860 ließ eine ganz unerwartete Wendung der Dinge die Verwirklichung meiner Pläne möglich erscheinen. Der Wiener

Musikdirektor Esser teilte mir mit, daß der Mainzer Musikverleger Schott eine neue Oper von mir zur Veröffentlichung beschaffen wolle. Ich hatte im Augenblick nichts anzubieten als das „Rheingold“; die eigentümliche Komposition dieses Werkes, das nur als Vorspiel zu der von mir beabsichtigten „Nilielungen“-Trilogie gedacht war, machte es mir schwer, es ohne weitere Erläuterungen als Oper anzubieten. Schotts Begierde, um jeden Preis ein Werk von mir in sein Veröffentlichungsverzeichnis aufnehmen zu können, war jedoch so groß, daß ich nicht länger zögerte, ihm, ohne ihm zu verhehlen, daß er mit der Verbreitung dieses Werkes große Schwierigkeiten haben würde, anbot, es ihm für die Summe von zehntausend Francs zur Verfügung zu stellen, und ihm zugleich die Möglichkeit versprach, die drei folgenden Hauptopern zum gleichen Preis zu erwerben. Für den Fall, dass Schott mein Angebot annehmen würde, schmiedete ich sofort einen Plan, wie ich die so unerwartet erlangte Summe zur Förderung meines Pariser Vorhabens verwenden könnte.

Ermüdet vom hartnäckigen Schweigen des kaiserlichen Kabinetts beauftragte ich nun meine Agenten, mit Signor Calzado drei Konzerte in der italienischen Oper zu vereinbaren und das erforderliche Orchester und die Sänger zu beschaffen. Als die Vorbereitungen hierzu in Gang gesetzt worden waren , beunruhigten mich erneut die zögerlichen Angebote Schotts zu niedrigeren Konditionen; um ihn jedoch nicht zu verärgern, schrieb ich an den Musikdirektor Schmidt in Frankfurt und beauftragte ihn, die Verhandlungen mit Schott zu erheblich günstigeren Konditionen fortzusetzen, wozu ich mein Einverständnis gab. Kaum hatte ich diesen Brief abgeschickt, als mich eine Antwort von Schott erreichte, in der er sich endlich bereit erklärte, mir die von mir geforderte Summe von zehntausend Francs zu zahlen. Daraufhin sandte ich Schmidt umgehend ein Telegramm, in dem ich den Auftrag, den ich ihm soeben in Rechnung gestellt hatte, stornierte.

Mit neuem Mut verfolgten ich und meine Agenten nun unsere Pläne, und die notwendigen Vorbereitungen für die Konzerte nahmen meine ganze Aufmerksamkeit in Anspruch. Ich hatte mich nach einem Chor umzusehen, und dazu hielt ich es für notwendig, die teuer bezahlte Truppe der italienischen Oper durch eine mir empfohlene deutsche Sängergesellschaft zu verstärken, die unter der Leitung eines gewissen Herrn Ehmant stand. Um mich bei ihren Mitgliedern einzuschmeicheln, hatte ich eines Abends Gelegenheit, ihre Versammlungsstätte in der Rue du Temple aufzusuchen und mich heiter dem Biergeruch und dem Tabakrauch zu unterwerfen, der die Atmosphäre erfüllte, und in deren Mitte mir kräftige deutsche Künstler ihre Fähigkeiten offenbaren sollten. Auch kam ich mit einem M. Cheve in Verbindung, dem Lehrer und Leiter einer französischen nationalen Gesangsgesellschaft, deren Proben in der Ecole de Medecine stattfanden. Dort begegnete ich einem sonderbaren Enthusiasten, der durch seine

Methode, die Leute das Singen ohne Noten zu lehren, die Wiedergeburt des Genies des französischen Volkes herbeizuführen hoffte. Die größte Schwierigkeit aber war die Notwendigkeit, mir die verschiedenen Orchesterstimmen der Stücke, die ich spielen wollte, abschreiben zu lassen. Zu dieser Aufgabe heuerte ich mehrere arme deutsche Musiker an, die von morgens bis abends bei mir zu Hause blieben, um unter meiner Leitung die notwendigen, oft ziemlich schwierigen Arrangements vorzunehmen.

Mitten in diesen fesselnden Beschäftigungen suchte mich Hans von Bülow auf. Wie sich herausstellte, war er für längere Zeit nach Paris gekommen, mehr um mir bei meinem Vorhaben zu helfen, als um seiner eigenen Tätigkeit als Konzertvirtuose nachzugehen. Er wohnte bei Liszts Mutter, verbrachte aber den größten Teil des Tages mit mir, um mir überall dort zu helfen, wo es nötig war, wie zum Beispiel bei der unmittelbaren Vorbereitung der Kopien. Seine Aktivität in allen Richtungen war außergewöhnlich, aber er schien sich vor allem die Aufgabe gestellt zu haben, gewisse gesellschaftliche Verbindungen, die er und seine Frau während ihres Besuchs in Paris im Jahr zuvor geknüpft hatten, für mein Vorhaben nützlich zu machen. Das Ergebnis davon machte sich mit der Zeit bemerkbar, aber vorläufig half er mir, die Konzerte zu arrangieren, deren Proben bereits begonnen hatten.

Das erste davon fand im Herz-Saal statt und führte zu einer derartigen Agitation der Musiker gegen mich, dass es fast so schlimm war wie ein Aufruhr. Ich musste ihnen ständig ihre Gewohnheiten vorhalten, die ich meinerseits nicht übersehen konnte, und versuchte ihnen auf der Grundlage des gesunden Menschenverstands zu beweisen, wie unmöglich es war, ihnen nachzugeben. Mein 6/8-Takt, den ich als 4/4-Takt ansah, erzürnte sie besonders, und unter stürmischen Protesten erklärten sie, er müsse alla breva gespielt werden. Nach einem scharfen Ordnungsruf und einer Anspielung meinerseits auf die Disziplin eines gut gedrillten Orchesters erklärten sie, sie seien keine „preußischen Soldaten", sondern freie Männer.

Endlich sah ich ein, daß einer der Hauptfehler in der fehlerhaften Aufstellung des Orchesters gelegen hatte, und ich entwarf nun meinen Plan für die nächste Probe. Nach einer Beratung mit meinen Freunden begab ich mich bei der nächsten Gelegenheit gleich am nächsten Morgen in den Konzertsaal, beaufsichtigte die Aufstellung der Pulte selbst und bestellte ein reichhaltiges Mittagessen für die Musiker, zu dem ich sie zu Beginn der Probe in folgender Weise einlud. Ich sagte ihnen, daß vom Ergebnis unserer heutigen Zusammenkunft die Möglichkeit meiner Konzerte abhänge; daß wir den Konzertsaal nicht verlassen dürften, bis wir uns darüber völlig im klaren seien. Ich bat daher die Mitglieder, zwei Stunden zu proben, dann ein für sie im angrenzenden Salon zubereitetes, bescheidenes Mittagessen einzunehmen, worauf wir sofort eine zweite Probe abhalten würden, die ich ihnen bezahlen würde. Die Wirkung dieses Vorschlages war wunderbar: die vorteilhafte Aufstellung des Orchesters trug zur Erhaltung der allgemeinen guten Laune bei, und der günstige Eindruck, den das damals gespielte Vorspiel zu Lohengrin auf alle machte, steigerte die Begeisterung, so dass am Ende der ersten Probe sowohl Spieler als auch Publikum, unter denen sich auch Gasperini befand, von mir entzückt waren. Diese freundliche Gesinnung zeigte sich am angenehmsten bei der Hauptprobe, die auf der Bühne des italienischen Opernhauses stattfand. Ich hatte mich nun so weit beherrscht, dass ich einen nachlässigen Kornettspieler mit einem strengen Tadel aus dem Orchester entlassen konnte, ohne dass ich aufgrund seines Korpsgeistes irgendwelche Schwierigkeiten bekam.

Endlich fand am 25. Januar (1860) das erste Konzert statt; alle Stücke, die ich aus meinen verschiedenen Opern, einschließlich Tristan und Isolde, ausgewählt hatte, fanden beim Publikum eine durchweg günstige, ja enthusiastische Aufnahme, und ich erlebte sogar, dass eines meiner Stücke, der Marsch aus Tannhäuser, durch Beifallsstürme unterbrochen wurde. Die so zum Ausdruck gebrachte Freude war, wie es scheint, dadurch geweckt, dass das Publikum überrascht war, dass meine Musik, über die es so viele widersprüchliche Berichte gegeben hatte, so lange Phrasen mit zusammenhängender Melodie enthielt. So zufrieden ich auch mit der Art und Weise war, wie das Konzert durchgeführt und enthusiastisch aufgenommen worden war, so musste ich in den folgenden Tagen doch gegenteilige Eindrücke überwinden, die durch die Zeitungen entstanden waren, die ihrer Meinung gegen mich Luft machten. Es war nun klar, dass Belloni mit seiner Annahme, sie seien mir feindlich gesinnt, völlig richtig gelegen hatte und dass seine Voraussicht, die uns dazu verleitet hatte, die Presse nicht einzuladen, unsere Gegner nur noch wütender gemacht hatte. Da das ganze Unternehmen mehr zur Anregung von Freunden als zur Erregung von Lob arrangiert worden war, störte mich nicht so sehr das Getöse dieser Herren, sondern das Ausbleiben jeglicher Anzeichen von ihnen. Was mich am meisten beunruhigte, war die Tatsache, dass das anscheinend gut gefüllte Haus uns nicht bessere Erträge einbrachte, als es sich herausstellte. Wir hatten zwischen fünf- und sechstausend Franc eingenommen, aber die Ausgaben beliefen sich auf elftausend Franc. Diese könnten teilweise gedeckt werden, wenn wir bei den beiden noch bevorstehenden, weniger kostspieligen Konzerten mit erheblich höheren Erträgen rechnen könnten. Belloni und Giacomelli schüttelten jedoch den Kopf; sie dachten, es sei besser, die Augen nicht vor der Tatsache zu verschließen, dass Konzerte nicht dem Geschmack des französischen Volkes entsprachen, das auch das dramatische Element, d. h. Kostüme, Bühnenbild, Ballett usw. verlangte, um zufrieden zu sein. Die geringe Zahl der verkauften Karten für das zweite Konzert, das am 1. Februar stattfand, zwang meine Agenten tatsächlich dazu, den Saal künstlich zu füllen, um wenigstens den Schein zu wahren. Ich musste ihnen in dieser Angelegenheit gewähren lassen, was sie für richtig hielten, und war später erstaunt, als ich erfuhr, wie sie es fertiggebracht hatten, die ersten Plätze in diesem aristokratischen Theater so zu besetzen, dass sie sogar unsere Feinde täuschten. Die tatsächlichen Einnahmen beliefen sich auf wenig über zweitausend Francs, und es erforderte nun meine ganze Entschlossenheit und meine Verachtung für das Elend, das daraus entstehen könnte, um das dritte Konzert, das am 8. Februar stattfinden sollte, nicht abzusagen. Meine Honorare von Schott, von denen ich allerdings einen Teil für die Haushaltskosten meines unruhigen häuslichen Lebens aufwenden musste, waren alle aufgebraucht, und ich musste mich nach weiteren Subventionen umsehen. Diese erhielt ich mit großer Mühe durch Gasperinis Vermittlung von eben dem Mann, dessen Hilfe in einem viel weiteren Sinne der ganze Zweck der Konzerte gewesen war. Kurz gesagt, wir mussten uns an Herrn Lucy wenden, den Generalinspekteur von Marseille, der zu der Zeit, als meine Konzerte stattfanden, nach Paris kommen sollte und von dem mein Freund Gasperini annahm, dass ein bedeutender Erfolg in Paris ihn veranlassen würde, seine Bereitschaft zu erklären, mein Projekt der Errichtung der deutschen Oper in Paris zu finanzieren. Herr Lucy hingegen erschien beim ersten Konzert überhaupt nicht und war nur bei einem Teil des zweiten anwesend, während dessen er einschlief. Die Tatsache, dass er nun aufgefordert wurde, mehrere tausend Francs für das dritte Konzert vorzuschießen, schien ihn natürlich vor weiteren Forderungen unsererseits zu schützen, und er empfand eine gewisse Genugtuung, um den Preis dieses Darlehens von jeder weiteren Beteiligung an meinen Plänen befreit zu sein. Obwohl mir dieses Konzert nun tatsächlich nutzlos erschien, bereitete es mir dennoch große Freude, sowohl wegen der temperamentvollen Darbietung selbst als auch wegen der positiven Aufnahme durch das Publikum, das meine Agenten zwar noch einmal aufstocken mussten, um den Anschein eines vollen Saals zu erwecken, das aber dennoch einen deutlichen Anstieg der Zahl der bezahlten Eintrittskarten erkennen ließ.

Die Erkenntnis, welchen tiefen Eindruck ich auf gewisse Leute gemacht hatte, machte zu diesem Zeitpunkt mehr Eindruck auf mich als die Niedergeschlagenheit, die ich empfand, weil ich nach außen hin bei diesem Unterfangen versagt hatte. Es war nicht zu leugnen, dass die Sensation, die ich hervorgerufen hatte, direkt, wie die Kommentare der Presse indirekt, außerordentliches Interesse an mir geweckt hatte. Dass ich keine Journalisten eingeladen hatte, schien von allen Seiten als eine wunderbare Kühnheit meinerseits angesehen zu werden. Ich hatte die Haltung vorausgesehen, die die Mehrheit der Reporter wahrscheinlich einnehmen würde, aber es tat mir leid, dass selbst solche Männer wie M. Franc-Marie, der Kritiker der Patrie, der am Ende des Konzerts vorgetreten war, um mir mit tiefer Ergriffenheit zu danken, sich gezwungen sahen, dem Beispiel der anderen ohne

Kompromisse zu folgen und sogar so weit zu gehen, ihre wahre Meinung über mich zu leugnen. Berlioz erregte unter meinen Anhängern ein allgemeines Gefühl der Wut durch einen Artikel, der auf Umwegen begann, aber mit einem offenen Angriff auf mich endete und den er im Journal des Debats veröffentlichte. Da er einst ein alter Freund gewesen war, war ich entschlossen, diese Behandlung nicht zu übersehen, und antwortete auf seinen Angriff in einem Brief, den ich mit größter Mühe in gutes Französisch übersetzen ließ und nicht ohne Mühe im Journal des Debats abdrucken konnte. Es geschah, dass gerade dieser Brief die Wirkung hatte, diejenigen, auf die meine Konzerte bereits einen enthusiastischeren Eindruck gemacht hatten, mir gegenüber noch enthusiastischer zu machen. Unter anderen stellte sich mir ein M. Perrin vor; er war früher Direktor der Opera Comique gewesen, war jetzt ein wohlhabender Schöngeist und Maler und wurde später Direktor der Grand Opera. Er hatte Lohengrin und Tannhäuser in Deutschland gehört und drückte sich so aus, dass ich annehmen musste, er würde es sich zur Ehre machen, diese Opern nach Frankreich zu bringen, sollte er jemals dazu in der Lage sein. Ein gewisser Graf Foucher de Careil hatte meine Opern auf die gleiche Weise kennengelernt, indem er sie in Deutschland aufgeführt sah, und auch er wurde einer meiner angesehenen und langjährigen Freunde. Er hatte sich durch verschiedene Veröffentlichungen zur deutschen Philosophie und insbesondere durch ein Buch über Leibniz einen Namen gemacht, und es konnte für mich nur interessant sein, durch ihn mit einer mir noch unbekannten Form des französischen Genies in Berührung zu kommen.

Es ist unmöglich, alle flüchtigen Bekannten aufzuzählen, mit denen ich zu dieser Zeit in Kontakt kam, unter denen sich ein russischer Graf Tolstoi als besonders freundlich erwies; ich muss hier jedoch den ausgezeichneten Eindruck erwähnen, den die liebenswürdige Broschüre des Romanschriftstellers Champfleury auf mich machte, deren Thema ich und meine Konzerte waren. In einer Reihe von leichten und luftigen Aphorismen zeigte er ein solches Verständnis für meine Musik und sogar für meine Persönlichkeit, dass ich nie wieder auf eine so suggestive und meisterhafte Wertschätzung gestoßen bin und ihr nur einmal zuvor in Liszts Betrachtungen über Lohengrin und Tannhäuser begegnet war. Meine persönliche Bekanntschaft mit Champfleury, die folgte, brachte mich einem sehr einfachen und in gewissem Sinne gutmütigen Menschen gegenüber, wie man ihn selten trifft und der einem Typ von Franzosen angehört, der schnell ausstirbt.

Noch bedeutsamer waren in ihrer Art die Avancen des Dichters Baudelaire. Meine Bekanntschaft mit ihm begann mit einem Brief, in dem er mir seine Eindrücke von meiner Musik und die Wirkung, die sie auf ihn gemacht hatte, mitteilte, obwohl er bis dahin geglaubt hatte, er besitze einen künstlerischen

Sinn für Farben, aber keinen für Klänge. Seine Ansichten darüber, die er in den phantastischsten Ausdrücken und mit kühner Selbstsicherheit äußerte, erwiesen ihn, gelinde gesagt, als einen Mann von außerordentlichem Verstand, der mit ungestümem Eifer die Eindrücke, die er von meiner Musik erhielt, bis zu ihren letzten Konsequenzen verfolgte. Er erklärte, er habe seine Adresse nicht auf seinen Brief gesetzt, damit ich nicht auf den Gedanken käme, er wolle etwas von mir. Selbstverständlich wusste ich, wie ich ihn finden konnte, und hatte ihn bald zu den Bekannten gezählt, denen ich meine Absicht mitteilte, jeden Mittwochabend bei mir zu sein.

Von meinen älteren Pariser Freunden, zu denen ich noch immer den treuen Gasperini zählte, war mir gesagt worden, daß dies in Paris das Richtige sei, und so kam es, daß ich in meinem kleinen Haus in der Rue Newton der Mode gemäß einen Salon zu halten pflegte, in dem Minna sich in einer sehr würdigen Stellung fühlte, obgleich sie nur ein paar Brocken Französisch sprach, mit denen sie sich kaum behelfen konnte. Dieser Salon, dem auch die Olliviers freundschaftlich beiwohnten, war eine Zeitlang von einem immer größer werdenden Kreise bevölkert. Hier begegnete mir eine alte Bekannte, Malwida von Meysenburg, wieder, die mir von da an eine enge Freundin fürs Leben wurde. Ich war ihr vorher nur einmal begegnet, und zwar bei meinem Besuch in London im Jahre 1855, als sie sich mir durch einen Brief bekannt gemacht hatte, in dem sie ihre Zustimmung zu den in meinem Buche Das Kunstwerk der Zukunft enthaltenen Ansichten begeistert zum Ausdruck brachte. Wir hatten uns in London bei einer Abendgesellschaft im Hause der Familie Althaus kennengelernt, wo ich sie voll der Wünsche und Pläne für die künftige Vervollkommnung des Menschengeschlechts fand, denen ich in meinem Buch Ausdruck gegeben, von denen ich mich aber unter dem Einfluss Schopenhauers und einer tiefen Erkenntnis der tiefen Tragik des Lebens und der Leere seiner Erscheinungen fast mit einem Gefühl der Verärgerung abgewandt hatte. Es war mir sehr peinlich, bei der Erörterung dieser Frage von dieser begeisterten Freundin nicht verstanden zu werden und ihr als Abtrünniger einer edlen Sache erscheinen zu müssen. Wir trennten uns in London im argen Einvernehmen voneinander. Es war für mich fast ein Schock, Malwida in Paris wiederzutreffen. Sehr bald jedoch waren alle unangenehmen Erinnerungen an unsere Londoner Unterhaltung ausgelöscht, da sie mir sogleich erklärte, unser Streit habe sie dazu bewogen, sofort Schopenhauer zu lesen. Als sie sich durch ernsthaftes Studium mit seiner Philosophie vertraut gemacht hatte, kam sie zu dem Schluss, dass die Ansichten, die sie damals über das Glück der Welt geäußert und eifrig vertreten hatte, mich wegen ihrer Oberflächlichkeit geärgert haben mussten. Sie erklärte sich dann zu einer meiner eifrigsten Anhängerinnen in dem Sinne, dass sie von nun an eine wahre Freundin wurde, die immer um mein Wohlergehen besorgt war . Als die Gesetze des Anstands mich zwangen, sie meiner Frau als meine Freundin vorzustellen, konnte sie nicht umhin, auf den ersten Blick das Elend unseres bloß nominellen gemeinsamen Lebens zu bemerken und die daraus resultierenden Unannehmlichkeiten zu erkennen; sie machte es sich zur Aufgabe, mit liebevoller Besorgnis einzugreifen. Sie erkannte auch schnell die schwierige Lage, in die ich mich in Paris mit meinen fast zwecklosen Unternehmungen und dem Fehlen jeglicher materieller Sicherheit gebracht hatte. Die enormen Kosten, die ich durch die drei Konzerte verursacht hatte, waren keinem der um mich Beklagten verborgen geblieben. Auch Malwida ahnte bald die Schwierigkeiten, in denen ich mich befand, da sich von keiner Seite eine Aussicht eröffnete, die als praktisches Ergebnis meines Unterfangens und als Entschädigung für die von mir erbrachten Opfer angesehen werden konnte. Ganz von selbst fühlte sie sich verpflichtet, mir Hilfe zu verschaffen, und bemühte sich, diese Hilfe bei einer gewissen Frau Schwabe zu erlangen, der Witwe eines reichen englischen Kaufmanns, in deren Hause sie als Gouvernante der ältesten Tochter Unterschlupf gefunden hatte und die sie mir nun vorstellen wollte. Sie verbarg weder vor sich noch vor mir, wie unangenehm mir die Pflege dieser Bekanntschaft sein könnte; doch verließ sie sich auf die ihrer Meinung nach etwas groteske Freundlichkeit dieser Frau sowie auf ihre Eitelkeit, die sie veranlassen würde, mir die durch den Besuch meines Salons erlangte Auszeichnung zu vergelten. Tatsächlich war ich völlig am Ende meiner Mittel und fand nur aufgrund des Entsetzens, das ich empfand, als ich erfuhr, dass bei den Deutschen in Paris eine Sammlung für mich durchgeführt wurde, um mich für die Kosten zu entschädigen, die mir durch die drei Konzerte entstanden waren, Mut, meine Armut öffentlich zu leugnen. Als mich diese Nachricht erreichte, widersprach ich sofort der Erklärung, dass die Annahme, ich sei infolge der erlittenen Verluste in Not, auf einer falschen Meldung beruhe und dass ich gezwungen sei, alle Bemühungen, die zu meinem Wohl unternommen wurden, abzulehnen. Unter dieser Annahme konnte jedoch Frau Schwabe, die regelmäßig meine Soireen besuchte und ebenso regelmäßig bei Musik einschlief, durch Malwidas Bitten dazu bewegt werden, mir ihre persönliche Hilfe anzubieten. Sie gab mir etwa dreitausend Francs, die ich in diesem Moment sicherlich am dringendsten benötigte; da ich dieses Geld nicht als Geschenk annehmen wollte, gab ich der Dame, die es in keiner Weise forderte, von mir aus eine schriftliche Vereinbarung, durch die ich mich verpflichtete, diese Summe nach Ablauf eines Jahres zurückzuzahlen. Sie nahm dies gutmütig an, nicht als Sicherheit, sondern nur, um meine Gefühle zu befriedigen. Als ich nach Ablauf dieser Zeit meiner Verpflichtung nicht nachkommen konnte, wandte ich mich an Malwida, die noch in Paris war, und bat sie, der abgereisten Frau Schwabe den Stand der Dinge mitzuteilen und ihre Zustimmung zur Verlängerung der Vereinbarung um ein weiteres Jahr einzuholen. Malwida versicherte mir ernsthaft, dass ich mir die Mühe einer Verlängerung nicht zu machen brauche, da Frau Schwabe die mir gegebene Summe nie als etwas anderes als einen Beitrag zu meinem

Unternehmen angesehen habe, an dem sie sich schmeichelte, großes Interesse zu haben. Wie die Sache wirklich lag, werden wir später sehen.

In dieser bewegten Zeit war ich zutiefst bewegt und überrascht, als ich von einem Verehrer aus Dresden, Richard Weiland, ein Geschenk erhielt; es war ein kunstvolles silbernes Ornament, das ein Notenblatt darstellte, das von einem Lorbeerkranz umgeben war; auf dem Blatt waren die ersten Takte der Hauptthemen meiner verschiedenen Opern bis hin zu Rheingold und Tristan eingraviert. Der bescheidene Kerl besuchte mich später einmal und erzählte mir, dass er regelmäßig an verschiedene Orte gereist sei, um die Aufführungen meiner Opern zu sehen, was ihm Gelegenheit gegeben habe, die Aufführung des Tannhäuser in Prag, bei der die Ouvertüre zwanzig Minuten gedauert hatte, mit der in Dresden zu vergleichen, die unter meiner Leitung nur zwölf Minuten gedauert hatte.

Meine Bekanntschaft mit Rossini erwies sich auch in anderer Hinsicht als angenehm anregend für mich; ein Komödienschriftsteller hatte ihm eine Anekdote zugeschrieben, wonach er, als sein Freund Caraffa sich als Bewunderer meiner Musik erklärte, ihm beim Abendessen seinen Fisch ohne Soße serviert und dabei erklärt habe, dass sein Freund Musik ohne Melodie liebe. Rossini protestierte offen dagegen in einem Artikel, in dem er die Geschichte als mauvaise blague bezeichnete und zugleich erklärte, er würde sich niemals einen solchen Scherz auf Kosten eines Mannes erlauben, der seinen Einfluss in der Künstlerwelt ausweiten wolle. Als ich davon hörte, zögerte ich keinen Augenblick, Rossini einen Besuch abzustatten, und wurde von ihm aufs freundlichste empfangen, was ich später in einem Memorandum beschrieb, das Erinnerungen an ihn gewidmet ist. Ich war auch froh zu hören, dass mein alter Bekannter Halevy während der Kontroverse, die meine Musik hervorrief, mir in freundlicher Weise beigestanden hatte, und ich habe meinen Besuch bei ihm und unser Gespräch bei dieser Gelegenheit bereits geschildert.

Trotz all dieser angenehmen und anregenden Ereignisse geschah nichts, was meine Lage weniger unsicher machte. Ich war immer noch im Zweifel, ob ich von Kaiser Napoleon eine Antwort auf meine Bitte um die Nutzung des Opernhauses für die Wiederholung meiner Konzerte erhalten würde. Nur wenn ich diese erhielt und keine Vorkosten verursachte, konnte ich den Vorteil erlangen, den ich immer mehr brauchte. Es blieb eine Selbstverständlichkeit, dass Minister Fould seinen Einfluss eifrig nutzte, um den Kaiser gegen mich aufzubringen. Da ich andererseits die überraschende Entdeckung gemacht hatte, dass Marschall Magnan bei allen drei meiner Konzerte anwesend gewesen war, hoffte ich, die Sympathie dieses Herrn zu gewinnen, die sich zunutze machen ließ, da der Kaiser ihm seit den Ereignissen vom 2. Dezember besonders viel zu verdanken hatte. Ich wollte Foulds Intrigen unbedingt durchkreuzen, da mir dieser Mann inzwischen äußerst zuwider geworden war. Deshalb stellte ich mich dem Marschall vor und war eines Tages überrascht, als ein Husar vor meiner Tür auftauchte, von seinem Pferd stieg, klingelte und meinem erstaunten Diener einen Brief von Magnan überreichte, in dem er mich zu sich bestellte.

Ich wurde daher in der Residenz des Kommandanten von diesem Militär gebührend empfangen, dessen Haltung mir stattlich, fast schon unhöflich vorkam. Er plauderte sehr intelligent mit mir, gestand offen seine Freude an meiner Musik und hörte sehr aufmerksam dem Bericht über meine offenkundig vergeblichen Ansprachen an den Kaiser zu, ebenso wie meinen Äußerungen des Misstrauens gegenüber Fould. Später erzählte man mir, dass er noch am selben Abend in den Tuilerien sehr offen mit Fould über mich gesprochen hatte.

Soviel ist jedenfalls sicher, daß ich von diesem Augenblick an bemerkte, daß meine Angelegenheiten in dieser Richtung eine günstigere Wendung nahmen. Doch der entscheidende Faktor war schließlich eine Bewegung zu meinen Gunsten von einer Seite, die ich bis dahin völlig unbeachtet gelassen hatte. Bülow, von seinem Interesse an dem Ausgang dieser Dinge gefesselt, verlängerte seinen Aufenthalt in Paris immer weiter. Er war mit Empfehlungsschreiben der Prinzessin-Regentin von Preußen an den Botschafter, Graf Pourtales, gekommen. Seine Hoffnung, daß dieser vielleicht einmal den Wunsch äußern würde, mich ihm vorzustellen, war bisher unerfüllt geblieben. Um ihn also zu zwingen, meine Bekanntschaft zu machen, entschloß er sich schließlich, den preußischen Botschafter und seinen Attaché, Graf Paul Hatzfeld, zu einem Mittagessen in das erstklassige Restaurant Vachette einzuladen, wohin ich ihn begleiten sollte. Der Ausgang dieser Begegnung war gewiß alles, was man sich nur wünschen konnte. Graf Pourtales bezauberte mich nicht nur durch die Einfachheit und unverhohlene Wärme seiner Unterhaltung und Haltung mir gegenüber, sondern Graf Hatzfeld besuchte mich von da an regelmäßig und war auch häufig bei meinen Mittwochabend-Treffen zu Gast und brachte mir schließlich die Nachricht, dass es in den Tuilerien eine deutliche Bewegung zu meinen Gunsten gab. Schließlich bat er mich eines Tages, ihn zu dem Militärkammerherrn des Kaisers, Graf Bacciochi, zu begleiten, und von diesem Beamten erhielt ich die ersten Hinweise auf eine Antwort auf meine frühere Bitte an Seine Kaiserliche Majestät, die nun den Wunsch äußerte, zu erfahren, warum ich ein Konzert in der Grand Opera geben wollte. Niemand, sagte er, interessiere sich ernsthaft für solche Unternehmungen, und es könne mir nichts nützen. Er dachte, es wäre vielleicht besser, wenn er M. Alphonse Royer, den Direktor dieser kaiserlichen Institution, überreden würde, mit mir eine Einigung über die Komposition einer eigens für Paris geschriebenen Oper zu erzielen. Da ich seinem Vorschlag nicht zustimmen wollte, blieben dieses und andere nachfolgende Gespräche vorerst ohne Ergebnis. Bei einer dieser Gelegenheiten begleitete mich Bülow, und uns beiden fiel eine lächerliche Angewohnheit dieses sonderbaren alten Mannes auf, den Belloni in seiner Jugend als Kassenangestellten am Mailänder Scala-Theater gekannt haben soll. Er litt an unwillkürlichen, krampfhaften Bewegungen der Hände, die die Folge gewisser nicht sehr anerkennenswerter körperlicher Gebrechen waren, und wahrscheinlich, um diese zu verbergen, spielte er ständig mit einem kleinen Stock, den er scheinbar affektiert hin und her warf. Aber selbst nachdem es mir endlich gelungen war, Zugang zu den kaiserlichen Beamten zu erhalten, schien es, als würde so gut wie nichts für mich getan, als mich plötzlich eines Morgens Graf Hatzfeld mit der Nachricht überhäufte, dass der Kaiser am Vorabend eine Aufführung meines Tannhäuser angeordnet hatte. Das entscheidende Wort hatte Prinzessin Metternich gesprochen. Da ich zufällig Gesprächsthema in der Nähe des Kaisers war, hatte sie sich dem Kreis angeschlossen, und als man sie nach ihrer Meinung fragte, sagte sie, sie habe Tannhäuser in Dresden gehört, und sprach sich so begeistert für das Stück aus, dass der Kaiser sofort versprach, die Aufführung in Auftrag zu geben. Es stimmt, dass Fould, als er am selben Abend den kaiserlichen Befehl erhielt, in rasende Wut ausbrach, aber der Kaiser sagte ihm, er könne sein Versprechen nicht zurücknehmen, da er der Fürstin Metternich sein Wort gegeben habe. Ich wurde nun wieder zu Bacciochi geführt, der mich diesmal sehr ernst empfing, aber zunächst die merkwürdige Frage stellte, was das Thema meiner Oper sei. Dies musste ich ihm skizzieren, und als ich fertig war, rief er zufrieden aus: „Ah! Le Pape ne vient pas en scene? C'est bon! On nous avait dit que vous avez fait paraitre le Saint-Pare, et ceci, vous comprenez, n'aurait pas pu passer." Du reste, monsieur, on sait a present que vous avez enormement de genie; l'Empereur a donne l'ordre de representer votre opera.' Er versicherte mir außerdem, dass mir alle Mittel zur Erfüllung meiner Wünsche zur Verfügung gestellt würden und dass ich von nun an meine Vereinbarungen direkt mit dem Direktor Royer treffen müsse. Diese neue Wendung der Dinge versetzte mich in einen Zustand vager Erregung, denn meine innere Überzeugung ließ mich zunächst nur spüren, dass mit Sicherheit merkwürdige Missverständnisse auftreten würden. Zum einen war nun jede Hoffnung, meinen ursprünglichen Plan, mein Werk in Paris mit einer ausgewählten deutschen Truppe aufzuführen, zu Ende, und ich konnte mir nicht verhehlen, dass ich mich auf ein Abenteuer eingelassen hatte, das gut oder schlecht ausgehen konnte. Einige Gespräche mit dem Direktor Royer genügten, um mich über den Charakter des mir anvertrauten Unternehmens aufzuklären. Seine größte Sorge war, mich von der Notwendigkeit einer Umgestaltung meines zweiten Aktes zu überzeugen, da seiner Meinung nach an dieser Stelle unbedingt ein großes Ballett eingeführt werden musste. Auf diesen und ähnliche Vorschläge würdigte ich kaum einer Antwort und fragte mich auf dem Heimweg, was ich als nächstes tun sollte, falls ich mich dazu entschließen sollte, die Aufführung meines Tannhäuser in der Grand Opera abzulehnen.

Inzwischen lasteten andere Sorgen, die unmittelbarer mit meinen persönlichen Angelegenheiten zusammenhingen, schwer auf mir und zwangen mich, alle Anstrengungen zu unternehmen, um sie zu beseitigen. Zu diesem Zweck beschloss ich sofort, ein mir von Giacomelli vorgeschlagenes Vorhaben durchzuführen, nämlich eine Wiederholung meiner Konzerte in Brüssel. Mit dem dortigen Théâtre de la Monnaie war ein Vertrag über drei Konzerte abgeschlossen worden, deren Einnahmen nach Abzug aller Kosten mir zur Hälfte zustehen sollten. In Begleitung meines Agenten reiste ich am 19. März in die belgische Hauptstadt, um zu sehen, ob ich das Geld, das ich bei meinen Pariser Konzerten verloren hatte, nicht wieder hereinholen konnte. Unter der Leitung meines Mentors sah ich mich gezwungen, alle möglichen Zeitungsredakteure und unter anderen belgischen Honoratioren einen gewissen M. Fetis père aufzusuchen. Ich wusste nur, dass er sich vor Jahren von Meyerbeer hatte bestechen lassen, um Artikel gegen mich zu schreiben, und ich fand es nun amüsant, mit diesem Mann ins Gespräch zu kommen, der sich zwar sehr autoritäre Gebärden anmaßte, sich aber am Ende doch voll und ganz meiner Meinung vertrat.

Hier lernte ich auch einen sehr bemerkenswerten Mann kennen, den Staatsrat Klindworth, dessen Tochter oder, wie manche sagten, seine Frau mir von Liszt empfohlen worden war, als ich in London war. Aber ich hatte sie bei dieser Gelegenheit nicht gesehen und hatte nun die angenehme Überraschung, zu ihr nach Brüssel eingeladen zu werden. Während sie mir ihrerseits die größte Herzlichkeit entgegenbrachte, unterhielt mich Herr Klindworth unerschöpflich mit der Erzählung seiner wunderbaren Karriere als Diplomat in zahlreichen Geschäften, von denen ich bisher nichts gewusst hatte. Ich speiste mehrere Male mit ihnen und traf Graf und Gräfin Condenhoven, letztere eine Tochter meiner alten Freundin Frau Kalergis. Herr Klindworth zeigte ein lebhaftes und anhaltendes Interesse an mir, das ihn sogar dazu veranlasste, mir ein Empfehlungsschreiben an Fürst Metternich zu geben, mit dessen Vater er, wie er sagte, sehr vertraut gestanden hatte. Er hatte die seltsame Angewohnheit, seine sonst leichtfertigen Gespräche ständig mit Hinweisen auf die allmächtige Vorsehung zu würzen, und als ich bei einem unserer späteren Gespräche einmal eine riskante Erwiderung wagte, verlor er völlig die Fassung, und ich glaubte, er wolle unsere Verbindung abbrechen. Glücklicherweise bewahrheitete sich diese Befürchtung weder damals noch später.

Außer diesen interessanten Bekanntschaften gewann ich in Brüssel jedoch nichts als Angst und vergebliche Anstrengung. Das erste Konzert, für das die Dauerkartenpflicht aufgehoben war, zog ein großes Publikum an. Aufgrund meiner falschen Auslegung einer Klausel in unserem Vertrag wurden jedoch die Kosten für die musikalische Begleitung, die mir allein zugeschrieben wurden, von den Managern so hoch angesetzt, dass fast nichts als Gewinn übrig blieb. Dieser Fehlbetrag sollte durch das zweite Konzert ausgeglichen werden, zu dem jedoch Dauerkarteninhaber freien Eintritt hatten. Außer diesen Personen, die, wie man mir sagte, das Haus fast füllten, gab es jedoch nur wenige Inhaber von Einzelkarten, so dass nicht genug übrig blieb, um meine Reise- und Hotelkosten zu bezahlen, die durch die Einbeziehung meines Agenten und Dieners erhöht worden waren. Ich gab daher die Idee auf, ein drittes Konzert zu geben, und machte mich in nicht sehr heiterer Stimmung erneut auf den Weg nach Paris, allerdings mit dem Geschenk einer Vase aus böhmischem Glas von Mme. Street, Klindworths Tochter, die ich bereits erwähnt habe. Dennoch hatte mein Aufenthalt in Brüssel, einschließlich einer kurzen Reise von dort nach Antwerpen, dazu beigetragen, meine Gedanken ein wenig abzulenken. Da ich in diesem Moment überhaupt nicht geneigt war, meine kostbare Zeit der Betrachtung von Kunstwerken zu widmen, begnügte ich mich in Antwerpen mit einem flüchtigen Blick auf das Äußere, das ich weniger reich an Altertümern fand als erwartet. Die Lage der berühmten Zitadelle erwies sich als besonders enttäuschend. Im Hinblick auf den ersten Akt meines Lohengrin hatte ich angenommen, dass diese Zitadelle, die ich mir als den alten Bergfried von Antwerpen vorstellte, von der anderen Seite der Schelde aus ein auffälliger Blickfang sein würde. Stattdessen war überhaupt nichts zu sehen als eine eintönige Ebene mit in die Erde eingesunkenen Befestigungen. Seitdem konnte ich mir jedes Mal, wenn ich Lohengrin wiedersah, ein Lächeln über das Schloss des Bühnenmalers nicht verkneifen, das hoch im Hintergrund auf seinem stattlichen Berg thront.

Als ich Ende März nach Paris zurückkehrte, war meine einzige Sorge, meine mittellose und daher hoffnungslose Lage wieder in Ordnung zu bringen. Der Druck dieser Geldsorgen erschien mir umso widersprüchlicher, als die Bekanntheit meiner Lage mein Haus, in dem ich natürlich keine Anzeichen von Armut erkennen ließ, überaus beliebt gemacht hatte. Meine Mittwochsempfänge wurden glänzender denn je. Interessante Fremde suchten mich auf, in der Hoffnung, dass auch sie durch die Bekanntschaft mit mir zu gleichem Glück gelangen könnten. Fräulein Ingeborg Stark, die später den jungen Hans von Bronsart heiratete, erschien unter uns, ein Bild von bezaubernder Eleganz, und spielte Klavier, wobei sie bescheiden von Fräulein Aline Hund aus Weimar unterstützt wurde. Ein hochbegabter junger französischer Musiker, Camille Saint-Saens, spielte ebenfalls eine sehr angenehme Rolle bei unseren musikalischen Unterhaltungen; eine bemerkenswerte Ergänzung meiner anderen französischen Bekanntschaften war die Person von M. Frederic Villot. Er war Conservateur des Tableaux du Louvre, ein außerordentlich kultivierter und gebildeter Mann, den ich zum ersten Mal in Flaxlands Musikladen traf, wo ich viel zu tun hatte. Zu meiner

Überraschung hörte ich zufällig, wie er sich nach der Partitur des Tristan erkundigte, die er bestellt hatte. Als ich ihm vorgestellt wurde, erfuhr ich als Antwort auf meine Frage, dass er bereits die Partituren meiner früheren Opern besaß; und als ich ihn dann fragte, ob es für möglich hielte, dass ich meine dramatischen Kompositionen rentabel machen könnte, da ich nicht verstehen konnte, wie er ohne Kenntnisse der deutschen Sprache die Musik richtig würdigen konnte, die so eng mit dem Sinn der Poesie verbunden war, antwortete er geistreich, dass gerade meine Musik ihm die beste Anleitung zum Verständnis des Gedichts selbst bot. Diese Antwort zog mich stark zu dem Mann hin, und von da an pflegte ich mit großer Freude einen regen Briefwechsel mit ihm. Aus diesem Grund hatte ich das Gefühl, als ich eine Übersetzung meiner Operngedichte herausbrachte, dass das sehr ausführliche Vorwort keinem würdigeren Mann gewidmet werden konnte. Da er die Partituren meiner Opern nicht selbst spielen konnte, ließ er sie von Saint-Saens aufführen, den er offenbar förderte. So lernte ich das Können und Talent dieses jungen Musikers zu schätzen, das einfach erstaunlich war. Mit einer beispiellosen Sicherheit und Schnelligkeit des Blicks selbst der kompliziertesten Orchesterpartituren verband dieser junge Mann ein nicht weniger wunderbares Gedächtnis. Er konnte meine Partituren, einschließlich des Tristan, nicht nur auswendig spielen, sondern auch deren einzelne Teile wiedergeben, ob es sich nun um Haupt- oder Nebenthemen handelte. Und das tat er mit einer solchen Präzision, dass man leicht hätte meinen können, er hätte die eigentliche Musik vor Augen. Später erfuhr ich, dass diese erstaunliche Aufnahmefähigkeit für das gesamte technische Material eines Werks nicht mit einer entsprechenden Intensität produktiver Kraft einherging; so dass ich ihn im Laufe der Zeit völlig aus den Augen verlor, als er versuchte, sich als Komponist zu etablieren.

Ich musste nun in engere Verbindung mit dem Direktor des Opernhauses, Herrn Royer, treten, um die Produktion des Tannhäuser vorzubereiten, die er vorbereitet hatte. Zwei Monate vergingen, bevor ich mich entscheiden konnte, ob ich zu dem Geschäft ja oder nein sagen sollte. Bei keinem einzigen Gespräch versäumte dieser Mann, auf die Einführung eines Balletts im zweiten Akt zu drängen. Ich konnte ihn zwar verwirren, aber mit all der Beredsamkeit, die mir zur Verfügung stand, konnte ich ihn nie davon überzeugen. Schließlich konnte ich mich jedoch nicht länger weigern, die Zweckmäßigkeit einer angemessenen Übersetzung des Gedichts in Betracht zu ziehen.

Die Vorbereitungen für dieses Werk waren bisher sehr langsam vorangekommen. Wie ich bereits sagte, hatte ich M. de Charnal als völlig unfähig empfunden, Roger war für immer aus meinem Blickfeld verschwunden und Gasperini zeigte kein wirkliches Interesse an dem Werk. Schließlich kam ein gewisser Herr Lindau zu mir, der beteuerte, dass er mit

Hilfe des jungen Edmond Roche eine getreue Übersetzung des Tannhäuser anfertigen könne. Dieser Mann Lindau war ein gebürtiger Magdeburger, der vor dem preußischen Militärdienst geflohen war. Er war mir erstmals von Giacomelli vorgestellt worden, als der von ihm engagierte französische Sänger, der bei einem meiner Konzerte „L'Etoile du Soir" singen sollte, uns enttäuscht hatte, und er Lindau als sehr wirksamen Ersatz empfohlen hatte. Dieser Mann erklärte sich umgehend bereit, dieses ihm gut bekannte Lied ohne jede Probe zu übernehmen, ein Angebot, das mich dazu brachte, ihn als ein vom Himmel eigens für mich gesandtes Genie zu betrachten. Nichts konnte daher mein Erstaunen über die grenzenlose Unverschämtheit des Mannes übertreffen; denn am Abend des Konzerts führte er seine Aufgabe mit der dilettantischsten Schüchternheit aus; er brachte keine einzige Note des Liedes klar zum Ausdruck, und nur das Erstaunen über eine so beispiellose Darbietung schien das Publikum davon abzuhalten, in deutliche Missbilligung auszubrechen. Trotzdem gelang es Lindau, der für seine Unzulänglichkeiten allerlei Erklärungen und Entschuldigungen vorzubringen hatte, sich in mein Haus einzuschleichen, wenn nicht als erfolgreicher Sänger, so doch zumindest als sympathischer Freund. Dort wurde er dank Minnas Vorliebe bald ein fast täglicher Gast. Trotz einer gewissen inneren Abneigung gegen ihn behandelte ich ihn mit toleranter Güte, nicht so sehr wegen der „enormen Verbindungen", die er angeblich herstellen konnte, sondern weil er sich bei allen möglichen Gelegenheiten wirklich als äußerst zuvorkommender Mensch erwies.

Was mich aber schließlich dazu bewog, ihm eine Beteiligung an der Übersetzung des Tannhäuser zu gewähren, war sein Vorschlag, dass auch der junge Roche an der Arbeit teilnehmen sollte.

Roche hatte ich gleich nach meiner Ankunft in Paris (im September des vorigen Jahres) auf eine etwas merkwürdige und schmeichelhafte Weise kennengelernt. Um meine Möbel bei ihrer Ankunft aus Zürich in Empfang zu nehmen, hatte ich mich zum Zollamt zu begeben, wo ich an einen bleichen, schäbig aussehenden, aber lebensfrohen jungen Mann verwiesen wurde, mit dem ich meine Geschäfte zu regeln hatte. Als ich ihm meinen Namen nennen wollte, unterbrach er mich enthusiastisch mit dem Ausruf: ‚O, ich kenne gut Monsieur Richard Wagner, wenn ich sein Porträt aufgehängt habe, hänge ich unter meinem Klavier . ' Sehr erstaunt fragte ich ihn, was er über mich wisse, und erfuhr, dass er durch sorgfältiges Studium meiner Klavierarrangements zu einem meiner glühendsten Verehrer geworden sei. Nachdem er mir mit aufopfernder Aufmerksamkeit geholfen hatte, meine lästigen Geschäfte mit dem Zollamt zu erledigen, ließ ich ihn mir versprechen, mich zu besuchen. Dies tat er, und ich konnte mir einen besseren Eindruck von der Notlage des armen Kerls verschaffen, der, soweit ich es beurteilen konnte, Anzeichen von großem poetischen Talent zeigte.

Er teilte mir außerdem mit, dass er versucht hatte, sich als Geiger in den Orchestern der kleineren Vaudeville-Theater ein unsicheres Auskommen zu erkämpfen, dass er aber, da er verheiratet sei, seiner Familie zuliebe eine Stelle in einem Büro mit festem Gehalt und Aufstiegschancen vorziehen würde. Ich stellte bald fest, dass er meine Musik vollkommen verstand, die ihm, wie er mir versicherte, die einzige Freude in seinem harten Leben bereitete. Was seine Fähigkeit zur poetischen Komposition betraf, konnte ich von Gasperini und anderen kompetenten Richtern nur entnehmen, dass er jedenfalls sehr gute Verse hervorbringen konnte. Ich hatte ihn bereits als Übersetzer für Tannhäuser in Betracht gezogen, und da nun das einzige Hindernis für seine Arbeit, seine Unkenntnis der deutschen Sprache, durch Lindaus angebotene Zusammenarbeit beseitigt war, entschied mich die Möglichkeit einer solchen Vereinbarung sofort, dessen Angebot anzunehmen.

Das erste, worüber wir uns einig waren, war, dass eine ordentliche Prosaübersetzung des ganzen Themas in Angriff genommen werden sollte, und diese Aufgabe übertrug ich natürlich Lindau allein. Es trat jedoch eine erhebliche Verzögerung ein, bevor mir diese geliefert wurde, was sich später damit erklärte, dass Lindau nicht einmal diese trockene Version liefern konnte und die Arbeit einem anderen Mann, einem Franzosen, der Deutsch konnte, aufdrängte, den er dazu bewegte, sie zu übernehmen, indem er auf ein Honorar hoffte, das er mir später auspressen sollte. Zur gleichen Zeit setzte Roche einige der führenden Strophen meines Gedichts in Verse um, mit denen ich sehr zufrieden war. Da ich so von der Fähigkeit meiner beiden Helfer überzeugt war, besuchte ich Royer, um meine Position zu sichern, indem ich seine Genehmigung für einen Vertrag mit den beiden Männern einholte. Er schien es nicht zu mögen, dass ich die Arbeit in die Hände zweier völlig unbekannter Leute legte; aber ich bestand darauf, dass sie zumindest einen fairen Versuch bekommen sollten. Da ich hartnäckig entschlossen war, Roche die Arbeit nicht zu entziehen, aber bald Lindaus völlige Unfähigkeit erkannte, beteiligte ich mich unter großer Anstrengung selbst an der Aufgabe. Wir verbrachten oft vier Stunden zusammen in meinem Zimmer mit der Übersetzung einiger Verse, wobei ich oft versucht war, Lindau hinauszuwerfen, denn obwohl er den deutschen Text nicht einmal verstand, hatte er immer die frechsten Vorschläge parat. Nur weil mir keine andere Möglichkeit einfiel, den armen Roche im Geschäft zu halten, ertrug ich diese absurde Verbindung.

Diese lästige und mühsame Arbeit dauerte mehrere Monate, während derer ich mit Royer ausführlichere Verhandlungen über seine Vorbereitungen für die Produktion von Tannhäuser führen musste, insbesondere über die Besetzung und Verteilung der Rollen. Es kam mir seltsam vor, dass er kaum einen der Hauptsänger der Oper vorgeschlagen hatte. Tatsächlich erregte keiner von ihnen meine Sympathie, mit Ausnahme von Frau Gueymard, die ich gerne für Venus verpflichtet hätte, die mir aber aus Gründen, die ich nie ganz verstand, verweigert wurde. Um mir eine ehrliche Meinung über die mir zur Verfügung stehende Truppe zu bilden, musste ich nun mehrere Aufführungen von Opern wie La Favorita, Il Trovatore und Semiramis besuchen, bei denen mir meine innere Überzeugung so deutlich sagte, dass ich hoffnungslos in die Irre geführt wurde, dass ich jedes Mal, wenn ich nach Hause kam, das Gefühl hatte, das ganze Unternehmen aufgeben zu müssen. Andererseits fand ich ständige Ermutigung durch die Großzügigkeit, mit der M. Royer, der Autorität gehorchend, mir nun anbot, mir jeden Sänger zu besorgen, den ich bestimmen wollte. Das Wichtigste war ein Tenor für die Titelrolle. Ich konnte mir niemanden außer Niemann aus Hannover vorstellen, dessen Ruhm mich von allen Seiten erreichte. Sogar Franzosen wie Foucher de Careil und Perrin, die ihn in meinen Opern gehört hatten, bestätigten den Bericht über sein großes Talent. Auch der Direktor hielt eine solche Anwerbung für sein Theater für äußerst wünschenswert, und Niemann wurde dementsprechend eingeladen, nach Paris zu kommen, um dort engagiert zu werden. Außerdem wollte M. Royer, dass ich ihm zustimme, eine gewisse Mme. Tedesco zu besorgen, eine Tragödin, die aufgrund ihrer Schönheit eine sehr wertvolle Bereicherung für das Repertoire seines Theaters wäre, und beteuerte, dass er sich keine Frau vorstellen könne, die besser für die Rolle der Venus geeignet wäre. Ohne die Dame zu kennen, stimmte ich diesem ausgezeichneten Vorschlag zu und stimmte außerdem der Verpflichtung einer Mlle. zu. Sax, eine noch unverdorbene junge Sängerin mit einer sehr schönen Stimme, sowie ein italienischer Bariton, Morelli, dessen klangvolle Töne mir im Gegensatz zu den kränklichen französischen Sängern dieser Klasse bei meinen Opernbesuchen sehr gefallen hatten. Als diese Vereinbarungen abgeschlossen waren, dachte ich, ich hätte alles getan, was wirklich notwendig war, obwohl ich diesbezüglich keine sehr feste Überzeugung hegte.

Inmitten dieser Mühen verbrachte ich meinen 47. Geburtstag in einer alles andere als glücklichen Stimmung, der mir jedoch am Abend dieses Tages der besonders helle Schein des Jupiters ein Zeichen für bessere Dinge gab . Das schöne Wetter, passend zu der Jahreszeit, die in Paris nie günstig für das Geschäft ist, hatte meine Bedürfnisse nur noch verstärkt. Ich hatte und hatte weiterhin keine Aussicht, meine Haushaltsausgaben zu bestreiten, die inzwischen sehr hoch geworden waren. Da ich neben all meinen anderen Unannehmlichkeiten immer bestrebt war, etwas Erleichterung von dieser Last zu finden, hatte ich mit dem Musikalienhändler Flaxland eine Vereinbarung über den Verkauf aller meiner französischen Rechte an dem Fliegenden Holländer, Tannhäuser und Lohengrin zu dem Preis getroffen, den sie erzielen würden. Unser Vertrag sah vor, dass er mir für jede dieser drei Opern eine Anzahlung von 1.000 Francs und weitere Zahlungen bei der Aufführung in einem Pariser Theater leisten sollte, nämlich 1.000 Francs nach den ersten zehn Aufführungen und den gleichen Betrag für die folgenden Aufführungen bis zur zwanzigsten. Ich teilte meinem Freund Pusinelli diesen Vertrag sofort mit, da ich ihm diese Bedingung beim Verkauf meiner Opern an Mesers Nachfolger gestellt hatte. Ich tat dies, um ihm die Rückzahlung des für die Veröffentlichung vorgeschossenen Kapitals zu garantieren. Ich bat ihn jedoch, mir zu gestatten, Flaxlands erste Rate als Akonto einzubehalten, da ich sonst in Paris festsäße und keine Möglichkeit hätte, meine Opern rentabel zu machen. Mein Freund war mit allen meinen Vorschlägen einverstanden. Der Dresdner Verleger dagegen war ebenso unfreundlich und beklagte sich sofort, dass ich seine Rechte in Frankreich verletze, und beunruhigte Flaxland so sehr, dass dieser sich berechtigt fühlte, allerlei Schwierigkeiten gegen mich zu erheben.

Ich wäre beinahe in neue Verwicklungen geraten, als eines Tages Graf Paul Hatzfeld bei mir erschien und mich bat, Frau Kalergis, die gerade in Paris angekommen war, aufzusuchen, um gewisse Mitteilungen von ihr entgegenzunehmen. Ich sah die Dame nun zum ersten Mal seit meinem Aufenthalt in Paris mit Liszt im Jahre 1853 wieder. Sie begrüßte mich mit der Erklärung, wie sehr sie es bedauere, im vergangenen Winter nicht bei meinen Konzerten anwesend gewesen zu sein, da sie dadurch die Gelegenheit verpasst habe, mir in einer Zeit großer Not zu helfen. Sie habe gehört, dass ich große Verluste erlitten hätte, deren Betrag sich auf zehntausend Franc belaufen würde, und sie bitte mich nun, diese Summe aus ihrer Hand anzunehmen. Obwohl ich es für richtig gehalten hatte, diese Verluste Graf Hatzfeld gegenüber zu leugnen, als ein Antrag im Namen der verhassten Abonnentenliste an die preußische Gesandtschaft gestellt wurde, hatte ich nun doch keinerlei Grund, dieser edelmütigen Frau die Wahrheit zu verheimlichen. Ich hatte das Gefühl, als ob sich jetzt etwas erfüllte, was ich immer erwarten durfte, und mein einziger Impuls war der unmittelbare Wunsch, dieser seltenen Dame meine Dankbarkeit zu zeigen, indem ich wenigstens etwas für sie tat. Alle Reibereien, die unseren späteren Verkehr störten, entsprangen einzig und allein meiner Unfähigkeit, diesen Wunsch zu erfüllen, in dem ich mich durch ihren eigentümlichen Charakter und ihr ruheloses, unstetes Leben immer mehr bestätigt fühlte. Für den Augenblick bemühte ich mich, etwas für sie zu tun, das die Echtheit meines Pflichtgefühls beweisen sollte . Ich improvisierte eine besondere Aufführung des zweiten Aktes meines Tristan, in der Frau Viardot die Gesangspartien mit mir teilen sollte, und bei dieser Gelegenheit erhielt meine Freundschaft zu letzterer einen beträchtlichen Aufschwung; während ich für die Klavierbegleitung auf eigene Kosten Klindworth aus London bestellte. Diese äußerst erlesene Aufführung fand im Hause von Frau Viardot statt. Außer Frau Kalergis, zu deren Ehren sie allein gegeben wurde, war Berlioz die einzige anwesende Person. Frau Kalergis war die einzige anwesende Person. Viardot hatte sich eigens darum bemüht, seine Anwesenheit zu sichern, offenbar mit dem erklärten Ziel, das gespannte Verhältnis zwischen Berlioz und mir zu beruhigen. Ich war mir nie im Klaren darüber, welche Wirkung die Aufführung dieser außergewöhnlichen Auswahl unter solchen Umständen auf die Darsteller und Zuhörer hatte. Mme. Kalergis blieb stumm. Berlioz äußerte sich lediglich hitzig über den chaleur meiner Darbietung, die sehr wohl einen starken Kontrast zu der meiner Partnerin bei dem Werk darstellte, die den größten Teil ihrer Rolle mit leiser Stimme vortrug. Klindworth schien besonders über das Ergebnis verärgert zu sein. Sein eigener Teil war bewundernswert ausgeführt; aber er erklärte, er sei vor Empörung über Viardots lauwarme Ausführung ihrer Rolle verzehrt worden, bei der sie wahrscheinlich durch die Anwesenheit von Berlioz bestimmt worden sei. Als Ausgleich dazu freuten wir uns sehr über die Aufführung des ersten Akts der Walküre an einem anderen Abend, bei der neben Mme. Kalergis auch die Sängerin Niemann anwesend war. Dieser Mann war nun auf Ersuchen des Direktors Royer in Paris eingetroffen, um einen Vertrag abzuschließen. Ich gestehe, ich war erstaunt über die Pose, die er einnahm, und das Gebaren, mit dem er an meiner Tür erschien und fragte: „Nun, wollen Sie mich oder nicht?" Trotzdem riss er sich zusammen, als wir in das Büro des Direktors gingen, um einen guten Eindruck zu machen. Dies gelang ihm bewundernswert, denn jeder war erstaunt, einem Tenor mit solch außergewöhnlichen körperlichen Voraussetzungen zu begegnen. Trotzdem musste er sich einer nominellen Probevorstellung unterziehen, für die er die Beschreibung der Pilgerfahrt in Tannhäuser wählte, die er auf der Bühne des Grand Opera House spielte und sang. Mme. Kalergis und Prinzessin Metternich, die heimlich bei dieser Vorstellung anwesend waren, waren beide begeistert von Niemanns Gunst eingenommen, ebenso wie alle Mitglieder der Direktion. Er war für acht Monate mit einem Monatsgehalt von zehntausend Francs engagiert. Sein Vertrag bezog sich ausschließlich auf Tannhäuser, da ich mich verpflichtet fühlte, dagegen zu protestieren, dass der Sänger zuvor in anderen Opern auftrat.

Der Abschluß dieses Abkommens und die merkwürdigen Umstände, unter denen es zustande gekommen war, erfüllten mich mit einem bis dahin unbekannten Bewußtsein der Macht, die ich damit plötzlich in Händen hielt. Auch war ich in engere Verbindung mit der Fürstin Metternich gekommen, die zweifellos die gute Fee des ganzen Unternehmens war, und wurde nun auch von ihrem Mann und dem ganzen diplomatischen Kreis, dem sie angehörten, mit schmeichelnder Herzlichkeit empfangen. Der Fürstin besonders schrieb man einen fast allmächtigen Einfluß am französischen Kaiserhof zu, wo Fould, der sonst einflußreiche Staatsminister, in meinen Angelegenheiten nichts gegen sie ausrichten konnte. Sie wies mich an, mich wegen der Erfüllung aller meiner Wünsche nur an sie zu wenden, und sagte, sie werde Mittel und Wege zu finden wissen, um das Vorhaben, das ihr jetzt offenbar am Herzen lag, zum Erfolg zu führen, und zwar um so fester, als sie sah, daß ich noch immer keinen rechten Glauben an das Unternehmen hatte.

Unter diesen hoffnungsvolleren Vorzeichen verbrachte ich die Monate vom Sommer bis zum Herbst, als die Proben beginnen sollten. Es war mir ein großes Glück, dass ich gerade jetzt Vorsorge für Minnas Gesundheit treffen konnte, da die Ärzte ihr dringend einen Besuch in den Bädern von Soden bei Frankfurt verordnet hatten. Sie reiste also Anfang Juli ab, und ich versprach mir das Vergnügen, sie nach Beendigung ihrer Kur abzuholen, da ich zu dieser Zeit selbst Gelegenheit hatte, den Rhein zu besuchen.

Gerade in diesem Moment besserten sich meine Beziehungen zum König von Sachsen, der sich bis dahin hartnäckig geweigert hatte, mir eine Amnestie zu gewähren. Dies verdankte ich dem wachsenden Interesse, das die anderen deutschen Botschaften, insbesondere die österreichischen und preußischen, mir entgegenbrachten. Herr von Seebach, der sächsische Botschafter, der mit einer Cousine meiner großmütigen Freundin, Frau Kalergis, verheiratet war, hatte mir gegenüber große Freundlichkeiten gezeigt, und schließlich schien er es leid zu sein, von seinen Kollegen ständig wegen meiner anstößigen Stellung als „politischer Flüchtling" verspottet zu werden, und hielt es daher für seine Pflicht, sich an seinem Hof für mich einzusetzen. Dabei scheint ihm die Prinzessin-Regentin von Preußen großzügig geholfen zu haben — wiederum durch die Vermittlung des Grafen Pourtales. Ich hörte, dass sie anlässlich eines Treffens zwischen den deutschen Fürsten und Kaiser Napoleon in Baden ihren Einfluss beim König von Sachsen für mich geltend machte. Das Ergebnis war, dass Herr von Seebach, nachdem er mehrere lächerliche Einwände beigelegt hatte, die er mir alle wiederholen musste, mitteilen konnte, dass König Johann mir zwar weder verzeihen noch meine Rückkehr in das Königreich Sachsen gestatten würde, er jedoch meinem Aufenthalt in einem anderen Staat des Deutschen Bundes, den ich zur Verfolgung meiner künstlerischen Ziele besuchen müsste, keine Hindernisse in den Weg legen würde, vorausgesetzt, dass dieser Staat keine Einwände gegen meine Anwesenheit hätte. Herr von Seebach fügte den weiteren Hinweis hinzu, dass es ratsam wäre, wenn ich mich bei meinem nächsten Besuch im Rheinland bei der Prinzessin-Regentin vorstellte, um meinen Dank für ihre freundliche Fürsprache auszudrücken, eine Höflichkeit, die er mir zu verstehen gab, dass der König von Sachsen selbst sie zu wünschen schien.

Doch bevor dieser Plan verwirklicht werden konnte, hatte ich noch die quälendsten Qualen mit meinen Übersetzern des Tannhäuser zu ertragen. Inmitten dieser Ängste und aller meiner bisherigen Sorgen litt ich wieder an meinem alten Übel, das sich jetzt in meinem Unterleib festgesetzt zu haben schien. Als Heilmittel wurde mir Reitsport empfohlen . Der Maler Czermak, ein freundlicher junger Mann, den mir Fräulein Meysenburg vorgestellt hatte, bot seine Hilfe für die notwendigen Reitstunden an. Gegen ein Abonnement auf eine bestimmte Zeit brachte ein Mann aus einem Mietstall seine ruhigsten Pferde, die wir speziell ausgehandelt hatten, für mich und meinen Kameraden herbei, auf denen wir uns mit größter Vorsicht zu einem Ausritt in den Bois de Boulogne wagten. Wir wählten für diese Übung die Morgenstunden, um den eleganten Kavalieren der vornehmen Welt nicht zu begegnen. Da ich mich blind auf Czermaks Erfahrung verließ, war ich natürlich erstaunt, dass ich ihn weit übertraf, wenn auch nicht in der Reitkunst, so doch zumindest an Mut, denn ich konnte den äußerst unangenehmen Trab meines Pferdes ertragen, während er lautstark gegen jede Wiederholung dieser Erfahrung protestierte. Als ich mutiger wurde, beschloss ich eines Tages, allein auszureiten. Der Stallbursche, der mir das Pferd brachte, behielt mich vorsichtig bis zur Barriere de l'Etoile im Auge, da er bezweifelte, dass ich mein Pferd über diesen Punkt hinaus bringen könnte. Und tatsächlich weigerte sich mein Ross hartnäckig, als ich mich der Avenue de l'Imperatrice näherte, weiterzugehen: Es bog seitwärts und rückwärts ab und blieb oft stocksteif stehen. Dies beharrte er, bis ich mich schließlich entschloss, umzukehren, wobei mir glücklicherweise die kluge Voraussicht des Stallburschen zu Hilfe kam. Er half mir auf offener Straße von meinem Tier herunter und führte es lächelnd nach Hause. Mit diesem Erlebnis fand mein letzter Versuch, Reiter zu werden, ein unrühmliches Ende und ich verlor zehn Ausritte, deren Gutscheine ungenutzt in meinem Schreibtisch blieben.

Als Ausgleich fand ich reichlich Erfrischung und regelmäßige Bewegung bei einsamen Spaziergängen im Bois de Boulogne, fröhlich begleitet von meinem kleinen Hund Fips, bei denen ich die waldige Schönheit dieses künstlichen Vergnügungsgeländes wieder zu schätzen lernte. Auch das Leben war ruhiger geworden, wie es zu dieser Jahreszeit in Paris gewöhnlich der Fall ist. Bülow war, nachdem er gehört hatte, dass sein Dejeuner bei Vachette das außergewöhnliche Ergebnis eines kaiserlichen Befehls zur Aufführung des Tannhäuser hervorgebracht hatte, längst nach Deutschland zurückgekehrt; und im August brach auch ich zu meiner sorgfältig geplanten Exkursion in die deutschen Rheingebiete auf. Dort wandte ich mich zunächst über Köln nach Koblenz, wo ich Prinzessin Augusta von Preußen zu finden erwartete. Als ich jedoch erfuhr, dass sie in Baden war, machte ich mich auf den Weg nach Soden, von wo ich Minna für eine weitere Reise abholte, begleitet von ihrer kürzlich erworbenen Freundin Mathilde Schiffner. Wir legten in Frankfurt an, wo ich meinen Bruder Albert zum ersten Mal seit seiner Abreise aus Dresden traf, da er zufällig auch durch diese Stadt reiste.

Als ich dort war, fiel mir ein, dass dies die Wohnung Schopenhauers war, aber eine sonderbare Schüchternheit hielt mich davon ab, ihn aufzusuchen. Meine Stimmung schien damals zu verstört und zu weit entfernt von allem, was ein Gesprächsthema mit Schopenhauer hätte sein können, selbst wenn ich mich stark zu ihm hingezogen gefühlt hätte, und was allein einen Grund hätte darstellen können, mich trotz solcher Abneigung bei ihm aufzudrängen. Wie bei so vielen anderen Dingen in meinem Leben verschob ich auch wieder eine seiner kostbarsten Gelegenheiten bis zu jener heiß erwarteten „günstigeren Zeit", die, wie ich annahm, eines Tages sicher kommen würde. Als ich ein Jahr nach diesem Kurzbesuch wieder einige Zeit in Frankfurt blieb, um die Aufführung meiner „Meistersinger" zu beaufsichtigen, bildete ich mir ein, dass endlich diese günstigere Gelegenheit gekommen sei, Schopenhauer zu sehen. Aber ach! er starb noch im selben Jahr, eine Tatsache, die mich zu vielen bitteren Gedanken über die Ungewissheit des Schicksals verleitete.

Auch ein anderer sehnlichst gehegter Wunsch erfüllte sich bei diesem ersten Besuche nicht. Ich hatte gehofft, Liszt zu einem Treffen in Frankfurt bewegen zu können, fand aber statt dessen nur einen Brief vor, der die Erfüllung meines Wunsches für unmöglich erklärte.

Von dieser Stadt fuhren wir direkt nach Baden-Baden. Hier überließ ich Minna und ihre Freundin den Verführungen des Roulettetisches, während ich mir einen Empfehlungsbrief des Grafen Pourtales an Gräfin Hacke, eine Hofdame Ihrer Königlichen Hoheit, zunutze machte, durch den ich ihrer erhabenen Gönnerin vorgestellt werden wollte. Nach einer kleinen Verzögerung erhielt ich ordnungsgemäß eine Einladung, sie um fünf Uhr nachmittags in der Trinkhalle zu treffen. Es war ein nasser, kalter Tag, und zu dieser Stunde schien die ganze Umgebung des Ortes absolut leblos, als ich mich meinem bedeutsamen Rendezvous näherte. Ich fand Augusta, die mit Gräfin Hacke auf und ab ging, und als ich näher kam, blieb sie gnädig stehen. Ihre Unterhaltung bestand fast ausschließlich aus Versicherungen, dass sie in jeder Hinsicht völlig machtlos sei, worauf ich unvorsichtigerweise den Hinweis des Königs von Sachsen zitierte, dass ich ihr meinen persönlichen Dank für ihr vorheriges Eingreifen in meinem Namen aussprechen sollte. Das schien sie offensichtlich zu übelnehmen und wies mich mit einer Miene der Gleichgültigkeit ab, die zeigen sollte, dass sie sich kaum für meine Belange interessierte. Meine alte Freundin Alwine Frommann erzählte mir später, dass sie nicht wüsste, was der Prinzessin an mir missfiel, aber sie dachte, es könnte vielleicht mein sächsischer Akzent sein.

Diesmal verließ ich das vielgepriesene Paradies Baden, ohne einen besonders freundlichen Eindruck mitzunehmen, und bestieg in Mannheim einen Dampfer, nur von Minna begleitet, auf dem ich zum ersten Mal den berühmten Rhein entlangfuhr. Es kam mir sehr merkwürdig vor, dass ich den Rhein so oft überquert hatte, ohne einmal diese charakteristischste historische Verkehrsader des mittelalterlichen Deutschlands kennengelernt zu haben. Eine hastige Rückkehr nach Köln beendete diese Exkursion, die nur eine Woche gedauert hatte, und von der ich zurückkehrte, um mich noch einmal der Lösung der Probleme meines Pariser Unternehmens zu stellen, die sich mir nun schmerzlich eröffneten.

Ein Faktor, der die Schwierigkeiten, mit denen ich konfrontiert war, erheblich zu lindern schien, war das freundschaftliche Verhältnis, das der junge Bankier Emil Erlanger mir gegenüber pflegte. Dies verdankte ich in erster Linie einem außergewöhnlichen Mann namens Albert Beckmann, einem ehemaligen hannoverschen Revolutionär und späteren Privatbibliothekar von Louis Napoleon, der zu dieser Zeit Presseagent für mehrere Interessen war, über die ich nie ganz im Bilde war. Diesem Mann gelang es, meine Bekanntschaft als offener Bewunderer zu machen, und in dieser Eigenschaft erwies er sich als außerordentlich zuvorkommend. Er teilte mir nun mit, dass Herr Erlanger, bei dem er ebenfalls in Verbindung mit der Presse stand, sich freuen würde, mich kennenzulernen. Ich war im Begriff, die Ehre rundheraus abzulehnen und zu sagen, dass ich von keinem Bankier etwas wissen wollte, außer in Bezug auf sein Geld, als er auf meinen Scherz antwortete, indem er mir in aller Ernsthaftigkeit sagte, dass Herr Erlanger mir genau auf diese Weise dienen wolle. Durch diese Einladung lernte ich einen wirklich angenehmen Mann kennen, der, da er meine Musik in Deutschland oft gehört hatte, ein sympathisches Interesse an meiner Person entwickelt hatte. Er äußerte offen den Wunsch, dass ich die Leitung meiner Finanzgeschäfte ganz in seine Hände legen sollte, was in der Tat nichts weniger bedeutete, als dass er sich dauerhaft für alle notwendigen Subventionen verantwortlich machen würde, wofür ich ihm im Gegenzug alle eventuellen Erträge meiner Pariser Unternehmungen überlassen sollte. Dieses Angebot war ausgesprochen neuartig und entsprach außerdem genau den Erfordernissen meiner besonderen Situation. Und tatsächlich hatte ich, was meine spätere finanzielle Sicherheit betraf, keine weiteren Schwierigkeiten zu bewältigen, bis meine Position in Paris endgültig geklärt war. Und obwohl mein späterer Verkehr mit M. Erlanger von vielen Umständen begleitet war, die kein freundliches Entgegenkommen hätte lindern können, fand ich in ihm doch immer einen wirklich ergebenen Freund, der sich ernsthaft sowohl um mein persönliches Wohlergehen als auch um den Erfolg meiner Unternehmungen kümmerte.

Diese überaus zufriedenstellende Wendung der Ereignisse hätte mir großen Mut einflößen können, wenn die Umstände etwas anders gewesen wären. So aber vermochte sie nicht, in mir auch nur die geringste Begeisterung für ein Unterfangen zu wecken, dessen Hohlheit und Ungeeignetheit für mich persönlich sich jedes Mal deutlich zeigte, wenn ich mich ihm näherte. Ich begegnete jeder Forderung, die dieses Unterfangen stellte, mit einem Gefühl der Missstimmung, und doch war es die Grundlage des in mich gesetzten Vertrauens. Eine gewisse erfrischende Unsicherheit über den Charakter meines Vorhabens wurde mir jedoch durch einen neuen Bekannten, der mir im Zusammenhang damit vorgestellt wurde, in den Sinn gebracht. M. Royer teilte mir mit, dass er die Übersetzung, die ich mit unendlicher Mühe durch die beiden Männer, die mir freiwillig geholfen hatten, ins Leben gerufen hatte, nicht „durchgehen" lassen könne. Er empfahl mir dringend eine gründliche Überarbeitung durch M. Charles Truinet, dessen Pseudonym Nuitter war. Dieser Mann war noch jung und außerordentlich attraktiv, mit etwas Freundlichem und Offenem in seinem Wesen. Er hatte mich vor einigen Monaten aufsucht, um mir seine Mitarbeit bei der Übersetzung meiner Opern anzubieten, als Ollivier, sein Kollege bei der Pariser Anwaltskammer, mich einführte. Stolz auf meine Verbindung mit Lindau hatte ich seine Hilfe jedoch abgelehnt; aber jetzt war die Zeit gekommen, in der aufgrund der Kritik von Herrn Roy Truinets erneutes Angebot seiner Dienste in Betracht gezogen werden musste. Er verstand kein Deutsch, behauptete aber, dass er sich in dieser Hinsicht auf seinen alten Vater verlassen könne, der lange Zeit in Deutschland gereist war und sich die wesentlichen Kenntnisse unserer Sprache angeeignet hatte. Tatsächlich waren diesbezüglich keine besonderen Kenntnisse erforderlich, da das einzige Problem darin zu bestehen schien, die französischen Verse weniger steif und gestelzt zu machen, die der arme Roche unter der schändlichen Kontrolle Lindaus verfasst hatte, der immer vorgab, alles besser zu wissen als jeder andere. Die unerschöpfliche Geduld, mit der Truinet von einer Änderung zur nächsten ging, um meinen Ansprüchen auch hinsichtlich der musikalischen Angemessenheit der Fassung gerecht zu werden, gewann meine Sympathie für diesen letzten Mitarbeiter. Von nun an mussten wir Lindau von der geringsten Einmischung in diese Neugestaltung des „Buches" fernhalten. Er war als völlig inkompetent erkannt worden. Roche hingegen blieb insoweit erhalten, als seine Arbeit als Grundlage für die neue Versifikation diente. Da es für ihn schwierig war, sein Stammbüro zu verlassen, war er von der Sorge um den restlichen Teil der Arbeit entbunden, da Truinet völlig frei war und täglich mit mir in Verbindung bleiben konnte. Ich sah jetzt, dass Truinets Jurastudium nur Zierde war und dass er nie daran dachte, einen Prozess zu führen. Seine Hauptinteressen galten der Verwaltung der Grand Opera, der er als Archivar zugeteilt war. Er hatte zunächst mit einem Mitarbeiter, dann mit einem anderen auch an kleinen Stücken für das Vaudeville und Theater kleinerer Ordnung, ja sogar für die Bouffes Parisiens gearbeitet; aber er schämte sich dieser Produktionen und verstand es immer, über dieses Tätigkeitsgebiet zu sprechen. Ich war ihm sehr dankbar für die endgültige Bearbeitung eines gesungenen Textes zu meinem Tannhäuser, der von allen Seiten als „akzeptabel" angesehen wurde. Aber ich kann mich nicht erinnern, jemals etwas Poetisches oder auch nur Ästhetisches in seinem Wesen angezogen zu haben. Sein Wert jedoch als erfahrener, warmherziger, stets ergebener Freund zu allen Zeiten, besonders in Zeiten größter Not, machte sich immer deutlicher bemerkbar. Ich kann mich kaum erinnern, jemals einen Mann getroffen zu haben, der in den schwierigsten Punkten ein so gesundes Urteil besaß und bei Gelegenheit so aktiv bereit war, die von mir vertretene Ansicht zu verteidigen.

Zunächst galt es, gemeinsam ein ganz neues Werk zu fördern. Einem schon immer empfundenen Bedürfnis gehorchend, hatte ich die Gelegenheit dieser sorgfältig vorbereiteten Tannhäuser-Aufführung genutzt, um die erste Venus-Szene zu erweitern und beträchtlich auszufüllen. Zu diesem Zweck schrieb ich den Text in lockeren deutschen Versen, um dem Übersetzer die Freiheit zu lassen, ihn in eine passende französische Form zu bringen; man sagte mir, Truinets Verse seien gar nicht schlecht; und auf dieser Grundlage komponierte ich die zusätzliche Musik für die Szene und fügte ihr erst nachträglich einen deutschen Text hinzu. Meine lästigen Diskussionen mit der Direktion über ein großes Ballett hatten mich dazu veranlaßt, die Szene vom Venusberg umfassend zu ergänzen. Ich dachte, damit würde ich dem Ballettpersonal eine so großartige choreographische Aufgabe geben, daß es keinen Grund mehr gäbe, mich wegen meiner Hartnäckigkeit in dieser Angelegenheit zu beschimpfen. Die musikalische Komposition der beiden Szenen nahm im September den größten Teil meiner Zeit in Anspruch und gleichzeitig begann ich mit den Klavierproben von Tannhäuser im Foyer der Grand Opera.

Die Truppe, von der ein Teil zu diesem Zweck neu engagiert worden war, war nun versammelt, und ich war daran interessiert, mehr über die Art und Weise zu erfahren, wie ein neues Werk an der Französischen Oper einstudiert wird.

Die charakteristischen Merkmale des Systems in Paris können einfach als extreme Kälte und außerordentliche Genauigkeit beschrieben werden. Herr Vauthrot, der Chorleiter, zeichnete sich durch beide Eigenschaften aus. Er war ein Mann, den ich mir als feindlich gegenüber ansehen musste, da ich ihm nie einen einzigen Ausdruck der Begeisterung entlocken konnte. Andererseits bewies er mir durch die peinlichste Sorgfalt, wie gewissenhaft er seine Arbeit wirklich erledigte. Er bestand auf erheblichen Änderungen des Textes, um ein günstiges Medium für den Gesang zu erhalten. Meine Kenntnis der Partituren von Auber und Boieldieu hatte mich zu der Annahme verleitet, dass es den Franzosen völlig gleichgültig sei, ob die stummen Silben in Poesie und Gesang erklingen sollten oder nicht. Vauthrot behauptete, dies sei nur bei Komponisten der Fall, nicht aber bei guten Sängern. Er hatte immer Bedenken wegen der Länge meiner Arbeit, und ich antwortete ihm mit der Bemerkung, ich könne nicht verstehen, wie er Angst haben könne, das Publikum mit irgendeiner Oper zu langweilen, nachdem es daran gewöhnt sei, an Rossinis Semiramis, die oft aufgeführt wurde, Gefallen zu finden. Daraufhin hielt er inne, um nachzudenken, und stimmte mir hinsichtlich der Monotonie der Handlung und der Musik in diesem Werk zu.

Er sagte mir jedoch, ich solle nicht vergessen, dass das Publikum weder Handlung noch Musik interessiere, sondern dass seine ganze Aufmerksamkeit auf die Brillanz der Sänger gerichtet sei. Tannhäuser biete wenig Raum für Brillanz, und tatsächlich verfüge ich über keine dieser Qualitäten. Die einzige Sängerin in meiner Truppe, die Anspruch auf eine solche Auszeichnung hatte, war Mme. Tedesco, eine ziemlich groteske, aber wollüstige Jüdin, die aus Portugal und Spanien zurückgekehrt war, nachdem sie große Triumphe in italienischen Opern gefeiert hatte. Sie verbarg ihre Genugtuung nicht, dass sie durch meine unfreiwillige Wahl für sie für die Rolle der Venus ein Engagement an der Pariser Oper bekommen hatte. Sie gab sich alle Mühe, das Problem, das sie ganz und gar überforderte und das nur einer echten Tragödienschauspielerin zustand, nach besten Kräften zu lösen. Eine Zeitlang schienen ihre Bemühungen von Erfolg gekrönt zu sein, und mehrere Sonderproben mit Niemann führten zu einer lebhaften Verwandtschaft zwischen Tannhäuser und Venus. Da Niemann die französische Aussprache mit großer Geschicklichkeit beherrschte, brachten diese Proben, bei denen sich Fräulein Sax auch als entzückend erwies, echte und ermutigende Fortschritte. Bis zu diesem Zeitpunkt verliefen diese Proben ungestört, da meine Bekanntschaft mit Herrn Dietzsch noch sehr flüchtig war. Nach den Regeln des Opernhauses war Dietzsch bisher als Orchesterchef und künftiger Dirigent der Oper nur bei den Klavierproben anwesend gewesen, um sich mit den Absichten der Sänger genau vertraut zu machen. Noch weniger störte mich der Bühnendirektor Monsieur Cormon, der ebenfalls bei den Proben anwesend war und mit der für die Franzosen typischen lebhaften Geschicklichkeit die zahlreichen sogenannten „Eigenproben" leitete, bei denen die Art und Weise festgelegt wurde, wie jede Szene gespielt werden sollte. Selbst wenn Monsieur Cormon oder andere mich nicht verstanden, waren sie immer bereit, sich meinen Entscheidungen unterzuordnen; denn ich galt weiterhin als allmächtig, und jedermann glaubte, ich könne durch die Fürstin Metternich durchsetzen, was ich wollte, eine Überzeugung, die allerdings nicht ohne Grund war. So hatte ich beispielsweise erfahren, dass Fürst Poniatowsky drohte, uns die Fortsetzung unserer Proben durch die Wiederaufführung einer seiner eigenen Opern, deren Aufführung gescheitert war, ernsthaft zu erschweren. Die unerschrockene Fürstin begegnete meinen Beschwerden in dieser Hinsicht, indem sie eine sofortige Anordnung erwirkte, die Oper des Fürsten einzustellen. Natürlich trug dies nicht dazu bei, mich beim Fürsten beliebt zu machen, und er versäumte es nicht, mir seinen Unmut zu spüren zu geben, wenn ich ihn aufsuchte. Inmitten all dieser Arbeit verschaffte mir der Besuch meiner Schwester Louise mit einem Teil ihrer Familie etwas Erholung. Sie in meinem eigenen Haus zu bewirten, bereitete mir die größten Schwierigkeiten, da es nun merkwürdigerweise absolut gefährlich wurde, sich meinem Haus zu nähern. Als ich es zum ersten Mal bezog, pachtete mich der Eigentümer für ziemlich lange Zeit, wollte aber keine Reparaturen vornehmen. Ich erfuhr nun, dass der Grund dafür darin lag, dass das Pariser Komitee für Wiederaufbau gerade beschlossen hatte, die Rue Newton mit all ihren Seitenstraßen zu räumen, um die Öffnung eines breiten Boulevards von einer der Brücken bis zur Barriere de l'Etoile zu ermöglichen. Doch bis zum letzten Moment wurde dieser Plan offiziell abgelehnt, um die Verpflichtung zur Zahlung einer Entschädigung für das zu enteignende Land so lange wie möglich zu vermeiden. Zu meinem Erstaunen bemerkte ich, dass in der Nähe meiner Haustür Ausgrabungen durchgeführt wurden; diese wurden immer breiter, so dass zunächst keine Kutschen an meiner Tür vorbeikamen und mein Haus schließlich nicht einmal zu Fuß erreichbar war. Unter diesen Umständen hatte der Eigentümer keine Einwände gegen meinen Auszug. Seine einzige Bedingung war, dass ich ihn auf Schadensersatz verklagen sollte, da dies die einzige Möglichkeit war, wie er seinerseits die Regierung verklagen konnte. Etwa zu dieser Zeit wurde mein Freund Ollivier wegen eines parlamentarischen Vergehens für drei Monate von der Kammer ausgeschlossen; er empfahl mich daher seinem Freund Picard zur Führung meines Falles, der, wie ich später aus dem Gerichtsverfahren erfuhr, seine Aufgabe mit viel Humor erledigte. Trotzdem bestand für mich keine Chance auf Schadensersatz (ob der Eigentümer überhaupt einen bekam, kann ich nicht sagen); jedenfalls musste ich mich damit zufrieden geben, von meiner Vereinbarung entbunden zu werden. Ich erhielt auch die Erlaubnis, mich nach einem anderen Haus umzusehen, und begann meine Suche in einem Viertel, das weniger weit von der Oper entfernt war . Ich fand einen armseligen, freudlosen Ort in der Rue d'Aumale. Im Spätherbst schlossen wir bei stürmischem Wetter die mühsame Aufgabe des Umzugs ab, bei der sich Louisas Tochter, meine Nichte Ottilie, als fähiges und williges Kind erwies. Leider habe ich mir beim Umzug eine schlimme Erkältung eingefangen und nicht viel dagegen unternommen. Ich war wieder der zunehmenden Aufregung der Proben ausgesetzt und erkrankte schließlich an Typhus.

Wir hatten den Monat November erreicht. Meine Verwandten mussten nach Hause gehen und ließen mich in einem Zustand der Bewusstlosigkeit zurück, in dem ich der Obhut meines Freundes Gasperini anvertraut wurde. In meinen Fieberanfällen bestand ich darauf, dass sie jede erdenkliche medizinische Hilfe herbeiriefen, und tatsächlich brachte Graf Hatzfeld den Arzt der preußischen Gesandtschaft. Die Ungerechtigkeit, die ich meinem Freund, der sich am meisten um mich kümmerte, angetan hatte, beruhte nicht auf Misstrauen ihm gegenüber, sondern auf fiebrigen Halluzinationen, die mein Gehirn mit den ungeheuerlichsten und üppigsten Phantasien erfüllten. In diesem Zustand bildete ich mir nicht nur ein, dass Prinzessin Metternich und Frau Kalergis einen kompletten Hof für mich arrangierten, zu dem ich Kaiser Napoleon einlud, sondern ich bat tatsächlich darum, dass Emil Erlanger mir eine Villa in der Nähe von Paris zur Verfügung stellen und mich dorthin bringen sollte, da es für mich unmöglich war, in dem dunklen Loch, in dem ich mich befand, wieder zu Kräften zu kommen. Schließlich bestand ich darauf, nach Neapel gebracht zu werden, wo ich mir im freien Verkehr mit Garibaldi eine baldige Genesung versprach. Gasperini hielt diesem ganzen Wahnsinn tapfer stand, und er und Minna mussten Gewalt anwenden, um die nötigen Senfpflaster auf meine Fußsohlen aufzutragen. In späteren schlechten Nächten kam ich oft in ähnlichen eitlen und extravaganten Einfällen vor, und beim Erwachen erkannte ich mit Entsetzen, dass sie die Folge jener Fieberperiode waren. Nach fünf Tagen hatten wir das Fieber in den Griff bekommen; aber ich schien zu erblinden, und meine Schwäche war äußerst groß. Endlich ließ die Sehbehinderung nach, und nach einigen Wochen traute ich mich wieder, die wenigen Straßen zwischen meinem Haus und der Oper entlangzuschleichen, um meine Sorge um die Fortsetzung der Proben zu befriedigen.

Man hatte sich hier die merkwürdigsten Ideen ausgedacht und schien anzunehmen, ich sei so gut wie tot. Ich erfuhr, dass die Proben unnötigerweise unterbrochen worden waren, und schloss aus einem Hinweis nach dem anderen, dass die Sache praktisch gescheitert war, obwohl ich in meinem intensiven Wunsch nach Genesung alles in meiner Macht Stehende tat, um dies vor mir selbst zu verbergen. Aber ich war hocherfreut und erfreut, als ich sah, dass die Übersetzung der vier bisher erschienenen Opernlibretti veröffentlicht worden war. Ich hatte ein sehr ausführliches Vorwort dazu geschrieben, das an M. Frederic Villot gerichtet war. Die Übersetzung all dessen hatte M. Challemel Lacour für mich veranlasst, ein Mann, den ich in früheren Tagen in Herweghs Haus kennengelernt hatte, als er politischer Flüchtling war. Er war ein hochintelligenter Übersetzer und hatte mir nun so bewundernswerte Dienste erwiesen, dass jeder den Wert seiner Arbeit erkannte. Ich hatte JJ Weber, dem Buchhändler in Leipzig, das deutsche Original des Vorworts zur Veröffentlichung unter dem Titel Zukunftsmusik gegeben. Auch diese Broschüre erreichte mich nun und freute mich, stellte sie doch wohl das einzige, oberflächlich betrachtet, Ergebnis meines ganzen Pariser Unterfangens dar.

Zugleich war ich nun in der Lage, die neue Komposition für den Tannhäuser zu vollenden, von dem die große Tanzszene auf dem Venusberg noch unvollendet war. Ich beendete sie eines Morgens um drei Uhr, nachdem ich die ganze Nacht aufgeblieben war, gerade als Minna von einem großen Ball im Stadthaus nach Hause kam, auf dem sie mit einer Freundin gewesen war. Ich hatte ihr zu Weihnachten einige schöne Geschenke gemacht, aber was mich selbst betraf, so fuhr ich fort, auf Anraten meines Arztes den langsamen Genesungsprozess durch ein Beefsteak am Morgen und ein Glas bayerisches Bier vor dem Schlafengehen zu unterstützen. Wir sahen dem alten Jahr nicht zu, im Gegenteil, ich begab mich zu Bett und schlief ruhig in das Jahr 1861 hinein.

1861.— Die Laxheit, mit der die Proben des Tannhäuser bei meiner Erkrankung geführt wurden, wich zu Beginn des neuen Jahres einer entschiedeneren Behandlung aller Einzelheiten, die mit der beabsichtigten Aufführung zusammenhingen. Aber ich konnte nicht übersehen, daß zugleich die Haltung aller Beteiligten wesentlich verändert war. Die Proben, die zahlreicher waren, als man erwarten konnte, vermittelten mir den Eindruck, daß die Direktion sich an die strenge Ausführung eines Befehls hielt, aber nicht von der Hoffnung auf einen erfolgreichen Ausgang beseelt war. Freilich erhielt ich jetzt einen klareren Einblick in den wirklichen Stand der Dinge. Durch die Presse, die ganz in Meyerbeers Händen war, wußte ich schon lange, was ich zu erwarten hatte. Die Direktion der Oper war, wahrscheinlich nach wiederholten Versuchen, die Hauptführer der Presse gefügig zu machen, jetzt ebenfalls überzeugt, daß mein Tannhäuser-Unternehmen von dieser Seite nur auf feindseligen Empfang stoßen würde. Diese Ansicht wurde selbst in den höchsten Kreisen geteilt, und es schien, als suchte man nach Mitteln, den Teil des Opernpublikums, der den Ausschlag geben konnte, auf meine Seite zu ziehen. Fürst Metternich schickte mir eines Tages eine Einladung zu einem Treffen mit dem neuen Kabinettsminister, Graf Walewsky. Die Vorstellung war von einer feierlichen Atmosphäre durchzogen und machte sie besonders bedeutsam, als der Graf mich in einer überzeugenden Rede zu überzeugen suchte, man wünsche mir alles Gute und wolle mir zu einem glänzenden Erfolg verhelfen. Er fügte abschließend hinzu, die Macht, dies zu bewirken, liege in meinen eigenen Händen, wenn ich nur einwillige, in den zweiten Akt meiner Oper ein Ballett einzuführen; man habe mir die berühmtesten Balletttänzer aus St. Petersburg und London vorgeschlagen, und ich brauche nur meine Auswahl zu treffen; ihr Engagement werde abgeschlossen sein, sobald ich den Erfolg meines Werkes ihrer Mitwirkung anvertraut hätte. Ich glaube, dass ich mit meiner Ablehnung dieser Vorschläge nicht weniger beredt war als er, als er sie machte. Mein völliger Misserfolg war jedoch darauf zurückzuführen, dass ich den ehrenwerten Minister nicht zu verstehen schien, als er mir mitteilte, dass das Ballett im ersten Akt nichts zähle, da jene Liebhaber des Theaters, die sich nur für das Ballett an einem Opernabend interessierten, der neuen Mode entsprechend daran gewöhnt waren, erst um acht Uhr zu Abend zu essen und so erst um zehn Uhr ins Theater kamen, wenn etwa die Hälfte der Vorstellung vorbei war. Ich antwortete, dass ich es nicht übernehmen könne, diesen Herren einen Gefallen zu tun, aber durchaus hoffen könne, einen anderen Teil des Publikums angemessen zu beeindrucken. Aber mit seiner unerschütterlichen Zeremoniengebärde begegnete er mir mit dem Einwand, dass man allein auf die Unterstützung dieser Herren zählen könne, um ein erfolgreiches Ergebnis zu erzielen, da sie stark genug seien, sogar der feindseligen Haltung der Presse zu trotzen. Diese Vorsichtsmaßnahme erregte bei mir keine Reaktion, und ich bot an, meine Arbeit ganz zurückzuziehen, worauf man mir mit dem größten Ernst versicherte, ich sei gemäß dem allgemein zu respektierenden Befehl des Kaisers Herr der Lage und mein Wille werde in allem befolgt. Der Graf hatte es nur für seine Pflicht gehalten, mir einen freundlichen Rat zu erteilen.

Die Folgen dieses Gesprächs zeigten sich bald in vielerlei Hinsicht. Ich stürzte mich mit Begeisterung in die Arbeit, die großen Tanzszenen des ersten Aktes auszuführen, und versuchte, Petitpas, den Ballettmeister, für mich zu gewinnen. Ich verlangte unerhörte Kombinationen, die ganz anders waren als die, die im Ballett gewöhnlich verwendet werden. Ich lenkte die Aufmerksamkeit auf die Tänze der Mänaden und Bacchantinnen und verblüffte Petitpas mit der bloßen Vorstellung, dass er mit seinen anmutigen Schülern etwas dergleichen erreichen könnte, da es durchaus in seinen Fähigkeiten liege. Er erklärte mir, dass ich durch die Platzierung meines Balletts an den Anfang des ersten Aktes selbst auf jeden Anspruch auf die Stepptänzer der Oper verzichtet hätte, und dass er nur anbieten könne, drei ungarische Tänzerinnen, die früher in den Feenszenen an der Porte St. Martin getanzt hatten, für die Rollen der drei Grazien zu engagieren. Da ich mich damit zufrieden gab, auf die hervorragenden Tänzer der Oper zu verzichten, bestand ich umso mehr darauf, dass die einfachen Mitglieder des Balletts aktiv geschult würden. Ich wollte wissen, dass das männliche Personal in voller Stärke anwesend war, erfuhr aber, dass es unmöglich war, es meinen Anforderungen entsprechend zu schulen, es sei denn, man engagierte Schneider, die für ein Monatsgehalt von fünfzig Francs während der Aufführungen der Solotänzer in vager Weise in den Kulissen auftraten. Schließlich versuchte ich, meine Effekte mit Hilfe der Kostüme zu erzielen, und bat um beträchtliche Mittel zu diesem Zweck, nur um, nachdem ich durch eine Ausrede nach der anderen ermüdet war, zu erfahren, dass die Direktion entschlossen war, keinen einzigen Penny für mein Ballett auszugeben, das sie als völlige Verschwendung betrachtete. Dies war der Inhalt dessen, was mir mein treuer Freund Truinet mitteilte. Dies war das erste Zeichen von vielen, die mir bald die Tatsache offenbarten, dass selbst in den Kreisen der Opernverwaltung selbst Tannhäuser bereits als verlorene Arbeit und reine Zeitverschwendung angesehen wurde.

Die Atmosphäre dieser Überzeugung lastete nun mit wachsendem Druck auf allem, was zur Vorbereitung einer immer wieder verschobenen Aufführung unternommen wurde. Mit Beginn des Jahres hatten die Proben die Bühne bereit gemacht, auf der die Szenen arrangiert und die Orchesterproben begonnen wurden. Alles wurde mit einer Sorgfalt durchgeführt, die mir anfangs sehr angenehm erschien, bis ich schließlich gelangweilt wurde, weil ich sah, wie die Kräfte der Darsteller durch die ewige Wiederholung erlahmten, und es war nun klar, dass ich mich auf meine eigene Fähigkeit verlassen musste, die Sache so schnell durchzuziehen, wie ich es für richtig hielt. Aber es war nicht die Ermüdung durch dieses System, die Niemann, die Hauptstütze meiner Arbeit, schließlich vor der Aufgabe zurückschrecken ließ, die er anfangs mit einer vielversprechenden Energie übernommen hatte. Er war informiert worden, dass es eine Verschwörung gab, um meine Arbeit zu ruinieren. Von diesem Zeitpunkt an war er ein Opfer einer Verzagtheit, der er in seinen Beziehungen zu mir einen irgendwie teuflischen Charakter zu verleihen suchte. Er behauptete, er könne die Sache bisher nur in einem schwarzen Licht sehen, und brachte einige Argumente vor, die sehr vernünftig klangen; er kritisierte die ganze Oper als Institution und das daran hängende Publikum, auch unser Sängerpersonal, von dem er behauptete, nicht ein einziger habe seine Rolle so verstanden, wie ich sie meinte; und er stellte alle Nachteile des Unternehmens dar, die mir selbst nicht entgehen konnten, sobald ich mit dem Chef du chant, dem Regisseur, dem Ballettmeister, dem Chorleiter, vor allem aber mit dem Chef d'orchestre in Berührung kam. Vor allem bestand Niemann (der sich von Anfang an, in vollem Wissen um das, was es bedeutete, die Aufgabe gestellt hatte, seine Rolle ohne irgendwelche Kürzungen zu spielen) darauf, die Partitur zu kürzen. Meinem erstaunten Ausdruck begegnete er mit der Bemerkung, ich dürfe nicht annehmen, dass es auf den Verzicht dieser oder jener Stelle ankomme, sondern dass wir uns mitten in einem Unternehmen befänden, das nicht zu schnell erledigt werden könne.

Unter wenig ermutigenden Umständen schleppte sich das Studium des Tannhäuser bis an den Rand der sogenannten Generalproben. Von allen Seiten versammelten sich die Freunde meines früheren Lebens in Paris, um der Apotheose der Uraufführung beizuwohnen. Unter ihnen waren Otto Wesendonck, Ferdinand Prager, der unglückliche Kietz, für den ich die Kosten seiner Reise und seines Aufenthalts in Paris zu tragen hatte; glücklicherweise kam auch Monsieur Chandon aus Epernay mit einem Korb Fleur du Jardin, seiner feinsten Champagnermarke. Damit sollte auf den Erfolg des Tannhäuser getrunken werden. Auch Bülow kam, niedergeschlagen und betrübt durch die Lasten seines eigenen Lebens und in der Hoffnung, aus dem Erfolg meines Vorhabens neuen Mut und neue Lebenskraft schöpfen zu können. Ich wagte nicht, ihm in so vielen Worten von dem elenden Zustand der Dinge zu erzählen; im Gegenteil, da ich ihn so niedergeschlagen sah, machte ich aus der Sache das Beste. Bei der ersten Probe jedoch, bei der Bülow anwesend war, verstand er die Sache. Ich verbarg nichts mehr vor ihm, und wir pflegten einen traurigen Verkehr bis zum Abend der Vorstellung, die immer wieder verschoben wurde, und nur sein unermüdliches Bemühen, mir nützlich zu sein, gab unserer Kameradschaft etwas Leben . Von welcher Seite wir unser groteskes Unterfangen auch betrachteten, wir stießen auf Untauglichkeit und

Unfähigkeit. So war es beispielsweise unmöglich, in ganz Paris die zwölf Waldhörner aufzutreiben, die in Dresden im ersten Akt so tapfer den Jagdruf erklingen ließen. In Verbindung mit dieser Angelegenheit hatte ich es mit dem schrecklichen Sax zu tun, dem berühmten Instrumentenbauer. Er musste mir mit allerlei Ersatz in Form von Saxophonen und Saxhörnern aushelfen; außerdem war er offiziell zum Dirigat der Musik hinter den Kulissen ernannt. Es war unmöglich, diese Musik jemals richtig spielen zu lassen.

Der Hauptkritikpunkt war jedoch die Unfähigkeit des Dirigenten Herrn Dietzsch, die jetzt einen bisher ungeahnten Grad erreicht hatte. Bei den zahlreichen Orchesterproben, die bisher stattgefunden hatten, hatte ich mich daran gewöhnt, diesen Mann wie eine Maschine zu benutzen. Von meinem gewohnten Platz auf der Bühne in der Nähe seines Pultes aus hatte ich sowohl Dirigent als auch Orchester dirigiert. Auf diese Weise hatte ich meine Tempi so beibehalten, dass ich keinen Zweifel daran hatte, dass alle meine Punkte auch nach meiner Entfernung fest verankert bleiben würden. Ich stellte im Gegenteil fest, dass, sobald Dietzsch sich selbst überlassen war, alles zu schwanken begann; kein einziges Tempo, keine einzige Nuance wurde gewissenhaft und streng eingehalten. Da wurde mir die extreme Gefahr bewusst, in die wir uns begeben hatten. Zugegeben, kein einziger Sänger war für seine Aufgabe geeignet oder qualifiziert, sie so zu erfüllen, dass er eine echte Wirkung erzielt; zugegeben, das Ballett und sogar die prächtige Inszenierung und Vitalität der damaligen Pariser Aufführungen konnten bei dieser Gelegenheit nichts oder höchstens wenig beitragen; zwar mochte der ganze Geist des Librettos und jenes unbestimmbare ETWAS, das selbst in den schlechtesten Tannhäuser-Aufführungen in Deutschland ein Gefühl von Heimat erweckte, hier einen fremden oder bestenfalls ungewohnten Ton anschlagen; dennoch aber ließ der Charakter der Orchestermusik, die, wenn sie mit Nachdruck vorgetragen wurde, voller suggestiver Ausdruckskraft war, hoffen, daß sie auch auf ein Pariser Publikum Eindruck machen würde. Aber gerade hier sah ich alles in einem farblosen Chaos versinken, jede Linie der Zeichnung verwischt; außerdem wurden die Sänger in ihrer Arbeit immer unsicherer; selbst die armen Balletttänzerinnen konnten bei ihren unbedeutenden Schritten den Takt nicht mehr halten; so daß ich mich schließlich genötigt sah, mit der Erklärung dazwischenzutreten, die Oper brauche einen anderen Dirigenten, und ich sei im Notfall selbst bereit, ihn zu vertreten. Diese Erklärung brachte die Verwirrung, die um mich herum entstanden war, auf den Höhepunkt. Selbst die Orchestermitglieder, die die Unfähigkeit ihres Dirigenten schon lange erkannt und offen verspottet hatten, nahmen nun, da es um ihren berüchtigten Chef ging, Partei gegen mich. Die Presse geriet in Wut über meine „Arroganz", und Napoleon III. konnte mir angesichts der Aufregung, die die Affäre verursachte, keinen besseren Rat geben , als auf meine

Wünsche zu verzichten, da ich damit nur die Chancen meiner Arbeit aufs Äußerste gefährden würde . Andererseits durfte ich neue Proben beginnen und sie so lange wiederholen lassen, bis ich zufrieden war.

Dieser Ausweg aus der Schwierigkeit konnte für mich und für das ganze mit dem Unternehmen beschäftigte Personal nur zu einer Steigerung der Ermüdung führen, und es blieb immer noch die Tatsache, dass Herr Dietzsch in Bezug auf das Tempo nicht zuverlässig war. Schließlich versuchte ich mir, mehr aus Willenskraft als aus Überzeugung, einzubilden, ich leiste einen Dienst, indem ich auf die richtige Interpretation einer Aufführung bestand, die ja schließlich durchgezogen werden musste; woraufhin die ungestümen Musiker zum ersten Mal gegen die übermäßigen Proben aufbegehrten. In diesem Stadium bemerkte ich, dass die von der Generaldirektion gegebene Garantie meiner praktischen Kontrolle nicht ganz in gutem Glauben gegeben war, und angesichts der zunehmenden Klagen von allen Seiten über Übermüdung beschloss ich, „die Rückgabe meiner Partitur zu verlangen", wie man es nannte, das heißt, auf die Aufführung der Oper zu verzichten. Ich richtete diesbezüglich eine ausdrückliche Bitte an den Kabinettsminister Walewsky, erhielt jedoch die Antwort, dass es unmöglich sei, meinen Wünschen nachzukommen, insbesondere wegen der hohen Kosten, die bereits für die Vorbereitung aufgewendet worden waren. Ich weigerte mich, mich seinem Entschlusse zu fügen, und berief eine Konferenz meiner Freunde ein, die sich mehr für mich interessierten, unter denen sich Graf Hatzfeld und Emil Erlanger befanden. Ich beriet mich mit ihnen über die Mittel, die mir zur Verfügung stünden, um die Aufführung des Tannhäuser in der Oper zu verbieten. Zufällig war Otto Wesendonck bei dieser Konferenz anwesend; er wartete noch immer in Paris und hoffte, das Vergnügen zu haben, der ersten Aufführung beizuwohnen, war aber nun von der Hoffnungslosigkeit der Lage überzeugt und floh sogleich nach Zürich zurück. Prager hatte bereits dasselbe getan. Nur Kietz hielt treu durch und bemühte sich, in Paris etwas Geld für seine Zukunft zu verdienen, wobei er bei diesem Versuch durch viele Schwierigkeiten behindert wurde, die seinem Wunsch im Wege standen. Diese Konferenz führte dazu, dass erneute Vorstellungen an Kaiser Napoleon gerichtet wurden, die jedoch auf die gleiche gnädige Antwort wie zuvor stießen, und ich wurde ermächtigt, einen neuen Verlauf der Proben einzuleiten. Schließlich war ich bis ins Innerste ermüdet, völlig desillusioniert und von meiner pessimistischen Sicht der Dinge absolut überzeugt und beschloss, die Sache ihrem Schicksal zu überlassen.

Nachdem ich in dieser Stimmung endlich meine Zustimmung gegeben hatte, den Termin für die Uraufführung meiner Oper festzulegen, wurde ich nun auf höchst erstaunliche Weise in eine andere Richtung gedrängt. Jeder meiner Freunde und Anhänger verlangte einen guten Platz für die Premiere; die

Direktion wies jedoch darauf hin, dass die Belegung des Hauses bei solchen Gelegenheiten ganz in den Händen des Hofes und der von ihm abhängigen Personen liege, und ich sollte bald klar genug erkennen, wem diese Plätze zugeteilt würden. Gegenwärtig musste ich den Ärger ertragen, viele meiner Freunde nicht so bedienen zu können, wie ich es gern getan hätte . Einige von ihnen nahmen mir meine angebliche Vernachlässigung ihnen gegenüber sehr schnell übel. Champfleury beklagte sich in einem Brief über diesen eklatanten Bruch der Freundschaft; Gasperini fing einen offenen Streit an, weil ich seiner Gönnerin und meiner Gläubigerin Lucy, der Generalinspektorin von Marseille, keine der besten Logen reserviert hatte. Selbst Blandine, die bei den Proben, die sie besucht hatte, von meiner Arbeit in der großzügigsten Weise begeistert war, konnte den Verdacht nicht unterdrücken, dass ich meine besten Freunde vernachlässigt hätte, als ich ihr und ihrem Mann Ollivier nichts Besseres als ein paar Sitzplätze anbieten konnte. Es bedurfte Emils ganzer Kaltblütigkeit, um von dieser tief gekränkten Freundin die gerechte Anerkennung der ehrlichen Versicherung zu erhalten, dass ich mich in einer unmöglichen Lage befand, in der ich dem Verrat von allen Seiten ausgesetzt war. Nur der arme Bülow verstand alles; er litt mit mir und scheute keine Mühe, mir in all diesen Schwierigkeiten behilflich zu sein. Die erste Aufführung am 13. März machte all diesen Verwicklungen ein Ende; meine Freunde verstanden nun, dass sie nicht, wie sie annahmen, zu einer Feier meiner Triumphe eingeladen worden waren.

Über den Verlauf dieses Abends habe ich schon an anderer Stelle genug gesprochen. Ich durfte mir schmeicheln, daß am Ende die positive Meinung meiner Oper die Oberhand behielt, da die Absicht meiner Gegner gewesen war, diese Vorstellung ganz zu sprengen, was ihnen aber unmöglich war. Aber am nächsten Tage erntete ich zu meinem Bedauern von meinen Freunden, allen voran Gasperini, nur Vorwürfe, weil ich mir die Besetzung des Saals bei der ersten Vorstellung völlig aus der Hand reißen ließ. Meyerbeer, so meinten sie, wisse es anders zu machen; habe er nicht seit seinem ersten Auftritt in Paris die Aufführung auch nur einer einzigen seiner Opern ohne die Garantie abgelehnt, daß er selbst den Saal bis in den letzten Winkel füllen werde? Da ich mich nicht um meine besten Freunde, wie M. Lucy, gekümmert hatte, war dann nicht der Mißerfolg jenes Abends meinem eigenen Verhalten zuzuschreiben? Mit diesen und ähnlichen Argumenten konfrontiert, musste ich den ganzen Tag Briefe schreiben und mich den dringendsten Beschwichtigungsversuchen widmen. Vor allem wurde ich mit Ratschlägen bedrängt, wie ich bei den nächsten Aufführungen den verlorenen Boden wieder gutmachen könnte. Da mir die Direktion nur eine sehr geringe Zahl freier Plätze zur Verfügung stellte, musste Geld für den Kauf von Karten gefunden werden. Bei der Verfolgung dieses von meinen Freunden so leidenschaftlich vertretenen und mit vielen Unannehmlichkeiten verbundenen Ziels scheute ich davor zurück, mich an

Emil Erlanger oder sonst jemanden zu wenden. Giacomelli hatte jedoch erfahren, dass der Kaufmann Aufmordt, ein Geschäftsfreund Wesendoncks, mir eine Hilfe in Höhe von fünfhundert Francs angeboten hatte. Ich ließ diese Kämpfer meines Wohls nun nach ihren eigenen Vorstellungen handeln und war neugierig, welche Hilfe mir diese bisher vernachlässigten und nun genutzten Mittel bringen würden.

Die zweite Vorstellung fand am 18. März statt, und tatsächlich versprach der erste Akt viel. Die Ouvertüre wurde lautstark beklatscht, ohne dass ein Ton des Widerspruchs zu hören war. Mme. Tedesco, die schließlich durch eine mit Goldstaub bestäubte Perücke ganz für ihre Rolle der Venus gewonnen worden war, rief mir in der Direktorenloge triumphierend zu, als das „Septuor“ des Finales des ersten Aktes erneut heftig beklatscht wurde, dass nun alles in Ordnung sei und wir den Sieg errungen hätten. Als aber im zweiten Akt plötzlich schrilles Pfeifen zu hören war, wandte sich der Direktor Royer mit der Miene völliger Resignation an mich und sagte: „Ce sont les Jockeys; nous sommes perdus.“ Offenbar hatte man auf Geheiß des Kaisers mit diesen Mitgliedern des Jockey-Clubs ausführliche Verhandlungen über das Schicksal meiner Oper aufgenommen. Man hatte sie gebeten, drei Aufführungen zuzulassen, und ihnen danach versprochen, die Aufführung so zu kürzen, dass sie nur als Vorspiel für ein folgendes Ballett aufgeführt werden dürfte. Aber diese Herren waren mit den Bedingungen nicht einverstanden. Erstens war mein Verhalten während der ersten Aufführung (das so ein Zankapfel gewesen war) ganz anders als das eines Mannes, der dem vorgeschlagenen Vorgehen zustimmen würde; daher war zu befürchten, dass wir, wenn wir zwei weitere Aufführungen ohne Unterbrechung zuließen, hoffen konnten, so viele Anhänger zu gewinnen, dass die Freunde des Balletts mit dreißig Wiederholungen dieses Werks hintereinander konfrontiert würden. Um dies zu verhindern, beschlossen sie, rechtzeitig zu protestieren. Die Tatsache, dass diese Herren es ernst meinten, wurde nun von dem hervorragenden M. Royer erkannt; und von da an gab er alle Versuche auf, ihnen Widerstand zu leisten, trotz der Unterstützung, die unserer Gruppe vom Kaiser und seiner Gemahlin gewährt wurde, die trotz des Aufruhrs ihrer eigenen Höflinge stoisch ihre Plätze einnahmen.

Der Eindruck, den diese Szene auf meine Freunde machte, hatte eine verheerende Wirkung. Nach der Vorstellung brach Bülow in Schluchzen aus, als er Minna umarmte, die von den Beschimpfungen ihrer Nachbarn nicht verschont geblieben war, als sie sie als die Frau des Komponisten erkannten. Unsere treue Dienerin Therese, ein schwäbisches Mädchen, war von einem verrückten Rowdy verhöhnt worden, aber als sie merkte, dass er Deutsch verstand, gelang es ihr, ihn eine Zeitlang zu beruhigen, indem sie ihn lauthals Schweinhund nannte. Der arme Kietz war sprachlos vor Enttäuschung, und Chandons „Fleur du Jardin“ wurde im Lagerraum immer sauerer.

Als ich hörte, dass trotz allem eine dritte Vorstellung anberaumt worden war, standen mir nur zwei Möglichkeiten zur Verfügung, das Problem zu lösen. Die eine war, noch einmal zu versuchen, meine Partitur zurückzuziehen; die andere, zu verlangen, dass meine Oper an einem Sonntag aufgeführt werden sollte, das heißt an einem Tag, an dem keine Abonnenten zugelassen waren. Ich nahm an, dass eine solche Vorstellung von den üblichen Karteninhabern nicht als Provokation angesehen werden konnte, da sie an solchen Tagen durchaus daran gewöhnt waren, ihre Logen jedem aus dem Publikum zu überlassen, der zufällig vorbeikam und sie kaufte. Mein strategischer Vorschlag schien der Direktion und den Tuilerien zu gefallen und wurde angenommen. Nur meinem Wunsch, dies als dritte und LETZTE Vorstellung anzukündigen, lehnten sie es ab. Sowohl Minna als auch ich hielten uns davon fern, da es für mich genauso peinlich war, zu wissen, dass meine Frau beleidigt wurde, wie zu sehen, wie die Sänger auf der Bühne einem solchen Verhalten ausgesetzt waren. Es tat mir wirklich leid für Morelli und Mlle. Sax, die mir ihre echte Hingabe bewiesen hatten. Sobald die erste Vorstellung vorbei war, traf ich Mlle. Sax auf dem Weg nach Hause im Korridor und zog sie damit auf, dass sie von der Bühne gepfiffen worden war. Mit stolzer Würde antwortete sie: „Je le supporterai cent fois comme aujourd' hui . Ah, les misérables!" Morelli war seltsam verwirrt, als er den Ansturm der Hooligans überstehen musste. Ich hatte ihm bis ins kleinste Detail erklärt, wie er seine Rolle spielen sollte, von dem Moment an, als Elizabeth im dritten Akt verschwindet, bis zum Beginn seines Liedes an den Abendstern. Er sollte sich keinen Zentimeter von seinem Felsvorsprung bewegen und von dieser Position aus, halb dem Publikum zugewandt, der scheidenden Dame Lebewohl sagen. Es war ihm eine schwierige Aufgabe gewesen, meinen Anweisungen zu gehorchen, da er behauptete, es sei gegen alle Opernbräuche, wenn der Sänger eine so wichtige Passage nicht direkt von der Rampe aus an das Publikum wende. Als er im Laufe der Vorstellung seine Harfe ergriff, um das Lied anzustimmen, ertönte aus dem Publikum ein Schrei: „Ah!" il prend encore sa harpe", woraufhin allgemeines Gelächter ausbrach, gefolgt von erneutem Pfeifen, das so lange anhielt, dass Morelli sich schließlich mutig dazu entschloss, seine Harfe beiseite zu legen und wie üblich auf die Bühne zu treten. Hier sang er entschlossen sein Abendlied völlig ohne Begleitung, da Dietzsch erst im zehnten Takt seinen Platz fand. Dann kehrte wieder Ruhe ein, und schließlich lauschte das Publikum atemlos dem Lied und überschüttete den Sänger am Ende mit Applaus.

Da die Sänger eine mutige Entschlossenheit zeigten, neuen Angriffen zu trotzen, konnte ich nicht protestieren. Gleichzeitig konnte ich es nicht ertragen, in der Position eines passiven Zuschauers zu sein, der unter der Anwendung solch unwürdiger Methoden zu leiden hatte, und da auch die dritte Aufführung wahrscheinlich zweifelhafte Folgen haben würde, blieb ich zu Hause. Nach den verschiedenen Akten erreichten uns Nachrichten, die uns mitteilten, dass Truinet nach dem ersten Akt sofort meiner Meinung zustimmte, die Partitur zurückzuziehen; es stellte sich heraus, dass die „Jockeys" dieser Sonntagsaufführung nicht wie üblich ferngeblieben waren; im Gegenteil, sie hatten von Anfang an absichtlich ihre Plätze eingenommen, um keine einzige Szene ohne Streit verstreichen zu lassen. Man versicherte mir, dass die Aufführung im ersten Akt zweimal durch jeweils eine Viertelstunde dauernde Kämpfe unterbrochen worden war. Der bei weitem größte Teil des Publikums stellte sich hartnäckig auf meine Seite gegen das kindische Verhalten der Rowdys, ohne durch ihr Verhalten eine Meinung über meine Arbeit zum Ausdruck bringen zu wollen. Aber im Widerstand gegen ihre Angreifer waren sie im Nachteil. Als alle auf meiner Seite vom Klatschen, Beifallgeschrei und „Ordnung"-Rufen völlig erschöpft waren und es so aussah, als ob bald wieder Frieden einkehren würde, nahmen die „Jockeys" ihre Arbeit wieder auf und begannen fröhlich ihre Jagdlieder zu pfeifen und ihre Flageoletts zu spielen, so dass sie immer das letzte Wort haben mussten. In einer Pause zwischen den Akten betrat einer dieser Herren die Loge einer gewissen großen Dame, die ihn in ihrem übergroßen Zorn einer ihrer Freundinnen mit den Worten vorstellte: „C'est un de ces miserables, mon cousin." Der junge Mann antwortete völlig unbefangen: „Que voulez-vous? Ich fange an, die Musik selbst zu mögen. Aber sehen Sie, ein Mann muss sein Wort halten. Wenn Sie mich entschuldigen, werde ich mich wieder meiner Arbeit zuwenden." Daraufhin verabschiedete er sich. Am nächsten Tag traf ich Herrn von Seebach, den freundlichen sächsischen Botschafter, der heiser war, da er und alle seine Freunde durch den Lärm der vergangenen Nacht ihre Stimme völlig verloren hatten. Fürstin Metternich war zu Hause geblieben, da sie bereits bei den ersten beiden Aufführungen die groben Beschimpfungen und den Spott unserer Gegner ertragen musste.

Sie zeigte, wie groß diese Wut war, indem sie einige ihrer besten Freunde erwähnte, mit denen sie sich in so heftige Auseinandersetzungen verwickelt hatte, dass sie mit den Worten endete: „Weg mit eurem freien Frankreich! In Wien, wo es wenigstens eine echte Aristokratie gibt, wäre es undenkbar, dass ein Fürst Liechtenstein oder Schwarzenberg aus seiner Loge nach einem Ballett in Fidelio schreit." Ich glaube, sie sprach auch mit dem Kaiser in der gleichen Weise, so dass dieser ernsthaft darüber nachdachte, ob man dem unhöflichen Verhalten dieser Herren, von denen die meisten leider dem kaiserlichen Haushalt angehörten, nicht durch ein Eingreifen der Polizei Einhalt gebieten könnte. Einige Gerüchte darüber machten die Runde, so dass meine Freunde glaubten, sie hätten wirklich gewonnen, als sie bei der dritten Vorstellung die Korridore des Theaters von einer starken Polizeitruppe besetzt vorfanden. Doch wie sich später herausstellte, waren diese Vorsichtsmaßnahmen nur getroffen worden, um die Sicherheit der „Jockeys" zu gewährleisten, da man befürchtete, sie könnten als Strafe für ihre Unverschämtheit vom Parkett aus angegriffen werden. Es scheint, als sei die Aufführung, die wiederum bis zum Ende durchgezogen wurde, von Anfang bis Ende von einem endlosen Tumult begleitet gewesen. Nach dem zweiten Akt kam die Frau des ungarischen Revolutionsministers von Szemere in völliger Erschöpfung zu uns und erklärte, der Krawall im Theater sei für sie unerträglich. Wie der dritte Akt durchgestanden war, schien mir niemand genau sagen zu können. Soweit ich es erkennen konnte, glich er dem Getümmel einer Schlacht, in der Pulverdampf qualmte. Ich lud meinen Freund Truinet ein, mich am nächsten Morgen zu besuchen, um mit seiner Hilfe einen Brief an die Direktion zu verfassen, in dem ich mein Werk zurückziehen und als Autor jede weitere Aufführung desselben untersagen würde, da ich nicht sähe, wie meine Sänger an meiner Stelle von einem Teil des Publikums beschimpft würden, vor dem die kaiserliche Verwaltung sie nicht zu schützen schien. Das Erstaunliche an der ganzen Sache war, dass ich mich mit dieser Einmischung nicht der Tapferkeit schuldig gemacht habe, denn eine vierte und fünfte Aufführung der Oper war bereits geplant, und die Direktion beteuerte, sie habe Verpflichtungen gegenüber dem Publikum, das weiterhin in Scharen zu dieser Oper strömte. Doch durch Truinet gelang es mir, meinen Brief am nächsten Tag im Journal des Debats veröffentlichen zu lassen , so dass die Direktion schließlich, wenn auch sehr widerstrebend, der Rücknahme des Stücks zustimmte.

Damit war auch die von Ollivier in meinem Namen gegen Lindau geführte Klage beendet. Dieser hatte meine Urheberrechte am Text geltend gemacht, wobei er als einer der drei Mitarbeiter einen Anteil zu erhalten meinte. Sein Verteidiger, Maitre Marie, stützte seine Klage auf einen Grundsatz, den ich selbst aufgestellt haben soll, nämlich, daß es nicht auf die Melodie ankomme, sondern auf die richtige Deklamation der Texte des Texts, die offenbar weder Roche noch Truinet hätten gewährleisten können, da sie beide kein Deutsch verstanden. Olliviers Verteidigungsargumente waren so energisch, daß er fast im Begriff war, das rein musikalische Wesen meiner Melodie durch das Singen des Abendsterns zu beweisen. Davon völlig hingerissen, wiesen die Richter die Klage des Klägers ab, forderten mich aber auf, ihm eine kleine Summe als Entschädigung zu zahlen, da er anfangs tatsächlich an der Arbeit mitgewirkt zu haben schien. Jedenfalls hätte ich dies jedoch nicht aus den Einnahmen der Pariser Aufführungen des „Tannhäuser" bezahlen können, da ich mit Truinet bei der Zurückziehung der Oper beschlossen hatte, den gesamten Erlös aus meinen Autorenrechten, sowohl für das Libretto als auch für die Musik, dem armen Roche zu überlassen, für den der Misserfolg meiner Arbeit den Ruin aller Hoffnungen auf eine Verbesserung seiner Lage bedeutete.

Auch verschiedene andere Verbindungen wurden durch diesen Ausgang der Dinge aufgelöst. In den letzten Monaten hatte ich mich in einem Künstlerclub engagiert, der hauptsächlich durch den Einfluss der deutschen

Gesandtschaften in einer aristokratischen Gemeinschaft gegründet worden war, um außerhalb der Theater gute Musik zu produzieren und das Interesse der Oberschicht an diesem Kunstzweig zu wecken. Leider hatte er in seinem Rundschreiben seine Bemühungen, gute Musik zu produzieren, mit denen des Jockey Clubs zur Verbesserung der Pferdezucht verglichen. Ihr Ziel war es, alle aufzunehmen, die sich in der Musikwelt einen Namen gemacht hatten, und ich war gezwungen, mit einem Jahresbeitrag von zweihundert Francs Mitglied zu werden. Zusammen mit M. Gounod und anderen Pariser Berühmtheiten wurde ich zum Mitglied eines Künstlerkomitees ernannt, dessen Präsident Auber wurde. Die Gesellschaft hielt ihre Treffen oft im Haus eines gewissen Grafen Osmond ab, eines lebhaften jungen Mannes, der bei einem Duell einen Arm verloren hatte und sich als musikalischer Dilettant ausgab. Auf diese Weise lernte ich auch einen jungen Fürsten Polignac kennen, der mich besonders wegen seines Bruders interessierte, dem wir eine vollständige Übersetzung des Faust zu verdanken hatten. Ich ging eines Morgens mit ihm zum Mittagessen, als er mir die Tatsache offenbarte, dass er musikalische Fantasien komponierte. Er war sehr darauf bedacht, mich von der Richtigkeit seiner Interpretation von Beethovens Symphonie in A-Dur zu überzeugen, in deren letztem Satz er erklärte, er könne alle Phasen eines Schiffbruchs klar darstellen. Unsere früheren allgemeinen Treffen waren hauptsächlich mit den Arrangements und Vorbereitungen für ein großes klassisches Konzert beschäftigt, für das ich ebenfalls etwas komponieren sollte. Diese Treffen wurden einzig durch den pedantischen Eifer Gounods belebt, der mit unermüdlicher und ekelerregender Geschwätzigkeit seine Pflichten als Sekretär erfüllte, während Auber die Vorgänge ständig unterbrach, anstatt sie zu unterstützen, mit belanglosen und nicht immer sehr feinen Anekdoten und Wortspielen, die alle offensichtlich dazu bestimmt waren, uns zu einem Ende der Diskussionen zu bewegen. Auch nach dem entscheidenden Misserfolg von „Tannhäuser" erhielt ich Einladungen zu den Sitzungen dieses Komitees, nahm jedoch nie mehr daran teil und reichte beim Präsidenten der Gesellschaft meinen Rücktritt ein mit der Mitteilung, dass ich wahrscheinlich bald nach Deutschland zurückkehren würde.

Nur mit Gounod blieb ich weiterhin freundschaftlich verbunden, und ich hörte, dass er sich in der Gesellschaft energisch für meine Sache einsetzte. Einmal soll er ausgerufen haben: „Que Dieu me donne une pareille chute!" Als Dank für diese Fürsprache schenkte ich ihm die Partitur von Tristan und Isolde und war über sein Verhalten umso erfreuter, als mich kein Gefühl der Freundschaft jemals dazu bewegen konnte, seinen Faust anzuhören.

Ich kam nun auf Schritt und Tritt mit energischen Protagonisten meiner Sache in Berührung. Besonders geehrt wurde ich in den Spalten jener kleineren Zeitschriften, die Meyerbeer noch nicht berücksichtigt hatte, und es erschienen nun mehrere gute Kritiken. In einer davon las ich, mein Tannhäuser sei la symphonie chantée. Baudelaire zeichnete sich durch eine überaus witzige und treffend formulierte Broschüre zu diesem Thema aus; und schließlich überraschte mich Jules Janin selbst mit einem Artikel im Journal des Debats, in dem er mit brennender Empörung in seinem eigenen Stil einen etwas übertriebenen Bericht über die ganze Episode gab. In den Theatern wurden sogar Parodien von Tannhäuser zur Erheiterung des Publikums aufgeführt; und Musard konnte kein besseres Mittel finden, um Publikum zu seinen Konzerten zu locken, als die tägliche Ankündigung der Ouvertüre zu Tannhäuser in riesigen Buchstaben. Auch Pasdeloup führte häufig einige meiner Stücke auf, um seine Gefühle auszudrücken. Und schließlich gab Gräfin Löwenthal, die Frau des österreichischen Militärbevollmächtigten, eine große Matinee, bei der Frau Viardot verschiedene Stücke aus Tannhäuser sang, wofür sie fünfhundert Francs erhielt.

Durch einen merkwürdigen Zufall gelang es, mein Schicksal mit dem eines gewissen M. de la Vaquerie zu verwechseln, der mit einem Drama, Les Funerailles de l'Honeur, ebenfalls einen kläglichen Misserfolg erlebt hatte. Seine Freunde gaben ein Bankett, zu dem ich eingeladen war, und wir wurden beide begeistert gefeiert. Es wurden feurige Reden über die Verehrung des Publikums gehalten, die auch politische Anspielungen enthielten, was sich leicht damit erklären ließ, dass mein Partner bei dem Fest mit Victor Hugo verwandt war. Unglücklicherweise hatten besondere Unterstützer ein kleines Klavier zur Verfügung gestellt, auf dem ich buchstäblich gezwungen war, Lieblingsstellen aus dem Tannhäuser zu spielen. Daraufhin wurde der Abend zu einem Fest nur zu meinen Ehren.

Aber ein viel wichtigeres Ergebnis als diese war, dass die Leute anfingen, die Realität meiner Popularität zu erkennen und noch größere Unternehmungen zu planen. Der Direktor des Théâtre Lyrique suchte überall nach einem für Tannhäuser geeigneten Tenor, und nur seine Unfähigkeit, einen zu finden, zwang ihn, seine Absicht, meine Oper sofort aufzuführen, aufzugeben. M. de Beaumont, der Direktor der Opéra Comique, der am Rande des Bankrotts stand, hoffte, sich mit Tannhäuser zu retten, und mit dieser Absicht trat er mit den dringendsten Vorschlägen an mich heran. Freilich hoffte er gleichzeitig, die Fürstin Metternich beim Kaiser zu seiner Vertretung zu gewinnen, der ihm aus seiner Verlegenheit helfen sollte. Er warf mir Kälte vor, wenn ich seinen glühenden Träumen, an denen ich kein Gefallen finden konnte, nicht nachkam. Aber ich war interessiert zu erfahren, dass Roger, der jetzt eine Stelle an der Opéra Comique innehatte, einen Teil des letzten Aktes von Tannhäuser in das Programm einer Aufführung zu seinem eigenen Vorteil aufgenommen hatte, wodurch er den Zorn der einflussreicheren Presse auf sich zog, aber einen guten Empfang beim Publikum fand. Die

Pläne begannen sich zu vervielfachen. AM Chabrol, dessen Journalistenname Lorbach war, besuchte mich im Auftrag einer Gesellschaft, deren Direktor ein enorm reicher Mann war, mit dem Plan, ein Theater Wagner zu gründen, von dem ich nichts wissen wollte, bis man einen erfahrenen Mann mit erstklassigem Ruf als Direktor gewinnen konnte. Schließlich wurde M. Perrin für den Posten ausgewählt. Dieser Mann hatte jahrelang in der festen Überzeugung gelebt, dass er eines Tages zum Direktor der Grand Opera ernannt werden würde, und dachte daher, dass er sich nicht kompromittieren sollte. Es stimmt, er schrieb den Misserfolg von Tannhäuser ganz Royers Unfähigkeit zu, der es sich zur Aufgabe hätte machen sollen, die Presse auf seine Seite zu ziehen. Dennoch war er stark versucht, sich an dem Versuch zu beteiligen, weil er so die Gelegenheit hatte, zu beweisen, dass, wenn er die Sache in die Hand nahm, alles sofort ein anderes Aussehen annehmen und Tannhäuser ein großer Erfolg werden würde. Da er jedoch ein äußerst kalter und vorsichtiger Mann war, glaubte er, in den Vorschlägen von Herrn Lorbach ernsthafte Mängel entdeckt zu haben, und als dieser begann, bestimmte Aufträge zu fordern, bildete sich Perrin sofort ein, in der ganzen Sache einen nicht ganz tadellosen Beigeschmack von Spekulation zu erkennen, und erklärte, wenn er ein Wagner-Theater gründen wolle, werde er die notwendigen Mittel auf seine eigene Weise beschaffen können. Tatsächlich trug er sich tatsächlich mit dem Gedanken, für die Zwecke eines solchen Theaters ein großes Café, das „Alcazar", und danach den „Bazar de la Bonne Nouvelle", zu erwerben. Es schien auch möglich, dass sich die erforderlichen Kapitalisten für sein Unternehmen finden würden. Herr Erlanger glaubte, er könne es schaffen, zehn Bankiers dazu zu bewegen, fünfzigtausend Francs zu garantieren, und so Herrn Perrin eine Summe von fünfhunderttausend Francs zur Verfügung zu stellen. Doch dieser verlor bald den Mut, als er erfuhr, dass die so angesprochenen Herren zwar bereit waren, ihr Geld für ein Theater zu ihrem eigenen Vergnügen zu riskieren, nicht aber für den ernsthaften Zweck, meine Musik in Paris einzugewöhnen.

Nach dieser enttäuschenden Erfahrung zog sich Herr Erlanger nun von jeder weiteren Beteiligung an meinem Schicksal zurück. Aus geschäftlicher Sicht betrachtete er die mit mir getroffene Vereinbarung als eine Art Geschäft, das ihm nicht gelungen war. Die Regelung meiner finanziellen Lage schien nun wahrscheinlich von anderen Freunden übernommen zu werden, und mit diesem Ziel vor Augen traten die deutschen Gesandtschaften mit großer Behutsamkeit an mich heran und beauftragten Graf Hatzfeld, sich nach meinen Bedürfnissen zu erkundigen. Meine eigene Ansicht über die Situation war einfach, dass ich, in Gehorsam gegenüber dem Befehl des Kaisers zur Aufführung meiner Oper, meine Zeit mit einem Unternehmen vergeudet hatte, dessen Misserfolg nicht meine Schuld gewesen war. Mit vollkommenem Recht wiesen meine Freunde darauf hin, wie nachlässig ich gewesen war, nicht von Anfang an bestimmte Vereinbarungen über

Entschädigungen zu treffen, eine Forderung, die der praktische Verstand des Franzosen sofort als vernünftig und offensichtlich erkannt hätte. So wie die Dinge lagen, hatte ich für meine Zeit und Arbeit keine Gegenleistung verlangt, außer bestimmten Autorenrechten im Erfolgsfall. Da ich spürte, wie unmöglich es für mich war, mich an die Direktion oder den Kaiser zu wenden, um dieses Versäumnis wiedergutzumachen, überließ ich es der Fürstin Metternich, für mich einzutreten. Graf Pourtales war in Berlin geblieben, um den Prinzregenten zu überreden, eine Aufführung des Tannhäuser zu meinen Gunsten anzuordnen. Leider war es diesem aufgrund des Widerstands seines mir gegenüber feindlich gesinnten Direktors, Herrn von Hülsen, nicht gelungen, die Ausführung seines Befehls durchzusetzen. Da ich für lange Zeit keine andere Aussicht hatte als völlige Hilflosigkeit, blieb mir keine andere Wahl, als die Vertretung meines Anspruchs auf Entschädigung der gütigen Fürsorge meiner königlichen Gönnerin zu überlassen. All diese Ereignisse hatten sich innerhalb eines Monats nach der Aufführung des Tannhäuser zugetragen, und nun, am 15. April, unternahm ich eine kurze Reise nach Deutschland, um zu versuchen, dort eine solide Grundlage für meine Zukunft zu finden.

Der einzige Mensch, der meine tiefsten Nöte wirklich verstand, hatte sich bereits auf denselben Weg gemacht, weg aus dem Chaos des Pariser Theaterlebens. Bülow hatte mir gerade aus Karlsruhe die Nachricht geschickt, dass die großherzogliche Familie mir wohlgesinnt sei, und ich fasste sogleich den Plan, dort sofort ernsthaft mit der Aufführung meines Tristans zu beginnen, der so verhängnisvoll aufgeschoben worden war. Ich begab mich also nach Karlsruhe, und wenn mich irgendetwas hätte bewegen können, meinen hastig geschmiedeten Plan auszuführen, so war es sicherlich der außerordentlich herzliche Empfang, den ich jetzt von Seiten des Großherzogs von Baden erfuhr. Diese erhabene Persönlichkeit schien wirklich darauf bedacht, mein aufrichtigstes Vertrauen in sich zu wecken. Während einer äußerst vertraulichen Unterredung, bei der auch seine junge Frau anwesend war, bemühte sich der Großherzog, mich davon zu überzeugen, dass seine tiefe Sympathie für mich weniger als Opernkomponist galt, dessen Vortrefflichkeit er weder würdigen wollte noch konnte, als vielmehr als der Mann, der so viel für seine patriotischen und unabhängigen Ansichten gelitten hatte. Da ich natürlich auf die politische Bedeutung meiner bisherigen Laufbahn keinen großen Wert legen konnte, so glaubte er, dies entspringe einer argwöhnischen Zurückhaltung und ermutigte mich durch die Versicherung, daß zwar große Fehler und selbst Vergehen in dieser Hinsicht begangen worden sein mögen, diese aber nur diejenigen getroffen hätten, die während ihres Verbleibs in Deutschland kein Glück gehabt und ihre Verfehlungen dadurch gewiß durch inneres Leid gesühnt hätten. Andererseits sei es nun die Pflicht aller dieser Schuldigen, das Unrecht wiedergutzumachen, das sie den in die Verbannung Vertriebenen angetan hätten. Er stellte mir gern sein Theater zur Verfügung und gab dem Direktor die nötigen Anweisungen. Es war mein alter „Freund" Eduard Devrient, und die peinliche Verlegenheit, die er bei meiner Ankunft verriet, rechtfertigte voll und ganz alles, was Bülow über die völlige Wertlosigkeit jener Gefühle aufrichtiger Teilnahme, die er bisher für mich gehegt hatte, gesagt hatte. In der freudigen Atmosphäre des großherzoglichen Empfangs gelang es mir jedoch bald, Devrient – wenigstens dem Anschein nach – dazu zu bewegen, meinen Wünschen nachzukommen, und er sah sich gezwungen, der beabsichtigten Aufführung des Tristan zuzustimmen. Da er nicht leugnen konnte, daß ihm, besonders seit Schnorrs Abreise nach Dresden, die für mein Werk erforderlichen Sänger fehlten, verwies er mich nach Wien und äußerte zugleich sein Erstaunen darüber, daß ich nicht versuchte, meine Opern dort aufzuführen, wo alles Nötige zur Hand war. Es kostete mich einige Mühe, ihm verständlich zu machen, warum ich einige besonders schöne Aufführungen meiner Werke in Karlsruhe der bloßen Aussicht auf einen Eintrag in das Repertoire der Wiener Oper vorzog. Ich erhielt die Erlaubnis, Schnorr zu gewinnen, der natürlich nur für die besonderen Aufführungen in Karlsruhe verpflichtet werden sollte, und durfte auch die übrigen Sänger für unsere beabsichtigte „Musteraufführung" in Wien auswählen.

Ich war also auf Wien angewiesen und musste inzwischen nach Paris zurückkehren, um dort meine Angelegenheiten so zu regeln, dass sie der Ausführung meines neuesten Plans entsprachen. Ich kam nach nur sechstägiger Abwesenheit hier an und meine einzige Aufgabe bestand darin, Geld für die augenblicklichen Bedürfnisse zu beschaffen. Unter diesen Umständen konnte ich den vielen mitfühlenden Annäherungsversuchen und Zusicherungen, die mich mit immer größerer Herzlichkeit erreichten, obwohl sie mich gleichzeitig mit Besorgnis erfüllten, nur gleichgültig gegenüberstehen.

Inzwischen zogen sich die größeren Operationen der Fürstin Metternich, die mir eine Entschädigung sichern sollten, mit geheimnisvoller Langsamkeit hin, und die Erlösung aus meinen gegenwärtigen Nöten verdankte ich einem Kaufmann namens Stürmer, den ich schon früher in Zürich gekannt hatte. Er hatte sich während meines Aufenthalts in Paris ständig um mein Wohlergehen bemüht, und nun war ich mit seiner Hilfe in der Lage, zunächst meine Haushaltsangelegenheiten in Ordnung zu bringen und dann nach Wien aufzubrechen.

Liszt hatte seine Ankunft in Paris schon vor einiger Zeit angekündigt, und während der jüngsten katastrophalen Zeit hatte ich mich nach seiner Anwesenheit gesehnt, da ich dachte, dass er mit seiner anerkannten Stellung in den höheren Kreisen der Pariser Gesellschaft einen sehr hilfreichen Einfluss auf meine hoffnungslos verwickelte Situation hätte ausüben können.

Ein mysteriöses, briefliches „Achselzucken" war die einzige Antwort, die ich auf meine verschiedenen Fragen nach dem Grund seiner Verzögerung erhalten hatte. Es schien wie eine Ironie des Schicksals, dass, gerade als ich alles für meine Reise nach Wien arrangiert hatte, die Nachricht kam, dass Liszt in wenigen Tagen in Paris eintreffen würde. Aber ich konnte nur dem Druck meiner Notwendigkeiten nachgeben, die streng verlangten, dass ich neue Fäden für meinen Lebensplan aufnahm, und ich verließ Paris etwa Mitte Mai, ohne die Ankunft meines alten Freundes abzuwarten.

Ich machte zunächst in Karlsruhe Halt, um mich erneut beim Großherzog zu treffen, der mich so freundlich wie immer empfing und mir die Erlaubnis erteilte, in Wien alle Sänger zu engagieren, die mir für eine wirklich schöne Aufführung des Tristan in seinem Theater gefielen. Mit diesem Befehl ausgestattet, reiste ich nach Wien weiter, wo ich im „Erzherzog Karl" abstieg und dort auf die Erfüllung der brieflichen Zusage des Dirigenten Esser wartete, der mir einige Aufführungen meiner Opern zugestehen wollte. Hier sah ich zum ersten Mal meinen eigenen Lohengrin. Obwohl die Oper schon sehr oft gespielt worden war, war die gesamte Gesellschaft, wie von mir gewünscht, bei der Generalprobe anwesend. Das Orchester spielte das Vorspiel mit so herrlicher Wärme, die Stimmen der Sänger und viele ihrer guten Eigenschaften waren so auffallend und überraschend angenehm, dass ich von der durch sie hervorgerufenen Sensation zu sehr überwältigt war, um die allgemeine Aufführung kritisieren zu wollen. Meine tiefe Erregung schien die Aufmerksamkeit zu erregen, und Dr. Hanslick dachte wahrscheinlich, dies sei ein geeigneter Moment, um mich, während ich auf der Bühne saß und zuhörte, in freundlicher Weise vorzustellen. Ich begrüßte ihn kurz, wie einen völlig Unbekannten, woraufhin der Tenor Ander ihn ein zweites Mal mit der Bemerkung vorstellte, Dr. Hanslick sei ein alter Bekannter. Ich antwortete kurz, ich erinnere mich sehr gut an Dr. Hanslick und wandte meine Aufmerksamkeit wieder der Bühne zu. Es scheint, dass jetzt mit meinen Wiener Freunden genau dasselbe passierte wie einstmals mit meinen Londoner Bekannten, als diese mich nicht geneigt fanden, auf ihre Bemühungen einzugehen, mich mit den gefürchteten Kritikern zu versöhnen. Dieser Mann, der als angehender junger Student bei den ersten Aufführungen des Tannhäuser in Dresden dabei gewesen war und glühende Berichte über meine Arbeit geschrieben hatte, war seitdem einer meiner bösartigsten Gegner geworden, wie sich bei der Aufführung meiner Opern in Wien zeigte. Die Mitglieder der Operngesellschaft, die mir alle wohlgesinnt waren, schienen ihre ganze Aufmerksamkeit darauf gerichtet zu haben, mich, so gut sie konnten, mit diesem Kritiker zu versöhnen. Da dies nicht gelang, liegen diejenigen mit ihrer Meinung möglicherweise richtig, die das spätere Scheitern aller Versuche, mein Unternehmen in Wien zu etablieren, auf die dadurch geweckte Feindseligkeit zurückführen.

Aber für den Augenblick schien es, als ob die Flut der Begeisterung alle Widerstände niederschlagen würde. Die Aufführung des Lohengrin, der ich beiwohnte, wurde mit stürmischem Applaus bedacht, wie ich ihn nur vom Wiener Publikum erlebt habe. Man drängte mich, auch meine beiden anderen Opern aufzuführen, aber ich fühlte eine Art Scheu vor dem Gedanken an eine Wiederholung der Ereignisse jenes Abends. Da mir nun die ernsten Schwächen der Aufführung des Tannhäuser völlig klar geworden waren, stimmte ich einer Wiederaufnahme des Fliegenden Holländers nur deshalb zu, weil ich den Sänger Beck hören wollte, der in dieser Oper brillierte. Auch bei dieser Gelegenheit erging sich das Publikum in ähnlichen Entzückungsbekundungen, so dass ich, von allgemeiner Gunst gestützt, mit der Hauptaufgabe beginnen konnte, derentwegen ich gekommen war. Die Studenten der Universität boten mir die Ehre eines Fackelzuges an, den ich ablehnte und damit die herzliche Zustimmung Essers gewann, der mich zusammen mit den obersten Beamten der Oper fragte, wie diese Triumphe zu nutzen seien. Ich stellte mich dann Graf Lanckoronski vor, dem Hofmeister des Kaisers, der mir als eine eigenartige Person beschrieben worden war, die von der Kunst und all ihren Anforderungen völlig unwissend war. Als ich ihm meine Bitte vortrug, er möge den Hauptsängern seiner Oper, nämlich Frau Dustmann (geb. Luise Meyer), Herrn Beck und wahrscheinlich auch Herrn Ander, für eine längere Zeit Urlaub für die geplante Aufführung des Tristan in Karlsruhe gewähren, antwortete der alte Herr trocken, das sei völlig unmöglich. Er hielt es für viel vernünftiger, da ich mit seiner Gesellschaft zufrieden war, mein neues Werk in Wien aufzuführen, und der Mut, diesen Vorschlag abzulehnen, schmolz völlig dahin.

Als ich, in Gedanken versunken über diese neue Wendung der Dinge, die Stufen der Hofburg hinabstieg, kam mir an der Tür ein stattlicher Herr von ungewöhnlich sympathischem Auftreten entgegen und bot mir an, mich in der Kutsche zu meinem Hotel zu begleiten. Es war Joseph Standhartner, ein berühmter Arzt, der in hohen Kreisen außerordentlich beliebt war, ein eifriger Anhänger der Musik, der mir von da an mein Leben lang ein treuer Freund sein sollte.

Auch Karl Tausig hatte mich aufgesucht und widmete sich nun Wien, mit dem ausdrücklichen Entschluss, dieses Feld für Liszts Kompositionen zu erobern, und hatte seinen Feldzug dort im vergangenen Winter mit einer Reihe von Orchesterkonzerten eröffnet, die er selbst begonnen und geleitet hatte. Er machte mich mit Peter Cornelius bekannt, den es ebenfalls nach Wien gezogen hatte und den ich nur von unserer Begegnung in Basel 1853 her kannte. Beide schwärmten von der kürzlich erschienenen Klavierbearbeitung des Tristan, die Bülow vorbereitet hatte. In meinem Zimmer im Hotel, wohin Tausig einen Bösendorff-Flügel gebracht hatte, war bald eine musikalische Orgie in vollem Gange. Man hätte es gern gehabt, wenn ich sofort mit den Proben des Tristan begonnen hätte; und jedenfalls war ich jetzt so darauf erpicht, den Vorschlag durchzusetzen, mein Werk zuerst hier aufzuführen, dass ich schließlich Wien verließ mit dem Versprechen, in einigen Monaten wiederzukommen, um sofort mit den Vorstudien zu beginnen.

Ich war nicht wenig verlegen, dem Großherzog meine Planänderung mitteilen zu müssen, und gab daher dem Impuls, Karlsruhe erst nach einem langen Umweg zu besuchen, bereitwillig nach. Da mein Geburtstag gerade auf die Zeit dieser Rückreise fiel, beschloss ich, ihn in Zürich zu feiern. Ich erreichte ohne Verspätung über München Winterthur und hoffte, dort meinen Freund Sulzer zu treffen. Leider war er abwesend, und ich sah nur seine Frau, die ein rührendes Interesse für mich hatte, und auch ihren kleinen Sohn, einen lebhaften und anziehenden Jungen. Sulzer selbst, so erfuhr ich, wurde am nächsten Tag, dem 22. des Monats, zurückerwartet, und ich verbrachte daher den größten Teil des Tages in einem kleinen Zimmer des Gasthofes. Ich hatte Goethes Wilhelm Meisters Wanderjahre mitgebracht und war nun zum ersten Mal von einem umfassenderen Verständnis dieses wunderbaren Werkes hingerissen. Der Geist des Dichters zog mich am tiefsten durch den Eindruck an, den seine lebhafte Beschreibung der Auflösung der Schauspielertruppe auf mein Gemüt machte, in der die Handlung fast zu einer wütenden Lyrik wird. Am nächsten Morgen kehrte ich im frühen Morgengrauen nach Zürich zurück. Die wunderbar klare Luft veranlasste mich, den langen und umständlichen Weg durch die vertrauten Winkel des Sihlthals zu Wesendoncks Anwesen zu nehmen. Hier traf ich völlig unangemeldet ein, und als ich mich nach den Gepflogenheiten des Haushalts erkundigte, erfuhr ich, dass Wesendonck um diese Zeit gewöhnlich in sein Esszimmer kam, um allein zu frühstücken. Dort setzte ich mich dementsprechend in eine Ecke und erwartete den großen, gut gelaunten Mann, der, als er leise zu seinem Morgenkaffee hereinkam, in freudiges Erstaunen ausbrach, als er mich sah. Der Tag verlief sehr gesellig; Sulzer, Semper, Herwegh und Gottfried Keller wurden alle gerufen, und ich genoss die Genugtuung einer gut eingefädelten Überraschung unter so seltsamen Umständen, da mein jüngstes Schicksal gerade erst das tägliche Thema lebhafter Diskussionen unter diesen Freunden gewesen war.

Am nächsten Tag eilte ich nach Karlsruhe zurück, wo meine Meldung vom Großherzog mit freundlicher Zustimmung aufgenommen wurde. Ich konnte wahrhaftig feststellen, dass mein Gesuch um Urlaub für die Sänger abgelehnt und die geplante Aufführung in Karlsruhe damit unmöglich gemacht worden war. Ohne Kummer, im Gegenteil, mit unverhohlener Genugtuung fügte sich Eduard Devrient dieser neuen Wendung der Dinge und prophezeite mir eine glänzende Zukunft in Wien. Hier holte mich Tausig ein, der bereits in Wien beschlossen hatte, Paris einen Besuch abzustatten, wo er Liszt sehen wollte, und so setzten wir unsere Reise von Karlsruhe gemeinsam über Straßburg fort.

Als ich in Paris ankam, stand mein Haushalt kurz vor der Auflösung. Meine einzige Sorge in dieser Hinsicht war, Mittel zu finden, um aus der Stadt wegzukommen und eine Zukunft zu regeln, die hoffnungslos schien. Inzwischen fand Minna eine Gelegenheit, ihre Talente als Hausfrau zu zeigen. Liszt war bereits in seinen alten Lebenswandel zurückgefallen, und selbst seine eigene Tochter Blandine konnte nur ein Wort mit ihm in seiner Kutsche wechseln, wenn er von einem Besuch zum nächsten fuhr. Trotzdem fand er, angetrieben von seiner Herzensgüte, einmal Zeit, eine Einladung zu einem „Beef-s- Teaks" in meinem Haus anzunehmen. Er schaffte es sogar, mir einen ganzen Abend zu ersparen, für den er sich mir freundlicherweise zur Verfügung stellte, um meine kleinen Verpflichtungen zu erfüllen. In Gegenwart einiger Freunde, die ihm nach den jüngsten turbulenten Tagen treu geblieben waren, spielte er uns bei dieser Gelegenheit Klavier vor, wobei sich ein merkwürdiger Zufall ereignete. Am Tag zuvor hatte der arme Tausig eine freie Stunde damit verbracht, Liszts „Fantaisie" auf den Namen Bach zu spielen, und als Liszt uns nun zufällig dasselbe Stück vorspielte, brach er buchstäblich vor Staunen über dieses wunderbare Wunderkind von einem Mann zusammen.

An einem anderen Tag trafen wir uns zum Mittagessen bei Gounod, wo wir eine sehr langweilige Zeit verbrachten, die nur durch den armen Baudelaire aufgelockert wurde, der sich die unverschämtesten Witze erlaubte. Dieser Mann, der, wie er mir sagte, kriminell war und täglich gezwungen war, die extravagantesten Methoden anzuwenden, um seinen Lebensunterhalt zu bestreiten, hatte sich wiederholt mit abenteuerlichen Plänen an mich gewandt, um mein berüchtigtes Fiasko auszunutzen. Ich konnte auf keinen Fall zustimmen, einen dieser Pläne umzusetzen, und war froh, diesen wirklich fähigen Mann sicher unter den Adlerflügeln von Liszts „Überlegenheit" zu finden. Liszt nahm ihn überall hin mit, wo die Möglichkeit bestand, ein Vermögen zu finden. Ob ihm dies zu etwas verhalf oder nicht, habe ich nie erfahren. Ich hörte nur, dass er kurze Zeit später starb, sicherlich nicht an einem Übermaß an Glück.

Außer diesem festlichen Morgen traf ich Liszt noch einmal bei einem Abendessen in der österreichischen Botschaft, bei dem er erneut seine freundliche Anteilnahme bewies, indem er der Fürstin Metternich mehrere Passagen aus meinem Lohengrin auf dem Klavier vorspielte. Er wurde auch zu einem Abendessen in die Tuilerien gerufen, zu dem man mich jedoch nicht als Begleitung einladen wollte. In diesem Zusammenhang erzählte er von einem sehr treffenden Gespräch mit Kaiser Napoleon über die Episode meiner Tannhäuser-Aufführungen in Paris, dessen Ergebnis anscheinend war, dass ich in der Grande Opéra nicht am richtigen Platz war. Ob Liszt diese Angelegenheiten jemals mit Lamartine besprach, weiß ich nicht; ich hörte nur, dass mein alter Freund ihn mehrmals ansprach, um zu versuchen, ein Treffen mit ihm zu arrangieren, auf das ich sehr bedacht war. Tausig, der anfangs hauptsächlich bei mir Zuflucht gesucht hatte, fiel später in seine natürliche Abhängigkeit von seinem Meister zurück, so dass er schließlich ganz aus meinem Blickfeld verschwand, als er mit Liszt zu Madame ging, um sie zu besuchen. Straße in Brüssel.

Ich sehnte mich jetzt danach, Paris zu verlassen. Ich hatte es glücklicherweise geschafft, mein Haus in der Rue d'Aumale durch Untervermietung loszuwerden, wobei mir ein Geschenk von hundert Francs an den Concierge half, und wartete nun nur noch auf Nachrichten von meinen Beschützern. Da ich sie nicht bedrängen wollte, verlängerte sich meine Situation auf das schmerzlichste, obwohl sie nicht ganz ohne angenehme, aber quälende Ereignisse war. So hatte ich zum Beispiel die besondere Gunst von Mlle. Eberty, Meyerbeers älterer Nichte, gewonnen. Sie war während der schmerzlichen Episode der Tannhäuser-Aufführungen eine fast fanatische Anhängerin meiner Sache gewesen und schien nun ernsthaft den Wunsch zu haben, etwas zu tun, um meine freudlose Lage aufzuhellen. Zu diesem Zweck arrangierte sie ein wirklich reizendes Abendessen in einem erstklassigen Restaurant im Bois de Boulogne, zu dem wir und Kietz, den wir noch nicht losgeworden waren, eingeladen wurden und das bei herrlichem Frühlingswetter stattfand. Auch die Familie Flaxland, mit der ich wegen der Veröffentlichung des Tannhäusers einige Differenzen gehabt hatte, bemühte sich nun auf jede erdenkliche Weise, mir gegenüber freundlich zu sein, doch konnte ich nur wünschen, dass sie keinen Grund dazu gehabt hätten.

Es war nun beschlossen, dass wir Paris um jeden Preis bald verlassen mussten. Es wurde vorgeschlagen, dass Minna ihre Kur in den Sodener Bädern wieder aufnehmen und auch ihre alten Freunde in Dresden wieder besuchen sollte, während ich warten sollte, bis es Zeit für meine Rückkehr nach Wien war, um die Vorstudien zu meinem Tristan anzustellen. Wir beschlossen, unseren gesamten Hausrat gut verpackt bei einem Spediteur in Paris zu deponieren. Während wir so mit Gedanken an unsere schmerzlich verzögerte Abreise beschäftigt waren, besprachen wir auch die Schwierigkeiten, unseren kleinen Hund Fips mit der Bahn zu transportieren. Eines Tages, am 22. Juni, kam meine Frau von einem Spaziergang zurück und brachte das Tier mit, das auf mysteriöse Weise gefährlich krank war. Nach Minnas Bericht konnten wir nur annehmen, dass der Hund ein giftiges Gift verschluckt hatte, das auf der Straße verteilt worden war. Sein Zustand war bemitleidenswert. Obwohl er keine äußeren Anzeichen einer Verletzung aufwies, war seine Atmung so krampfhaft, dass wir dachten, seine Lungen müssten ernsthaft geschädigt sein. In den ersten wilden Wehen hatte er Minna so heftig in den Mund gebissen, dass ich sofort nach einem Arzt geschickt hatte, der uns jedoch bald die Befürchtung zerstreute, sie sei von einem tollwütigen Hund gebissen worden.

Aber wir konnten dem armen Tier keine Hilfe verschaffen. Es lag ruhig zusammengerollt da und sein Atem wurde immer kürzer und heftiger. Gegen elf Uhr abends schien es unter Minnas Bett eingeschlafen zu sein, aber als ich es herauszog, war es tot. Die Wirkung dieses traurigen Ereignisses auf Minna und mich ließ sich nie in Worte fassen. In unserem kinderlosen Zusammenleben war der Einfluss der Haustiere sehr wichtig gewesen. Der plötzliche Tod dieses lebhaften und liebenswerten Tieres wirkte wie der endgültige Riss in einer Verbindung, die seit langem unmöglich geworden war. Im Moment hatte ich keine dringlichere Sorge, als den Körper vor dem üblichen Schicksal toter Hunde in Paris zu retten, nämlich auf die Straße geschleudert zu werden, damit die Aasfresser ihn am nächsten Morgen wegbringen konnten. Mein Freund Sturmer hatte hinter seinem Haus in der Rue de la Tour des Dames einen kleinen Garten, in dem ich Fips am nächsten Tag begraben wollte. Aber es kostete mich eine seltene Überredungsarbeit, die Haushälterin des abwesenden Besitzers dazu zu bewegen, mir die Erlaubnis dazu zu geben. Schließlich jedoch grub ich mit Hilfe des Hausmeisters unseres Hauses ein kleines, möglichst tiefes Grab zwischen den Büschen des Gartens, um unser armes kleines Haustier aufzunehmen. Als die traurige Zeremonie beendet war, deckte ich das Grab mit größter Sorgfalt zu und versuchte, die Stelle so unkenntlich wie möglich zu machen, da ich den Verdacht hatte, dass Herr Sturmer Einwände gegen die Beherbergung des Hundekadavers haben und ihn entfernen lassen könnte, ein Unglück, das ich zu verhindern suchte.

Schließlich teilte Graf Hatzfeld auf die freundlichste Art und Weise mit, dass einige Freunde meiner Kunst, die unbekannt bleiben wollten, aus Mitgefühl für meine unverdiente Lage zusammengekommen waren, um mir die Möglichkeit zu bieten, meine bedrückende Lage zu erleichtern. Ich hielt es für angemessen, meinen Dank für diesen glücklichen Abschluss nur meiner Gönnerin, der Fürstin Metternich, auszusprechen, und machte mich nun daran, die endgültige Auflösung meiner Pariser Niederlassung zu arrangieren. Meine erste Sorge nach Abschluss all dieser notwendigen Arbeiten war es, dafür zu sorgen, dass Minna sofort nach Deutschland aufbrach, um ihre Behandlung zu beginnen; während ich für den Augenblick dort keine bessere Absicht hatte, als Liszt in Weimar einen Besuch abzustatten, wo im August ein deutsches Musikfestival mit Abschiedsaufführungen von Liszts Kompositionen stattfinden sollte. Darüber hinaus wollte Flaxland, der nun den Mut gefasst hatte, meine anderen Opern auf Französisch herauszugeben, mich in Paris behalten, bis ich in Zusammenarbeit mit Truinet die Übersetzung des Fliegenden Holländers fertiggestellt hätte. Für diese Arbeit benötigte ich mehrere Wochen, die ich in unseren nun völlig möblierten

Wohnungen nicht verbringen konnte. Als Graf Pourtales davon erfuhr, lud er mich ein, für diese Zeit in der preußischen Gesandtschaft zu wohnen, eine bemerkenswerte und in ihrer Art beispiellose Geste der Güte, die ich mit einer Dankbarkeit voller Vorahnung annahm. Am 12. Juli verabschiedete ich Minna nach Soden und begab mich noch am selben Tag in die Gesandtschaft, wo man mir ein hübsches kleines Zimmer mit Blick auf den Garten und die Tuilerien in der Ferne zuwies. In einem Teich im Garten saßen zwei schwarze Schwäne, zu denen ich mich auf eine träumerische Art seltsam hingezogen fühlte. Als der junge Hatzfeld mich in meinem Zimmer aufsuchte, um sich im Namen meiner Wohlgesinnten nach meinen Bedürfnissen zu erkundigen, überkam mich zum ersten Mal seit vielen Jahren eine starke Emotion, und ich empfand ein tiefes Gefühl des Wohlbefindens inmitten eines Zustands völliger Mittellosigkeit und Losgelöstheit von allem, was normalerweise als notwendig für die dauerhafte Existenz angesehen wird.

Ich bat um Erlaubnis, mir meinen Erard für die Dauer meines Aufenthaltes auf mein Zimmer bringen zu lassen, da er nicht mit meinen übrigen Möbeln weggepackt worden war, woraufhin mir ein schönes Zimmer im ersten Stock überlassen wurde. Hier arbeitete ich jeden Morgen an der Übersetzung meines Fliegender Holländers und komponierte auch zwei musikalische Albumstücke, von denen eines, bestimmt für Prinzessin Metternich, ein hübsches Thema enthielt, das mir schon lange im Kopf herumschwirrte und später veröffentlicht wurde, während ein ähnliches, für Frau Pourtales, irgendwie verloren ging.

Der Verkehr mit der Familie meines Freundes und Gastgebers hatte nicht nur eine wohltuende Wirkung auf mein Gemüt, sondern erfüllte mich auch mit ruhiger Zufriedenheit. Wir speisten täglich zusammen, und das Mittagessen entwickelte sich oft zu dem bekannten „diplomatischen Diner". Hier lernte ich den ehemaligen preußischen Minister Bethmann-Hollweg, den Vater der Gräfin Pourtales, kennen, mit dem ich meine Ideen über das Verhältnis von Kunst und Staat eingehend besprach. Als es mir endlich gelungen war, sie dem Minister klarzumachen, schloss unser Gespräch mit der fatalen Behauptung, eine solche Verständigung mit dem obersten Staatsoberhaupt werde immer eine Unmöglichkeit bleiben, da in seinen Augen die Kunst bloß in das Reich der Unterhaltung gehöre.

Außer Graf Hatzfeld nahmen auch die beiden anderen Attachés, Fürst Reuß und Graf Dönhoff, oft an diesen häuslichen Zusammenkünften teil. Der erstere schien der Politiker der Gesellschaft zu sein und wurde mir besonders wegen der großen und tüchtigen Bemühungen empfohlen, die er für mich am kaiserlichen Hof unternommen hatte, während der letztere mir einfach durch sein Aussehen und seine anziehende und offenherzige Freundlichkeit gefiel. Auch hier kam ich wieder häufig in gesellschaftliche Berührung mit

Fürst und Fürstin Metternich, aber ich konnte nicht umhin zu bemerken, dass eine gewisse Verlegenheit unser Verhalten kennzeichnete. Aufgrund ihrer energischen Mitschuld am Schicksal Tannhäusers war Fürstin Pauline nicht nur den gröbsten Behandlungen durch die Presse ausgesetzt, sondern hatte auch die ungalanteste und bösartigste Behandlung durch die sogenannte höhere Gesellschaft zu erleiden. Ihr Mann scheint dies alles sehr gut ertragen zu haben, obwohl er zweifellos manchen bitteren Moment erlebte. Jetzt war es für mich schwer zu verstehen, welche Entschädigung die Prinzessin für all das, was sie ertragen musste, in einer echten Sympathie für meine Kunst finden konnte.

So verbrachte ich die Abende oft in vertraulichem Verkehr mit meinen liebenswürdigen Gastgebern und ließ mich sogar dazu verleiten, sie über Schopenhauer zu unterrichten. Einmal führte eine größere Abendgesellschaft zu geradezu berauschender Aufregung. Auszüge aus mehreren meiner Werke wurden lebhaft in einem Kreis von Freunden gespielt, die alle sehr von mir eingenommen waren. Saint-Saens übernahm das Klavier, und ich hatte das ungewöhnliche Erlebnis, die letzte Szene der Isolde von der neapolitanischen Prinzessin Campo-Reale vorgetragen zu hören, die sie, von diesem hervorragenden Musiker begleitet, mit wunderschönem deutschen Akzent und erstaunlicher Treue der Intonation sang.

So verbrachte ich drei Wochen in Ruhe und Frieden. Inzwischen hatte mir Graf Pourtales für meinen geplanten Besuch in Deutschland einen preußischen Ministerpaß erster Güte besorgt, nachdem sein Versuch, mir einen sächsischen Paß zu besorgen, an der Nervosität des Herrn von Seebach gescheitert war.

Diesmal fühlte ich mich genötigt, vor meinem Abschied von Paris – für immer, wie ich annahm –, den wenigen französischen Freunden, die mir in den überwundenen Schwierigkeiten treu zur Seite gestanden hatten, in intimer Weise Lebewohl zu sagen. Wir trafen uns in einem Café in der Rue Lafitte – Gasperini, Champfleury, Truinet und ich – und unterhielten uns bis spät in die Nacht. Als ich mich auf den Heimweg nach dem Faubourg St. Germain machen wollte, erklärte mir Champfleury, der auf den Höhen des Montmartre wohnte, er müsse mich nach Hause bringen, da wir nicht wüssten, ob wir uns je wiedersehen würden. Ich genoss die herrliche Wirkung des hellen Mondlichts auf den verlassenen Pariser Straßen; nur die riesigen Firmen, deren Räumlichkeiten sich bis in die obersten Stockwerke erstrecken, schienen die Nacht auf malerische Weise zum Tage gemacht zu haben, besonders jene Häuser, die in der Rue Richelieu in den Dienst des Handels gestellt worden sind. Champfleury rauchte seine kurze Pfeife und diskutierte mit mir über die Aussichten der französischen Politik. Sein Vater war, wie er mir erzählte, ein alter Bonapartist vom Feinsten, der sich aber kurz zuvor, nachdem er Tag für Tag die Zeitungen gelesen hatte, zu dem Ausruf bewegt fühlte: „Aber bevor ich sterbe, werde ich eine andere Wahl treffen." Wir verabschiedeten uns sehr liebevoll an der Tür der Botschaft.

Ebenso freundlich verabschiedete ich mich von einem jungen Pariser Freund, der noch nicht erwähnt wurde, Gustave Doré, den mir Ollivier gleich zu Beginn meines Pariser Abenteuers geschickt hatte. Er hatte vorgeschlagen, eine phantastische Zeichnung von mir beim Dirigieren anzufertigen, ohne allerdings seine Absicht je zu realisieren. Ich weiß nicht, warum, außer vielleicht, dass ich keine besondere Neigung dazu zeigte. Doré blieb mir jedoch treu und war einer von denen, die gerade jetzt in ihrer äußersten Empörung über die mir zugefügte Beleidigung ihre Freundschaft bewiesen. Dieser außerordentlich produktive Künstler schlug vor, die Nibelungen in seine zahlreichen Illustrationsthemen aufzunehmen, und ich wollte ihn zunächst mit meiner Interpretation dieses Sagenzyklus bekannt machen. Dies war zweifellos schwierig, aber da er mir versicherte, er habe einen Freund, der sich in der deutschen Sprache und Literatur gut auskenne, gab ich mir das Vergnügen, ihm die kürzlich erschienene Klavierpartitur des Rheingolds zu überreichen, deren Text ihm die klarste Vorstellung von dem Plan geben würde, nach dem ich den Stoff geformt hatte. Ich erwiderte damit das Kompliment, dass er mir eine Kopie seiner gerade erschienenen Illustrationen zu Dante geschickt hatte.

Voller angenehmer und erfreulicher Eindrücke, die den einzigen wirklichen Gewinn von wirklichem Wert darstellten, den ich aus meinem Pariser Unternehmen zog, verließ ich in der ersten Augustwoche das großzügige Asyl, das mir meine preußischen Freunde angeboten hatten, um zunächst über Köln nach Soden zu fahren. Hier fand ich Minna in der Gesellschaft von Mathilde Schiffner, die ihr als leichtes Opfer ihrer Tyrannei unentbehrlich geworden zu sein schien. Ich verbrachte dort zwei äußerst schmerzliche Tage damit, der armen Frau klarzumachen, dass sie sich in Dresden niederlassen sollte (wo ich derzeit nicht bleiben durfte), während ich mich in Deutschland – zuerst in Wien – nach einem neuen Operationszentrum umsah. Sie blickte ihre Freundin mit besonderer Befriedigung an, als sie meinen Vorschlag hörte und mein Versprechen, unter allen Umständen daran zu denken, ihr dreitausend Mark pro Jahr zu geben. Dieser Handel legte den Maßstab meiner Beziehung zu ihr für den Rest ihres Lebens fest. Sie ging mit mir bis nach Frankfurt, wo ich mich von ihr trennte, um vorläufig nach Weimar zu gehen – die Stadt, in der Schopenhauer vor kurzem gestorben war.

TEIL IV

1861–1864

Und so durchquerte ich Thüringen erneut und kam an der Wartburg vorbei, die, ob ich sie nun besuchte oder nur aus der Ferne sah, so seltsam mit meiner Abreise aus Deutschland oder meiner Rückkehr dorthin verbunden schien. Ich erreichte Weimar um zwei Uhr morgens und wurde später am Tag in die Räume geführt, die Liszt für mich in der Altenburg eingerichtet hatte. Es waren, wie er mir sorgfältig mitteilte, die Räume von Prinzessin Marie. Diesmal waren jedoch keine Frauen da, die uns bewirteten. Prinzessin Caroline war bereits in Rom, und ihre Tochter hatte Prinz Constantin Hohenlohe geheiratet und war nach Wien gegangen. Nur Miss Anderson, Prinzessin Maries Gouvernante, war noch da, um Liszt bei der Bewirtung seiner Gäste zu helfen. Tatsächlich erfuhr ich, dass die Altenburg kurz vor der Schließung stand und dass Liszts jugendlicher Onkel Eduard zu diesem Zweck aus Wien gekommen war und auch, um eine Bestandsaufnahme des gesamten Inhalts zu machen. Gleichzeitig herrschte jedoch eine ungewöhnliche gesellige Stimmung im Zusammenhang mit der Gesellschaft der Tonkünstler, da Liszt selbst eine beträchtliche Anzahl von Musikern beherbergte, zu seinen Gästen zählten vor allem Bülow und Cornelius. Jeder, einschließlich Liszt selbst, trug eine Reisemütze, und diese seltsame Wahl der Kopfbedeckung schien mir typisch für die mangelnde Zeremonie, die dieses ländliche Fest in Weimar begleitete. Im obersten Stockwerk des Hauses hatten sich Franz Brendel und seine Frau mit einiger Pracht niedergelassen, und bald füllte ein Schwarm von Musikern den Raum, unter ihnen mein alter Bekannter Drasecke und ein gewisser junger Mann namens Weisheimer, den Liszt einmal zu mir nach Zürich geschickt hatte. Tausig erschien ebenfalls, schloss sich jedoch den meisten unserer ungezwungenen Zusammenkünfte aus, um eine Liebesaffäre mit einer jungen Dame zu führen. Liszt gab mir Emilie Genast als Begleiterin für ein oder zwei kurze Ausflüge, eine Vereinbarung, an der ich nichts auszusetzen hatte, da sie witzig und sehr intelligent war. Ich lernte auch Damrosch kennen, einen Geiger und Musiker. Es war mir eine große Freude, meine alte Freundin Alwine Frommann wiederzusehen, die trotz ihrer etwas gespannten Beziehungen zu Liszt gekommen war; und als Blandine und Ollivier aus Paris ankamen und meine Nachbarn auf der Altenburg wurden, wurden die Tage, die vorher schon lebhaft gewesen waren, nun ausgelassen fröhlich. Bülow, der ausgewählt worden war, Liszts Faust-Symphonie zu dirigieren, schien mir der wildeste von allen. Seine Aktivität war außergewöhnlich. Er hatte die gesamte Partitur auswendig gelernt und lieferte uns eine ungewöhnlich präzise, intelligente und temperamentvolle Aufführung mit einem Orchester, das alles andere als die besten deutschen Musiker war. Nach dieser Symphonie hatte die

Prometheus-Musik den größten Erfolg, während mich besonders Emilie Genasts Gesang eines von Bülow komponierten Liederzyklus namens Die Entsagende berührte. Abgesehen von einer Kantate, Das Grab im Busento von Weisheimer, gab es bei dem Festkonzert wenig Erfreuliches, und im Zusammenhang mit Draseckes „Deutschem Marsch" kam es zu einem regelrechten Skandal. Aus irgendeinem unerfindlichen Grund nahm Liszt gegenüber dieser seltsamen Komposition, die offenbar zum Spott von einem Mann geschrieben worden war, der in anderen Bereichen großes Talent besaß, eine herausfordernde und beschützende Haltung ein. Liszt bestand darauf, dass Bülow den Marsch dirigierte , und Hans hatte schließlich Erfolg damit und führte ihn sogar auswendig auf; doch das Ganze endete mit der folgenden unglaublichen Szene. Der jubelnde Empfang von Liszts eigenen Werken hatte ihn nicht ein einziges Mal dazu bewegt, sich dem Publikum zu zeigen, doch als Draseckes Marsch, der das Programm abschloss, schließlich vom Publikum in einer unwiderstehlichen Welle der Missstimmung zurückgewiesen wurde, trat Liszt in die Bühnenloge, streckte die Hände aus, klatschte heftig und rief „Bravos". Zwischen Liszt, dessen Gesicht rot vor Wut war, und dem Publikum entbrannte ein wahrer Kampf. Blandine, die neben mir saß, war wie ich außer sich über dieses unverschämt provokative Verhalten ihres Vaters, und es dauerte lange, bis wir uns nach dem Vorfall wieder gefasst hatten. Aus Liszt war kaum eine Erklärung herauszubekommen. Wir hörten ihn nur ein paar Mal in wütender Verachtung auf das Publikum hinweisen, „für das der Marsch viel zu gut war". Von anderer Seite hörte ich, dass dies eine Art Rache am normalen Weimarer Publikum war, aber es war eine seltsame Art, sich zu rächen, da dieses bei dieser Gelegenheit nicht vertreten war. Liszt hielt dies für eine gute Gelegenheit, Cornelius zu rächen, dessen Oper Der Barbier von Bagdad vom Weimarer Publikum ausgebuht worden war, als Liszt sie einige Zeit zuvor persönlich dirigiert hatte. Abgesehen davon konnte ich natürlich erkennen, dass Liszt in anderer Hinsicht viel zu ertragen hatte. Er gestand mir, dass er versucht hatte, den Großherzog von Weimar zu bewegen, mir eine besondere Auszeichnung zu erweisen. Zunächst wollte er, dass er mich zusammen mit sich selbst zu einem Abendessen bei Hofe einlud, aber da der Herzog Bedenken hatte, eine Person zu bewirten, die noch immer als politischer Flüchtling aus dem Königreich Sachsen verbannt war, glaubte Liszt, er könne mir zumindest den Orden vom Weißen Falken verschaffen. Auch dies wurde ihm verweigert, und da seine Bemühungen bei Hofe so fruchtlos gewesen waren, wollte er die Bürger der Residenz dazu bewegen, ihren Teil zur Feier meiner Anwesenheit beizutragen. Dementsprechend wurde ein Fackelzug organisiert, aber als ich davon hörte, unternahm ich alle möglichen Anstrengungen, den Plan zu vereiteln – und es gelang mir. Aber ich sollte nicht ohne jegliche Ovation davonkommen. Eines Nachmittags versammelten sich Justizrat Gille von Jena und sechs Studenten unter meinem Fenster und sangen ein schönes kleines Gesangslied, für dessen Aufmerksamkeit ich ihnen herzlich dankte. Einen Kontrast dazu bildete das große Bankett, an dem alle Musikkünstler teilnahmen. Ich saß zwischen Blandine und Ollivier, und das Fest entwickelte sich zu einem wirklich herzlichen Applaus für den Komponisten von Tannhäuser und Lohengrin, den sie nun „in Deutschland willkommen hießen, nachdem er während seiner Verbannung ihre Liebe und Wertschätzung gewonnen hatte". Liszts Rede war kurz, aber energisch, und ich musste einem anderen Redner ausführlicher antworten. Sehr angenehm waren die ausgewählten Zusammenkünfte, die sich bei mehreren Gelegenheiten um Liszts eigene Tafel versammelten, und bei einer dieser Zusammenkünfte dachte ich an die abwesende Gastgeberin von Altenburg. Einmal aßen wir im Garten, und ich hatte das Vergnügen, dort meine gute Freundin Alwine Frommann zu sehen, die sich intelligent mit Ollivier unterhielt, da eine Versöhnung mit Liszt stattgefunden hatte.

Nach einer Woche voller abwechslungsreicher und aufregender Erlebnisse rückte für uns alle der Tag des Abschieds näher. Ein glücklicher Zufall ermöglichte es mir, den größten Teil meiner geplanten Reise nach Wien in Begleitung von Blandine und Ollivier zu unternehmen, die beschlossen hatten, Cosima in Reichenhall zu besuchen, wo sie sich zur Kur aufhielt. Als wir uns alle auf dem Bahnsteig von Liszt verabschiedeten, dachten wir an Bülow, der sich in den letzten Tagen so bemerkenswert hervorgetan hatte. Er war einen Tag früher aufgebrochen, und wir erschöpften uns darin, sein Lob zu singen, obwohl ich mit scherzhafter Vertraulichkeit hinzufügte: „Es war nicht notwendig, dass er Cosima heiratete." Und Liszt fügte mit einer leichten Verbeugung hinzu: „Das war ein Luxus."

Wir Reisenden – das heißt Blandine und ich – verfielen bald in eine leichtfertige Stimmung, die durch Olliviers nach jedem Lachanfall wiederholte Frage „Qu'est-ce qu'il dit?" noch verstärkt wurde. Er musste sich unsere ständigen Scherze auf Deutsch gutmütig gefallen lassen, obwohl wir immer auf Französisch auf seine häufigen Forderungen nach Tonique oder Jambon Cru antworteten, die anscheinend das Grundnahrungsmittel seiner Ernährung waren. Es war lange nach Mitternacht, als wir Nürnberg erreichten, wo wir für die Nacht Halt machen mussten. Mit viel Mühe ließen wir uns in ein Gasthaus bringen und mussten dort eine Weile warten, bis sich die Tür öffnete. Ein dicker und älterer Gastwirt kam unseren Bitten nach, uns trotz der späten Stunde Zimmer zu geben, aber um dies zu erreichen, musste er uns – nach langem, ängstlichem Nachdenken – eine ganze Weile im Flur zurücklassen, während er in einem Hintergang verschwand. Dort stand er vor einer Schlafzimmertür, und wir hörten ihn in schüchternem und freundlichem Ton „Margarethe" rufen. Er wiederholte den Namen mehrmals mit der Mitteilung, dass Besuch eingetroffen sei, und eine Frau antwortete ihm mit Flüchen. Nach langem Drängen des Wirts erschien schließlich Margarethe im Neglige und zeigte uns nach verschiedenen geheimnisvollen Unterredungen mit dem Wirt die für uns ausgesuchten Zimmer. Das Merkwürdige an dem Vorfall war, dass das maßlose Gelächter, dem wir alle drei nachgaben, weder dem Wirt noch seiner Kammerzofe auffiel. Am nächsten Tag besichtigten wir einige Sehenswürdigkeiten der Stadt, zuletzt das Germanische Museum, das sich damals in einem so erbärmlichen Zustand befand, dass es besonders die Verachtung meines französischen Begleiters erregte. Die große Sammlung von Folterinstrumenten, zu der auch eine mit Nägeln beschlagene Kiste gehörte, erfüllte Blandine mit mitfühlendem Entsetzen.

Wir erreichten München an diesem Abend und besichtigten es am nächsten Tag (nachdem wir uns wieder Tonique und Schinken besorgt hatten) mit großer Zufriedenheit, insbesondere von Ollivier, der fand, dass der „antike" Stil, in dem König Ludwig I. die Museen hatte errichten lassen, einen sehr guten Kontrast zu den Gebäuden bildete , mit denen Louis Napoleon zu seiner großen Empörung Paris füllen wollte. Hier traf ich einen alten Bekannten, den jungen Hornstein, den ich meinen Freunden als „den Baron" vorstellte. Seine komische Gestalt und sein unbeholfenes Benehmen gaben ihnen Anlass zur Heiterkeit, die in eine wahre Orgie der Heiterkeit ausartete, als „der Baron" es für nötig hielt, uns vor unserer nächtlichen Reise nach Reichenhall zu einer etwas entfernten Bierbrauerei zu bringen, damit wir diese Seite des Münchner Lebens kennen lernen konnten. Es war stockfinster und es gab kein Licht, außer einem Kerzenstumpf, um „den Baron" zu beleuchten, der selbst hinuntergehen musste, um das Bier aus dem Keller zu holen. Das Bier schmeckte jedenfalls besonders gut, und Hornstein wiederholte seinen Abstieg in den Keller mehrere Male. Als wir uns in Eile auf den gefährlichen Weg über Felder und Gräben zum Bahnhof machten, merkten wir, daß uns die ungewohnte Erfrischung etwas benommen hatte. Blandine schlief sofort ein, als sie in den Wagen stieg, und erwachte erst bei Tagesanbruch, als wir in Reichenhall ankamen. Hier empfing uns Cosima und führte uns in die für uns vorbereiteten Zimmer.

Wir waren zunächst erfreut, Cosimas Gesundheitszustand weit weniger besorgniserregend zu finden, als wir – insbesondere ich – ihn bisher gekannt hatten. Man hatte ihr eine Sauermilchkur verordnet, und wir schauten am nächsten Morgen nach, als sie ihren Spaziergang zur Anstalt machte. Cosima schien jedoch weniger Wert auf das eigentliche Milchtrinken zu legen als auf die Spaziergänge und den Aufenthalt in der herrlichen, belebenden Bergluft. Ollivier und ich blieben von der Heiterkeit, die auch hier sofort einsetzte, meist ausgeschlossen, da die beiden Schwestern, um mehr Privatsphäre für ihre Gespräche zu haben – sie lachten so unaufhörlich, dass man sie weithin hören konnte –, sich gewöhnlich von uns in ihren Schlafzimmern einschlossen, und mir fast nur noch die Konversation auf Französisch mit meinem politischen Freund blieb. Ein- oder zweimal gelang es mir, bei den Schwestern Zutritt zu erhalten, um ihnen unter anderem meine Absicht mitzuteilen, sie zu adoptieren, da ihr Vater keine weitere Notiz von ihnen nahm – ein Vorschlag, den ich eher mit Heiterkeit als mit Vertrauen aufnahm. Ich beklagte mich einmal bei Blandine über Cosimas wildes Benehmen, die mich anscheinend nicht verstand, bis sie sich eingeredet hatte, ich hätte mit meinem Ausdruck „timidite d'un sauvage" gemeint. Nach ein paar Tagen musste ich wirklich daran denken, meine so angenehm unterbrochene Reise fortzusetzen. Ich verabschiedete mich in der Halle und erhaschte einen Blick auf Cosimas fast schüchterne Fragen.

Ich fuhr zunächst mit einem Einspänner das Tal hinunter nach Salzburg. An der österreichischen Grenze erlebte ich ein Abenteuer mit dem Zollamt. Liszt hatte mir in Weimar eine Kiste der kostbarsten Zigarren geschenkt – ein Geschenk des Barons Sina. Da ich von meinem Besuch in Venedig wusste, welche unglaublichen Formalitäten die Einfuhr dieser Waren nach Österreich außerordentlich erschweren, kam ich auf den Plan, die Zigarren einzeln in meiner schmutzigen Wäsche und in den Taschen meiner Kleider zu verstecken. Der Offizier, ein alter Soldat, schien auf derartige Vorsichtsmaßregeln vorbereitet zu sein und zog die Corpora delicta geschickt aus allen Falten meines kleinen Koffers hervor. Ich versuchte ihn mit einem Trinkgeld zu bestechen, das er tatsächlich annahm, und war umso empörter, als er mich trotzdem bei den Behörden anzeigte. Ich musste eine hohe Geldstrafe zahlen, erhielt aber die Erlaubnis, die Zigarren zurückzukaufen. Dies lehnte ich wütend ab. Mit der Quittung über die von mir bezahlte Geldstrafe erhielt ich jedoch auch den preußischen Taler zurück, den der alte Soldat zuvor stillschweigend verstaut hatte, und als ich in meinen Wagen stieg, um die Reise fortzusetzen, sah ich denselben Offizier friedlich vor seinem Bier und seinem Käsebrot sitzen. Er verbeugte sich sehr höflich, und ich bot ihm an, ihm seinen Taler zurückzugeben, aber diesmal lehnte er ab. Ich habe mich seitdem oft darüber geärgert, dass ich nicht nach dem Namen des Mannes gefragt hatte, da ich an der Vorstellung festhielt, dass er ein besonders treuer Diener sein müsse, in welcher Eigenschaft ich ihn später selbst gern eingestellt hätte.

Ich legte in Salzburg an, kam durchnässt von Regenfluten an, verbrachte dort die Nacht und erreichte am nächsten Tag endlich meinen Bestimmungsort – Wien. Ich schlug vor, die Gastfreundschaft von Kolatschek anzunehmen, mit dem ich in der Schweiz befreundet gewesen war. Er war seit langem von Österreich amnestiert worden und hatte mich bei meinem letzten Besuch in Wien aufgesucht und mir angeboten, sein Haus zu benutzen, um mir die Unannehmlichkeiten eines Gasthofs zu ersparen, falls ich für einen längeren Aufenthalt zurückkehren sollte. Schon aus Spargründen – und diese waren damals sehr dringend – hatte ich dieses Angebot bereitwillig angenommen und fuhr nun mit meinem Handgepäck direkt zu dem beschriebenen Haus. Zu meiner Überraschung stellte ich sofort fest, dass ich mich in einem äußerst abgelegenen Vorort befand, praktisch abgeschnitten von Wien selbst. Das Haus war völlig verlassen, da Kolatschek und seine Familie in einen Sommerurlaub in Hütteldorf gefahren waren. Mit einiger Mühe fand ich eine alte Dienerin, die zu glauben schien, ihr Herr hätte sie vor meiner Ankunft gewarnt. Sie zeigte mir ein kleines Zimmer, in dem ich schlafen konnte, wenn ich wollte, aber sie war anscheinend nicht in der Lage, Wäsche oder sonstige Dienstleistungen anzubieten. Sehr beunruhigt durch diese Enttäuschung fuhr ich zunächst zurück in die Stadt, um in einem bestimmten Café am Stephansplatz auf Kolatschek zu warten, das er nach Aussage des Dieners wahrscheinlich zu einer bestimmten Zeit besuchen würde. Ich hatte dort eine ganze Weile gesessen und wiederholt nach dem Mann gefragt, den ich zu sehen erwartete, als ich plötzlich Standhartner hereinkommen sah. Seine außerordentliche Überraschung, mich dort zu finden, wurde, wie er mir erzählte, dadurch verstärkt, dass er dieses Café noch nie in seinem Leben betreten hatte. Es war ein ganz besonderer Zufall gewesen, der ihn an diesem Tag und zu dieser Zeit dorthin geführt hatte. Als er von meiner Situation erfuhr, wurde er sofort wütend über die Vorstellung, dass ich im verlassensten Teil Wiens lebte, während ich so dringende Geschäfte in der Stadt zu erledigen hatte, und bot mir umgehend sein eigenes Haus als vorübergehende Unterkunft an, da er mit seiner ganzen Familie sechs Wochen lang weg sein würde. Eine hübsche Nichte, die mit ihrer Mutter und Schwester im selben Haus wohnte, sollte sich um alle meine Bedürfnisse kümmern, einschließlich Frühstück usw., und ich sollte den ganzen Ort mit größter Freiheit nutzen können. Er nahm mich triumphierend sofort mit nach Hause in eine verlassene Wohnung, da die Familie bereits in ihren Sommerurlaub nach Salzburg gefahren war. Ich teilte Kolatschek dies mit, ließ mein Gepäck hereinbringen und genoss für einige Tage das Vergnügen von Standhartners Gesellschaft und ungezwungener Gastfreundschaft . Aus Informationen meines Freundes erfuhr ich jedoch, dass mein Weg mit neuen Schwierigkeiten behaftet war. Die Proben für Tristan und Isolde, die ungefähr zu dieser Zeit im Frühjahr stattfinden sollten (ich war am 14. August in Wien angekommen), waren auf unbestimmte Zeit verschoben worden, da Ander, der Tenor, eine Stimmverletzung gemeldet hatte. Als ich dies hörte, schloss ich sofort, dass mein Aufenthalt in Wien nutzlos sein würde; ich wusste jedoch, dass mir niemand einen anderen Ort vorschlagen konnte, an dem ich mich gewinnbringend beschäftigen könnte.

Meine Lage war, wie ich jetzt deutlich erkannte, völlig hoffnungslos, denn jeder schien mich im Stich gelassen zu haben. Vor ein paar Jahren hätte ich mir in einem ähnlichen Fall vielleicht eingebildet, dass Liszt mich während der Wartezeit gern in Weimar aufnehmen würde, aber wenn ich jetzt nach Deutschland zurückkehrte, müsste ich nur zusehen, wie das Haus abgerissen wurde – worauf ich bereits hingewiesen habe. Meine Hauptsorge war also, irgendwo eine freundliche Unterkunft zu finden. Mit diesem einzigen Ziel wandte ich mich an den Großherzog von Baden, der mich kurz zuvor mit so viel Freundlichkeit und Sympathie begrüßt hatte. Ich schrieb ihm einen flehenden Brief, in dem ich ihn drängte, meine Notlage zu berücksichtigen. Ich wies darauf hin, dass ich vor allem eine Anstalt, wenn auch noch so bescheiden, wollte, und flehte ihn an, mir eine in oder in der Nähe von Karlsruhe zu verschaffen, indem er mir eine Pension von zweitausendvierhundert Mark sicherte. Beurteilen Sie meine Überraschung, als ich eine Antwort erhielt, die nicht von der Hand des Großherzogs selbst stammte, sondern nur von ihm unterschrieben war. Darin hieß es, wenn meinem Antrag stattgegeben würde, würde dies wahrscheinlich bedeuten, dass ich mich in die Leitung des Theaters einmischen würde, und als ganz natürliche Folge würden Diskussionen mit dem Direktor (meinem alten Freund E. Devrient, der inzwischen hervorragende Arbeit leistete) folgen. Da sich der Großherzog in einem solchen Fall verpflichtet fühlen würde, im Interesse der Gerechtigkeit zu handeln, „möglicherweise zu meinem Nachteil", wie er es ausdrückte, musste er nach reiflicher Überlegung bedauerlicherweise ablehnen, meinem Antrag nachzukommen.

Fürstin Metternich, die auch bei meiner Abreise aus Paris meine Verlegenheit in dieser Hinsicht geahnt hatte, hatte mich herzlich dem Grafen Nako und seiner Familie in Wien empfohlen und mich dabei besonders an seine Frau verwiesen. Durch Standhartner hatte ich in der kurzen Zeit vor seiner Abreise den jungen Prinzen Rudolph Liechtenstein – von seinen Freunden Rudi genannt – kennengelernt. Sein Arzt, mit dem er sehr eng verbunden war, hatte mir gegenüber in schmeichelhaftester Weise von ihm als einem leidenschaftlichen Verehrer meiner Musik gesprochen. Nachdem Standhartner zu seiner Familie gestoßen war, traf ich ihn oft bei den Mahlzeiten im „Erzherzog Karl", und wir planten einen Besuch bei Graf Nako auf seinem etwas entfernten Anwesen in Schwarzau. Die Reise wurde auf die bequemste Art und Weise unternommen, teilweise mit der Eisenbahn, in Begleitung der jungen Frau des Prinzen. Sie stellten mich den Nakos in Schwarzau vor. Der Graf erwies sich als besonders gutaussehender Mann, während seine Frau eher eine kultivierte Zigeunerin war, deren Talent für die Malerei in eindrucksvoller Weise durch die riesigen Kopien von Van Dyck bewiesen wurde, die an den Wänden prangten. Schmerzhafter war es, ihr beim Klavierspielen zuzuhören , wo sie Zigeunermusik getreu wiedergab, was Liszt, wie sie sagte, nicht zustande brachte. Die Musik zu Lohengrin schien sie alle sehr zu meiner Gunst eingenommen zu haben, und diese Wertschätzung wurde von anderen Magnaten, die dort zu Besuch waren, bestätigt, unter ihnen Graf Edmund Zichy, den ich in Venedig kennengelernt hatte. So konnte ich den Charakter der ungezwungenen ungarischen Gastfreundschaft beobachten, ohne durch die Gesprächsthemen sehr erbaut zu werden, und musste mich leider bald der Frage stellen , was ich von diesen Leuten zu bekommen hatte. Ich bekam ein anständiges Zimmer für die Nacht und nutzte am nächsten Tag die Gelegenheit, mir die schön gepflegten Anlagen des majestätischen Schlosses anzusehen und mich zu fragen, in welchem Teil des Gebäudes man bei einem längeren Besuch Platz für mich finden könnte. Aber meine lobenden Bemerkungen über die Größe des Gebäudes wurden beim Frühstück mit der Versicherung beantwortet, dass es wirklich kaum groß genug für die Familie sei, da insbesondere die junge Gräfin mit ihrem Gefolge in großem Stil lebte. Es war ein kalter Septembermorgen, den wir im Freien verbrachten. Mein Freund Rudi schien verstimmt. Mir war kalt, und ich verabschiedete mich sehr bald von der Tafel des großen Mannes mit dem Bewußtsein, selten in der Gesellschaft so netter Menschen gewesen zu sein, ohne die geringste Gemeinsamkeit zu entdecken. Dieses Bewußtsein wuchs sich zu einem regelrechten Ekelgefühl aus, als ich mit mehreren Cavalieri zum Bahnhof Mödling fuhr, denn ich war während der einstündigen Fahrt zu absolutem Schweigen gezwungen, da sie buchstäblich nur das eine Gesprächsthema hatten, das mir inzwischen so furchtbar vertraut war! – nämlich Pferde.

Ich stieg in Mödling aus, um Ander, den Tenor, aufzusuchen, zu dem ich mich für diesen Tag eingeladen hatte, um den Tristan durchzugehen. Es war noch sehr früh an einem hellen Morgen, und der Tag wurde allmählich wärmer. Ich beschloss, einen Spaziergang im schönen Brühl zu machen, bevor ich Ander aufsuchte. Dort bestellte ich mir im Garten des schön gelegenen Gasthofs ein Mittagessen und genoss eine äußerst erfrischende Stunde völliger Einsamkeit. Die wilden Vögel hatten bereits aufgehört zu singen, aber ich teilte mein Essen mit einer Armee von Sperlingen, die erschreckende Ausmaße annahm. Als ich sie mit Brotkrümeln fütterte, wurden sie schließlich so zahm, dass sie sich in Schwärmen auf dem Tisch vor mir niederließen, um ihre Beute zu ergreifen. Ich wurde an den Morgen in der Taverne mit dem Wirt Homo in Montmorency erinnert. Auch hier lachte ich nach vielen Tränen laut und machte mich auf den Weg zu Anders Sommerresidenz. Leider bestätigte sein Zustand die Aussage, dass die Verletzung seiner Stimme nicht nur eine Ausrede war; aber jedenfalls sah ich bald ein, dass dieser hilflose Mensch unter keinen Umständen der Aufgabe gewachsen sein würde, den Halbgott Tristan in Wien zu spielen. Trotzdem tat ich mein Bestes, ihm, als ich dort war, den ganzen Tristan in meiner eigenen Interpretation der Rolle zu zeigen (die mich immer sehr begeisterte), woraufhin er erklärte, dass die Rolle für ihn geschrieben worden sein könnte. Ich ließ Tausig und Cornelius, die ich in Wien wiedergetroffen hatte, an diesem Tag zu Anders Haus kommen und kehrte am Abend mit ihnen zurück.

Ich verbrachte viel Zeit mit diesen beiden, die sich aufrichtig um mich sorgten und ihr Bestes taten, um mich aufzumuntern. Tausig war allerdings etwas zurückhaltender, da er zu dieser Zeit Ambitionen in höheren Kreisen hatte. Aber auch er nahm Frau Dustmanns Einladungen an uns drei an. Sie verbrachte den Sommer in Hietzing, und dort wurden mehr als einmal Abendessen gegeben, und auch einige Gesangsproben für Isolde, für die ihre Stimme die erforderliche geistige Empfänglichkeit zu besitzen schien. Dort las ich auch das Gedicht des Tristan noch einmal durch und dachte immer noch, dass die Aufführung mit Geduld und Enthusiasmus möglich sei. Im Augenblick war Geduld die am meisten benötigte Eigenschaft; mit Enthusiasmus ließ sich sicherlich nichts erreichen. Anders Stimme ließ ihn immer noch im Stich und besserte sich nicht, und kein Arzt war bereit, seiner Krankheit eine Grenze zu setzen. Ich überbrückte die Zeit, so gut ich konnte, und kam auf die Idee, die neue Szene des Tannhäuser, die für die Aufführung in Paris auf einen französischen Text geschrieben worden war, ins Deutsche zurückzuübersetzen. Cornelius musste es zunächst von der Originalpartitur für mich abschreiben, da diese in einem sehr schlechten Zustand war. Ich nahm seine Abschrift an, ohne mich weiter nach dem in seinen Händen verbliebenen Original zu erkundigen, und wir werden später sehen, welches Ergebnis dies brachte.

Auch ein Musiker namens Winterberger gesellte sich zu uns. Er war ein alter Bekannter, und ich fand ihn in einer Lage, um die ich ihn sehr beneidete. Gräfin Banfy, eine alte Freundin Liszts, hatte ihn in ihr sehr schönes Haus in Hietzing aufgenommen, und so hatte er eine ausgezeichnete Unterkunft, lebte bequem und ohne sich um irgendetwas zu kümmern, denn die freundliche Dame hielt es für ihre Pflicht, diesen sonst so unwürdigen Burschen mit allem zu versorgen. Durch ihn erhielt ich wieder Nachrichten von Karl Ritter und erfuhr, dass er jetzt in Neapel war, wo er im Hause eines Klavierbauers wohnte, dessen Kinder er gegen Kost und Logis unterrichten musste. Es scheint, dass Winterberger, nachdem er alles durchgegangen war, aufgrund einiger von Liszts Vermittlungen aufgebrochen war, um sein Glück in Ungarn zu suchen. Aber die Dinge verliefen nicht zu seiner Zufriedenheit, und er genoss nun eine Entschädigung im Hause der ehrenwerten Gräfin. Ich lernte dort eine ausgezeichnete Harfenistin kennen, die ebenfalls zur Familie gehörte, Fräulein Mossner. Auf Befehl der Gräfin wurde sie mit ihrer Harfe in den Garten geschickt, wo sie, ob an oder mit der Harfe, eine sehr kecke Miene machte und ganz entzückend aussah, so dass ich einen angenehmen Eindruck von ihr gewann. Leider geriet ich mit der jungen Dame in Streit, weil ich kein Solo für ihr Instrument komponieren wollte. Von dem Zeitpunkt an, als ich ihren Ambitionen entschieden nicht nachgab, nahm sie keine Notiz mehr von mir.

Unter den besonderen Bekanntschaften, die ich in dieser schwierigen Epoche in Wien machte, muss der Dichter Hebbel erwähnt werden. Da es nicht unwahrscheinlich schien, dass ich Wien für einige Zeit zum Schauplatz meiner Arbeit machen musste, hielt ich es für wünschenswert, die dort lebenden literarischen Berühmtheiten besser kennenzulernen. Ich bereitete mich auf die Begegnung mit Hebbel vor, indem ich mir die Mühe machte, seine dramatischen Stücke vorher zu lesen, mein Bestes tat, um sie für gut zu halten und eine nähere Bekanntschaft mit dem Autor wünschenswert zu finden. Das Bewusstsein der großen Schwäche seiner Gedichte ließ mich von meinem Vorhaben nicht abbringen, obwohl ich die Unnatürlichkeit seiner Konzeptionen und die ausnahmslos gekünstelte und oft vulgäre Ausdrucksweise erkannte. Ich besuchte ihn nur einmal und hatte auch dann kein besonders langes Gespräch mit ihm. In der Persönlichkeit des Dichters fand ich keinen Ausdruck der exzentrischen Kraft, die in den Figuren seiner Dramen zu explodieren droht. Als ich einige Jahre später hörte, dass Hebbel an Knochenerweichung gestorben war, verstand ich, warum er mir so unangenehm erschienen war. Er sprach über die Theaterwelt in Wien mit der Miene eines Amateurs, der sich vernachlässigt fühlt, aber trotzdem geschäftsmäßig weiterarbeitet. Ich verspürte kein besonderes Verlangen, meinen Besuch zu wiederholen, vor allem nicht nach seinem Rückruf während meiner Abwesenheit, als er eine Karte hinterließ, auf der er sich als „Hebbel, Chevalier de plusieurs ordres!" vorstellte.

Mein alter Freund Heinrich Laube war inzwischen seit langem als Direktor des k.u.k. Hoftheaters tätig. Er hatte es bei meinem letzten Besuch in Wien für seine Pflicht gehalten, mich den literarischen Berühmtheiten vorzustellen, zu denen er, da er praktisch veranlagt war, vor allem Journalisten und Kritiker zählte. Er lud Dr. Hanslick zu einem großen Abendessen ein, da er dachte, ich würde besonders daran interessiert sein, ihn kennenzulernen, und war überrascht, dass ich kein Wort mit ihm zu sprechen hatte. Die Schlussfolgerungen, die Laube daraus zog, ließen ihn prophezeien, dass ich in Wien schwer zurechtkommen würde, wenn ich wirklich hoffte, es zum Wirkungskreis meiner künstlerischen Arbeit zu machen. Bei meiner Rückkehr begrüßte er mich dieses Mal einfach als alten Freund und bat mich, so oft ich wollte, bei ihm zu speisen. Er war ein leidenschaftlicher Jäger und konnte den Luxus von frischem Wild für seine Tafel bieten. Ich nahm diese Einladung jedoch nicht sehr oft wahr, da mich die Unterhaltung, die ausschließlich durch den langweiligen Geschäftsalltag der Bühne angeregt wurde, nicht anzog. Nach dem Abendessen kamen ein paar Schauspieler und Literaten herein, um Kaffee und Zigarren zu trinken. Sie saßen an einem großen Tisch, an dem Laubes Frau normalerweise Hof hielt, während Laube selbst schweigend seine Ruhe und seine Zigarre genoss. Frau Laube hatte eingewilligt, Theaterdirektorin zu werden, nur um ihrem Mann zu gefallen, und hielt sich nun für verpflichtet, lange und sorgfältige Reden über Dinge zu halten, von denen sie überhaupt nichts verstand. Die einzige Freude, die ich hatte, waren die erneuten Einblicke in die Gutmütigkeit, die ich früher an ihr bewundert hatte; wenn zum Beispiel niemand aus der Gesellschaft wagte, ihr zu widersprechen, und ich mit offener Kritik dazwischenkam, nahm sie diese normalerweise mit uneingeschränkter Heiterkeit hin. Ihr und ihrem Mann erschien ich wahrscheinlich als gutmütiger Narr und nichts weiter, denn meine Unterhaltung war im Allgemeinen scherzhaft, da mir ihre Ernsthaftigkeit völlig gleichgültig war. Tatsächlich bemerkte Frau Laube, als ich später meine Konzerte in Wien gab, mit dem freundlichsten Ausdruck der Überraschung, dass ich ein ziemlich guter Dirigent sei, ganz im Gegensatz zu dem, was sie nach dem Lesen irgendeines Zeitungsberichts erwartet hatte.

Zunächst waren Laubes praktische Kenntnisse nicht ohne Bedeutung, konnte er mir doch alles über die Charaktere der Oberinspektoren des k.u.k. Hoftheaters sagen. Es stellte sich nun heraus, dass der kaiserliche Rat von Raymond eine höchst bedeutende Persönlichkeit war, und der betagte Graf Lanckoronski, der Obermarschall, der sonst äußerst hartnäckig auf seiner Autorität beharrte, sich nicht traute, in Finanzfragen eine Entscheidung zu treffen, ohne diesen überaus kompetenten Mann zu Rate zu ziehen.

Raymond selbst, den ich bald als Muster an Unwissenheit kennen und schätzen lernte, bekam es mit der Angst zu tun und sah sich verpflichtet, meine Tristan-Aufführung zu verweigern, hauptsächlich wegen der Wiener Zeitungen, die mich immer schlecht machten und meinen Vorschlag verspotteten. Offiziell wurde ich an den eigentlichen Direktor der Oper, Herrn Salvi, verwiesen, der früher Gesangslehrer einer Hofdame der Großherzogin Sophie gewesen war. Er war ein absolut unfähiger und unwissender Mann, der mir gegenüber vorgeben musste, dass ihm nach dem Befehl der obersten Autoritäten nichts so am Herzen lag wie die Förderung der Tristan-Aufführung. Daher versuchte er durch ständige Äußerungen von Eifer und Wohlwollen den zunehmenden Geist des Zweifels und Zögerns zu verbergen, von dem selbst das Personal durchdrungen war.

Ich erfuhr eines Tages, wie es sich verhielt, als eine Gruppe unserer Sänger mit mir in das Landhaus eines gewissen Herrn Dumba eingeladen war, der mir als der begeistertste Gratulant vorgestellt wurde. Herr Ander hatte die Partitur des Tristan mitgenommen, als wolle er zeigen, dass er sich keinen Tag davon trennen könne. Frau Dustmann wurde darüber sehr zornig und beschuldigte Ander, er wolle mich durch seine Heuchlerrolle hinters Licht führen; denn er wusste so gut wie jeder andere, dass er diese Partie niemals singen würde und dass die Direktion nur auf eine Gelegenheit wartete, die Aufführung des Tristan auf irgendeine Weise zu verhindern und ihr dann die Schuld dafür in die Schuhe zu schieben. Salvi versuchte mit aller Eifer, sich in diese äußerst unangenehmen Enthüllungen einzumischen. Er empfahl mir, den Tenor Walter zu wählen, und da ich aufgrund meiner Abneigung gegen den Mann Einwände erhob, verwies er mich als nächstes an gewisse ausländische Sänger, an die er sich gerne wenden wollte.

Tatsächlich probierten wir ein paar externe Schauspieler aus, von denen ein gewisser Signor Morini der vielversprechendste war, und ich fühlte mich so deprimiert und so begierig, meine Arbeit um jeden Preis voranzutreiben, dass ich mit meinem Freund Cornelius eine Aufführung von Donizettis Luzia besuchte, um zu sehen, ob ich ihm ein positives Urteil über die Sängerin entlocken könnte. Cornelius, der anscheinend ins Zuhören vertieft war, während ich ihn aufmerksam beobachtete, fuhr plötzlich wütend auf und rief: „Entsetzlich! Entsetzlich !", worauf wir beide so herzlich lachten, dass wir bald darauf das Theater in ziemlich heiterer Stimmung verließen.

Zuletzt führte ich meine Verhandlungen mit dem Kapellmeister Heinrich Esser allein, da er anscheinend der einzige ehrliche Mann in der Direktion war. Obwohl er den Tristan sehr schwierig fand, arbeitete er doch mit großem Ernst daran und gab die Hoffnung nie wirklich auf, eine Aufführung möglich zu machen, wenn ich nur Walter als Tenor akzeptieren würde; aber trotz meiner beharrlichen Weigerung, solche Hilfe in Anspruch zu nehmen, blieben wir immer gute Freunde. Da er, wie ich, ein begeisterter Wanderer war, erkundeten wir oft die Umgebung von Wien, und unsere Gespräche während dieser Ausflüge waren von meiner Seite enthusiastisch, von seiner Seite durchaus ehrlich und ernst.

Während diese Tristan-Angelegenheiten wie eine chronische Krankheit ihren mühsamen Lauf nahmen, deren Ausgang nicht vorhersehbar ist, kehrte Standhartner Ende September mit seiner Familie zurück. Daher musste ich mich als nächstes um eine Unterkunft kümmern, die ich im Hotel Kaiserin Elisabeth wählte. Durch meinen herzlichen Umgang mit der Familie dieses Freundes wurde ich nicht nur mit seiner Frau, sondern auch mit ihren drei Söhnen und einer Tochter aus ihrer ersten Ehe und einer jüngeren Tochter aus der zweiten Ehe mit Standhartner sehr vertraut. Wenn ich auf mein früheres Wohnen im Hause meines Freundes zurückblickte, vermisste ich die Anwesenheit und freundliche Fürsorge seiner bereits erwähnten Nichte Seraphine sowie ihre unermüdliche Aufmerksamkeit und angenehme, unterhaltsame Gesellschaft sehr. Wegen ihrer adretten Figur und ihres sorgfältig wie ein Kind gelockten Haares hatte ich ihr den Namen „Die Puppe" gegeben. Nun musste ich mich in dem langweiligen Zimmer des Hotels selbst versorgen, und die Kosten für meinen Lebensunterhalt stiegen beträchtlich. Ich erinnere mich, daß ich damals für den Tannhäuser nur fünfundzwanzig oder dreißig Louisdor aus Braunschweig erhalten hatte. Dagegen schickte mir Minna aus Dresden einige Blätter des Silberkranzes, den mir einige ihrer Freunde als Andenken an ihre Silberhochzeit geschenkt hatten, die sie am 24. November gefeiert hatte. Es wunderte mich nicht, daß sie mir dieses Geschenk nicht ohne bittere Vorwürfe machte; ich versuchte jedoch, ihr die Hoffnung auf eine goldene Hochzeit einzuflößen. Da ich vorläufig ohne Ziel in einem teuren Wiener Hotel logierte, bemühte ich mich nach Kräften, mir eine Gelegenheit zu verschaffen, den Tristan aufzuführen. Zuerst wandte ich mich an Tichatschek in Dresden, erhielt aber keine Zusage von ihm. Dann wandte ich mich an Schnorr, mit ähnlichem Erfolg, und mußte schließlich eingestehen, daß es um meine Verhältnisse schlecht bestellt war. Daraus machte ich in meinen gelegentlichen Mitteilungen an die Wesendoncks kein Geheimnis, die mich, offenbar um mich aufzumuntern, zu einem Treffen nach Venedig einluden, wo sie gerade eine Vergnügungsreise machten. Der Himmel weiß, was meine Absicht war, als ich ganz gemütlich mit dem Zug zuerst nach Triest und dann mit dem Dampfer (der mir überhaupt nicht zusagte) nach Venedig aufbrach, wo ich wieder mein kleines Zimmer im Hotel Danieli bezog.

Meine Freunde, die ich in sehr wohlhabenden Verhältnissen vorfand, schienen in den Bildern zu schwelgen und erwarteten voll und ganz, dass eine Teilnahme an ihrem Vergnügen meine „Trostlosigkeit" vertreiben würde. Sie schienen kein Verlangen danach zu haben, meine Lage in Wien wahrzunehmen. Tatsächlich hatte ich nach dem Misserfolg meines mit so glorreichen Erwartungen begonnenen Pariser Unterfangens bei den meisten meiner Freunde eine stillschweigende unterwürfige Aufgabe aller Hoffnung auf meinen zukünftigen Erfolg erkannt.

Wesendonck, der immer mit einem großen Fernglas bewaffnet und immer zu Besichtigungen bereit war, nahm mich nur einmal mit in die Akademie der Künste, ein Gebäude, das ich bei meinem früheren Besuch in Venedig nur von außen kannte. Bei aller Gleichgültigkeit muss ich gestehen, dass die „Himmelfahrt Mariens" von Tizian einen höchst erhabenen Einfluss auf mich ausübte, so dass, sobald ich ihre Konzeption begriff, meine alten Kräfte wie durch einen plötzlichen Geistesblitz in mir wieder auflebten.

Ich habe mich sofort für die Komposition der „Meistersinger" entschieden.

Nach einem bescheidenen Abendessen mit meinen alten Bekannten Tessarin und den Wesendoncks, die ich in das Albergo San Alarco einlud, und einem erneuten freundschaftlichen Gruß an Luigia, meine frühere Dienerin im Palazzo Giustiniani, verließ ich zum Erstaunen meiner Freunde plötzlich Venedig. Ich hatte dort vier trübselige Tage verbracht und trat nun mit dem Zug meine langweilige Reise nach Wien an, indem ich den Umweg über Land nahm. Während dieser Reise dämmerte mir zum ersten Mal die Musik der Meistersinger in den Sinn, bei der ich das Libretto noch so beibehielt, wie ich es ursprünglich konzipiert hatte. Mit größter Deutlichkeit komponierte ich sofort den Hauptteil der Ouvertüre in C-Dur.

Unter dem Einfluss dieser letzten Eindrücke kam ich in sehr heiterer Stimmung in Wien an. Ich kündigte Cornelius sogleich meine Rückkehr an, indem ich ihm eine kleine venezianische Gondel schickte, die ich in Venedig für ihn gekauft hatte, und der ich eine Canzone mit unsinnigen italienischen Worten beifügte. Die Mitteilung meines Plans zur sofortigen Komposition der Meistersinger versetzte ihn fast in einen Zustand rasender Freude, und bis zu meiner Abreise aus Wien blieb er in einem Zustand rasender Erregung.

Ich drängte meinen Freund, mir Material zu beschaffen, um das Thema der Meistersinger zu meistern. Meine erste Idee war, Grimms Kontroverse über das Lied der Meistersinger gründlich zu studieren; und die nächste Frage war, wie ich an die Nürnberger Chronik des alten Wagenseils herankommen könnte. Cornelius begleitete mich in die kaiserliche Bibliothek, aber um dieses Buch, das wir glücklicherweise fanden, ausleihen zu können, musste mein Freund Baron Münch-Bellinghausen (Halm) besuchen, ein Besuch, den er mir gegenüber als sehr unangenehm beschrieb. Ich blieb in meinem Hotel und machte eifrig Auszüge aus Teilen der Chronik, die ich zum Erstaunen der Unwissenden für mein Libretto verwendete.

Meine vordringlichste Aufgabe aber war, mir während der Komposition meines Werkes meinen Lebensunterhalt zu sichern. Ich wandte mich zunächst an den Musikverleger Schott in Mainz, dem ich die „Meistersinger“ anbot, wenn er mir den nötigen Vorschuss zukommen ließe. Von dem Wunsch beseelt, mich möglichst lange mit Geld zu versorgen, bot ich ihm nicht nur die literarischen Rechte, sondern auch die Aufführungsrechte für mein Werk für die Summe von zwanzigtausend Francs an. Ein Telegramm von Schott mit einer entschiedenen Absage machte mir sofort alle Hoffnung zunichte. Da ich nunmehr auf andere Mittel zurückgreifen mußte, entschloß ich mich, mich nach Berlin zu wenden. Bülow, der sich immer freundlich um mich bemühte, hatte mir die Möglichkeit angedeutet, dort durch ein von mir dirigiertes Konzert eine beträchtliche Summe Geldes aufbringen zu können; da ich zugleich eine Heimat unter Freunden suchte, schien mir Berlin als letzte Zuflucht zu winken. Am Mittag, kurz vor dem Abend meiner beabsichtigten Abreise, kam auf sein Ablehnungstelegramm ein Brief von Schott, der freilich eine tröstlichere Aussicht bot. Er bot an, die Veröffentlichung der Klavierausgabe der Walküre sofort zu übernehmen und mir dreitausend Mark vorzuschießen, die von einer späteren Rechnung abgezogen werden sollten. Cornelius' Freude über die, wie er es nannte, Rettung der Meistersinger kannte keine Grenzen. Aus Berlin schrieb mir Bülow voller Empörung und sichtlich niedergeschlagen von seinen schrecklichen Erfahrungen bei dem Versuch, mein Konzert zu organisieren. Herr von Hülsen erklärte, er würde meinen Besuch in Berlin nicht dulden, während Bülow nach langem Überlegen feststellte, dass ein Konzert im großen Restaurant Kroll völlig undurchführbar sei.

Während ich eifrig an einer detaillierten Bühnenskizze der „Meistersinger"
arbeitete, schien mir die Ankunft des Fürsten und der Fürstin Metternich in
Wien eine angenehme Abwechslung zu bieten.

Die Besorgnis meiner Pariser Gönner über mich und meine Stellung war
ohne Zweifel echt; um ihnen meine Dankbarkeit zu zeigen, bewog ich daher
die Direktion der Oper, mir zu gestatten, ihr vortreffliches Orchester eines
Morgens für einige Stunden einzuladen, um einige Stücke aus dem Tristan
als Probe im Theater zu spielen. Sowohl das Orchester als auch Frau
Dustmann waren bereit, meiner Bitte auf das Freundlichste nachzukommen
, und Fürstin Metternich wurde mit einigen ihrer Bekannten zu dieser Probe
eingeladen. Mit dem Orchester spielten wir zwei der Hauptstücke, nämlich
das Vorspiel zum ersten Akt und den Anfang des zweiten Aktes bis zur Mitte
durch, wobei die Gesangspartie von Frau Dustmann getragen wurde, und
das Ganze war so glänzend ausgeführt, dass ich mich durchaus berechtigt
fühlte, einen ganz vorzüglichen Eindruck gemacht zu haben. Auch Herr
Ander war auf der Bühne erschienen, ohne jedoch eine einzige Note der
Musik zu kennen oder zu singen. Sowohl meine fürstlichen Freunde als auch
Fräulein Couqui, die erste Tänzerin, die merkwürdigerweise heimlich der
Probe   beiwohnte,   überschütteten   mich   mit   begeisterten
Bewunderungsbekundungen. Als die Metternichs von meinem brennenden
Wunsch hörten, mich zurückzuziehen, um mit der Komposition eines neuen
Werkes fortzufahren, schlugen sie mir eines Tages vor, sie könnten mir in
Paris einen ebensolchen ruhigen Rückzugsort anbieten. Der Fürst, der seine
geräumige Gesandtschaft inzwischen vollständig eingerichtet hatte, konnte
mir eine angenehme Suite mit Blick auf einen ruhigen Garten zur Verfügung
stellen, genau wie ich sie in der preußischen Gesandtschaft vorgefunden
hatte. Mein Erard war noch in Paris, und wenn ich es einrichten könnte, Ende
des Jahres dorthin zu gehen, würde ich alles für den Beginn meiner Arbeit
bereit vorfinden. Mit unverhohlener Freude nahm ich diese freundliche
Einladung dankbar an, und meine einzige Sorge war jetzt, meine
Angelegenheiten so zu ordnen, dass ich Wien verlassen und meine
Übersiedlung nach Paris in angemessener Weise durchführen könnte. Die
durch Standhartners Vermittlung getroffene Vereinbarung, daß die Direktion
mir einen Teil der vereinbarten Gage für den Tristan auszahlen sollte, würde
mir dabei sehr helfen. Da ich aber nur tausend Mark erhalten sollte und selbst
dies mit so vielen Klauseln und Bedingungen verbunden war, daß man
meinen konnte, ich wolle von der ganzen Transaktion absehen, lehnte ich
das Angebot sofort ab. Dies hinderte jedoch die Presse, die ständig mit der
Direktion in Verbindung stand, nicht daran, zu veröffentlichen, daß ich eine
Entschädigung für die Nichtaufführung des Tristan akzeptiert hätte.
Glücklicherweise konnte ich gegen diese Verleumdung protestieren, indem
ich Beweise für mein tatsächliches Verhalten vorlegte. Inzwischen zogen sich
die Verhandlungen mit Schott ziemlich in die Länge, da ich seinen

Vorschlägen bezüglich der Walküre vorläufig nicht zustimmen wollte. Ich hielt an meinem ersten Angebot einer neuen Oper, den Meistersingern, fest und erhielt schließlich dreitausend Mark als Anzahlung für dieses Werk. Sobald ich den Scheck erhalten hatte, packte ich meine Sachen, als mich ein Telegramm von Fürstin Metternich erreichte, in dem sie mich bat, meine Abreise auf den 1. Januar zu verschieben. Ich beschloss, meinen Plan nicht aufzugeben, da ich unbedingt aus Wien weg wollte, und beschloss, direkt nach Mainz zu fahren, um weitere Verhandlungen mit Schott zu führen. Mein Abschied am Bahnhof wurde besonders heiter, als Cornelius mir mit geheimnisvoller Begeisterung eine Strophe von „Sachs" zuflüsterte, die ich ihm mitgeteilt hatte. Dies war der Vers:

„Der Vogel der heut" sang, „Dem war der Schnabel hold gewachsen"; Ward auch den Meistern dabei bang, Gar wohl gefiel er doch Hans Sachsen.' [Fußnote: „Der Vogel, der heute Morgen sang, hat seinen Gesang von der Natur selbst gelernt. Meister mögen dieses Lied verachten, denn Hans Sachs wird es immer singen hören.' (Übersetzung der Meistersinger von Frederick Jameson.) – Herausgeber.]

In Mainz lernte ich die Familie Schott, mit der ich in Paris nur flüchtig bekannt gewesen war, näher kennen. Der junge Musiker Weisheimer, der gerade seine Laufbahn als Musikdirektor am dortigen Theater begann, war täglicher Gast in ihrem Hause. Bei einem unserer Abendessen brachte ein anderer junger Mann, Stadl, ein Anwalt, in einer höchst beredten und erstaunlichen Rede einen bemerkenswerten Toast auf mich aus. Trotz alledem musste ich erkennen, dass ich es in Franz Schott mit einem sehr merkwürdigen Mann zu tun hatte, und unsere Verhandlungen verliefen außerordentlich schwierig. Ich bestand nachdrücklich darauf, meinen ersten Vorschlag auszuführen, nämlich dass er mir für zwei aufeinanderfolgende Jahre die notwendigen Mittel zur ungestörten Durchführung meiner Arbeit zur Verfügung stellen sollte. Er entschuldigte seine Abneigung, dies zu tun, indem er vorgab, es sei ihm peinlich, mit einem Mann wie mir ein Geschäft zu machen, indem er mein Werk für eine bestimmte Geldsumme kaufte, einschließlich der Gewinne aus meinen Autorenrechten an den Theateraufführungen; mit einem Wort, er sei Musikverleger und wolle nichts anderes sein. Ich stellte ihm vor, er brauche mir nur den erforderlichen Betrag in angemessener Form vorzuschießen, und ich würde ihm die Rückzahlung des Teils davon garantieren, der als angemessene Bezahlung für das literarische Eigentum angesehen werden könne, aus meinen künftigen Theatereinnahmen, die somit seine Sicherheit seien.

Nach langer Zeit willigte er ein, Vorschüsse auf noch abzuliefernde musikalische Kompositionen zu gewähren, und ich ging gern auf diesen Vorschlag ein, bestand jedoch darauf, dass ich mit einer Gesamtzahlung von zwanzigtausend Francs rechnen können müsse. Da ich nach der Begleichung meiner Wiener Hotelrechnung sofort Geld brauchte, gab mir Schott einen Wechsel nach Paris. Aus dieser Stadt erhielt ich nun einen Brief von Fürstin Metternich, der mich insofern verblüffte, als er mir lediglich den plötzlichen Tod ihrer Mutter, Gräfin Sandor, und die daraus folgende Veränderung ihrer familiären Verhältnisse mitteilte. Noch einmal überlegte ich, ob es nicht doch besser wäre, auf gut Glück eine bescheidene Unterkunft in oder in der Nähe von Karlsruhe zu nehmen, die sich mit der Zeit zu einer ruhigen und dauerhaften Bleibe entwickeln könnte. Da es mir schwer fiel, Minnas Zuwendung zu bezahlen, die unserer Vereinbarung zufolge dreitausend Mark pro Jahr betrug, erschien es mir vernünftiger und sicherlich wirtschaftlicher, meine Frau zu bitten, mein Heim zu teilen. Doch ein Brief, den sie mir gerade zuschickte und dessen wesentlicher Inhalt nichts anderes als ein Versuch war, mich gegen meine eigenen Freunde aufzuhetzen, schreckte mich von jedem Gedanken an eine Wiedervereinigung mit ihr ab und bewog mich, an meinen Paris-Plänen festzuhalten und mich so weit wie möglich von ihr fernzuhalten.

So machte ich mich etwa Mitte Dezember auf den Weg nach Paris, wo ich in dem schäbig wirkenden Hotel Voltaire am gleichnamigen Quai abstieg und ein sehr bescheidenes Zimmer mit angenehmer Aussicht nahm. Hier wollte ich unerkannt bleiben (mich inzwischen auf meine Arbeit vorbereitend), bis ich mich, ihrem Wunsch gemäß, zu Beginn des neuen Jahres bei der Fürstin Metternich vorstellen konnte. Um die Freunde Metternichs, Pourtales und Hatzfeld, nicht in Verlegenheit zu bringen, tat ich so, als sei ich nicht in Paris, und suchte nur diejenigen meiner alten Bekannten auf, die diese Herren nicht kannten, wie Truinet, Gasperini, Flaxland und den Maler Czermak. Truinet und seinen Vater traf ich regelmäßig beim Abendessen in der Taverne Anglaise, wohin ich mich bei Einbruch der Dunkelheit ungesehen durch die Straßen zu begeben pflegte. Eines Tages las ich dort beim Aufschlagen einer Zeitung die Nachricht vom Tod des Grafen Pourtales. Mein Kummer war groß, und ich bedauerte besonders, dass ich aus meiner besonderen Zuneigung zu den Metternichs versäumt hatte, diesen Mann zu besuchen, der mir ein wahrer Freund gewesen war. Ich suchte sofort Graf Hatzfeld auf, der mir die traurige Nachricht bestätigte und mir die Umstände des plötzlichen Todes mitteilte, der auf eine Herzkrankheit zurückzuführen war, deren Existenz der Arzt erst im allerletzten Moment entdeckt hatte. Gleichzeitig erfuhr ich die wahre Bedeutung der Ereignisse, die sich im Hotel Metternich zugetragen hatten. Der Tod der Gräfin Sandor, von dem mich Prinzessin Pauline informiert hatte, hatte folgende Entwicklungen zur Folge: Der Graf, der berühmte ungarische Wahnsinnige, war bis dahin im allgemeinen Interesse der Familie von seiner Frau als Invalide streng bewacht worden. Nach ihrem Tod lebte die Familie in Angst vor den schrecklichsten Unruhen durch ihren nun nicht mehr unter Kontrolle stehenden Ehemann, und die Metternichs hielten es daher für notwendig, ihn sofort nach Paris zu bringen und dort unter angemessener Aufsicht zu halten. Zu diesem Zweck fand die Prinzessin, dass die einzige geeignete Suite, die ihr zur Verfügung stand, diejenige war, die mir zuvor angeboten worden war. Ich erkannte sofort, dass es sinnlos war, noch weiter an einen Wohnsitz in der österreichischen Botschaft zu denken, und musste über die seltsame Laune des Schicksals nachdenken, die mich erneut in dieses unheilvolle Paris geführt hatte.

Zunächst blieb mir nur übrig, in meiner billigen Unterkunft im Hotel Voltaire zu bleiben, bis ich das Libretto der Meistersinger fertiggestellt hatte, und mich inzwischen daran zu machen, die so sehnlich gesuchte Zuflucht für die Vollendung meines neuen Werkes zu finden. Das war keine leichte Angelegenheit; mein Name und meine Person, die jeder unwillkürlich im zweifelhaften Licht meines Misserfolgs in Paris betrachtete, schienen von einer Nebelwolke umgeben, die mich selbst für meine alten Freunde unkenntlich machte. Auch die Olliviers schienen mich mit einem Anflug von Misstrauen zu empfangen; jedenfalls fanden sie es sehr merkwürdig, mich so bald wieder in Paris zu sehen. Ich musste ihnen die außergewöhnlichen Umstände erklären, die mich zurückgebracht hatten, und sagte ihnen, dass ich nicht an einen längeren Aufenthalt gedachte. Abgesehen von diesem wahrscheinlich trügerischen Eindruck bemerkte ich bald die große Veränderung, die im häuslichen Leben der Familie stattgefunden hatte. Die Großmutter lag mit einem gebrochenen Bein ans Bett, was in ihrem Alter unheilbar war. Ollivier hatte sie in seine sehr kleine Wohnung gebracht, um sie besser pflegen und versorgen zu können, und wir trafen uns alle zum Abendessen an ihrem Bett in dem winzigen Zimmer. Blandine hatte sich seit dem letzten Sommer sehr verändert und trug einen traurigen und ernsten Gesichtsausdruck, und ich bildete mir ein, sie sei enceinte. Emile war, obwohl trocken und oberflächlich, der einzige, der mir vernünftige Ratschläge gab. Als mir der Lindau-Typ durch seinen Anwalt einen Brief schickte, in dem er die ihm gesetzlich zustehende Entschädigung für seine imaginäre Mitarbeit an der Übersetzung des Tannhäuser forderte, sagte Emile beim Lesen des Briefes nur: „Ne repondez pas", und sein Rat erwies sich als ebenso nützlich wie leicht zu befolgen, denn ich hörte nie wieder etwas von der Sache. Ich beschloss traurig, Ollivier nicht mehr zu belästigen, und mit einem unsagbar traurigen Blick trennten sich Blandine und ich.

Mit Czermak dagegen verkehrte ich fast täglich. Ich pflegte mit ihm und der Familie Truinet abends in der Taverne Angiaise oder in einem anderen ebenso billigen Restaurant, das wir aufsuchten, zu essen. Danach gingen wir gewöhnlich in eines der kleineren Theater, die ich bei meinen früheren Besuchen wegen der Arbeitsbelastung nicht besucht hatte. Das beste von allen war das Gymnase, wo alle Stücke gut waren und von einer ausgezeichneten Truppe gespielt wurden. Von diesen Stücken ist mir ein besonders zartes und rührendes Einakterstück mit dem Titel Je dine chez ma

Mere in Erinnerung geblieben. Im Théâtre du Palais Royal, wo es heute nicht mehr so raffiniert zugeht wie früher, und auch im Théâtre Déjazet erkannte ich die Prototypen aller Witze wieder, mit denen das deutsche Publikum trotz schlechter Ausarbeitung und unpassender Lokalisierung das ganze Jahr über unterhalten wird. Außerdem speiste ich gelegentlich mit der Familie Flaxland, die noch immer nicht an meinem späteren Erfolg bei den Parisern zu verzweifeln suchte. Mein Pariser Verleger verlegte vorerst weiterhin den „Fliegenden Holländer" und auch den „Rienzi", wofür er mir als kleines Honorar eineinhalbhundert Francs zahlte, mit denen ich bei der Erstausgabe nicht gerechnet hatte.

Der Grund für die beinahe heitere Selbstzufriedenheit, mit der ich meine widrige Lage in Paris betrachtete und die es mir später ermöglichte, als angenehme Erinnerung daran zurückzublicken, war, dass mein Libretto der Meistersinger täglich an Reimen zunahm. Wie konnte ich nicht anders, als von scherzhaften Gedanken erfüllt zu sein, wenn ich, nachdem ich über die kuriosen Verse und Sprüche meiner Nürnberger Meistersinger nachgedacht hatte, meine Augen von der Zeitung hob und aus dem Fenster im dritten Stock meines Hotels auf die gewaltigen Menschenmengen blickte, die an den Quais und über die zahlreichen Brücken strömten, und mich einer Aussicht erfreute, die die Tuilerien, den Louvre und sogar das Hôtel de Ville umfasste!

Ich war schon weit im ersten Akt vorgerückt, als der bedeutsame Neujahrstag 1862 kam und ich der Fürstin Metternich meinen lange aufgeschobenen Besuch abstattete. Ich fand sie natürlich sehr verlegen, aber ich nahm ihre Beteuerungen, sie bedauere es, ihre Einladung aufgrund mir bereits bekannter Umstände zurückziehen zu müssen, ganz freudig an und tat mein Möglichstes, sie zu beruhigen. Ich bat auch Graf Hatzfeld, mir mitzuteilen, wann Gräfin Pourtales sich bereit fühlen würde, mich zu empfangen.

So arbeitete ich den ganzen Januar hindurch am Libretto der Meistersinger und vollendete es in genau dreißig Tagen. Die Melodie zu dem Fragment aus Sachs' Reformationsgedicht, mit dem ich im letzten Akt meine Figuren ihren geliebten Meister begrüßen lasse, fiel mir auf dem Weg zur Taverne Anglaise ein, während ich durch die Galerien des Palais Royal schlenderte. Dort erwartete mich Truinet bereits und ich bat ihn, mir einen Zettel und einen Bleistift zu geben, um meine Melodie aufzuschreiben, die ich ihm dabei leise vorsummte. Normalerweise begleitete ich ihn und seinen Vater über die Boulevards zu seiner Wohnung im Faubourg St. Honoré, und an diesem Abend konnte er nur ausrufen: „Mais, quelle gaite d'esprit, cher maitre!"

Je näher mein Werk seinem Ende kam, desto ernsthafter musste ich über eine Bleibe nachdenken. Ich bildete mir immer noch ein, dass mir etwas Ähnliches bevorstünde, wie ich es durch Liszts Aufgabe der Altenburg verloren hatte. Jetzt erinnerte ich mich, dass ich im vorigen Jahr von Frau

Street eine sehr dringende Einladung erhalten hatte, ihr und ihrem Vater einen längeren Besuch in Brüssel abzustatten; aufgrund dessen schrieb ich der Dame und fragte, ob sie mich ohne jede Zeremonie eine Zeitlang beherbergen könne. Sie war ganz verzweifelt, dass sie meinen Wunsch abschlagen musste. Ich wandte mich dann mit einer ähnlichen Bitte an Cosima, die in Berlin war, worüber sie ziemlich beunruhigt zu sein schien, aber ich verstand den Grund dafür ganz genau, als ich bei einem späteren Besuch in Berlin den Stil von Bülows Quartier sah. Sehr merkwürdig kam es mir dagegen vor, dass mein Schwager Avenarius, der, wie ich hörte, in Berlin sehr gut untergebracht war, mich inständig bat, zu ihm zu gehen und selbst zu beurteilen, ob ich ihm nicht einen längeren Besuch abstatten könne. Meine Schwester Cecilia verbot mir jedoch, Minna dorthin zu bringen, obwohl sie glaubte, sie könne ihr in der unmittelbaren Nachbarschaft eine Unterkunft verschaffen, wenn sie Berlin besuchen wolle. Unglücklicherweise konnte die arme Minna nichts Besseres tun, als mir einen wütenden Brief über das grausame Verhalten meiner Schwester ihr gegenüber zu schreiben, und so hielt mich die Möglichkeit einer Wiederaufnahme unserer alten Streitereien sofort davon ab, den Vorschlag meines Schwagers anzunehmen. Schließlich kam ich auf den Gedanken, mir in der Nähe von Mainz einen ruhigen Rückzugsort unter dem finanziellen Schutz von Schott zu suchen. Er hatte mir von einem hübschen Anwesen dort erzählt, das dem jungen Baron von Hornstein gehörte. Ich glaubte, ihm eine Ehre zu erweisen, als ich ihm nach München schrieb und um Erlaubnis bat, für eine Weile bei ihm im Rheinland zu wohnen, und war daher sehr verblüfft, als ich eine Antwort erhielt, die den Schrecken über meinen Vorschlag zum Ausdruck brachte. Ich beschloss nun, sofort nach Mainz zu gehen, und ließ alle unsere Möbel und Haushaltsgegenstände, die seit fast einem Jahr in Paris gelagert worden waren, dorthin schicken. Bevor ich nach diesem Entschluß Paris verließ, hatte ich den Trost, eine erhabene Ermahnung zu erhalten, allem mit Ergebung entgegenzutreten. Ich hatte Frau Wesendonck zuvor meine Lage und die Hauptursache meiner Not mitgeteilt, natürlich nur, wie man an einen mitfühlenden Freund schreibt; sie antwortete mir mit der Zusendung eines kleinen Briefbeschwerers aus Gußeisen, den sie mir in Venedig gekauft hatte. Er stellte den Löwen von San Marco mit seiner Pranke auf dem Buch dar und sollte mich ermahnen, diesem Löwen in allen Dingen nachzueifern . Andererseits gewährte mir die Gräfin Pourtales das Privileg eines weiteren Besuches in ihrem Hause. Trotz ihrer Trauer wollte diese Dame ihre aufrichtige Anteilnahme an mir trotz ihres schweren Verlustes nicht unausgesprochen lassen; und als ich ihr erzählte, was ich damals tue, bat sie darum, mein Libretto zu sehen. Auf meine Versicherung, sie könne sich in ihrer gegenwärtigen Gemütsverfassung nicht mit dem lebhaften Charakter meiner „Meistersinger" anfreunden, äußerte sie freundlich den großen Wunsch, mich diese vorlesen zu hören, und lud mich ein, einen Abend mit ihr zu verbringen. Sie war die erste Person, der ich Gelegenheit hatte, mein nunmehr vollendetes Werk vorzulesen, und es machte auf uns beide einen so lebhaften Eindruck, dass wir oft in herzhaftes Gelächter ausbrechen mussten.

Am Abend meiner Abreise am 1. Februar lud ich meine Freunde Gasperini, Czermak und die Truinets zu einem Abschiedsessen in mein Hotel ein. Alle waren in bester Stimmung, und meine gute Laune steigerte die allgemeine Heiterkeit, obwohl niemand recht verstand, welchen Zusammenhang sie mit dem Thema haben könnte, zu dem ich gerade ein Libretto fertiggestellt hatte und von dessen Aufführung ich so viel erwartete.

In meiner Sorge, eine geeignete Wohnung zu finden, die mir jetzt so notwendig war, wandte ich meine Schritte wieder nach Karlsruhe. Ich wurde wieder aufs freundlichste vom Großherzog und der Herzogin empfangen, die sich nach meinen Zukunftsplänen erkundigten. Es stellte sich jedoch heraus, dass die von mir so sehnlichst gewünschte Wohnung mir in Karlsruhe nicht zur Verfügung gestellt werden konnte. Ich war sehr beeindruckt von der mitfühlenden Sorge des Großherzogs, wie ich die Kosten meines mühsamen Lebens oder auch nur meine Reisekosten bestreiten könnte. Ich versuchte ihn freudig zu beruhigen, indem ich ihm von dem Vertrag erzählte, den ich mit Schott geschlossen hatte, der sich verpflichtet hatte, mir die notwendigen Mittel in Form von Vorschüssen auf meinen Meistersinger zur Verfügung zu stellen. Dies schien ihn zu beruhigen. Später hörte ich von Alwine Frommann, dass der Großherzog einmal gesagt hatte, ich sei etwas kühl gegen ihn gewesen, wenn man bedenkt, dass er so freundlich gewesen war, mir seine Börse zur Verfügung zu stellen. Aber ich war mir dessen sicherlich nicht bewusst. Der einzige Punkt unserer Diskussion war, ob ich noch einmal nach Karlsruhe fahren sollte, um dort eine meiner Opern, möglicherweise „Lohengrin", zu proben und persönlich zu dirigieren.

Jedenfalls machte ich mich auf den Weg nach Mainz, wo ich am 4. Februar ankam und den ganzen Ort überschwemmt vorfand. Der Rhein war infolge des frühen Eisbruchs ungewöhnlich weit über die Ufer getreten, und ich erreichte Schotts Haus nur unter beträchtlicher Gefahr. Trotzdem hatte ich schon für den 5. des Monats abends die Lektüre der Meistersinger verabredet, mir sogar von Cornelius versprechen lassen, aus Wien zu kommen, und ihm dafür aus Paris hundert Francs geschickt. Ich hatte keine Antwort von ihm erhalten, und da ich nun erfuhr, daß die Überschwemmungen sich auf alle Flußgebiete Deutschlands ausgebreitet und den Eisenbahnverkehr behindert hatten, rechnete ich schon nicht mehr mit ihm. Ich wartete bis zum letzten Augenblick, und tatsächlich erschien Cornelius, als es gerade sieben schlug . Er hatte allerlei Abenteuer erlebt, sogar seinen Mantel unterwegs verloren und war erst wenige Stunden vorher halb erfroren im Hause seiner Schwester angekommen. Die Lesung meines

Librettos versetzte uns alle in ausgezeichnete Laune, aber es tat mir sehr leid, dass ich Cornelius' Entschluss, am nächsten Tag die Rückreise anzutreten, nicht erschüttern konnte. Er wollte mir zu verstehen geben, dass er nur zu dieser einen Lesung der Meistersinger nach Mainz gekommen sei und dass er trotz Hochwasser und Eisgang am nächsten Tag nach Wien aufgebrochen sei.

Wie bereits verabredet, begann ich zusammen mit Schott, am gegenüberliegenden Rheinufer nach einer Wohnung zu suchen. Biebrich war uns schon in den Sinn gekommen, aber da sich dort nichts Passendes zu finden schien, dachten wir an Wiesbaden. Schließlich beschloss ich, im „Europäischen Hof" in Biebrich zu wohnen und meine Suche von dort aus fortzusetzen. Da ich immer sehr darauf bedacht war, mich so weit wie möglich vom Lärm der Musik fernzuhalten, beschloss ich, eine kleine, aber sehr geeignete Wohnung in einem großen, vom Architekten Frickhofer neu erbauten und dicht am Rhein gelegenen Sommerhaus zu mieten. Ich musste auf die Ankunft meiner Möbel und meines Hausrats aus Paris warten, bevor ich alles in Ordnung bringen konnte. Endlich kamen sie und wurden mit unendlicher Mühe und Kosten ordnungsgemäß am Zollamt in Biebrich ausgeladen, wo ich nur die Dinge in Besitz nahm, die ich am dringendsten benötigte.

Ich behielt nur das Nötigste in Biebrich und wollte den größten Teil meiner Frau nach Dresden schicken. Ich hatte Minna davon bereits unterrichtet, worauf sie sofort annahm, dass ich durch mein ungeschicktes Auspacken die Hälfte der Sachen verlieren oder alles ruinieren würde. Etwa eine Woche, nachdem ich mich mit meinem neu eingetroffenen Erard-Gepäckstück einigermaßen eingelebt hatte, erschien plötzlich Minna in Biebrich. Ich empfand zunächst nur aufrichtige Freude über ihr gesundes Aussehen und ihre unermüdliche Energie bei der praktischen Verwaltung der Angelegenheiten und dachte sogar, das Beste sei, sie bei mir zu lassen. Leider hielten meine guten Vorsätze nicht lange, denn bald flammten die alten Szenen wieder auf. Als wir zum Zoll gingen, um ihre Sachen von meinen zu trennen, konnte sie ihren Ärger nicht zurückhalten, weil ich nicht auf ihre Ankunft gewartet hatte, um die für mich benötigten Gegenstände auf eigene Faust mitzunehmen. Trotzdem hielt sie es für nur angemessen, mir einige Haushaltsgegenstände zur Verfügung zu stellen, und gab mir vier Sätze Messer, Gabeln und Löffel, einige Tassen und Untertassen sowie dazu passende Teller. Anschließend beaufsichtigte sie das Verpacken des übrigen, nicht unerheblichen Gepäcks und trat eine Woche später, nachdem alles zu ihrer Zufriedenheit arrangiert war, die Abreise nach Dresden an.

Sie schmeichelte sich nun, daß ihre dortige Wohnung hinreichend ausgestattet sein würde, um mich, wie sie hoffte, in Kürze aufzunehmen. In dieser Absicht hatte sie die nötigen Schritte gegenüber den vorgesetzten

Regierungsbeamten unternommen, und diese hatten es geschafft, vom Minister die Erklärung zu erhalten, daß ich nunmehr ein förmliches Gesuch an den König um Amnestie richten könne und meiner Rückkehr nach Dresden dann nichts mehr im Wege stünde.

Ich überlegte mit großem Zögern, was ich in dieser Angelegenheit tun sollte. Minnas Anwesenheit hatte die geistige Disharmonie, die aus meinen jüngsten Ängsten herrührte, noch viel verstärkt. Raues Wetter, defekte Öfen, mein schlecht geführter Haushalt und meine unerwartet hohen Ausgaben, besonders für Minnas Einrichtung, trübten die Freude an der Fortsetzung meiner im Hotel Voltaire begonnenen Arbeit. Vermutlich um meine Gedanken abzulenken, lud mich die Familie Schott ein, einer Aufführung von Rienzi in Darmstadt beizuwohnen, mit Niemann in der Titelrolle. Der ehemalige Minister, Herr von Dalwigk, fürchtete, eine Demonstration zu meinen Gunsten im Theater in Gegenwart des Großherzogs könnte dessen Empfindlichkeit verletzen, stellte sich mir am Bahnhof vor und begleitete mich in seine eigene Loge, wo er geschickt die Rolle zu spielen glaubte, mich im Namen des Großherzogs dem Publikum vorzustellen. So ging alles angenehm ab. Die Aufführung selbst, in der Niemann eine seiner besten Rollen spielte, interessierte mich sehr; Außerdem fiel mir auf, dass sie – vermutlich aus Rücksicht auf den Geschmack des Großherzogs – möglichst viel aus der Oper herausgeschnitten hatten, um das Ballett durch die Wiederholung der leichteren Teile möglichst auszudehnen.

Von diesem Ausflug musste ich wieder durch das Eis auf dem Rhein nach Hause zurückkehren. Da ich immer noch sehr niedergeschlagen war, versuchte ich, mir ein paar Annehmlichkeiten in mein Heim zu holen und ließ mir zu diesem Zweck ein Dienstmädchen das Frühstück zubereiten; meine übrigen Mahlzeiten nahm ich im „Europäischen Hof" ein.

Als ich jedoch merkte, dass ich meine Arbeitsstimmung nicht wiedererlangen konnte und mich etwas unruhig fühlte, bot ich an, mein Versprechen einzulösen und dem Großherzog von Baden einen weiteren Besuch abzustatten, mit dem Vorschlag, ihm die Meistersinger vorzulesen. Der Großherzog antwortete mit einem sehr freundlichen, von ihm selbst unterzeichneten Telegramm, woraufhin ich am 7. März nach Karlsruhe fuhr und ihm und seiner Frau mein Manuskript vorlas. Für diese Lesung war eigens ein Salon ausgewählt worden, in dem ein großes historisches Bild meines alten Freundes Pecht hing, das Goethe als jungen Mann darstellte, der vor den Vorfahren des Großherzogs die ersten Fragmente seines Faust liest. Meine Arbeit fand sehr freundliche Beachtung, und am Ende der Lesung war ich außerordentlich erfreut zu hören, dass die Großherzogin mir besonders empfahl, eine geeignete musikalische Umrahmung für die hervorragende Rolle des Pogner zu finden, was ein freundliches Eingeständnis des Bedauerns war, dass ein Bürger eifriger für die Interessen der Kunst sein sollte als so mancher Fürst. Eine Aufführung des Lohengrin unter meiner Leitung wurde erneut besprochen, und mir wurde geraten, neue Vereinbarungen mit Eduard Devrient zu treffen. Leider machte dieser mit seiner Inszenierung des Tannhäuser im Theater einen furchtbaren Eindruck auf mich. Ich musste dieser Vorstellung neben ihm sitzend beiwohnen und war erstaunt, als ich feststellte, dass dieser „Dramaturge“, den ich bis dahin so sehr empfohlen hatte, nun zu den vulgärsten Praktiken des Theaterberufs herabgesunken war. Zu meinem Erstaunen über die ungeheuerlichen Fehler in der Aufführung antwortete er mit großer Überraschung und einer gewissen hochmütigen Empörung, er könne nicht verstehen, warum ich so viel Aufhebens um solche Kleinigkeiten mache, da ich doch sehr wohl wüsste, dass es im Theater nicht anders ginge. Trotzdem wurde für den folgenden Sommer unter Mitwirkung von Herrn Schnorr und seiner Frau eine Musteraufführung des Lohengrin arrangiert.

Einen viel angenehmeren Eindruck machte auf mich ein Stück, das ich im Frankfurter Theater sah, wo ich auf der Durchreise durch diese Stadt eine hübsche Komödie sah, in der das zarte und zarte Spiel von Friederike Meyer, der Schwester meiner Wiener Sängerin, Frau Dustmann, mich mehr beeindruckte als je eine deutsche Schauspielkunst. Ich begann nun damit zu rechnen, in der Umgebung von Biebrich geeignete Freunde zu finden, um in gesellschaftlicher Hinsicht nicht ganz von der Familie Schott oder meinem Hotelier abhängig zu sein. Ich hatte bereits die Familie Raff in Wiesbaden aufgesucht, wo Frau Raff ein Engagement am Hoftheater hatte. Sie war eine Schwester von Emilie Genast, mit der ich während meines Aufenthalts in Weimar befreundet war. Eine ausgezeichnete Information, die ich über sie hörte, war, dass es ihr durch außerordentliche Sparsamkeit und gute Verwaltung gelungen war, die Position ihres Mannes, der von sorgloser Verschwendung geprägt war, in eine blühende und wohlhabende zu verwandeln. Raff selbst hatte mich aufgrund seiner eigenen Schilderungen seines ausschweifenden Lebens unter Liszts Schirmherrschaft zu der Ansicht gebracht, er sei ein exzentrisches Genie. Er belehrte mich jedoch sofort eines Besseren, als ich ihn bei näherer Bekanntschaft als einen ungewöhnlich uninteressanten und faden Menschen entdeckte, der voller Selbstgefälligkeit war, aber keinerlei Fähigkeit besaß, die Welt umfassend zu betrachten.

Er nutzte den Wohlstand, den er dank seiner Frau erreicht hatte, und hielt es für angebracht, mich zu bevormunden, indem er mir einige freundliche Ratschläge zu meiner damaligen Lage gab. Er hielt es für ratsam, mir zu sagen, dass ich in meinen dramatischen Kompositionen mehr auf die Realität achten sollte, und um seine Meinung zu verdeutlichen, wies er auf meine Tristan-Partitur als Fehlschlag idealistischer Extravaganzen hin.

Auf meinen Fußwanderungen nach Wiesbaden besuchte ich manchmal gern Raffs Frau, eine eher unbedeutende Frau, Raff selbst aber war mir bald völlig gleichgültig. Als er mich jedoch näher kennenlernte, senkte er den Ton seiner weisen Sprüche und schien sogar meinen bissigen Humor zu fürchten, gegen dessen Pfeile er schutzlos war.

Wendelin Weisheimer, den ich schon früher flüchtig kannte, besuchte mich oft in Biebrich. Er war der Sohn eines reichen Bauern aus Osthofen und weigerte sich zum Erstaunen seines Vaters, den Musikerberuf aufzugeben. Er war besonders darauf bedacht, mich seinen Eltern vorzustellen, damit ich den alten Mann zugunsten der Wahl einer künstlerischen Laufbahn für seinen Sohn beeinflussen könnte. Dies führte mich zu Ausflügen in ihre Gegend, und ich hatte Gelegenheit, bei einer Aufführung von Offenbachs Orpheus im Theater in Mainz das Talent des jungen Weisheimer als Orchesterleiter zu erleben, wo er bisher eine untergeordnete Position innegehabt hatte. Ich war entsetzt, dass meine Sympathie für diesen jungen Mann mich so tief herablassen ließ, einer solchen Abscheulichkeit beizuwohnen, und lange Zeit konnte ich es nicht unterlassen, Weisheimer meinen Ärger spüren zu lassen.

Auf meiner Suche nach einer würdevolleren Unterhaltung schrieb ich an Friedericke Meyer in Frankfurt und bat sie, mir mitzuteilen, wann die Aufführung von Calderons Komödie Das öffentliche Geheimniss wiederholt würde, da ich das letzte Mal, als ich eine Ankündigung davon gesehen hatte, zu spät gekommen war. Sie war sehr erfreut über meine mitfühlende Anfrage und teilte mir mit, dass die Komödie in naher Zukunft wahrscheinlich nicht wiederaufgeführt würde, aber dass die Aussicht bestehe, Calderons Don Gutierre aufzuführen. Ich besuchte Frankfurt erneut, um mir dieses Stück anzusehen, und machte zum ersten Mal die persönliche Bekanntschaft dieser interessanten Schauspielerin. Ich hatte allen Grund, mit der Aufführung von Calderons Tragödie sehr zufrieden zu sein, obwohl die talentierte Schauspielerin, die die Hauptrolle spielte, nur in den zarteren Passagen durchweg erfolgreich war, da ihre Mittel nicht ausreichten, um die leidenschaftlicheren Szenen darzustellen. Sie erzählte mir, dass sie sehr oft einige ihrer Freunde in Mainz besuchte, und ich ließ dieser Mitteilung den Wunsch folgen, dass sie mich bei diesem Besuch in Biebrich besuchen möge, worauf sie antwortete, dass ich bei einer künftigen Gelegenheit auf die Erfüllung meines Wunsches hoffen könne.

Bei einer großen Soiree, die die Schotts für ihre Bekannten in Mainz gaben, freundete ich mich mit Mathilde Maier an, die Frau Schott, wie sie mir zumindest mitteilte, wegen ihrer „Klugheit" speziell als meine Gesellschafterin am Abendbrottisch ausgewählt hatte; ihr hochintelligentes, aufrichtiges Wesen und ihr eigentümlicher Mainzer Dialekt unterschied sie positiv von der übrigen Gesellschaft; diese Unterscheidung war jedoch nicht von etwas Außergewöhnlichem begleitet. Ich versprach ihr, sie zu besuchen, und lernte so ein idyllisches Zuhause kennen, wie ich es noch nie zuvor gesehen hatte. Diese Mathilde, die Tochter eines Anwalts, der gestorben war und nur ein kleines Vermögen hinterlassen hatte, lebte mit ihrer Mutter, zwei Tanten und einer Schwester in einem hübschen kleinen Haus, während ihr Bruder, der in Paris eine Handelsschule erlernte, ihr ständig Ärger machte. Mathilde kümmerte sich mit ihrem praktischen gesunden Menschenverstand um die Angelegenheiten der ganzen Familie, anscheinend zur vollsten Zufriedenheit aller. Ich wurde von ihnen mit bemerkenswerter Wärme empfangen, wann immer ich in Ausübung meiner Geschäfte zufällig nach Mainz kam. Dies geschah etwa einmal wöchentlich, und jedesmal mußte ich ihre Gastfreundschaft annehmen. Da Mathilde aber einen großen Bekanntenkreis hatte, unter anderem einen alten Herrn in Mainz, der Schopenhauers einziger Freund gewesen war, so traf ich sie häufig in fremden Häusern, so zum Beispiel bei Raffs in Wiesbaden. Von dort begleitete sie mich oft mit ihrer alten Freundin Luise Wagner auf dem Heimweg, und ich begleitete sie manchmal noch weiter auf dem Weg nach Mainz.

Diese Begegnungen waren voll angenehmer Eindrücke, zu denen häufige Spaziergänge im schönen Park des Biebricher Schlosses beitrugen. Die schöne Jahreszeit nahte nun heran, und ich wurde wieder von der Lust zur Arbeit ergriffen. Als ich vom Balkon meiner Wohnung aus bei einem herrlichen Sonnenuntergang das prächtige Schauspiel des goldenen Mainz betrachtete, an dessen Rändern der majestätische Rhein in herrlichem Licht floss, wurde das Vorspiel zu meinen Meistersingern plötzlich wieder ganz nah und deutlich in meiner Seele spürbar. Schon einmal hatte ich es wie eine ferne Fata Morgana aus einem See des Kummers vor mir aufsteigen sehen. Ich machte mich daran, das Vorspiel genau so niederzuschreiben, wie es heute in der Partitur erscheint, das heißt, die klaren Umrisse der Hauptthemen des ganzen Dramas enthaltend. Ich machte mich sofort an die Komposition und beabsichtigte, die übrigen Szenen in angemessener Reihenfolge folgen zu lassen. Da ich mich in guter Stimmung befand, dachte ich, ich würde gern dem Herzog von Nassau einen Besuch abstatten. Er war mein Nachbar, und ich war ihm auf meinen einsamen Spaziergängen im Park so oft begegnet, dass ich es für höflich hielt, ihn zu besuchen. Leider war aus dem Gespräch, das stattfand, nicht viel zu erfahren. Er war ein sehr engstirniger, aber liebenswürdiger Mann, der sich dafür entschuldigte, in meiner Gegenwart weiterhin seine Zigarre zu rauchen, weil er ohne sie nicht auskommen könne, und fuhr dann fort, mir seine Vorliebe für die italienische Oper zu beschreiben, die er meiner Ansicht nach gerne beibehalten sollte. Aber ich hatte einen Hintergedanken, als ich versuchte, ihn für mich zu gewinnen. Im hinteren Teil seines Parks stand am Ufer eines Sees ein kleines, antik aussehendes Schloss. Es war zu einer Art malerischer Ruine herangewachsen und diente damals als Atelier für einen Bildhauer. Ich war erfüllt von dem kühnen Wunsch, dieses kleine, halb verfallene Gebäude für den Rest meines Lebens zu erwerben; denn ich war schon in eine beängstigende Angst verfallen, ob ich es in den bisherigen Räumen aushalten könnte, da der größere Teil des Stockwerks, in dem ich nur zwei kleine Zimmer bewohnte, für den kommenden Sommer an eine Familie vermietet war, und ich hörte, dass diese, mit einem Klavier bewaffnet, dort einziehen würde. Von weiteren Versuchen, den Herzog von Nassau für meine Absichten zu gewinnen, wurde ich jedoch bald abgebracht, denn er sagte mir, dass dieses kleine Schlösschen wegen seiner feuchten Lage durchaus ungesund sein würde.

Dennoch ließ ich mich nicht davon abhalten, mich an die Arbeit zu machen, um ein einsames Häuschen mit Garten zu finden, nach dem ich mich noch immer sehnte. Auf den Ausflügen, die ich zu diesem Zwecke wiederholt unternahm, begleitete mich häufig nicht nur Weisheimer, sondern auch Dr. Stadl, der junge Advokat, der bei Schott den schon erwähnten reizenden Toast ausgebracht hatte . Er war ein außerordentlicher Mensch, und ich konnte mir seine sehr erregbare Natur nur dadurch erklären, daß er ein leidenschaftlicher Spieler an den Roulettetischen in Wiesbaden war. Er war es auch, der mich einem anderen Freund, einem geübten Musiker, Dr. Schuler aus Wiesbaden, vorgestellt hatte. Mit diesen beiden Herren erwog ich nun alle Möglichkeiten, mein Schlößchen für die Zukunft zu erwerben oder wenigstens zu entdecken. Einmal besuchten wir zu diesem Zwecke Bingen und bestiegen dort den berühmten alten Turm, in dem vor langer Zeit Kaiser Heinrich IV. gefangen gehalten wurde . Nachdem wir ein Stück den Felsen hinaufgestiegen waren, auf dem der Turm erbaut war, gelangten wir in einen Raum im vierten Stock, der den gesamten Platz des Gebäudes einnahm und über ein einziges vorspringendes Fenster mit Aussicht auf den Rhein verfügte.

Ich erkannte in diesem Zimmer das Ideal all dessen, was ich mir von einer Wohnung vorgestellt hatte. Ich dachte, ich könnte mir durch Vorhänge die nötigen kleineren Räume in der Wohnung einrichten und mir so für immer eine herrliche Zufluchtsstätte bereiten. Stadl und Schuler hielten es für möglich, mir bei der Erfüllung meiner Wünsche behilflich zu sein, da sie beide den Besitzer dieser Ruine kannten. Tatsächlich teilten sie mir kurz darauf mit, dass der Besitzer nichts dagegen hätte, mir dieses große Zimmer gegen eine geringe Miete zu überlassen, wiesen aber zugleich auf die völlige Undurchführbarkeit meines Planes hin; niemand, sagten sie, könne oder wolle mir dort als Diener dienen, denn unter anderem sei kein Brunnen vorhanden, und das einzige Wasser, das man bekommen könne, sei aus einer Zisterne, die in fürchterlicher Tiefe im Bergfried liege, und selbst diese sei nicht gut. Unter solchen Umständen bedurfte es nicht mehr als eines solchen Hindernisses, um mich von der Verfolgung eines so extravaganten Vorhabens abzuhalten. Ähnliches erlebte ich mit einem Anwesen im

Rheingau, das dem Grafen Schönborn gehörte. Ich war darauf aufmerksam geworden, weil es vom Eigentümer unbewohnt war. Hier fand ich allerdings eine Anzahl leerstehender Räume, aus denen ich mir für meinen Zweck etwas Passendes hätte zusammenstellen können. Nach näherer Auskunft durch den Grundstücksmakler, der in meinem Auftrag an den Grafen Schönborn schrieb, musste ich mich mit einer Absage begnügen.

Ein merkwürdiger Vorfall, der sich um diese Zeit ereignete, drohte mich in meiner begonnenen Arbeit ernsthaft zu unterbrechen. Friederike Meyer hielt ihr Versprechen und besuchte mich eines Nachmittags, als sie von ihrem üblichen Ausflug nach Mainz zurückkehrte. Sie wurde von einer Freundin begleitet. Kurz nach ihrer Ankunft überkam sie plötzlich Angst und erklärte zum Schrecken aller Anwesenden, sie befürchte, sich Scharlach eingefangen zu haben. Ihr Zustand wurde bald besorgniserregend, und sie musste sofort im Hotel „Europäischer Hof" unterkommen und einen Arzt rufen lassen. Die Sicherheit, mit der sie die Symptome einer Krankheit, die in den meisten Fällen nur von Kindern übertragen werden kann, sofort erkannt hatte, musste mich merkwürdig beeindrucken. Aber mein Erstaunen wurde noch größer, als am nächsten Morgen, zu sehr früher Stunde, Herr von Guaita, der Direktor des Frankfurter Theaters, der von ihrer Krankheit erfahren hatte, die Patientin besuchte und ihr gegenüber eine Besorgnis äußerte, deren Intensität man unmöglich allein seinem Interesse als Theaterdirektor zuschreiben konnte. Er nahm Friederike sofort unter seinen Schutz und behandelte sie mit größter Sorgfalt, wodurch ich von den Qualen der Angst befreit wurde, die dieser seltsame Fall hervorrief. Ich verbrachte einige Zeit mit Herrn von Guaita und sprach mit ihm über die Möglichkeit, eine meiner Opern in Frankfurt aufzuführen. Am zweiten Tag war ich dabei, als Guaita die kranke Dame zum Bahnhof brachte und ihr die, wie mir schien, zärtlichste väterliche Fürsorge entgegenbrachte . Bald darauf besuchte mich Herr Burde (der Ehemann von Madame Ney, einer berühmten Sängerin), der damals Schauspieler am Frankfurter Theater war. Dieser Herr, mit dem ich unter anderem über Friederike Meyers Talente sprach, teilte mir mit, dass sie die Geliebte von Herrn von Guaita sein sollte, einem Mann, der in der Stadt wegen seines Adelsstandes in hohem Ansehen stand, und dass er ihr ein Haus geschenkt hatte, in dem sie nun lebte. Da Herr von Guaita auf mich keinen angenehmen Eindruck gemacht, sondern mir im Gegenteil als ein sonderbares Wesen vorgekommen war, erfüllte mich diese Nachricht mit einem gewissen Unbehagen. Meine übrigen Bekannten, die in der Nähe meines Zufluchtsortes in Biebrich wohnten, waren nett und freundlich, als ich am Abend meines Geburtstages, des 22. Mai, diese kleine Gesellschaft in meiner Wohnung bewirtete. Mathilde Maier mit ihrer Schwester und ihrer Freundin verwertete meinen geringen Geschirrvorrat sehr geschickt und erwies mir gewissermaßen die Ehre als Herrin des Hauses.

Doch wurde mein Seelenfrieden bald durch einen immer unbefriedigender werdenden Briefwechsel mit Minna gestört. Ich hatte sie in Dresden untergebracht, wollte ihr aber die Demütigung einer dauernden Trennung von mir ersparen. In Verfolgung dieses Gedankens sah ich mich schließlich gezwungen, den von ihr angeregten Plan zu übernehmen, indem ich mit dem sächsischen Justizminister verkehrte, und bat schließlich die Regierung um völlige Amnestie und erhielt die Erlaubnis, mich in Dresden niederzulassen. Minna glaubte sich nunmehr berechtigt, eine große Wohnung zu nehmen, in der es leicht sein würde, die ihr zugeteilten Möbel unterzubringen, vorausgesetzt, daß ich nach kurzer Zeit wenigstens zeitweise die Wohnung mit ihr teilen würde. Ich mußte versuchen, ihren Forderungen nach den Mitteln zur Durchführung ihrer Wünsche freudig nachzukommen und insbesondere die zweitausendsiebenhundert Mark zu beschaffen, die sie zu diesem Zweck benötigte. Je ruhiger ich in dieser Angelegenheit vorging, desto tiefer schien sie durch die stille Kälte meiner Briefe gekränkt zu sein. Vorwürfe wegen angeblicher Verletzungen in der Vergangenheit und Beschuldigungen aller Art strömten jetzt schneller als je zuvor von ihr ein. Endlich wandte ich mich an meinen alten Freund Pusinelli. Aus Zuneigung zu mir war er meinem widerspenstigen Gatten stets ein treuer Helfer gewesen. Durch seine Vermittlung verschrieb ich nun das starke Medikament, das meine Schwester Clara vor kurzem als das beste Heilmittel für die Patientin empfohlen hatte, und bat ihn, Minna die Notwendigkeit einer rechtlichen Trennung einzuschärfen. Es schien keine leichte Aufgabe für meinen armen Freund zu sein, diesen Vorschlag ernsthaft durchzuführen, aber er war darum gebeten worden und gehorchte. Er teilte mir mit, dass sie sehr beunruhigt sei , aber dass sie eine gütliche Trennung entschieden ablehne, und wie meine Schwester es vorausgesehen hatte, änderte sich Minnas Verhalten nun auf sehr auffallende Weise; sie hörte auf, mich zu belästigen, schien ihre Lage zu erkennen und sich daran zu halten. Um ihre Herzbeschwerden zu lindern, hatte Pusinelli ihr eine Kur in Reichenhall verschrieben. Ich besorgte das Geld dafür, und anscheinend verbrachte sie den Sommer in leidlicher Stimmung an demselben Ort, an dem ich vor einem Jahr Cosima während einer Kur kennengelernt hatte.

Ich wandte mich wieder meiner Arbeit zu, die mir immer als bestes Mittel zur Stimmungsaufhellung diente, sobald ich nicht mehr gestört wurde. Eines Nachts wurde ich durch ein seltsames Ereignis gestört. Der Abend war angenehm gewesen, und ich hatte das hübsche Thema für Pogners Anrede, „Das schöne Fest Johannistag" usw., entworfen, als ich, während ich einnickte und diese Melodie noch immer im Kopf hatte, plötzlich durch das unbändige Gelächter einer Frau über meinem Zimmer zu vollem Bewusstsein geweckt wurde. Dieses Lachen wurde immer wütender und verwandelte sich schließlich in ein schreckliches Wimmern und furchtbares Heulen. Ich sprang erschrocken aus dem Bett und stellte fest, dass das

Geräusch von meiner Dienerin Lieschen kam, die im Zimmer über mir im Bett lag und hysterische Krämpfe erlitten hatte. Das Dienstmädchen meines Gastgebers ging ihr zu Hilfe, und ein Arzt wurde gerufen. Während mich der Gedanke, dass das Mädchen bald sterben würde, entsetzte, wunderte ich mich über die seltsame Ruhe der anderen Anwesenden. Man hatte mir erzählt, dass solche Anfälle bei jungen Mädchen häufig vorkommen, besonders nach Tänzen. Ohne darauf zu achten, blieb ich lange Zeit von dem Schauspiel mit den schrecklichen Symptomen, die es bot, wie gebannt. Mehrmals sah ich, wie etwas, das einem kindlichen Anfall von Heiterkeit glich, wie Ebbe und Flut alle verschiedenen Stadien durchlief, bis hin zum frechsten Gelächter und dann zu etwas, das wie die Schreie der Verdammten unter Folter wirkte. Als die Unruhe etwas nachgelassen hatte, ging ich wieder zu Bett, und noch einmal kam mir Pogners „Johannistag" in den Sinn und vertrieb allmählich die furchtbaren Eindrücke, die ich durchlebt hatte.

Eines Tages, als ich den jungen Stadl am Spieltisch in Wiesbaden beobachtete, kam er mir ziemlich ähnlich vor wie das arme Dienstmädchen. Ich hatte mit ihm und Weisheimer im Kurgarten Kaffee getrunken und wir hatten die Gesellschaft des anderen genossen, als Stadl für eine Weile verschwand. Weisheimer führte mich zum Spieltisch, um ihn zu finden. Selten habe ich eine schrecklichere Veränderung des Ausdrucks erlebt als die, die jetzt dem Mann auffiel, der der Spielsucht verfallen war. Wie ein Dämon von der armen Lieschen Besitz ergriffen hatte, so war jetzt ein Dämon von diesem Mann Besitz ergriffen. Wie die Leute sagen, die Teufel „gingen ihren bösen Gelüsten in ihm nach". Kein Appell, keine demütigenden Ermahnungen konnten den von seinen Spielverlusten gequälten Mann dazu bewegen, seine moralischen Kräfte zu sammeln. Da ich mich an meine eigenen Erfahrungen mit der Spielleidenschaft erinnerte, der ich als Jugendlicher eine Zeit lang erlegen war, sprach ich mit dem jungen Weisheimer über dieses Thema und bot ihm an, ihm zu zeigen, dass ich keine Angst hatte, auf reinen Zufall zu setzen, aber dass ich nicht an mein Glück glaubte. Als eine neue Runde Roulette begann, sagte ich ihm mit ruhiger Gewissheit: „Die Zahl 11 wird gewinnen"; und sie gewann. Ich heizte sein Erstaunen über diesen Glücksfall noch weiter an, indem ich für die nächste Runde die Zahl 27 vorhersagte. Ich erinnere mich, dass ich während dieser Worte von einem Zauber überwältigt wurde und meine Zahl tatsächlich wieder siegreich war. Mein junger Freund war nun in einem Zustand der Verwunderung, dass er mich vehement drängte, etwas auf die Zahlen zu setzen, die ich vorhersagte. Wieder kann ich nicht umhin, an das seltsame, ruhige Gefühl des Banns zu denken, das mich überkam, als ich sagte: „Sobald ich meine eigenen persönlichen Interessen in das Spiel einbringe, wird meine Gabe der Prophezeiung sofort verschwinden." Dann zog ich ihn vom Spieltisch weg und wir machten uns bei einem schönen Sonnenuntergang auf den Rückweg nach Biebrich.

Ich geriet nun in sehr schmerzliche Beziehungen mit der armen Friederike Meyer. Sie schrieb mir von ihrer Genesung und bat mich, sie zu besuchen, weil sie es für ihre Pflicht hielt, sich bei mir für die Unannehmlichkeiten zu entschuldigen, die sie mir bereitet hatte. Da die kurze Fahrt nach Frankfurt mir oft half, mich zu unterhalten und meine Gedanken abzulenken, erfüllte ich ihre Wünsche gern und fand sie in einem Zustand der Genesung, aber immer noch schwach und offensichtlich mit dem Bemühen beschäftigt, meinen Geist gegen alle unangenehmen Vermutungen über sie zu wappnen. Sie sagte, Herr von Guaita sei wie ein besorgter, fast überempfindlicher Vater für sie gewesen. Sie erzählte mir, dass sie sehr jung war, als sie ihre Familie verließ, und dass sie insbesondere mit ihrer Schwester Luise alle Verbindungen abgebrochen hatte. Sie war also ganz ohne Freunde nach Frankfurt gekommen, wo ihr der zufällige Schutz von Herrn von Guaita, einem Mann reifen Alters, sehr willkommen gewesen war. Leider musste sie unter diesem Arrangement viel Schmerzliches erleiden, denn sie wurde von der Familie ihres Gönners, die befürchtete, er könnte sie heiraten wollen, vor allem wegen ihres Rufs aufs bitterste verfolgt. Als sie mir dies erzählte, konnte ich es nicht unterlassen, sie auf einige Folgen der von mir bemerkten Feindseligkeit aufmerksam zu machen, und ging so weit, von dem Haus zu sprechen, das man ihr angeblich geschenkt hatte. Dies schien auf die noch immer invalide Friederike eine außerordentliche Wirkung auszuüben. Sie äußerte den größten Unmut über diese Gerüchte, obgleich sie, wie sie zugab, schon lange hatte ahnen müssen, daß derartige Verleumdungen über sie verbreitet würden; mehr als einmal hatte sie erwogen, die Frankfurter Post aufzugeben, und war jetzt entschlossener denn je, es zu tun. Ich sah in ihrem Benehmen nichts, was mein Vertrauen in die Wahrheit ihrer Geschichte erschüttern konnte; außerdem war meine Einstellung gegenüber diesem hochbegabten Mädchen, da mir Herr von Guaita sowohl als Mensch als auch im Lichte seines unglaublichen Betragens anläßlich von Friederikes Krankheit immer unverständlicher wurde, von nun an unbedingt auf der Seite ihrer durch eine offensichtliche Ungerechtigkeit beeinträchtigten Interessen. Um ihre Genesung zu fördern, riet ich ihr, unverzüglich einen längeren Urlaub für eine Rundreise auf dem Rhein zu machen.

Gemäß den ihm vom Großherzog übermittelten Anweisungen wandte sich Eduard Devrient nun an mich bezüglich der geplanten Aufführung von Lohengrin in Karlsruhe unter meiner Aufsicht. Der wütende und arrogante Ekel, den er in seinem Brief über meinen Wunsch zum Ausdruck brachte, Lohengrin ohne „Kürzungen" aufzuführen, diente dazu, mir die tiefe Abneigung dieses Mannes, den ich einst so blind überschätzt hatte, vor Augen zu führen. Er schrieb, dass eine seiner ersten Handlungen darin bestand, eine Kopie der Partitur für das Orchester mit den von Dirigent Rietz für die Leipziger Aufführung eingeführten „Kürzungen" anfertigen zu lassen, und dass es daher eine mühsame Angelegenheit wäre, alle Passagen, die ich wiederhergestellt haben wollte, wieder einzusetzen. Er betrachtete meine Bitte in dieser Hinsicht als bloß böswillig. Ich erinnerte mich jetzt daran, dass die einzige Aufführung von Lohengrin, die wegen ihres völligen Misserfolgs fast sofort abgesetzt worden war, die von Dirigent Rietz in Leipzig durchgeführte war. Devrient, der Rietz als Mendelssohns Nachfolger und den solidesten Musiker der „modernen Zeit" betrachtete, war zu dem Schluss gekommen, dass diese Verstümmelung meines Werkes für eine Aufführung in Karlsruhe geeignet sei. Aber ich schauderte angesichts des fehlgeleiteten Lichts, in dem ich diesen Mann so lange betrachtet hatte. Ich teilte ihm kurz meine Empörung und meinen Entschluss mit, in Karlsruhe nichts mit Lohengrin zu tun zu haben. Ich äußerte auch meine Absicht, mich zu geeigneter Zeit beim Großherzog zu entschuldigen. Bald darauf hörte ich, dass Lohengrin doch in Karlsruhe in der üblichen Weise aufgeführt werden sollte und dass die frisch vermählten Schnorrs speziell dafür engagiert worden waren. Schließlich erfüllte mich ein großes Verlangen, Schnorr und seine Leistungen kennenzulernen. Ohne meine Absichten anzukündigen, reise ich nach Karlsruhe, besorgte mir über Kaliwoda eine Karte und ging ohne Rücksicht auf alles andere zur Aufführung. In meinen veröffentlichten Memoiren habe ich die Eindrücke, die ich bei dieser Gelegenheit erhielt, genauer beschrieben, insbesondere von Schnorr. Ich verliebte mich sofort in ihn und schickte ihm nach der Vorstellung eine Nachricht, er solle mich in meinem Hotelzimmer besuchen und ein wenig mit mir plaudern. Ich hatte so viel über seinen schwachen Gesundheitszustand gehört, dass ich mich aufrichtig freute, ihn mit lebhaftem Schritt und einem Ausdruck der Freude in den Augen das Zimmer betreten zu sehen. Obwohl es spät in der Nacht war und er eine erhebliche Anstrengung durchgemacht hatte, begegnete er meinem Bestreben, aus Rücksicht auf sein Wohlergehen jede Ausschweifungen zu vermeiden, indem er mein Angebot, unsere neue Bekanntschaft mit einer Flasche Champagner zu feiern, bereitwillig annahm. Wir verbrachten den größten Teil der Nacht in bester Stimmung, und unter unseren Gesprächen waren die über Devrients Charakter für mich besonders lehrreich. Ich nahm mir vor, noch einen Tag zu bleiben, um eine Einladung zum Mittagessen bei Schnorr und seiner Frau wahrzunehmen. Da ich wusste, dass durch diesen langen Aufenthalt in Karlsruhe meine Anwesenheit dem Großherzog bekannt werden würde, nutzte ich die Gelegenheit, ihn am nächsten Tag von meiner Ankunft zu benachrichtigen, und er verabredete sich mit mir für den Nachmittag. Nach einem Gespräch beim Mittagessen mit Frau Schnorr, in der ich ein großes und gut entwickeltes Theatertalent erkannt hatte, und nachdem ich die erstaunlichsten Entdeckungen über Devrients Verhalten in der Tristan-Affäre gemacht hatte, hatte ich meine Unterredung im herzoglichen Palast. Sie war von Unbehagen auf beiden Seiten geprägt. Ich legte offen meine Gründe für den Widerruf meiner Zusage hinsichtlich der Lohengrin-Aufführung dar und auch meine unabänderliche Überzeugung, dass eine Verschwörung zur Störung der ursprünglich geplanten Tristan-Aufführung das Werk Devrients gewesen sei. Da Devrient durch sein geschicktes Verhalten den Großherzog an seine tiefe und aufrichtig fürsorgliche Freundschaft mit mir glauben ließ, schmerzten meine Mitteilungen den Großherzog offensichtlich sehr. Dennoch schien er gern anzunehmen, dass es sich um künstlerische Meinungsverschiedenheiten zwischen mir und seinem Theaterdirektor handelte, und als er sich von mir verabschiedete, äußerte er die Hoffnung, diese offensichtlichen Missverständnisse würden einer zufriedenstellenden Erklärung weichen. Ich antwortete gleichgültig, ich halte es nicht für wahrscheinlich, dass ich jemals zu einer Einigung mit Devrient kommen würde. Der Großherzog ließ nun seiner aufrichtigen Empörung freien Lauf; er hätte nicht gedacht, sagte er, dass ich einen alten Freund so leicht mit solcher Undankbarkeit behandeln könnte. Um der Schärfe dieses Vorwurfs zu begegnen, konnte ich mich zunächst nur entschuldigen, dass ich meine Entscheidung nicht mit dem Nachdruck ausgedrückt hatte, den er zu erwarten berechtigt war, aber da der Großherzog diese Angelegenheit so ernst genommen hatte und es mir dadurch zu rechtfertigen schien, meine wahre Meinung über diesen vermeintlichen Freund mit ebenso großer Ernsthaftigkeit auszudrücken, war ich verpflichtet, ihm mit aller mir zur Verfügung stehenden Ernsthaftigkeit zu versichern, dass ich nichts mehr mit Devrient zu tun haben wollte. Daraufhin sagte mir der Großherzog mit neuer Sanftmut, er lehne es ab, meine Versicherung als unwiderruflich anzusehen, da es in seiner Macht liege, mich auf andere Weise zu besänftigen. Ich verabschiedete mich mit dem Ausdruck ernsthaften Bedauerns, dass ich jede Anstrengung in die von meinem Gönner ins Auge gefasste Richtung als fruchtlos betrachten musste. Später erfuhr ich, dass Devrient, der natürlich vom Großherzog über die Vorkommnisse informiert war, mein Verhalten als einen Versuch meinerseits betrachtete, ihn zu ruinieren und zu verdrängen. Der Großherzog hatte seinen Wunsch, die Aufführung eines Konzerts mit ausgewählten Stücken aus meinen neuesten Werken zu arrangieren, nicht aufgegeben. Devrient musste mir später in seiner offiziellen Funktion diesbezüglich erneut schreiben. In seinem Brief nahm er die Gelegenheit wahr, klarzustellen, dass er sich als Sieger über die Intrigen betrachtete, die ich gegen ihn geübt hatte, und versicherte mir gleichzeitig, dass sein angesehener Gönner dennoch das fragliche Konzert durchführen wollte, da er von seinem erhabenen Standpunkt aus sehr gut „die Kunst vom Künstler“ zu unterscheiden wisse. Meine Antwort war eine schlichte Ablehnung.

Ich hatte mit den Schnorrs viele Gespräche über diese Episode und verabredete mich mit ihnen, mich bald in Biebrich zu besuchen. Ich kehrte jetzt dorthin zurück, um rechtzeitig zu Bülows Besuch zu kommen, von dem ich bereits benachrichtigt worden war. Er kam Anfang Juli an, um eine Unterkunft für sich und Cosima zu suchen, die zwei Tage später folgte. Wir freuten uns ungemein über das Wiedersehen und nutzten die Gelegenheit zu allerlei Ausflügen zum Wohle unserer Gesundheit in die liebliche Rheingauer Gegend . Wir nahmen unsere Mahlzeiten regelmäßig gemeinsam im öffentlichen Speisesaal des Europäischen Hofes ein (wo auch die Schnorrs übernachteten) und waren im Allgemeinen so fröhlich wie möglich. Abends hatten wir Musik in meinen Räumen. Auch Alwine Frommann, die auf ihrem Weg durch Biebrich war, kam zur Lesung der Meistersinger. Alle Anwesenden schienen überrascht zu sein, als sie mein neuestes Libretto hörten, und besonders über die volkstümliche Fröhlichkeit des Stils, die ich bisher nicht genossen hatte. Auch Frau Dustmann, die ein besonderes Engagement für eine Aufführung in Wiesbaden hatte, besuchte mich. Leider bemerkte ich bei ihr eine lebhafte Abneigung gegen ihre Schwester Friederike, was mich unter anderem in der Überzeugung bestärkte, daß es für Friederike höchste Zeit sei, sich von allen Bindungen in Frankfurt zu lösen. Nachdem ich mit Bülows Hilfe meinen Freunden die fertigen Partien der Komposition der Meistersinger vorspielen konnte, ging ich den größten Teil des Tristan durch, und die Schnorrs hatten dabei Gelegenheit zu zeigen, wie weit sie sich bereits mit ihrer Aufgabe vertraut gemacht hatten. Ich fand, daß es beiden an Deutlichkeit der Aussprache mangelte.

Der Sommer brachte nun mehr Besucher in unsere Nachbarschaft, darunter mehrere meiner Bekannten. David, der Leipziger Konzertdirektor, besuchte mich mit seinem jungen Schüler August Wilhelmj, dem Sohn eines Wiesbadener Anwalts. Wir hatten jetzt Musik im wahrsten Sinne des Wortes, und Dirigent Alois Schmitt aus Schwerin trug einen seltsamen Teil dazu bei, indem er eine seiner eigenen, wie er sagte, wertlose alte Komposition aufführte. Eines Abends hatten wir eine gut besuchte Party, die Schotts gesellten sich zu meinen übrigen Freunden, und die beiden Schnorrs erfreuten uns mit einer Aufführung der sogenannten Liebesszene im dritten Akt von Lohengrin. Wir waren alle tief bewegt von der plötzlichen Erscheinung von Rockel in unserem gemeinsamen Speisesaal im Hotel. Er war nach dreizehn Jahren aus dem Waldheimer Gefängnis entlassen worden. Ich war erstaunt, dass sich das Aussehen meines alten Bekannten, abgesehen von der verblassten Farbe seiner Haare, überhaupt nicht radikal verändert hatte. Er selbst erklärte mir dies, indem er bemerkte, er sei aus einer Art Schale herausgetreten, in die er zu seiner eigenen Erhaltung eingehüllt worden war. Als wir überlegten, auf welchem Gebiet er sich nun betätigen sollte, riet ich ihm, eine sinnvolle Beschäftigung im Dienste eines wohlwollenden und liberal gesinnten Mannes wie des Großherzogs von Baden zu suchen. Er glaubte nicht, dass ihm in irgendeiner ministeriellen Stellung Erfolg beschieden sein würde, da ihm die juristischen Kenntnisse fehlten; andererseits war er für die Leitung eines Besserungshauses hervorragend geeignet, da er sich nicht nur genaueste Kenntnisse darüber verschafft, sondern zugleich auch erkannt hatte, welche Reformen notwendig waren. Er fuhr zum deutschen Schießwettbewerb, der in Frankfurt stattfand. Dort wurde er in Anerkennung seines Martyriums und seines unerschütterlichen Verhaltens mit schmeichelhaftem Applaus bedacht und hielt sich einige Zeit in Frankfurt und Umgebung auf.

Casar Willig, ein Maler, der von Otto Wesendonck den Auftrag erhalten hatte, mich auf seine Kosten zu porträtieren, machte mir und meinen engen Freunden zu dieser Zeit große Sorgen. Leider war der Maler bei seinem Versuch, ein gutes Bild von mir zu schaffen, völlig erfolglos. Obwohl Cosima bei fast allen Sitzungen anwesend war und ihr Möglichstes versuchte, den Künstler auf die richtige Spur zu bringen, musste ich schließlich ein scharfes Profil Modell sitzen, damit er etwas schaffen konnte, das auch nur im geringsten als Ähnlichkeit erkennbar war. Nachdem er diese Aufgabe zu seiner Zufriedenheit erledigt hatte, malte er aus Dankbarkeit eine weitere Kopie für mich. Ich schickte diese sofort an Minna nach Dresden, durch die sie schließlich an meine Schwester Louisa gelangte. Es war ein schreckliches Bild, und ich wurde später noch einmal damit konfrontiert, als es vom Künstler in Frankfurt ausgestellt wurde.

Ich machte eines Abends mit den Bülows und den Schnorrs einen angenehmen Ausflug nach Bingen und benutzte die Gelegenheit, nach Rüdesheim überzusetzen, um Friederike Meyer, die dort ihren Urlaub verbracht hatte, zurückzuholen. Ich stellte sie meinen Freunden vor, und besonders Cosima nahm freundschaftliches Interesse an dieser ungewöhnlich begabten Frau. Unsere Fröhlichkeit, als wir bei einem Glas Wein im Freien saßen, wurde noch dadurch gesteigert, dass wir unerwartet von einem Reisenden angesprochen wurden, der uns von einem entfernten Tisch respektvoll entgegenkam, sein Glas gefüllt hielt und mich sofort höflich und mit größter Wärme begrüßte. Er war gebürtiger Berliner und ein großer Liebhaber meiner Arbeit. Er sprach nicht nur für sich selbst, sondern auch für zwei seiner Freunde, die sich zu uns an den Tisch setzten, und unsere gute Laune führte uns schließlich zum Champagner. Ein herrlicher Abend mit einem wunderbaren Mondaufgang beeinflusste die Fröhlichkeit unserer Stimmung, als wir nach diesem reizenden Ausflug spät abends nach Hause zurückkehrten. Als wir in ebenso guter Laune Schlangenbad besuchten (wo Alwine Frommann wohnte), verleitete uns unsere unbekümmerte Laune zu einem noch längeren Ausflug nach Rolandseck. Wir machten unseren ersten Halt in Remagen, wo wir die schöne Kirche besichtigten, in der ein junger Mönch vor einer riesigen Menschenmenge predigte, und aßen danach in einem Garten am Rheinufer zu Mittag. Wir blieben die Nacht in Rolandseck und stiegen am nächsten Morgen auf den Drachenfels. Im Zusammenhang mit diesem Aufstieg ereignete sich ein Abenteuer, das ein lustiges Ende nahm. Auf der Rückfahrt, nachdem ich am Bahnhof aus dem Zug gestiegen war und den Rhein überquert hatte,

vermisste ich meinen Briefkasten mit einem Schein über zweihundert Mark;
er war mir aus der Manteltasche gerutscht. Zwei Herren, die uns auf dem
Weg vom Drachenfels zugesellt hatten, boten sofort an, den Weg
zurückzukehren, ein etwas mühsames Unterfangen, um nach dem verlorenen
Gegenstand zu suchen. Nach einigen Stunden kehrten sie zurück und
überreichten mir den Briefkasten mit seinem unversehrten Inhalt. Zwei
Steinmetze hatten ihn bei der Arbeit auf dem Gipfel des Berges gefunden.
Sie restaurierten ihn sofort, und die ehrlichen Burschen erhielten eine schöne
Belohnung. Der glückliche Ausgang dieses Abenteuers musste natürlich mit
einem guten Abendessen mit dem besten Wein gefeiert werden. Die
Geschichte war für mich erst lange danach zu Ende. Als ich 1873 ein
Restaurant in Köln betrat, stellte sich mir der Wirt als der Mann vor, der uns
elf Jahre zuvor im Gasthof am Rhein bewirtet und mir eben jenen
Zweihundertmarkschein gewechselt hatte. Dann erzählte er mir, was mit
diesem Schein geschehen war. Ein Engländer, dem er am selben Tag das
Abenteuer mit dem Schein erzählt hatte, bot ihm an, ihn für den doppelten
Wert abzukaufen. Der Wirt lehnte ein solches Geschäft ab, überließ dem
Engländer aber den Schein gegen das Versprechen, allen Anwesenden
Champagner zu spendieren. Das Versprechen wurde aufs Wort erfüllt.

Eine Einladung der Familie Weisheimer nach Osthofen war der Anlaß zu
einem weniger zufriedenstellenden Ausflug als dem oben beschriebenen. Wir
blieben dort für eine Nacht, nachdem wir am Vortag zu jeder Tageszeit an
den Ausgelassenheiten einer bäuerlichen Hochzeitsfeier teilnehmen mußten,
die einfach kein Ende nehmen wollte. Cosima war die einzige, die während
des ganzen Vorgangs gute Laune zu bewahren vermochte. Ich unterstützte
sie nach Kräften. Aber Bülows Depression, die sich in den vorangegangenen
Tagen gesteigert hatte, wurde immer tiefer, durch jeden möglichen
Zwischenfall verstärkt, bis sie sich schließlich in einen Wutausbruch steigerte.
Wir versuchten uns mit dem Gedanken zu trösten, daß uns nie wieder ein
ähnliches Schicksal widerfahren könne. Am nächsten Tag, während ich mich
zur Abreise vorbereitete und über andere Gründe der Unzufriedenheit mit
meiner Lage grübelte, überredete Cosima Hans, die Reise bis nach Worms
fortzusetzen, in der Hoffnung, bei einem Besuch des dortigen alten Doms
etwas Erfrischendes und Erheiterndes zu finden, und von dort aus folgten
sie mir später nach Biebrich.

Ein kleines Abenteuer, das wir am Spieltisch in Wiesbaden erlebten, ist mir
noch in Erinnerung. Ich hatte in den letzten Tagen vom Theater zwanzig
Louisdor für eine Oper erhalten. Da ich mit dieser kleinen Summe nichts
anzufangen wusste (meine Lage wurde insgesamt immer schlimmer), wagte
ich es, Cosima zu bitten, die Hälfte der Summe im Interesse aller beim
Roulette zu riskieren. Mit Erstaunen beobachtete ich, wie sie, ohne auch nur
die geringste Kenntnis des Spiels, ein Goldstück nach dem anderen auf den

Tisch setzte und es so hinwarf, dass es nie eine bestimmte Zahl oder Farbe bedeckte. Auf diese Weise verschwand es nach und nach hinter dem Rechen des Croupiers. Ich wurde beunruhigt und begab mich eilig an einen anderen Tisch in der Hoffnung, die Wirkung von Cosimas ungeleiteten und fehlgeleiteten Bemühungen zu neutralisieren. Bei diesem sehr sparsamen Unterfangen war mir das Glück so sehr hold, dass ich die zehn Louisdor, die meine schöne Freundin am anderen Tisch verloren hatte, sofort wieder zurückerhielt. Dies versetzte uns bald in eine sehr heitere Stimmung. Weniger erfreulich als dieses Abenteuer war unser Besuch einer Lohengrin-Aufführung in Wiesbaden. Nachdem uns der erste Akt einigermaßen zufriedengestellt und in ziemlich gute Laune versetzt hatte, verwandelte sich die Aufführung im weiteren Verlauf in einen Strom von rasenden Falschdarstellungen, wie ich sie nie für möglich gehalten hätte. Wütend verließ ich das Theater vor dem Ende, während Hans, von Cosima an die Schicklichkeiten erinnert (obwohl sie beide ebenso wütend waren wie ich), das Martyrium ertrug, die Aufführung bis zum Ende mitzuerleben.

Bei einer anderen Gelegenheit hörte ich, dass die Metternichs auf ihrem Schloss Johannisberg angekommen waren. Immer noch mit meiner Hauptsorge beschäftigt, einen ruhigen Wohnsitz zu finden, in dem ich die Meistersinger beenden konnte, behielt ich dieses Schloss im Auge, das normalerweise unbewohnt war, und kündigte meine Absicht an, den Prinzen aufzusuchen. Bald folgte eine Einladung, und die Bülows begleiteten mich zum Bahnhof. Ich konnte nicht umhin, mit dem freundlichen Empfang zufrieden zu sein, den mir meine Gönner bereiteten. Auch sie hatten die Frage erwogen, ob sie für mich auf Schloss Johannisberg eine vorübergehende Ruhestätte finden könnten, und fanden heraus, dass sie mir eine kleine Wohnung im Haus des Schlossverwalters zur alleinigen Nutzung zur Verfügung stellen könnten; nur machten sie mich auf die Schwierigkeit aufmerksam, meine Verpflegung zu erhalten. Der Prinz jedoch hatte sich aktiver mit einer anderen Angelegenheit beschäftigt, nämlich der Schaffung einer ständigen Stelle für mich in Wien. Er sagte, dass er bei seinem nächsten Aufenthalt in Wien eine Besprechung über meine Angelegenheiten mit dem Minister Schmerling führen würde, den er für am geeignetsten hielt, um ihn in einer solchen Angelegenheit zu konsultieren. Er war ein Mann, der mich verstehen und vielleicht eine angemessene Stellung im höheren Sinne des Wortes für mich finden und das Interesse des Kaisers für mich wecken konnte. Wenn ich wieder nach Wien ginge, sollte ich einfach Schmerling besuchen, und er würde mich aufgrund der Vermittlung des Prinzen wie selbstverständlich empfangen. Aufgrund einer Einladung an den herzoglichen Hof waren die Metternichs ohne Zeitverlust nach Wiesbaden gereist, wohin ich sie begleitete und wieder auf die Bülows traf.

Schnorr hatte uns nach vierzehntägigem Aufenthalt verlassen, und nun war auch für die Bülows die Zeit der Abreise gekommen. Ich begleitete sie bis nach Frankfurt, wo wir noch zwei Tage zusammen verbrachten, um eine Aufführung von Goethes Tasso zu sehen. Liszts sinfonische Dichtung Tasso sollte dem Stück vorangehen. Mit sonderbaren Gefühlen verfolgten wir diese Aufführung. Friederike Meyer als Fürstin und Herr Schneider als Tasso gefielen uns sehr, aber Hans konnte die schmachvolle Ausführung von Liszts Werk durch den Dirigenten Ignaz Lachner nicht verwinden. Vor dem Theaterbesuch lud uns Friedrike noch zu einem Mittagessen im Restaurant im Botanischen Garten ein. Schließlich gesellte sich auch der geheimnisvolle Herr von Guaita zu uns. Wir bemerkten nun mit Erstaunen, dass alle weitere Unterhaltung zwischen ihnen als ein für uns völlig unverständlicher Zwiegespräch geführt wurde. Wir konnten nur die rasende Eifersucht des Herrn von Guaita und Friederikes witzig-höhnische Verteidigung verstehen. Aber der aufgeregte Mann beruhigte sich, als er mir vorschlug, ich solle in Frankfurt eine Aufführung des Lohengrin unter meiner eigenen Leitung organisieren. Ich war diesem Vorschlag wohlgesinnt, da ich darin eine Gelegenheit zu einer weiteren Begegnung mit den Bülows und den Schnorrs sah. Die Bülows versprachen zu kommen, und ich lud die Schnorrs ein, bei der Besetzung mitzuwirken . Diesmal konnten wir uns fröhlich voneinander verabschieden, obwohl die zunehmende und oft übermäßige Missstimmung des armen Hans mir manchen unwillkürlichen Seufzer entlockt hatte. Er schien in beständiger Qual zu sein. Cosima dagegen schien die Schüchternheit, die sie mir gegenüber bei meinem Besuch in Reichenhall im vorigen Jahr gezeigt hatte, verloren zu haben, und eine sehr freundliche Art war an ihre Stelle getreten. Während ich meinen Freunden „Wotans Abschied" sang, bemerkte ich auf Cosimas Gesicht denselben Ausdruck, den ich zu meinem Erstaunen bei einer ähnlichen Gelegenheit in Zürich gesehen hatte, nur war die Ekstase in etwas Höheres verwandelt. Alles, was damit zusammenhing, war in Schweigen und Geheimnis gehüllt, aber der Glaube, dass sie mir gehörte, wuchs in meinem Herzen zu einer solchen Gewissheit, dass mein Verhalten, wenn ich unter dem Einfluss mehr als gewöhnlicher Erregung stand, die unbekümmerteste Fröhlichkeit verriet. Als ich Cosima über einen öffentlichen Platz zum Hotel begleitete, schlug ich ihr plötzlich vor, sich in einen leeren Schubkarren zu setzen, der auf der Straße stand, damit ich sie zum Hotel schieben könne. Sie willigte sofort ein. Mein Erstaunen war so groß, dass ich fühlte, wie mich aller Mut verließ und ich meinen verrückten Plan nicht ausführen konnte.

Nach Biebrich zurückgekehrt, sah ich mich sofort mit großen Schwierigkeiten konfrontiert, denn Schott, der mich einige Zeit in Ungewissheit gehalten hatte, weigerte sich nun endgültig, mir weitere Subventionen zu zahlen. Die Vorschüsse, die ich bisher von meinem Verleger erhalten hatte, hatten zwar bis vor kurzem dazu gedient, alle meine

Ausgaben seit meinem Weggang aus Wien zu bestreiten, einschließlich des Umzugs meiner Frau nach Dresden und meiner eigenen Übersiedlung nach Biebrich über Paris, wo ich mehr als einen lauernden Gläubiger zu befriedigen hatte. Aber trotz dieser anfänglichen Schwierigkeiten, die, wie ich vermute, ungefähr die Hälfte des Geldes verschlang, das mir vereinbarungsgemäß für die Meistersinger zugestanden hatte, hatte ich damit gerechnet, mit dem Rest der vereinbarten Summe meine Arbeit in Ruhe zu vollenden. Aber seitdem hatte Schott mich mit eitlen Versprechungen über einen festen Termin zur Abrechnung mit dem Buchhändler vertröstet. Ich war bereits in große Bedrängnis geraten, und jetzt schien alles darauf abzuhängen, dass ich Schott rasch einen vollständigen Akt der Meistersinger übergeben konnte. Ich war schon bei der Szene angelangt, in der Pogner Walther von Stolzing den Meistersingern vorstellen will , als mir etwa Mitte August, als Bülow noch dort war, ein Unfall zustieß, der mich, obwohl an sich geringfügig, zwei Monate lang am Schreiben hinderte.

Mein mürrischer Gastgeber hielt einen Bulldoggen namens Leo angekettet und vernachlässigte ihn so grausam, dass er mein ständiges Mitleid erregte. Deshalb versuchte ich eines Tages, ihn von Ungeziefer zu befreien, und hielt seinen Kopf selbst, damit der Diener, der dies tat, keine Angst bekam. Obwohl der Hund gelernt hatte, mir vollkommen zu vertrauen, schnappte er einmal unwillkürlich nach mir und biss mich – anscheinend nur ganz leicht – in das obere Gelenk meines rechten Daumens. Eine Wunde war nicht zu sehen, aber es stellte sich bald heraus, dass sich die Knochenhaut durch die Prellung entzündet hatte. Da der Schmerz bei der Verwendung des Daumens immer stärker wurde , wurde mir befohlen, nicht zu schreiben, bis meine Hand vollständig verheilt war. Auch wenn meine Lage nicht ganz so schrecklich war, wie die Zeitungen – die meldeten, ich sei von einem tollwütigen Hund gebissen worden – es darstellten, war sie doch Anlass zu ernsthaften Überlegungen über die menschliche Schwäche. Zur Erfüllung meiner Aufgabe brauchte ich daher – unabhängig von den erforderlichen Fähigkeiten – nicht nur einen gesunden Verstand und gute Ideen, sondern auch einen gesunden Daumen zum Schreiben, denn mein Werk bestand nicht aus einem Libretto, das ich diktieren konnte, sondern aus Musik, die niemand außer mir selbst aufschreiben konnte.

Auf Anraten Raffs, der einen Band meiner Lieder für tausend Francs wert hielt, beschloss ich, meinem Verleger als vorübergehende Entschädigung fünf von mir vertonte Gedichte meiner Freundin Frau Wesendonck anzubieten (hauptsächlich Studien zu dem Tristan, mit dem ich mich damals beschäftigte), damit er wenigstens etwas auf dem Markt hätte. Die Lieder wurden angenommen und veröffentlicht, schienen aber Schotts Stimmung nicht zu erheitern. Ich musste zu dem Schluss kommen, dass er auf fremde Veranlassung handelte, und begab mich nach Kissingen (wo er sich zur

„Kur" aufhielt), um der Sache auf den Grund zu gehen und meine nächsten Schritte danach zu planen. Ein Gespräch mit ihm wurde mir hartnäckig verweigert, und Frau Schott, die als Schutzengel vor seiner Tür postiert war, teilte mir mit, dass er wegen eines schweren Leberinfarkts nicht mehr mit mir sprechen könne. Jetzt war mir meine Lage ihm gegenüber klar. Ich bat zunächst den jungen Weisheimer um etwas Geld, das er mir, da er von einem reichen Vater unterstützt wurde, sehr gern gab, und machte mich dann an die Arbeit, um zu überlegen, was ich als nächstes tun könnte. Auf Schott konnte ich nicht mehr zählen, und damit war jede Aussicht auf eine ungehinderte Aufführung der Meistersinger vertan.

Zu meiner großen Überraschung erhielt ich in diesem Augenblick eine erneute offizielle Einladung nach Wien zur Aufführung des Tristan in der Oper, wo mir mitgeteilt wurde, dass alle Hindernisse beseitigt seien, da Ander seine Stimme vollständig wiedererlangt habe. Ich war aufrichtig erstaunt, dies zu hören, und gelangte bei weiteren Nachforschungen zu folgender Aufklärung der Vorgänge, die in der Zwischenzeit in meinem Namen in Wien stattgefunden hatten. Bevor ich das letzte Mal von dort abreiste, hatte Frau Luise Dustmann, die an der Rolle der Isolde ein echtes Vergnügen zu haben schien, versucht, das eigentliche Hindernis für mein Vorhaben zu beseitigen, indem sie mich überredete, zu einer Abendgesellschaft zu gehen, wo sie mich wieder mit Dr. Hanslick bekannt machen wollte. Sie wusste, dass in Wien nichts erreicht werden konnte, wenn dieser Herr nicht auf meine Seite gebracht werden konnte. Da ich an diesem Abend gut gelaunt war, fiel es mir leicht, Hanslick als oberflächlichen Bekannten zu behandeln, bis er mich zu einem vertraulichen Gespräch beiseite zog und mir unter Schluchzen und Tränen versicherte, dass er es nicht länger ertragen könne, von mir missverstanden zu werden. Die Schuld für alles, was in seinem Urteil über mich außergewöhnlich war, war nicht auf böse Absichten, sondern einzig und allein auf die Engstirnigkeit eines Menschen zurückzuführen, der nichts sehnlicher wünschte, als von mir zu lernen, wie er seine Kenntnisse erweitern könne. All dies wurde in einem solchen Aufruhr gesagt, dass ich nichts anderes tun konnte, als seinen Kummer zu lindern und ihm meine uneingeschränkte Sympathie für seine künftige Arbeit zu versprechen. Kurz vor meiner Abreise aus Wien hörte ich tatsächlich, dass Hanslick in maßloses Lob über mich und meine Liebenswürdigkeit ausgebrochen war. Diese Veränderung hatte sowohl die Sänger der Oper als auch Rat Raymond (den Ratgeber des Lord High Stewards) so sehr beeinflusst, dass es schließlich, von den höheren Kreisen abwärts, bei den Wienern als Ehrensache galt, den Tristan in ihrer Stadt aufführen zu lassen. Daher meine Vorladung!

Zugleich erfuhr ich von dem jungen Weisheimer, der sich nach Leipzig begeben hatte, daß er sicher sei, dort ein gutes Konzert veranstalten zu können, wenn ich ihm bei der Leitung meines neuen Meistersinger-Vorspiels sowie der Tannhäuser-Ouvertüre behilflich sei. Er glaubte, es würde eine so große Sensation machen, daß er mir nach Abzug der bloßen Unkosten durch den wahrscheinlichen Verkauf aller Karten eine nicht unbedeutende Summe zur Verfügung stellen könne. Außerdem konnte ich mein Herrn von Guaita gegebenes Versprechen, den Lohengrin in Frankfurt aufzuführen, kaum zurücknehmen, obwohl die Schnorrs ihre Teilnahme daran ablehnen mußten. Nach Abwägung aller dieser Angebote beschloß ich, die Meistersinger beiseite zu legen und durch Unternehmungen im Ausland so viel zu verdienen, daß ich im nächsten Frühjahr meine unterbrochene Arbeit unbeeinflußt von Schotts Launen an Ort und Stelle wieder aufnehmen und beenden konnte. Ich beschloß daher, das mir sehr gefiel, in Biebrich um jeden Preis zu behalten. Minna dagegen drängte mich, ihr zur Vervollständigung ihrer Einrichtung in Dresden einige der von mir behaltenen Möbel, nämlich mein Bett und einige andere Dinge, an die ich gewöhnt war, zu schicken, »damit ich«, sagte sie, »alles in der richtigen Ordnung vorfinde, wenn ich sie besuche.« Ich wollte der feststehenden Fiktion, die ihr den Abschied von mir erleichtern sollte, nicht zuwiderhandeln; ich schickte ihr daher, was sie wollte, und kaufte mit Hilfe eines Wiesbadener Fabrikanten, der mir einen ziemlich langen Kredit gewährte, neue Möbel für mein Heim am Rhein.

Ende September fuhr ich für eine Woche nach Frankfurt, um die Proben des Lohengrin zu übernehmen. Auch hier machte ich wieder dasselbe durch, was ich schon so oft zuvor durchgemacht hatte. Kaum war ich mit den Mitgliedern der Operngesellschaft in Berührung gekommen, verspürte ich den Wunsch, das Unternehmen sofort abzubrechen; dann löste die allgemeine Bestürzung und die Bitten, ich möge durchhalten, eine Reaktion aus, unter deren Einfluss ich ausharrte, bis ich mich schließlich für gewisse Dinge um ihrer selbst willen interessierte und ganz abgesehen von jeder Rücksicht auf die elenden Sänger. Was mir gefiel, war die Wirkung einer ungekürzten Aufführung und die Anwendung richtiger Tempi und richtiger Inszenierung. Doch nehme ich an, dass Friederike Meyer die einzige war, die diese Wirkungen vollständig erkannte. Die übliche „Belebung“ des Publikums fehlte nicht, aber ich erfuhr später, dass die nachfolgenden Aufführungen ausfielen, so dass die Oper in der alten Weise gekürzt werden musste, um sie am Laufen zu halten. (Dirigent war Herr Ignaz Lachner aus Frankfurt, ein pfiffiger, eleganter Mann, aber ein erbärmlich schlechter und wirrer Dirigent.)

Die Wirkung all dessen erschütterte mich umso mehr, als selbst die Bülows mir ihren erwarteten Besuch nicht abgestattet hatten. Cosima, so erfuhr ich jetzt, war in Eile an mir vorbeigegangen, um nach Paris zu reisen und dort für kurze Zeit ihrer Großmutter beizustehen, die an einer langwierigen

Krankheit litt und nun durch die Nachricht vom Tod Blandines nach ihrer Niederkunft in St. Tropez einen schmerzlichen Schlag erlitten hatte.

Ich schloss mich nun für einige Zeit in meinem Haus in Biebrich ein, da das Wetter plötzlich kalt geworden war, und überredete meinen Daumen, sich als fähig zu erweisen, die Instrumentierung einiger Auszüge aus den nun fertigen Meistersingern für unmittelbare Konzertzwecke aufzuschreiben. Ich schickte das Präludium sofort an Weisheimer, damit es in Leipzig kopiert werden konnte, und vertonte auch die Versammlung der Meistersinger und Pogners Anrede für Orchester.

Ende Oktober war ich endlich bereit, meine Reise nach Leipzig anzutreten, wobei ich auf seltsame Weise dazu gebracht wurde, noch einmal in die Wartburg einzusteigen. Ich war in Eisenach für ein paar Minuten ausgestiegen, und der Zug hatte sich gerade in Bewegung gesetzt, als ich eilig versuchte, ihn zu erreichen. Ich rannte unwillkürlich mit einem scharfen Schrei nach dem Schaffner hinter dem verschwindenden Zug her, konnte ihn aber natürlich nicht aufhalten. Eine beträchtliche Menschenmenge, die sich auf dem Bahnhof versammelt hatte, um der Abfahrt eines Prinzen zuzuschauen, brach daraufhin in lautes Gelächter aus, und als ich zu ihnen sagte: „Ich nehme an, Sie sind froh, dass mir das passiert ist?", antworteten sie: „Ja, es war sehr lustig." Auf diesen Vorfall stützte ich mein Axiom, dass man das deutsche Publikum zumindest durch sein Unglück erfreuen kann. Da es für fünf Stunden keinen anderen Zug nach Leipzig gab, teilte ich meinem Schwager Hermann Brockhaus (den ich gebeten hatte, mich unterzubringen) telegraphisch meine Verspätung mit und ließ mich von einem Mann, der sich als Führer vorstellte, zu einem Besuch der Wartburg überreden. Dort sah ich die vom Großherzog vorgenommene Teilrestaurierung und auch den Saal mit den Bildern Schwinds, die mir alle ziemlich gleichgültig waren. Dann betrat ich das Restaurant dieses Vorzeigeorts von Eisenach und fand dort mehrere Frauen, die Strümpfe strickten. Der Großherzog von Weimar versicherte mir einige Zeit später, dass Tannhäuser in ganz Thüringen bis zum kleinsten Bauernjungen sehr beliebt sei, aber weder der Wirt noch mein Führer schienen etwas davon zu wissen. Ich trug mich jedoch mit meinem vollen Namen in das Gästebuch ein und beschrieb darin die freundliche Begrüßung, die ich am Bahnhof erhalten hatte, obwohl ich nie gehört habe, dass es jemand bemerkt hätte.

Hermann Brockhaus, der vor ihr gealtert und dick geworden war, bereitete mir einen sehr heiteren Empfang, als ich spätabends in Leipzig ankam. Er führte mich in sein Haus, wo ich Ottilie und ihre Familie traf und mich wohlfühlte. Wir hatten viel zu besprechen, und die bemerkenswert gutmütige Art meines Schwagers, sich in unsere Unterhaltung einzulassen, hielt uns oft bis in die frühen Morgenstunden fasziniert wach. Meine Verbindung mit Weisheimer, einem jungen und völlig unbekannten Komponisten, erregte einige Bedenken. Sein Konzertprogramm war nämlich mit einer großen Zahl seiner eigenen Kompositionen gefüllt, darunter eine gerade fertiggestellte symphonische Dichtung mit dem Titel Der Ritter Toggenburg. Hätte ich die Proben in ungestörter Stimmung besucht, hätte ich wahrscheinlich Einspruch gegen die vollständige Aufführung dieses Programms erhoben, aber es ergab sich, dass die Stunden, die ich im Konzertsaal verbrachte, zu den intimsten und angenehmsten Erinnerungen meines Lebens gehörten, denn dort traf ich die Bülows wieder. Hans schien es als seine Pflicht zu empfinden, mit mir Weisheimers Debüt zu feiern, und sein Beitrag war ein neues Klavierkonzert von Liszt. Schon das Betreten des altbekannten Saals des Leipziger Gewandhauses genügte, um mir ein unbehagliches Gefühl der Niedergeschlagenheit zu bereiten, das noch verstärkt wurde durch den Empfang durch die Orchestermitglieder, deren Entfremdung ich mir sehr bewusst war und denen ich mich als völlig Fremder vorstellen musste. Aber ich fühlte mich plötzlich entrückt, als ich Cosima in einer Ecke des Saals sitzen sah, tieftraurig und sehr blass, aber mich fröhlich anlächelnd. Sie war kurz zuvor aus Paris zurückgekehrt, wo ihre Großmutter jetzt hoffnungslos bettlägerig lag, voller Trauer über den unerklärlich plötzlichen Tod ihrer Schwester, und es schien mir nun, als ob sie eine andere Welt verließ, um sich mir zu nähern. Unsere Gefühle waren so tief und aufrichtig, dass nur eine bedingungslose Hingabe an die Freude des Wiedersehens die Kluft überbrücken konnte. Alle Vorkommnisse der Probe wirkten auf uns wie ein Laterna-Magica-Spiel von eigentümlich belebendem Charakter, dem wir wie lustige Kinder zusahen. Hans, der ebenso heiter gestimmt war – denn wir schienen uns alle in ein quixotisches Abenteuer verwickelt zu haben –, lenkte meine Aufmerksamkeit auf Brendel, der nicht weit von uns saß und anscheinend erwartete, dass ich ihn wiedererkenne. Ich fand es unterhaltsam, diese so entstandene Spannung zu verlängern, indem ich vorgab, ihn nicht zu kennen, worüber der arme Mann, wie es scheint, sehr beleidigt war. In Erinnerung an mein ungerechtes Verhalten bei dieser Gelegenheit legte ich es mir daher zum Ziel, Brendels Verdienste besonders zu erwähnen, als ich einige Zeit später in der Öffentlichkeit über das Judentum in der Musik sprach, gewissermaßen zur Sühne für diesen Mann, der inzwischen gestorben war. Die Ankunft von Alexander Ritter mit meiner Nichte Franziska trug zu unserer Belebung bei. Meine Nichte fand in der Tat ständige Unterhaltung und Aufregung in der Ungeheuerlichkeit von Weisheimers Kompositionen, während Ritter, der mit dem Text meiner Meistersinger vertraut war, eine höchst unverständliche Melodie, die den Bässen in Ritter Toggenburg vorgetragen wurde, als „einsamen Schlemmermodus" bezeichnete. [Fußnote: Meistersinger (englische Version), Akt 1, Szene 2.] Unsere gute Laune hätte uns jedoch am Ende verlassen können, wären wir nicht durch die glückliche Wirkung des Vorspiels zu den Meistersingern (das endlich erfolgreich geprobt worden war) und Bülows herrliche Wiedergabe von Liszts neuem

Werk erfrischt und erheitert worden. Das eigentliche Konzert selbst gab einem Abenteuer, dem wir bis dahin so zufrieden entgegengesehen hatten, eine letzte gespenstische Note. Zu Weisheimers Entsetzen blieb das Leipziger Publikum massenhaft fern, offenbar auf ein Zeichen der Leiter der regulären Abonnementskonzerte hin. Ich habe noch nie einen so leeren Ort bei einer Gelegenheit dieser Art gesehen; außer den Mitgliedern meiner Familie, unter denen meine Schwester Ottilie mit einer sehr exzentrischen Mütze auffiel, war niemand zu sehen, außer ein paar Besuchern, die zu diesem Anlass in die Stadt gekommen waren und ein oder zwei Bänke besetzten. Besonders fielen mir meine Weimarer Freunde, Dirigent Lassen, Rat Franz Müller, der nie versagende Richard Pohl und Justizrat Gille auf, die sich alle edel in Erscheinung gesetzt hatten. Mit einem Schock der Überraschung erkannte ich auch den alten Rat Küstner, den ehemaligen Direktor des Hoftheaters in Berlin, und ich musste seinen Gruß und sein Erstaunen über die unfassbare Leere des Saales freundlich erwidern. Die Leipziger waren nur durch besondere Freunde meiner Familie vertreten, die sonst nie ein Konzert besuchten, darunter mein ergebener Freund Dr. Lothar Müller, der Sohn von Dr. Moritz Müller, einem Allopathen, den ich in meiner frühesten Jugend sehr gut gekannt hatte. In der Mitte des Saales befanden sich nur die Verlobte des Konzertgebers und ihre Mutter. Mit etwas Abstand, dieser Dame gegenüber, setzte ich mich neben Cosima, während das Konzert lief. Meine Familie, die uns aus der Ferne beobachtete, war beleidigt über das fast unaufhörliche Gelächter, das uns erfasste, denn sie selbst waren in den Tiefen der Depression.

Was das Vorspiel zu den Meistersingern anbelangt, so wirkte die gelungene Aufführung auf die wenigen Freunde, die das Publikum bildeten, so positiv, daß wir es sofort wiederholen mußten – zur Zufriedenheit selbst des Orchesters. Ja, das künstlich genährte Mißtrauen gegen mich, das wie eine Eisschicht gewirkt hatte, schien jetzt geschmolzen zu sein, denn als ich das Konzert mit der Tannhäuser-Ouvertüre abschloß, feierte das Orchester meine Wiederkehr mit einem gewaltigen Instrumentalwirbel. Meine Schwester Ottilie freute sich darüber über alle Maßen, da sie behauptete, eine solche Ehre sei bisher niemandem zuteil geworden, außer Jenny Lind. Mein Freund Weisheimer, der wirklich jedermanns Geduld auf die rücksichtsloseste Weise strapaziert hatte, entwickelte später eine aus dieser Zeit stammende Unzufriedenheit gegen mich. Er fühlte sich genötigt, sich einzugestehen, daß er ohne meine glänzenden Orchesterstücke viel besser gefahren wäre, und dann dem Publikum ein Konzert zu billigeren Preisen hätte anbieten können, das ausschließlich aus seinen eigenen Werken bestand. So musste er – zur großen Enttäuschung seines Vaters – die Kosten tragen und zudem die unnötige Demütigung verkraften, mir keinen Gewinn bescheren zu können.

Mein Schwager ließ sich durch diese schmerzlichen Eindrücke nicht davon abhalten, die im voraus anberaumten Hausfeste zu meinen erwarteten Triumphen durchzuführen. Auch die Bülows waren zu einem der Bankette eingeladen, und es gab eine Abendgesellschaft, bei der ich einer stattlichen Schar von Professoren die Meistersinger vorlas und dabei großen Beifall fand. Auch die Bekanntschaft mit Professor Weiss, der mich sehr interessierte und den ich aus meiner Jugend als Freund meines Onkels kannte, erneuerte ich. Er äußerte sich besonders überrascht über meine Fähigkeit, vorzulesen.

Die Bülows waren leider inzwischen nach Berlin zurückgekehrt. Wir hatten uns an einem sehr kalten Tag auf der Straße noch einmal getroffen (unter unangenehmen Bedingungen, denn sie machten Dienstbesuche), aber die allgemeine Depression, die sich bei uns breitgemacht hatte, schien während unseres kurzen Abschieds deutlicher zu spüren als die flüchtige gute Laune der letzten Tage. Meine Freunde waren sich der schrecklichen und völlig trostlosen Lage, in der ich mich befand, durchaus bewusst. Ich war dumm genug gewesen, darauf zu zählen, dass die Einnahmen aus dem Leipziger Konzert zumindest die Bedürfnisse des Augenblicks decken würden, und ich befand mich zunächst in der misslichen Lage, meinen Vermieter nicht pünktlich bezahlen zu können (die Miete in Biebrich war jetzt fällig). Aber ich war bereit, alles darauf zu setzen, diese Anstalt noch ein weiteres Jahr zu behalten, und ich hatte es mit einem eigensinnigen, schlecht gelaunten Geschöpf zu tun, das ich für notwendig hielt, im Voraus zu bezahlen, um den Platz zu sichern. Da ich gerade auch Minna ihre vierteljährliche Zulage zukommen lassen musste, erschien mir das Geld, das mir Regierungsrat Müller vom Großherzog zukommen ließ, in der Tat wie ein Geschenk des Himmels. Denn nachdem ich Schott ganz aufgegeben hatte, hatte ich mich in meiner Not an diesen alten Bekannten gewandt und ihn gebeten, dem Großherzog meine Lage zu erklären und ihn zu veranlassen, mir eine Hilfe zu schicken – die möglicherweise als Vorauszahlung für meine neuen Opern angesehen werden sollte. Als Antwort darauf erhielt ich durch Müllers Vermittlung die überraschende und unerwartete Summe von fünfzehnhundert Mark. Erst einige Zeit später erklärte ich mir diese Großzügigkeit mit der Annahme, dass das freundliche Verhalten des Großherzogs mir gegenüber ein gezielter Versuch gewesen sei, auf seinen Freund Liszt Eindruck zu machen, den er um jeden Preis nach Weimar zurücklocken wollte. Er täuschte sich sicherlich nicht, wenn er auf die hervorragende Wirkung rechnete, die seine verbindliche Großzügigkeit mir gegenüber auf unseren gemeinsamen Freund haben würde.

Ich war daher in der Lage, sofort für ein paar Tage nach Dresden zu fahren, um meine Vorräte für Minna aufzufrischen und sie zugleich mit einem der Besuche zu beehren, die ich für notwendig hielt, um sie in ihrer schwierigen

Lage zu unterstützen. Minna begleitete mich vom Bahnhof zu der Wohnung, die sie in der Walpurgisstraße gemietet und eingerichtet hatte, einer Straße, die noch nicht gebaut war, als ich Dresden verließ. Sie hatte ihr Heim wie gewöhnlich sehr geschmackvoll eingerichtet und offensichtlich mit dem Ziel, es mir bequem zu machen. Auf der Schwelle begrüßte mich eine kleine Matte, auf der das Wort Salve gestickt war, und ich erkannte unser Pariser Wohnzimmer sofort an den roten Seidenvorhängen und den Möbeln. Ich sollte ein majestätisches Schlafzimmer, ein äußerst bequemes Arbeitszimmer auf der anderen Seite sowie das Zeichenzimmer zu meiner vollen Verfügung haben, während sie sich in einem kleinen Zimmer mit Nischen auf den Hof einrichtete. Das Arbeitszimmer war mit dem prächtigen Mahagonischreibtisch geschmückt, der ursprünglich für mein Haus angefertigt worden war, als ich Kapellmeister in Dresden war. Es war von der Familie Ritter nach meiner Flucht aus dieser Stadt gekauft und dem Schwiegersohn Kummer geschenkt worden, von dem Minna es vorübergehend gemietet hatte, so daß ich es für 180 Mark zurückkaufen konnte. Da ich keine Lust dazu zeigte, wurde ihre Stimmung noch düsterer. Bedrückt von der furchtbaren Verlegenheit, die sie empfand, wenn sie mit mir allein war, hatte sie meine Schwester Clara zu einem Besuch aus Chemnitz eingeladen und teilte nun das kleine Zimmer, das ihr zur Verfügung stand, mit ihr . Clara erwies sich hier wie bei früheren Gelegenheiten als außerordentlich weise und mitfühlend. Natürlich bedauerte sie Minna und war bestrebt, ihr in dieser schwierigen Zeit zu helfen, allerdings immer mit der Absicht, sie in der Überzeugung zu bestärken, daß unsere Trennung unvermeidlich sei. Eine genaue Kenntnis meiner äußerst verzwickten Lage schien jetzt angebracht. Meine finanziellen Schwierigkeiten waren so niederschmetternd, daß der einzige Vorwand, Minna davon zu erzählen, darin bestand, ihren unbehaglichen Verdacht gegen mich zum Schweigen zu bringen. Es gelang mir jedoch, allen Erklärungen mit ihr aus dem Weg zu gehen – umso leichter, als meine Begegnungen mit Fritz Brockhaus und seiner Familie (einschließlich der verheirateten Tochter Clara Kessinger), den Pusinellis, dem alten Heine und schließlich den beiden Schnorrs einen Vorwand dafür boten, dass wir die meiste Zeit in Gesellschaft anderer verbrachten.

Ich verbrachte die Vormittage mit Telefonaten, und als ich mich auf den Weg machte, um Minister Bar für meine Amnestie meinen Respekt und Dank zu erweisen, betrat ich wieder die vertrauten Straßen Dresdens. Mein erster Eindruck war außerordentliche Langeweile und Leere, denn ich hatte sie zuletzt mit Barrikaden gefüllt gesehen, in deren phantastischem Zustand sie so ungewöhnlich interessant ausgesehen hatten. Unterwegs sah ich kein einziges vertrautes Gesicht. Sogar der Handschuhmacher, bei dem ich immer Stammkunde gewesen war und dessen Laden ich jetzt wieder aufsuchen durfte, schien mich nicht zu kennen, bis ein älterer Mann über die Straße auf mich zugeeilt kam und mich mit großer Aufregung und Tränen in den Augen begrüßte. Es stellte sich heraus, dass es Karl Kummer von der Hofkapelle war (er sah viel älter aus), der inspirierteste Oboist, den ich je getroffen hatte. Ich hatte ihn wegen seines Spiels fast zärtlich in mein Herz geschlossen, und wir umarmten uns freudig. Ich fragte ihn, ob er sein Instrument noch so schön spiele wie früher, woraufhin er mir versicherte, dass seine Oboe ihn seit meinem Weggang nicht mehr wirklich zufriedengestellt habe und er sich schon lange nicht mehr in Pension geschickt habe. Auf meine Nachfragen antwortete er mir, dass alle meine alten Militärmusiker – einschließlich Dietz, dem großen Kontrabassisten – entweder gestorben oder pensioniert seien. Unser Manager Lüttichau und Dirigent Reissiger gehörten zu den Toten, Lipinsky war längst nach Polen zurückgekehrt, Schubert, der Leiter, war arbeitsunfähig, und alles erschien mir traurig und merkwürdig. Minister Bar drückte mir gegenüber seine ernsten Bedenken aus, die er noch immer wegen der mir gewährten Amnestie empfand. Er hatte zwar gewagt, sie selbst zu unterzeichnen, aber er war immer noch beunruhigt bei dem Gedanken, dass meine große Popularität als Opernkomponist es mir leicht machen würde, lästige Demonstrationen zu erregen. Ich tröstete ihn sofort, indem ich ihm versprach, nur ein paar Tage zu bleiben und auf Theaterbesuche zu verzichten, woraufhin er mich mit einem tiefen Seufzer und einem äußerst ernsten Gesicht entließ.

Ganz anders empfing mich Herr von Beust, der mit lächelnder Eleganz durch seine Unterhaltung andeutete, ich sei vielleicht doch nicht so unschuldig, wie ich mich jetzt zu halten schien. Er machte mich auf einen Brief von mir aufmerksam, den man damals in Rockels Tasche gefunden hatte. Dieser war mir neu, und ich gab ihm gern zu verstehen, dass ich mich verpflichtet fühlte, die mir gewährte Amnestie als eine Verzeihung für mein unvorsichtiges Verhalten in der Vergangenheit anzusehen, und wir trennten uns unter den lebhaftesten Bekundungen der Freundschaft.

Wir luden eines Abends einige Freunde in Minnas Salon ein, wo ich den Leuten, die sie noch nicht kannten, die Meistersinger noch einmal vorlas. Nachdem Minna mit Geld für einige Zeit ausgestattet worden war, begleitete sie mich am vierten Tage wieder zum Bahnhof; aber sie war von so furchtbaren Ahnungen erfüllt, mich nie wiederzusehen, daß ihr Abschied geradezu qualvoll war.

In Leipzig stieg ich einen Tag in einem Gasthof ab. Dort lernte ich Alexander Ritter kennen, und wir verbrachten bei Punsch einen angenehmen Abend. Der Grund für diesen kurzen Aufenthalt war die Zusicherung, dass ich, wenn ich ein eigenes Konzert geben würde, es nicht zu den regulären Konzerten zählen würde. Ich hatte diese Information im Hinblick auf das dringend benötigte Geld, das es einbringen könnte, abgewogen, aber jetzt erkannte ich, dass das Unternehmen auf keinerlei Sicherheiten beruhte. Ich kehrte eilig nach Biebrich zurück, wo ich meine Haushaltsangelegenheiten in Ordnung bringen musste. Zu meinem großen Ärger fand ich meinen Wirt in einer unmöglicheren Laune als je zuvor. Er schien nicht vergessen zu können, dass ich ihm Vorwürfe wegen seiner Behandlung des Hundes und auch meiner Dienerin gemacht hatte, die ich vor ihm schützen musste, als sie eine Liebschaft mit einem Schneider hatte. Trotz Bezahlung und Versprechungen blieb er mürrisch und bestand darauf, dass er im kommenden Frühjahr aus gesundheitlichen Gründen in meinen Teil des Hauses ziehen müsse. Während ich ihn also durch eine Vorauszahlung zwang, meinen Hausrat wenigstens bis Ostern unberührt zu lassen, machte ich mich auf die Suche nach einem geeigneten Haus für das kommende Jahr und besuchte unter der Leitung von Dr. Schuler und Mathilde Maier verschiedene Orte im Rheingau. Da die Zeit so knapp war, hatte ich zwar keinen Erfolg, aber meine Freunde versprachen, unermüdlich nach dem zu suchen, was ich wollte.

In Mainz traf ich Friederike Meyer wieder. Ihre Lage in Frankfurt schien immer schwieriger geworden zu sein. Als sie hörte, dass ich Herrn von Guaitas Manager abgewiesen hatte, der nach Biebrich geschickt worden war mit dem Auftrag, mir für die Leitung von Lohengrin fünfzehn Louis d'or zu zahlen, unterstützte sie mein Vorgehen energisch. Sie selbst hatte mit diesem Herrn völlig gebrochen, bestand auf der Entlassung aus ihrem Vertrag und war nun im Begriff, ein besonderes Engagement am Burgtheater anzutreten. Sie gewann meine Sympathie erneut durch ihr Verhalten und ihre Entschlossenheit, die ich als eine kraftvolle Widerlegung der gegen sie erhobenen Verleumdungen betrachten musste. Da auch ich im Begriff war, nach Wien aufzubrechen, war sie froh, einen Teil der Reise in meiner Gesellschaft machen zu können. Sie schlug vor, einen Tag in Nürnberg zu bleiben, wo ich sie für die nächste Etappe abholen könnte. Dies taten wir und kamen gemeinsam in Wien an, wo meine Freundin ins Hotel Münsch ging, während ich die Kaiserin Elisabeth wählte, in der ich mich nun zu Hause fühlte. Das war am 15. November. Ich suchte sofort Kapellmeister Esser auf und erfuhr von ihm, daß der Tristan geradezu eifrig studiert werde. Mit Frau Dustmann dagegen geriet ich durch mein leicht mißzuverstehendes Verhältnis zu ihrer Schwester Friederike sogleich in sehr unangenehme Auseinandersetzungen. Ihr war die Wirklichkeit nicht klarzumachen. Ihre Schwester war in ihren Augen in eine Liaison verwickelt und von ihrer Familie verstoßen, so daß ihre Ankunft in Wien für sie kompromittierend war. Dazu kam Friederikes eigener Zustand, der mir bald die größte Sorge bereitete. Sie hatte sich zu drei Auftritten am Burgtheater verpflichtet, ohne zu bedenken, daß sie gerade dann auf der Bühne, namentlich vor dem Wiener Publikum, nicht gut auftreten würde. Ihre schwere Krankheit, deren Genesung unter den aufregendsten Umständen erfolgte, hatte sie entstellt und sehr abgemagert. Sie war auch fast ganz kahl geworden, beharrte aber dennoch auf ihrer großen Abneigung gegen das Tragen einer Perücke. Die

Feindseligkeit ihrer Schwester hatte ihr die Kollegen am Theater entfremdet, und infolge all dessen und auch infolge ihrer unglücklichen Rollenwahl war ihr Auftritt ein Mißerfolg. Von einer Anstellung an diesem Theater konnte keine Rede sein. Obwohl ihre Schwäche zunahm und sie an ständiger Schlaflosigkeit litt, suchte sie doch in ihrer Großmütigkeit und Scham die Verlegenheit ihrer Lage vor mir zu verbergen. Sie ging in ein billigeres Gasthaus, die „Stadt Frankfurt", wo sie abwarten wollte, was die möglichste Schonung ihrer Nerven bewirkte. Sie schien in Gelddingen nicht in Verlegenheit zu sein, konsultierte aber auf meine Bitte Standhartner, der ihr nicht viel zu helfen schien. Da ihr Bewegung im Freien dringend empfohlen worden war und das Wetter gegenwärtig bitterkalt war (Ende November bis Anfang Dezember), kam ich auf den Gedanken, ihr zu einem längeren Aufenthalt nach Venedig zu raten. Auch hier schien es ihr an Mitteln nicht zu mangeln, und sie folgte meinem Rat. An einem eisigen Morgen begleitete ich sie zum Bahnhof und überließ sie dort, wie ich hoffte, vorläufig einem besseren Schicksal. Sie hatte eine treue Zofe bei sich und bald hatte ich die Genugtuung, beruhigende Nachrichten – insbesondere über ihren Gesundheitszustand – aus Venedig zu erhalten.

Obwohl meine Beziehungen zu ihr mir lästige Verwicklungen beschert hatten, pflegte ich doch meine alten Wiener Bekanntschaften. Gleich zu Beginn meines Besuches ereignete sich ein merkwürdiger Zwischenfall. Ich musste der Familie Standhartner die Meistersinger vorlesen, wie ich es überall sonst getan hatte. Da man nun annahm, dass Dr. Hanslick mir wohlgesinnt war, hielt man es für richtig, ihn ebenfalls einzuladen. Wir bemerkten, dass der gefährliche Kritiker im Verlauf der Lesung immer blasser und niedergeschlagener wurde, und es wurde von allen bemerkt, dass es unmöglich war, ihn zum Schluss zum Bleiben zu überreden, sondern dass er sich sofort und unverkennbar verärgert verabschiedete. Meine Freunde waren sich alle einig, dass Hanslick das ganze Libretto als eine auf ihn selbst gerichtete Schmähschrift betrachtete und eine Einladung zur Lesung als Beleidigung empfand. Und zweifellos erfuhr die Haltung des Kritikers mir gegenüber von diesem Abend an eine sehr merkwürdige Veränderung. Er wurde kompromisslos feindselig, mit Folgen, die uns sofort klar waren.

Cornelius und Tausig waren wieder bei mir, aber ich musste meinen Groll gegen sie beide wegen des Anfalls echter Missstimmung abarbeiten, den ihr Verhalten mir im vergangenen Sommer verursacht hatte. Dies war geschehen, als ich erwartet hatte, dass die Bülows und die Schnorrs zusammen mit mir in Biebrich bleiben würden, und mein herzliches Interesse an diesen beiden jungen Freunden, Cornelius und Tausig, veranlasste mich, sie ebenfalls einzuladen. Ich erhielt Cornelius' Zusage sofort und war umso überraschter, als ich einen Brief aus Genf bekam, wohin Tausig (der plötzlich über Geldmittel zu verfügen schien) ihn zu einem Sommerausflug entführt hatte – zweifellos wichtigerer und angenehmerer Natur. Ohne die geringste Erwähnung irgendeines Bedauerns, mich in diesem Sommer nicht treffen zu können, teilten sie mir einfach mit, dass „soeben eine herrliche Zigarre zu meiner Gesundheit geraucht worden sei". Und jetzt, als ich sie in Wien wieder traf, konnte ich es nicht unterlassen, sie auf die beleidigende Natur ihres Verhaltens hinzuweisen; aber sie schienen nicht zu verstehen, wie ich etwas dagegen haben konnte, dass sie die schöne Reise in die französische Schweiz einem Besuch in Biebrich vorzogen. Ich war ihnen gegenüber offensichtlich ein Tyrann. Außerdem kam mir Tausigs merkwürdiges Benehmen in meinem Hotel verdächtig vor. Man sagte mir, er nehme seine Mahlzeiten im Restaurant im Erdgeschoss ein und steige dann an meinem Stockwerk vorbei in den vierten Stock, um der Gräfin Krockow längere Besuche abzustatten. Als ich ihn danach fragte und erfuhr, dass die betreffende Dame auch eine Freundin von Cosima war, drückte ich mein Erstaunen darüber aus, dass er mich nicht vorstellte. Er wich dieser Vermutung weiterhin mit merkwürdig vagen Ausdrücken aus, und als ich wagte, ihn mit der Vermutung einer Liebesaffäre zu necken, sagte er, davon könne keine Rede sein, da die Dame alt sei. Also ließ ich ihn in Ruhe, aber das Erstaunen, das mich sein merkwürdiges Benehmen damals erregte, wurde einige Jahre später noch verstärkt, als ich die Gräfin Krockow schließlich sehr gut kennenlernte und mir versicherte, dass sie großes Interesse an mir habe. Es schien, als hätte sie sich auch damals nichts sehnlicher gewünscht, als meine Bekanntschaft zu machen, doch Tausig hatte sich stets geweigert, eine Gelegenheit dazu zu finden, und sich damit herausgeredet, dass ich mich nicht für die Gesellschaft von Frauen interessiere.

Aber wir nahmen schließlich unsere lebhaften und geselligen Gewohnheiten wieder auf, als ich begann, meinen Plan, in Wien Konzerte zu geben, ernsthaft in die Tat umzusetzen. Obwohl die Klavierproben für die wichtigsten Solopartien des Tristan fleißig in Angriff genommen worden waren – ich hatte sie dem Dirigenten Esser überlassen, der sie mit Eifer in die Hand nahm –, war mein Misstrauen hinsichtlich des tatsächlichen Gelingens dieser Studien unerschütterlich, und der Punkt, den ich am meisten bezweifelte, war nicht so sehr die Fähigkeiten der Sänger, sondern ihr guter Wille. Außerdem widerte mich Frau Dustmanns absurdes Verhalten bei meinem häufigen Besuch der Proben an. Andererseits setzte ich nun meine Hoffnungen darauf, allein durch die Neuheit einen guten Eindruck zu machen, indem ich dem Wiener Publikum noch unbekannte Auszüge aus meinen eigenen Werken vortrug. Auf diese Weise konnte ich meinen heimlichen Feinden zeigen, dass mir andere Mittel offen standen, meine neueren Kompositionen dem Publikum vorzustellen, als das Medium der Bühne, auf dem sie mich so leicht aufhalten konnten. Für alle praktischen Einzelheiten der Aufführung erwies sich Tausig nun als besonders nützlich.

Wir vereinbarten, das Theater an der Wien für drei Abende zu mieten, wobei wir Ende Dezember ein Konzert geben und das Experiment nach einer Woche Pause zweimal wiederholen wollten. Zunächst musste ich die Orchesterstimmen aus den Abschnitten abschreiben, die ich für das Konzert aus meinen Partituren ausgeschnitten hatte. Es waren zwei Auszüge aus dem Rheingold und zwei aus der Walküre und den Meistersingern, aber das Vorspiel zum Tristan hielt ich vorerst zurück, um nicht mit der Aufführung des gesamten Werks in der Oper zu kollidieren, die noch angekündigt wurde. Cornelius und Tausig begannen nun mit einigen Hilfskopisten mit dem Werk, das nur von erfahrenen Partiturlesern ausgeführt werden konnte, wenn es richtig gemacht werden sollte. Zu ihnen gesellte sich Weisheimer, der in Wien angekommen war und sich schließlich entschlossen hatte, zum Konzert zu kommen. Tausig erwähnte mir gegenüber auch Brahms und empfahl ihn als „sehr guten Kerl", der, obwohl er selbst so berühmt war, bereitwillig einen Teil ihrer Arbeit übernehmen würde, und ihm wurde dementsprechend ein Auszug aus den Meistersingern zugeteilt. Und tatsächlich war Brahms bescheiden und gutmütig, aber er zeigte wenig Lebhaftigkeit und wurde bei unseren Zusammenkünften oft kaum beachtet. Auch Friedrich Uhl, einen alten Bekannten, der jetzt zusammen mit Julius Frobel unter Schmerlings Schirmherrschaft eine politische Zeitung namens Der Botschafter herausgab, begegnete mir wieder. Er stellte mir sein Journal zur Verfügung und ließ sich von mir den ersten Akt des Librettos der Meistersinger für sein Feuilleton geben. Woraufhin meine Freunde zu der Annahme neigten, Hanslick sei immer gehässiger geworden.

Während ich und meine Begleiter mit den Vorbereitungen für das Konzert beschäftigt waren, kam eines Tages ein gewisser Herr Moritz herein, den mir Bülow in Paris als lächerliche Person vorgestellt hatte. Sein plumpes und aufdringliches Benehmen und die idiotischen, offenbar von ihm selbst erfundenen Botschaften, die er mir von Bülow überbrachte, veranlassten mich schließlich, ihm mit großem Nachdruck die Tür zu weisen, denn auch ich war von Tausigs lebhafter Verärgerung über diesen sehr aufdringlichen Eindringling mitgerissen. Er berichtete Cosima davon in einer für Bülow so beleidigenden Weise, dass sie es wiederum für nötig hielt, mir schriftlich ihre tiefe Empörung über mein rücksichtsloses Benehmen gegenüber meinen besten Freunden auszudrücken. Ich war wirklich so überrascht und sprachlos über diesen seltsamen und unerklärlichen Vorfall, dass ich Cosimas Brief ohne Kommentar an Tausig übergab und ihn nur fragte, was man angesichts eines solchen Unsinns tun könne. Er unternahm es sofort, Cosima den Vorfall ins richtige Licht zu rücken und das Missverständnis aufzuklären, und bald darauf hatte ich die Freude zu hören, dass ihm dies gelungen war.

Nun waren wir an dem Punkt angelangt, wo wir für das Konzert proben mussten. Die Königliche Oper hatte mir die Sänger für die Stücke aus

Rheingold, Walküre und Siegfried (Schmiede-Lieder) sowie für Pogners Anrede aus den Meistersingern zur Verfügung gestellt. Nur für die drei Rheintöchter brauchte ich auf Laien zurückzugreifen. Der Konzertdirektor Hellmesberger war mir dabei wie in jeder anderen Hinsicht eine große Hilfe, und sein schönes Spiel und seine begeisterten Demonstrationen bei der Leitung des Orchesters ließen unter keinen Umständen nach. Nach den ohrenbetäubenden Vorproben in einem kleinen Musikzimmer des Opernhauses, die Cornelius durch ihren großen Lärm in Verlegenheit gebracht hatten, betraten wir die Bühne selbst. Außer den Kosten für die Raummiete hatte ich noch die Kosten für die erforderliche Erweiterung des Orchesters zu tragen. Der Saal, der rundherum mit Bühnenkulissen ausgekleidet war, war noch immer außerordentlich ungünstig für den Klang. Ich hatte jedoch kaum Lust, das Risiko einzugehen, auf eigene Kosten eine akustische Wand und Decke zu schaffen. Obwohl die erste Aufführung am 26. Dezember ein großes Publikum anzog, brachte sie mir nichts als maßlos hohe Ausgaben und großen Kummer über die düstere Wirkung des Orchesters aufgrund der schlechten Akustik ein. Trotz der düsteren Aussichten beschloss ich, die Kosten für den Bau eines Schallschutzes zu übernehmen, um die Wirkung der beiden folgenden Konzerte zu steigern, da ich mir schmeichelte, dass ich mit dem Erfolg der Bemühungen rechnen könnte, die unternommen wurden, um das Interesse in den höchsten Kreisen zu wecken.

Mein Freund Fürst Liechtenstein hielt dies für durchaus nicht unmöglich und glaubte, durch eine Hofdame, die Gräfin Zamoiska, den kaiserlichen Hof für sich zu gewinnen, und begleitete mich eines Tages durch die endlosen Korridore des kaiserlichen Schlosses, um diese Dame zu besuchen. Später erfuhr ich, dass auch hier Frau Kalergis für mich tätig gewesen war, aber es war ihr offenbar nur gelungen, die junge Kaiserin für sich zu gewinnen, denn sie war allein und ohne Gefolge bei der Aufführung anwesend. Beim zweiten Konzert jedoch musste ich allerlei Enttäuschungen ertragen. Trotz aller Warnungen hatte ich es auf den Neujahrstag 1863 gelegt. Der Saal war außerordentlich schlecht gefüllt, und meine einzige Genugtuung war, dass das Orchester durch Verbesserung der akustischen Eigenschaften des Saals außerordentlich gut klang. In der Folge davon war die Aufnahme der einzelnen Stücke so günstig, daß ich beim dritten Konzert am 8. Januar vor vollbesetztem Haus auftreten konnte und so ein sehr erfreuliches Zeugnis vom guten Musikgeschmack des Wiener Publikums erhielt. Das keineswegs überraschende Vorspiel zu Pogners Anrede aus den Meistersingern wurde begeistert wiederholt, obwohl der Sänger sich bereits zum nächsten Teil erhoben hatte. In diesem Augenblick erblickte ich zufällig in einer der Logen ein höchst tröstliches Omen für meine gegenwärtige Lage; ich erkannte nämlich Frau Kalergis, die soeben zu einem längeren Aufenthalt in Wien eingetroffen war, zu dem sie, wie ich mir zärtlich vorstellte, den Gedanken hatte, mir auch hier zu helfen. Da sie auch mit Standhartner befreundet war, beriet sie sich sogleich mit ihm darüber, wie mir aus der kritischen Lage geholfen werden könne, in die mich die Kosten meiner Konzerte wieder einmal gebracht hatten. Sie gestand unserem gemeinsamen Freund, dass sie über keinerlei Mittel verfüge und unsere außerordentlichen Ausgaben nur durch neue Schulden bestreiten könne. Es sei daher notwendig, reichere Gönner zu gewinnen, unter denen sie Baronin von Stockhausen, die Frau des hannoverschen Botschafters, erwähnte. Diese Dame, die eine gute Freundin Standhartners war, war sehr freundlich zu mir und gewann mir die Sympathie von Lady Bloomfield und ihrem Mann, dem englischen Botschafter. Im Hause des letzteren wurde eine Soiree gegeben, und bei Frau von Stockhausen gab es auch mehrere Abendgesellschaften. Eines Tages brachte mir Standhartner tausend Mark als Teilzahlung für meine Ausgaben und sagte, sie kämen von einem anonymen Spender. Inzwischen war es Frau Kalergis gelungen, zweitausend Mark zu beschaffen, die mir durch Standhartner ebenfalls für weitere Bedürfnisse zur Verfügung gestellt wurden. Aber alle ihre Bemühungen, den Hof für mich zu interessieren, blieben trotz ihrer Vertrautheit mit der Gräfin Zamoiska völlig fruchtlos; denn unglücklicherweise war nun auch hier ein Angehöriger jener sächsischen Familie Konneritz, die mir allerorts zur Last fiel, als Gesandter erschienen, und es gelang ihm, jede Neigung der allmächtigen Erzherzogin Sophie mir gegenüber zu unterdrücken, indem er vorgab, ich hätte während seiner Zeit das Schloss des Königs von Sachsen niedergebrannt.

Aber meine Gönnerin, immer noch unerschrocken, bemühte sich, mir in jeder erdenklichen Weise zu helfen, die meine Bedürfnisse erforderten. Um mein innigstes Verlangen nach einem friedlichen Zuhause zu befriedigen, wo ich eine Zeitlang bleiben konnte, gelang es ihr, das Haus des englischen Attachés zu sichern, eines Sohnes des berühmten Bulwer Lytton, der abberufen worden war, aber sein Haus noch einige Zeit weiterführte. So wurde ich durch sie diesem überaus liebenswürdigen jungen Mann vorgestellt. Ich speiste eines Abends mit ihm zusammen mit Cornelius und Mme. Kalergis und begann ihnen nach dem Essen meine „Götterdämmerung“ vorzulesen. Ich schien jedoch keine sehr aufmerksame Zuhörerschaft gewonnen zu haben, und als ich dies bemerkte, hielt ich inne und zog mich mit Cornelius zurück. Wir fanden es sehr kalt, als wir nach Hause gingen, und Bulwers Zimmer schienen auch nicht ausreichend geheizt zu sein, so dass wir in ein Restaurant flüchteten, um ein Glas heißen Punsch zu trinken. Der Vorfall ist mir ins Gedächtnis gedrungen, weil ich hier Cornelius zum ersten Mal in einer unbeherrschbaren, exzentrischen Laune sah. Während wir uns so vergnügten, nutzte Mine Kalergis ihren Einfluss – so erfuhr ich später – als überaus mächtige und unwiderstehliche Fürsprecherin, um Bulwer ein entschiedenes Interesse an meinem Schicksal einzuflößen. Dies gelang ihr so weit, dass er mir sein Haus für neun Münder bedingungslos zur Verfügung stellte. Bei näherer Überlegung sah ich jedoch nicht, welchen Vorteil mir dies bringen sollte, da ich in Wien keine Aussicht mehr hatte, ein Einkommen für meinen Lebensunterhalt zu erzielen.

Dagegen wurde mein Vorhaben durch ein Angebot entschieden, das mich aus Petersburg erreichte, dort im Monat März gegen ein Honorar von zweitausend Silberrubeln zwei Konzerte für die Philharmonische Gesellschaft zu dirigieren. Auch hierfür hatte ich Frau Kalergis zu danken, die mir dringend riet, die Einladung anzunehmen, und mir zugleich die Aussicht stellte, meine Einnahmen durch ein zusätzliches Konzert auf eigene Rechnung noch weiter zu erhöhen, von dem sehr bedeutende materielle Resultate zu erwarten seien. Das einzige, was mich zur Ablehnung dieser Einladung hätte bewegen können, wäre die Zusicherung gewesen, daß mein Tristan in den nächsten Monaten in Wien aufgeführt würde; aber eine neuerliche Unpässlichkeit des Tenors Ander hatte unsere Vorbereitungen wieder einmal zum Stillstand gebracht, und außerdem hatte ich den Glauben an jene Versprechungen, die mich wieder nach Wien gelockt hatten, völlig verloren. Dazu hatte sicherlich auch die Wirkung meines Besuches bei Minister Schmerling unmittelbar nach meiner Rückkehr nach Wien beigetragen. Dieser Mann war sehr erstaunt, als ich auf eine Empfehlung des Fürsten Metternich verwies, denn dieser, so erklärte der Minister, habe nie ein Wort über mich mit ihm gesprochen. Trotzdem versicherte er mir sehr höflich, es bedürfe keiner solchen Empfehlung, um ihn für einen Mann meines Verdienstes zu interessieren. Als ich daher die durch die Güte des Fürsten Metternich angeregte Idee erwähnte, der Kaiser könne mir eine besondere Stellung in Wien zuweisen, beeilte er sich, mir mitzuteilen, dass er völlig machtlos sei, auf irgendwelche Entscheidungen des Kaisers Einfluss zu nehmen. Dieses Eingeständnis des Herrn von Schmerling half gewiß, das Verhalten des Fürsten Metternich zu erklären, und ich folgerte daraus, dass dieser einen Versuch, den Oberhofmeister für eine ernsthafte Wiederaufführung des Tristan zu gewinnen, einem fruchtlosen Bemühen beim Minister vorgezogen hatte.

Da diese Aussichten also in die ungewisse Zukunft verschoben waren , stimmte ich nun dem Petersburger Vorschlag zu, suchte aber zunächst nach Mitteln, die nötigen Geldmittel zu beschaffen. Hierzu stützte ich mich auf ein Konzert, das Heinrich Porges mir bereits in Prag vermittelt hatte. Ich brach daher Anfang Februar nach dieser Stadt auf und hatte allen Grund, mit dem Empfang dort zufrieden zu sein. Der junge Forges, ein durch und durch überzeugter Anhänger Liszts und meiner selbst, gefiel mir nicht nur persönlich, sondern auch durch seine offensichtliche Begeisterung sehr. Das Konzert fand im Saal auf der Sophieninsel statt und war von großem Erfolg gekrönt. Außer einer Symphonie Beethovens wurden auch mehrere Stücke aus meinen neueren Werken aufgeführt, und als Porges mir am nächsten

Tage etwa zweitausend Mark unter Vorbehalt einiger kleinerer Zuzahlungen auszahlte, versicherte ich ihm lachend, dies sei das erste Geld, das ich je durch eigene Anstrengung verdient hätte. Er vermittelte mir auch auf sehr angenehme Weise mehrere überaus ergebene und intelligente junge Leute, die sowohl der deutschen als auch der tschechischen Partei angehörten, darunter einen Mathematiklehrer namens Lieblein und einen Schriftsteller namens Musiol. Mit einem gewissen rührenden Interesse entdeckte ich hier nach so vielen Jahren eine Freundin meiner frühesten Jugend, Marie Lowe, die das Singen aufgegeben und sich stattdessen der Harfe zugewandt hatte und nun als Harfenspielerin im Orchester engagiert war, in welcher Eigenschaft sie bei meinem Konzert assistierte. Anlässlich der Uraufführung des Tannhäuser in Prag hatte sie mir einen höchst enthusiastischen Bericht darüber geschickt. Ihre Bewunderung wurde nun noch verstärkt, und viele Jahre danach blieb sie mir zärtlich verbunden. Wohlzufrieden also und erfüllt mit neu erwachter Hoffnung, eilte ich wieder nach Wien zurück, um die Bearbeitung des Tristan auf eine möglichst solide Grundlage zu stellen. Es war möglich, in meiner Gegenwart eine weitere Klavierprobe der beiden ersten Akte zu arrangieren, und ich war erstaunt über die wirklich passable Leistung des Tenors, während ich Frau Dustmann meine aufrichtigsten Glückwünsche für ihre bewundernswerte Ausführung ihrer schwierigen Partie nicht vorenthalten konnte. Es wurde daher beschlossen, dass mein Werk kurz nach Ostern aufgeführt werden sollte, was sehr gut mit dem voraussichtlichen Datum meiner Rückkehr aus Russland zusammenpassen würde.

Die Hoffnung, nun mit einem großen Einkommen rechnen zu können, bewog mich, meinen früheren Gedanken, mich in der Ruhe und Stille Biebrichs endgültig niederzulassen, wieder aufleben zu lassen. Da bis zu meiner Abreise nach Russland noch Zeit war, kehrte ich an den Rhein zurück, um dort so schnell wie möglich die Dinge zu regeln. Ich wohnte wieder bei Frickhofer und durchsuchte mit Mathilde Maier und ihrer Freundin Luise Wagner noch einmal den Rheingau auf der Suche nach einem geeigneten Haus. Da ich nicht fündig wurde, schloss ich schließlich mit Frickhofer einen Vertrag über die Errichtung eines kleinen Häuschens auf einem Grundstück ab, das ich in der Nähe seiner Villa kaufen wollte. Dr. Schuler, der Mann, den mir der junge Stadl vorgestellt hatte, sollte die Sache in die Hand nehmen, da er sowohl juristische als auch kaufmännische Erfahrung besaß. Kostenvoranschläge wurden erstellt, und es hing nun ganz von der Höhe meiner russischen Einnahmen ab, ob das Unternehmen im nächsten Frühjahr begonnen werden konnte oder nicht. Da ich meine Zimmer im Hause Frickhofer ohnehin zu Ostern aufgeben musste, räumte ich alle meine Möbel aus und schickte sie verpackt an den Möbelhändler in Wiesbaden, bei dem ich noch den größten Teil davon zu verdanken hatte.

So fuhr ich in bester Stimmung zunächst nach Berlin, wo ich sofort Bülow besuchte. Cosima, die eine frühe Entbindung erwartete, schien erfreut, mich wiederzusehen, und bestand darauf, mich sofort zur Musikschule zu begleiten, wo wir Hans finden würden. Ich betrat einen langen Raum, an dessen einem Ende Bülow eine Musikstunde gab. Als ich eine Weile schweigend in der Tür stand, stieß er einen Ausruf des Ärgers über die Störung aus, brach aber in freudiges Gelächter aus, als er erkannte, wer es war. Unser gemeinsames Mittagessen war lebhaft, und in bester Laune machte ich mich mit Cosima allein auf eine Fahrt in einer schönen Kutsche (die dem Hotel de Russie gehörte), deren graues Satinfutter und Kissen uns endlosen Spaß bereiteten. Bülow schien beunruhigt darüber zu sein, dass ich seine Frau in einem Zustand der Hochschwangerschaft sah, da ich einmal meine Abneigung gegen einen solchen Anblick zum Ausdruck gebracht hatte, als ich von einer anderen Frau aus unserem Bekanntenkreis sprach. Es stimmte uns gut, ihn in diesem Fall beruhigen zu können, denn nichts konnte mich von meiner Sympathie für Cosima abbringen. So begleiteten mich diese beiden Freunde, die meine Hoffnungen teilten und sich herzlich über die Wendung meines Glücks freuten, zum Königsburger Bahnhof und verabschiedeten mich auf meine lange Nachtreise.

In Königsberg musste ich einen halben Tag und eine Nacht warten. Da ich keine Lust hatte, meine alten Lieblingsplätze an einem Ort wieder aufzusuchen, der mir einst so zum Verhängnis geworden war, verbrachte ich die Zeit ruhig in einem Hotelzimmer , dessen Lage ich nicht einmal zu bestimmen versuchte, und setzte am frühen Morgen meine Reise in Richtung der russischen Grenze fort. Mit gewissen beunruhigenden Erinnerungen an meine frühere illegale Überquerung dieser Grenze musterte ich während der langen Reisestunden aufmerksam die Gesichter meiner Mitreisenden. Unter ihnen fiel mir besonders einer auf, ein livländischer Adliger deutscher Abstammung, der im hochmütigsten deutschen Tory-Ton seinen Ekel über die Befreiung der Leibeigenen durch den Zaren zum Ausdruck brachte. Er wollte mir klar machen, dass jegliche Bemühungen der Russen, ihre Freiheit zu erlangen, von den in ihrer Mitte ansässigen deutschen Adligen nur wenig Unterstützung erhalten würden. Doch als wir uns St. Petersburg näherten, war ich wirklich erschrocken, als unser Zug plötzlich angehalten und von der Polizei untersucht wurde. Sie suchten offenbar nach verschiedenen Personen, die der Mittäterschaft am jüngsten polnischen Aufstand verdächtigt wurden, der gerade ausgebrochen war. Nicht weit von der Hauptstadt selbst waren die leeren Plätze in unserem Waggon mit mehreren Personen besetzt, deren hohe russische Pelzmützen meinen Verdacht erregten, der durch die Aufmerksamkeit, die ihre Träger mir besonders schenkten, nicht gemildert wurde. Doch plötzlich hellte sich das Gesicht eines von ihnen auf, und er wandte sich impulsiv zu mir um und grüßte mich als den Mann, den er und mehrere andere Musiker des kaiserlichen

Orchesters eigens treffen wollten. Sie waren alle Deutsche, und bei unserer Ankunft am Bahnhof von St. Petersburg stellten sie mich freudig einem weiteren großen Kontingent des Orchesters vor, das vom Komitee der Philharmonischen Gesellschaft angeführt wurde. Mir war eine deutsche Pension am Newsky-Prospekt als geeignete Unterkunft empfohlen worden. Dort wurde ich von Frau Kunst, der Frau eines deutschen Kaufmanns, sehr freundlich und schmeichelhaft in einem Salon empfangen, dessen Fenster einen Blick auf die breite und belebte Straße boten, und wo ich sehr gut bedient wurde. Ich speiste gemeinsam mit den anderen Pensionären und Besuchern und lud oft Alexander Seroff, den ich früher in Luzern gekannt hatte, zu Tisch ein. Er hatte mich gleich nach meiner Ankunft besucht, und ich erfuhr, dass er einen sehr schlechten Posten als Zensor deutscher Zeitungen innehatte. Seine Person wies Anzeichen von großer Vernachlässigung und schlechter Gesundheit auf und bewies, dass er einen harten Kampf ums Dasein geführt hatte; aber er gewann schnell meinen Respekt durch die große Unabhängigkeit und Wahrhaftigkeit seiner Meinungen, wodurch er sich, verbunden mit einem ausgezeichneten Verständnis, bald den Ruf eines äußerst einflussreichen und gefürchteten Kritikers erworben hatte. Ich erkannte dies später besser, als mir von hoher Seite Avancen gemacht wurden, meinen Einfluss bei Seroff zu nutzen, um die Bitterkeit seiner Verfolgung Anton Rubinsteins zu lindern, der gerade zu dieser Zeit etwas beleidigend bevormundet wurde. Als ich ihn darauf ansprach, erklärte er mir seine Gründe, warum er Rubinsteins Einfluss in Russland für verderblich hielt, worauf ich ihn bat, ihm wenigstens um meinetwillen ein wenig die Hand zu reichen, da ich während meines kurzen Aufenthalts in St. Petersburg nicht als Rubinsteins Rivale auftreten wollte. Darauf antwortete er mit der ganzen Heftigkeit eines kränklichen Menschen: „Ich hasse ihn und kann keine Zugeständnisse machen." Mit mir dagegen schloss er das innigste Verständnis, da er mich und meine Kunst so vollkommen schätzte, dass unser Umgang fast zu einem bloßen Scherz wurde, denn in allen ernsten Punkten stimmten wir völlig überein. Nichts konnte der Sorgfalt gleichkommen, mit der er mir bei jeder Gelegenheit zu helfen suchte. Er besorgte die notwendige Übersetzung ins Russische, sowohl der Lieder aus den Auszügen meiner Opern als auch meines erläuternden Programms für die Konzerte. Er zeigte auch äußerste Urteilskraft bei der Auswahl der für mich am besten geeigneten Sänger, und dafür schien er durch die Teilnahme an den Proben und Aufführungen reichlich belohnt zu werden. Sein strahlendes Gesicht strahlte mich überall mit Ermutigung und neuer Inspiration an. Ich war äußerst zufrieden mit dem Orchester, das ich in dem großen und schönen Saal der Gesellschaft der Nobles um mich versammeln konnte. Es bestand aus einhundertzwanzig ausgewählten Spielern aus den kaiserlichen Orchestern, die größtenteils hervorragende Musiker waren und normalerweise zur Begleitung italienischer

Opern und Ballette eingesetzt wurden. Sie schienen nun erfreut darüber zu sein, freier atmen zu dürfen, während sie sich so mit edlerer Musik beschäftigten, unter einer Methode des Dirigierens, die ich mir ganz eigen gemacht hatte.

Nach dem großen Erfolg meines ersten Konzertes machte man mir Avancen aus jenen Kreisen, denen ich, wie ich sehr wohl verstehen konnte, heimlich, aber einflussreich von Frau Kalergis empfohlen worden war. Mit großer Umsicht hatte meine unsichtbare Beschützerin den Weg für meine Vorstellung bei der Großherzogin Helene bereitet. Ich wurde in erster Linie angewiesen, eine Empfehlung Standhartners an Dr. Arneth, den Leibarzt der Großherzogin, den er in Wien gekannt hatte, zu nutzen, um durch ihn Fräulein von Rhaden, ihrer vertrautesten Hofdame, vorgestellt zu werden. Ich wäre mit der Bekanntschaft nur dieser Dame sehr zufrieden gewesen, denn in ihr lernte ich eine Frau von großer Bildung, großer Intelligenz und edlem Wesen kennen, deren immer wachsendes Interesse an mir, wie ich wahrnahm, mit einer gewissen Schüchternheit vermischt war, die sich offenbar hauptsächlich um die Großherzogin drehte. Sie machte mir den Eindruck, als ob sie fühlte, dass etwas Wichtigeres für mich geschehen sollte, als sie vom Geist und Charakter ihrer Herrin erwarten konnte. Ich wurde jedoch nicht sofort zu der Großherzogin geführt, um ihr meine Aufwartung zu machen, sondern erhielt zunächst eine Einladung zu einer Abendgesellschaft in den Gemächern der Hofdame, bei der unter anderem die Großherzogin selbst anwesend sein sollte. Hier gab Anton Rubinstein die musikalische Ehre, und nachdem die Hausherrin mich ihm vorgestellt hatte, wagte sie es, mich der Großherzogin selbst vorzustellen. Die Zeremonie verlief recht gut, und infolgedessen erhielt ich kurz darauf eine direkte Einladung zu einer freundschaftlichen Abendteegesellschaft im Hause der Großherzogin. Hier lernte ich außer Fräulein von Rhaden die ihr im Rang nächste Dame, Fräulein von Stahl, sowie einen freundlichen alten Herrn kennen, der mir als General von Brebern vorgestellt wurde, der seit vielen Jahren einer der engsten Freunde der Großherzogin war. Fräulein von Rhaden schien sich außerordentlich um mich bemüht zu haben, was vorläufig dazu führte, dass die Großherzogin den Wunsch äußerte, ich solle sie mit dem Text meines Nibelungenrings besser vertraut machen. Da ich kein Exemplar des Werkes bei mir hatte, obwohl Weber in Leipzig es inzwischen fertig gedruckt haben sollte, bestand man darauf, ich solle ihm sofort nach Leipzig telegraphieren, um die fertigen Blätter auf schnellstem Wege an die Adresse der Großherzogin zu schicken. Meine Gönner mußten sich inzwischen damit begnügen, mir die Meistersinger vorlesen zu hören. Zu dieser Lesung ließ sich auch Großherzogin Marie bewegen, eine sehr stattliche und noch immer schöne Tochter des Zaren Nikolaus, die für ihre zeitlebens berüchtigte Leidenschaft bekannt war. Über den Eindruck, den mein Gedicht auf diese Dame machte, sagte mir Fräulein von Rhaden nur, sie habe ernstlich befürchtet, Hans Sachs könne schließlich Eva heiraten.

Im Laufe einiger Tage trafen die losen Korrekturbögen meines Nibelungenwerkes ordnungsgemäß ein, und die Vertrauten der Großherzogin trafen sich zu vier Teegesellschaften, um mir beim Lesen zuzuhören, und hörten mit teilnahmsvoller Aufmerksamkeit zu. General von Brebern war bei allen anwesend, aber nur, wie Fräulein von Rhaden sagte, „um wie die Rose zu erröten" im tiefsten Schlaf, eine Gewohnheit, die Fräulein von Stahl, einer sehr lebhaften und schönen Frau, immer einen Grund zur Heiterkeit bot , wenn ich jeden Abend die beiden Hofdamen aus den geräumigen Salons über endlose Korridore und Treppen in ihre entfernten Gemächer begleitete .

Die einzige andere Person in der großen Welt, die ich hier kennenlernte, war Graf Wilohorsky, der am kaiserlichen Hof eine hohe Vertrauensstellung innehatte, vor allem als Förderer der Musik geschätzt wurde und sich für einen ausgezeichneten Violoncellisten hielt. Der alte Herr schien mir wohlgesinnt und mit meinen musikalischen Darbietungen durchaus zufrieden. Er versicherte mir sogar, dass er Beethovens Achte Symphonie (in F-Dur) erst durch meine Interpretation verstehen gelernt habe. Er meinte auch, meine Ouvertüre zu den Meistersingern vollkommen verstanden zu haben, und sagte, die Großherzogin Marie sei gerührt, weil sie dieses Stück unverständlich gefunden habe, habe sich aber von der Ouvertüre zum Tristan hingerissen geäußert, die er selbst nur unter Anspannung all seiner musikalischen Kenntnisse zu verstehen vermochte. Als ich Seroff davon erzählte, rief er begeistert aus: „Ach, dieser Grafenvieh! Diese Frau weiß, was Liebe ist!"

Der Graf veranstaltete zu meinen Ehren ein herrliches Abendessen, bei dem sowohl Anton Rubinstein als auch Frau Abaza anwesend waren. Als ich Rubinstein bat, nach dem Abendessen etwas zu spielen, bestand Frau Abaza darauf, seine persischen Lieder zu singen, was den Komponisten offenbar sehr ärgerte, da er sehr wohl wusste, dass er viel schönere Werke geschaffen hatte. Trotzdem vermittelten mir sowohl die Komposition als auch ihre Ausführung eine sehr positive Meinung über die Talente beider Künstler. Durch diese Sängerin, die ursprünglich ein professionelles Engagement im Haushalt der Großherzogin gehabt hatte und nun mit einem reichen und kultivierten russischen Herrn von Rang verheiratet war, erhielt ich Zutritt zum Haus von Herrn Abaza, der mich mit großer Zeremonie empfing. Etwa zur gleichen Zeit hatte sich auch ein gewisser Baron Vittinghof als begeisterter Musikliebhaber bei mir bekannt gemacht und mich mit einer Einladung in sein Haus beehrt, wo ich Ingeborg Stark, die schöne schwedische Pianistin und Sonatenkomponistin, die ich früher in Paris kennengelernt hatte, wieder traf. Sie überraschte mich durch den frechen

Lachanfall, mit dem sie die Aufführung einer Komposition des Barons begleitete. Ernster wurde sie dagegen, als sie mir mitteilte, dass sie mit Hans von Bronsart verlobt sei.

Rubinstein, mit dem ich freundschaftliche Besuche austauschte, benahm sich sehr ehrenhaft, obwohl er sich, wie ich erwartet hatte, durch mich etwas verletzt fühlte. Er sagte mir, er denke daran, seine Stelle in St. Petersburg aufzugeben, da sie durch Seroffs Antagonismus erschwert worden sei. Es wurde auch für ratsam gehalten, mich im Hinblick auf mein bevorstehendes Benefizkonzert in die Handelskreise von St. Petersburg einzuführen, und so wurde ein Besuch bei einem Konzert im Saal der Kaufmannsgilde arrangiert. Hier empfing mich auf der Treppe ein betrunkener Russe, der sich als Dirigent ankündigte. Mit einer kleinen Auswahl kaiserlicher Musiker und anderer dirigierte er die Ouvertüren von Rossinis Tell und Webers Oberon, in denen die Pauken durch eine kleine Militärtrommel ersetzt wurden, was besonders im lieblichen Verklärungsteil der Oberon-Ouvertüre eine wunderbare Wirkung hervorbrachte.

Obwohl ich für meine eigenen Konzerte, soweit es das Orchester betraf, vortrefflich ausgerüstet war, hatte ich doch große Schwierigkeiten, die erforderlichen Sänger zu finden. Der Sopran wurde von Mlle. Bianchi ganz passabel vertreten; für die Tenorpartien musste ich mich jedoch mit einem M. Setoff begnügen, der zwar viel Mut besaß, aber nur sehr wenig Stimme hatte. Er half mir jedoch bei den „Schmiede-Liedern" in Siegfried, denn seine Anwesenheit vermittelte zumindest den Anschein von Gesang, während das Orchester allein die tatsächliche Umsetzung übernahm. Nach Abschluss meiner beiden Konzerte für die Philharmonische Gesellschaft machte ich mich ernsthaft an die Arbeit für mein eigenes Konzert, das im Kaiserlichen Opernhaus stattfinden sollte, bei dessen materieller Vorbereitung mir ein pensionierter Musiker half. Dieser Mann verbrachte oft Stunden mit Seroff in meinen gut beheizten Räumen, ohne seinen riesigen Pelzmantel abzulegen, und da seine Unfähigkeit uns viel Mühe bereitete, waren wir uns einig, dass er wie „das Schaf im Wolfspelz" war. Das Konzert übertraf jedoch alle meine Erwartungen, und ich glaube nicht, dass ich jemals von einem Publikum so enthusiastisch empfangen wurde wie bei dieser Gelegenheit. Tatsächlich wurde ich bei meinem ersten Auftritt so lautstark begrüßt, dass ich ganz gerührt war, was bei mir selten vorkommt. Zu dieser wilden Hingabe des Publikums trug natürlich die glühende Hingabe meines Orchesters bei, da meine einhundertzwanzig Musiker die frenetischen Beifallsrufe immer wieder erneuerten, ein Verfahren, das in St. Petersburg ziemlich neu zu sein schien. Von einigen von ihnen hörte ich Ausrufe wie: „Wir müssen zugeben, dass wir bis jetzt nicht wussten, was Musik ist."

Der Dirigent Schuberth, der mir mit einer gewissen Herablassung in geschäftlichen Angelegenheiten mit Rat zur Seite gestanden hatte, benutzte diese günstige Wendung der Dinge nun, um mich um Mitarbeit bei einem in Kürze zu seinem eigenen Nutzen stattfindenden Konzert zu bitten. Obwohl ich mir durchaus bewusst war, dass er auf diese Weise einen schönen Gewinn aus meiner Tasche in seine eigene zu zaubern hoffte, hielt ich es auf Anraten meiner Freunde für das Beste, seiner Bitte nachzukommen, wenn auch sehr gegen den Strich. So wiederholte ich eine Woche später die beliebtesten Stücke meines Programms vor einem ebenso zahlreichen Publikum und mit demselben Erfolg, aber diesmal waren die schönen Einnahmen von dreitausend Rubeln für einen Invaliden bestimmt, der als Strafe für diesen Eingriff in meine Rechte im selben Jahr plötzlich in eine andere Welt gerufen wurde.

Als Gegengewicht dazu bot sich mir nun die Aussicht auf weitere künstlerische und materielle Erfolge durch einen Vertrag mit General Lwoff, dem Direktor des Moskauer Theaters. Ich sollte im Großen Theater drei Konzerte geben, deren Einnahmen mir jeweils zur Hälfte garantiert wurden, mindestens aber tausend Rubel. Ich kam erkältet, elend und unwohl bei einem Wetter an, das aus Frost und Tauwetter bestand, und wurde in einer schlecht gelegenen deutschen Pension untergebracht. Meine Vorabvereinbarungen wurden mit dem Direktor getroffen, der trotz der ihm um den Hals hängenden Orden eine sehr unbedeutende Person zu sein schien, und die schwierige Auswahl der Gesangsstücke musste mit einem russischen Tenor und einer betagten italienischen Sängerin getroffen werden. Nachdem dies erledigt war, begann ich mit den Orchesterproben. Hier lernte ich zum ersten Mal den jüngeren Rubinstein, Antons Bruder Nikolaus, kennen, der als Direktor der Russischen Musikgesellschaft die führende Autorität seines Faches in Moskau war; sein Verhalten mir gegenüber war durchweg von Bescheidenheit und Rücksicht geprägt. Das Orchester bestand aus den hundert Musikern, die den kaiserlichen Haushalt mit italienischer Oper und Ballett versorgten. Es war im Großen und Ganzen dem von St. Petersburg weit unterlegen, doch fand ich unter ihnen eine kleine Anzahl ausgezeichneter Quartettspieler, die mir alle ergeben zugetan waren. Unter ihnen war einer meiner alten Bekannten aus Riga, der Cellist von Lutzau, der damals als Witzbold in großem Ruf stand. Besonders gefiel mir aber ein gewisser Herr Albrecht, ein Geiger, ein Bruder des Albrecht, der zu der Gruppe gehörte, deren russische Pelzmützen mich auf meinem Weg nach St. Petersburg so erschreckt hatten. Aber selbst diese Männer konnten mein Gefühl nicht zerstreuen, dass ich im Umgang mit diesem Moskauer Orchester auf der künstlerischen Leiter nach unten gegangen war. Ich machte mir viel Mühe, ohne dafür eine Genugtuung zu erfahren, und meine Galle wurde nicht wenig erregt, als der russische Tenor in einem roten Hemd zur Probe kam, um seine patriotische Abneigung gegen meine Musik zu zeigen, und die Schmiedelieder von Siegfried in dem faden Stil sang, den ich von den Italienern übernommen hatte. Am Morgen des ersten Konzerts war ich gezwungen, es abzusagen und mich wegen einer schlimmen, fiebrigen Erkältung krankschreiben zu lassen. Im Schneematsch, der die Straßen Moskaus überschwemmte, war es anscheinend unmöglich, dies der Öffentlichkeit bekannt zu geben, und ich hörte, dass es zu heftigen Unruhen kam, als viele prächtige Equipagen mit einem vergeblichen Auftrag ankamen und abgewiesen werden mussten. Nach drei Tagen Ruhe bestand ich darauf, die drei Konzerte, die ich zugesagt hatte, innerhalb von sechs Tagen zu geben, eine Anstrengung, zu der ich von dem Wunsch angetrieben wurde, ein Unterfangen zu beenden, das meiner Meinung nach meiner nicht würdig war. Obwohl das Große Theater jedes Mal mit einem brillanten Publikum gefüllt war, wie ich es noch nie zuvor gesehen hatte, überstiegen die Einnahmen nach den Berechnungen des kaiserlichen Direktors nicht den Betrag der Garantie. Damit war ich jedoch zufrieden, angesichts der großartigen Aufnahme meiner Bemühungen und vor allem der glühenden Begeisterung des Orchesters, die hier wie in St. Petersburg zum Ausdruck kam. Eine Abordnung von Orchestermitgliedern bat mich, ein viertes Konzert zu geben, und als ich ablehnte, versuchten sie mich zu überreden, für eine weitere „Probe" zu bleiben, aber auch dies musste ich lächelnd ablehnen. Das Orchester ehrte mich jedoch mit einem Bankett, bei dem mich, nachdem N. Rubinstein eine sehr enthusiastische und passende Rede gehalten hatte, die mit herzlichem und stürmischem Applaus begrüßt wurde, einer der Gesellschaftsmitglieder auf seine Schultern hob und durch den Saal trug; woraufhin ein großes Geschrei entstand und jeder mir denselben freundlichen Dienst erweisen wollte. Bei dieser Gelegenheit wurde mir von den Orchestermitgliedern eine goldene Schnupftabakdose überreicht, auf der die Worte „Doch Einer kam" aus Siegmunds Lied in der Walküre eingraviert waren. Ich revanchierte mich, indem ich dem Orchester ein großes Foto von mir überreichte, auf das ich die Worte „Keiner ging" aus demselben Lied geschrieben hatte.

Außer diesen musikalischen Kreisen lernte ich auch Fürst Odoiewsky kennen, was auf eine Vermittlung und starke Empfehlung von Frau Kalergis zurückzuführen war. Sie hatte mir gesagt, dass ich in dem Fürsten einen der edelsten Menschen treffen würde, der mich vollkommen verstehen würde. Nach einer sehr anstrengenden Fahrt von vielen Stunden erreichte ich seine bescheidene Wohnung und wurde mit patriarchalischer Einfachheit bei seinem Familienmittagessen empfangen, aber es fiel mir außerordentlich schwer, ihm irgendwelche Einzelheiten über mich und meine Pläne mitzuteilen. Was die Eindrücke anging, die ich von ihm selbst gewinnen konnte, so schien er sich auf die Wirkung zu verlassen, die die Betrachtung eines großen, orgelähnlichen Instruments hervorrief, das er hatte entwerfen und in einem seiner Hcrträume aufstellen lassen. Unglücklicherweise war niemand da, der es spielen konnte; aber ich konnte nicht umhin zu glauben, dass es für eine speziell erdachte Form des Gottesdienstes gedacht war, den er dort sonntags zum Wohle seines Haushalts, seiner Verwandten und Bekannten abhielt. Immer im Bewusstsein meiner gütigen Gönnerin versuchte ich, dem freundlichen Prinzen eine Vorstellung von meiner Position und meinen Bestrebungen zu vermitteln. Sichtbar bewegt rief er aus: „Das ist es, was Sie tun; sprechen Sie mit Wolffsohn." Bei weiteren Fragen erfuhr ich, dass der mir empfohlene Schutzgeist kein Bankier war, sondern ein russischer Jude, der Romane schrieb.

Aus all diesen Ereignissen ließ sich folgern, daß meine Einnahmen, besonders wenn ich die Einnahmen aus Petersburg hinzuzählte, für die Ausführung meines Hausbauvorhabens in Biebrich völlig ausreichen würden. Ich schickte daher von Moskau aus ein Telegramm an meinen Bevollmächtigten in Wiesbaden und reiste nach nur zehn Tagen Aufenthalt ab. Ich schickte auch tausend Rubel an Minna, die sich über die hohen Ausgaben für ihre Niederlassung in Dresden beklagte.

Doch leider erlebte ich bei meiner Ankunft in St. Petersburg eine schwere Enttäuschung. Jeder riet mir, die Idee aufzugeben, mein zweites Konzert am Ostermontag, dem von mir festgelegten Datum, zu geben, da es in der russischen Gesellschaft allgemein üblich war, diesen Tag für private Zusammenkünfte zu reservieren. Andererseits konnte ich es nicht gut ablehnen, am dritten Tag nach dem für mich selbst angekündigten Datum ein Konzert im Namen der wegen Schulden in St. Petersburg Inhaftierten zu geben, da dies auf dringende Bitte der Großfürstin Helene selbst erfolgen sollte. An dieser letzteren Veranstaltung war ganz St. Petersburg bereits um der eigenen Kreditwürdigkeit willen interessiert, da sie unter der angesehensten Schirmherrschaft stand; so dass, während für diese Veranstaltung alle Plätze im Voraus verkauft waren, ich mich mit einem sehr leeren Haus im Nobles' Casino und mit Einnahmen zufrieden geben musste, die glücklicherweise zumindest die Ausgaben deckten. Das Schuldnerkonzert hingegen verlief mit großem Erfolg und General Suwarof, der Gouverneur der Stadt, ein auffallend schöner Mann, überreichte mir als Dankeschön der inhaftierten Schuldner ein sehr schön gearbeitetes silbernes Trinkhorn.

Ich machte mich nun daran, meine Abschiedsbesuche zu machen, darunter auch Fräulein von Rhaden, die sich durch ihre herzliche Anteilnahme und ihr Interesse auszeichnete. Als Entschädigung für den Verlust der Einnahmen, mit denen ich gerechnet hatte, schickte mir die Großfürstin durch diese Dame die Summe von tausend Rubeln, verbunden mit dem Versprechen, dass sie mir dieses Geschenk jährlich wiederholen würde, bis sich meine Lage besserte. Als ich dieses freundschaftliche Interesse entdeckte, konnte ich nicht umhin zu bedauern, dass die so entstandene Verbindung nicht wahrscheinlich stabilere und gewinnbringendere Ergebnisse bringen würde. Ich richtete durch Fräulein von Rhaden eine Bitte an die Großfürstin und bat sie, mir zu erlauben, jedes Jahr für einige Monate nach St. Petersburg zu kommen, um ihr meine Talente sowohl für Konzerte als auch für Theateraufführungen zur Verfügung zu stellen, wofür sie mir nur ein angemessenes Jahresgehalt zahlen müsste. Darauf erhielt ich eine ausweichende Antwort. Am Tage vor meiner Abreise teilte ich meiner liebenswürdigen Vormundin meinen Plan mit, mich in Biebrich niederzulassen, und machte dabei keinen Hehl aus meiner Befürchtung, dass ich nach der Verausgabung meines hier verdienten Geldes für die Verwirklichung meines Bauvorhabens in einer ähnlichen Lage wie früher sein könnte, eine Befürchtung, die mich darüber nachdenken ließ, ob es nicht besser wäre, das Vorhaben ganz aufzugeben. Darauf erhielt ich die mutige Antwort: „Bauen und hoffen!" Im letzten Augenblick vor der Abreise antwortete ich ihr dankbar in derselben Weise und sagte, dass ich nun wüsste, was zu tun sei. So reiste ich Ende April ab, die herzlichen Glückwünsche Seroffs und der begeisterten Mitglieder des Orchesters im Gepäck, und dampfte durch die russische Wildnis, ohne in Riga anzuhalten, wohin ich zu einem Konzert eingeladen worden war. Der lange und beschwerliche Weg brachte mich schließlich zur Grenzstation Wirballen, wo ich ein Telegramm von Fräulein von Rhaden erhielt: „Nicht zu voreilig." Dies bezog sich auf ein paar Zeilen, die ich für sie hinterlassen hatte, und es reichte aus, um meine Zweifel an der Weisheit der Durchführung meiner Hausbaupläne wieder aufleben zu lassen.

Ich erreichte Berlin ohne weitere Verzögerung und begab mich sofort zu Bülows Haus. In den letzten Monaten hatte ich keine Nachricht von Cosimas Zustand gehört, und daher stand ich mit einiger Beklommenheit an der Tür, durch die mich das Dienstmädchen nicht durchlassen wollte, da es ihrer Herrin nicht gut ging. „Ist sie ernsthaft krank?", fragte ich, und als ich eine lächelnde, ausweichende Antwort erhielt, erkannte ich zu meiner Freude sofort die wahre Lage und eilte hinein, um Cosima zu begrüßen . Sie hatte ihre Tochter Blandine vor einiger Zeit entbunden und war nun auf dem besten Wege zur völligen Genesung. Nur von gelegentlichen Besuchern hielt sie sich fern. Alles schien gut, und Hans war ganz heiter, umso mehr, als er mich aufgrund des Erfolgs meiner Russlandreise nun für einige Zeit von allen Sorgen befreit glaubte. Aber ich konnte diese Annahme nicht als gerechtfertigt ansehen, es sei denn, mein Wunsch, jedes Jahr für einige Monate nach St. Petersburg eingeladen zu werden, um dort erneut tätig zu sein, stieß auf bereitwillige Resonanz. Über diesen Punkt wurde ich in einem ausführlicheren Brief von Fräulein von Rhaden aufgeklärt, der dem obigen Telegramm folgte und in dem sie mir sagte, ich solle mich auf keinen Fall auf diese Einladung verlassen. Diese deutliche Aussage zwang mich, den Restbetrag meiner russischen Einnahmen sehr genau zu berechnen, und nach Abzug der Hotel- und Reisekosten, des an Minna gesendeten Geldes und bestimmter Zahlungen an den Möbelhändler in Wiesbaden stellte ich fest, dass mir kaum mehr als zwölftausend Mark übrig blieben. Der Plan, Land zu kaufen und ein Haus zu bauen, musste also aufgegeben werden. Aber Cosimas ausgezeichnete Gesundheit und gute Laune zerstreuten für den Augenblick alle Sorgen. Wir fuhren in einer prächtigen Kutsche und in der extravagantesten guten Laune wieder hinaus, durch die Alleen des Tiergartens, speisten nach Herzenslust im Hotel de Russie und beschlossen, dass die schlechten Zeiten für immer vorbei waren.

Vorläufig waren meine Pläne auf Wien gerichtet. Ich hatte kürzlich erfahren, daß der Tristan wieder einmal verlassen worden sei, diesmal wegen der Unpässlichkeit der Frau Dustmann. Um diese wichtige Angelegenheit direkter unter meiner eigenen Kontrolle zu haben, und auch weil ich mit keiner anderen deutschen Stadt so innige künstlerische Bindungen geknüpft hatte wie mit Wien, hielt ich an dieser als dem geeignetsten Ort zum Niederlassen fest. Tausig, den ich jetzt dort in ausgezeichneter Gesundheit und Laune antraf, bestätigte mich voll und ganz in dieser Meinung und bekräftigte sie noch mehr, indem er sich verpflichtete, mir gerade die angenehme und ruhige Wohnung in der Nähe von Wien zu verschaffen, die ich mir ersehnt hatte, und es gelang ihm durch seinen eigenen Vermieter, etwas ganz nach meinem Geschmack zu bekommen. In der einstigen angenehmen Wohnung des alten Barons von Rackowitz in Penzing bot man mir für eine jährliche Miete von zweitausendvierhundert Mark die allerschönste Unterkunft an. Ich konnte den ganzen oberen Teil des Hauses und die ausschließliche Nutzung eines schattigen und ziemlich großen Gartens haben. In dem Haushälter Franz Mrazek fand ich einen sehr zuvorkommenden Mann, den ich sofort in meine Dienste nahm, zusammen mit seiner Frau Anna, einer überaus begabten und zuvorkommenden Frau. Viele Jahre lang, in wechselnden Schicksalen, blieb mir dieses Paar treu. Ich musste nun anfangen, Geld auszugeben, um mein lang ersehntes Asyl sowohl für die Erholung als auch für die Arbeit bequem und gemütlich einzurichten. Der Rest meiner Hausrat, einschließlich meines Erard-Grands, wurde aus Biebrich nachgeschickt, ebenso wie die neuen Möbel, die ich kaufen musste. Am 12. Mai, bei schönem Frühlingswetter, bezog ich mein angenehmes Heim und verbrachte eine Zeitlang viel Zeit mit den aufregenden Sorgen, die mit der Einrichtung meiner gemütlichen Wohnung verbunden waren. Zu dieser Zeit kam auch meine Verbindung mit Philipp Haas und Söhnen zustande, die mir im Laufe der Zeit einige Sorgen bereiten sollte. Für den Moment half jede Anstrengung, die ich für ein mit so vielen Hoffnungen verbundenes Heim aufwendete, nur, mich in die beste Stimmung zu versetzen. Der Flügel traf zu gegebener Zeit ein, und mit der Hinzufügung verschiedener Kupferstiche nach Raffael, die mir in der Biebricher Abteilung zugefallen waren, war mein Musikzimmer vollständig eingerichtet und bereit für den 22. Mai, an dem ich meinen fünfzigsten Geburtstag feierte. Zu Ehren dieses Anlasses gab mir der Kaufmannsgesangverein eine Abendserenade mit Lampionbeleuchtung, an der auch eine Abordnung von Studenten teilnahm und mich mit einer begeisterten Rede begrüßte. Ich hatte einen Weinvorrat angelegt, und alles verlief ausgezeichnet. Die Mrazeka führte meine Haushaltsführung ziemlich gut, und dank der Kochkünste von Anna konnte ich Tausig und Cornelius ziemlich oft zum Essen einladen.

Aber bald war ich wieder in großer Not wegen Minna, die mir alles, was ich tat, bitter vorwarf. Da ich mir vorgenommen hatte, ihr nie wieder zu antworten, schrieb ich diesmal an ihre Tochter Nathalie – die noch immer nichts von der Beziehung zwischen ihnen wusste – und verwies sie auf meinen Entschluss vom vorigen Jahr. Daß ich andererseits gerade jetzt einige weibliche Aufmerksamkeiten und Sorgfalt bei der Führung des Haushalts dringend nötig hatte, wurde mir überdeutlich, als ich Mathilde Maier aus Mainz den naiven Wunsch äußerte, sie möge kommen und den Mangel ausgleichen.

Ich hatte zwar geglaubt, meine gute Freundin sei vernünftig genug, um meinen Gedankengang richtig zu deuten, ohne mich dabei blamiert zu fühlen, und wahrscheinlich hatte ich auch recht, aber ich hatte nicht genügend Rücksicht auf ihre Mutter und ihre bürgerliche Umgebung überhaupt genommen. Sie scheint durch meinen Vorschlag in die größte Aufregung versetzt worden zu sein, während ihre Freundin Louise Wagner schließlich so stark davon beeinflusst wurde, dass sie mir mit schlichter Klugheit und Genauigkeit freimütig riet, zunächst eine rechtliche Trennung von meiner Frau zu erwirken, wonach sich alles Weitere leicht regeln ließe. Schwer erschüttert zog ich meinen Vorschlag sofort als unbedacht zurück und bemühte mich, die dadurch entstandene Aufregung so weit wie möglich zu beschwichtigen. Andererseits bereitete mir Friederike Meyers unerklärliches Schicksal noch immer große unwillkürliche Sorgen. Nachdem sie im vorigen Winter mehrere Monate in Venedig verbracht hatte, was ihr offenbar zugute kam, hatte ich ihr aus Petersburg geschrieben und ihr vorgeschlagen, mich bei Bülows in Berlin zu treffen. Ich hatte das freundliche Interesse, das Cosima ihr gegenüber empfand, reiflich erwogen, um mit ihr zu besprechen, welche Schritte wir unternehmen könnten, um Ordnung in die offenkundig desorganisierten Verhältnisse unserer Freundin zu bringen. Sie erschien jedoch nicht, sondern schrieb mir, sie habe ihren Wohnsitz zu einer Freundin nach Coburg verlegt, da ihr sehr empfindlicher Gesundheitszustand ihre Theaterlaufbahn ernsthaft beeinträchtige, und strebe nach, sich durch gelegentliche Auftritte im dortigen kleinen Theater zu ernähren. Es war klar, dass ich ihr aus vielerlei Gründen keine Einladung schicken konnte, wie sie Mathilde Maier geschickt hatte, obwohl sie den heftigen Wunsch äußerte, mich noch einmal für kurze Zeit zu sehen, und mir versicherte, dass sie mich danach für immer in Ruhe lassen würde. Ich konnte es nur als zwecklos und gewagt ansehen, diesem Wunsch jetzt nachzukommen, obwohl ich mir den Gedanken für die Zukunft aufhob. Im

Laufe des Sommers wiederholte sie dieselbe Bitte von mehreren Orten aus, bis ich, da ich im Spätherbst für ein Konzert in Karlsruhe engagiert war, endlich Zeit und Ort für das gewünschte Treffen festlegte. Von da an erhielt ich nie wieder die geringste Nachricht von dieser meiner merkwürdigsten und anziehendsten Freundin, und da ich außerdem nicht wusste, wo sie war, betrachtete ich unsere Verbindung als abgebrochen. Erst viele Jahre später wurde mir das Geheimnis ihrer Lage – sicherlich ein sehr schwieriges – enthüllt, und aus den damals dargelegten Tatsachen konnte ich nur schließen, dass sie davor zurückschreckte, mir die Wahrheit über ihre Verbindung mit Herrn von Guaita zu sagen. Es schien, dass dieser Mann viel ernstere Ansprüche an sie hatte, als ich vermutet hatte, und sie war offenbar durch die Notwendigkeiten ihrer Situation gezwungen gewesen, seinen Schutz anzunehmen, da er der einzige Freund war, der ihr noch geblieben war, während seine Hingabe unbestreitbar echt war. Ich hörte, dass sie damals in völliger Abgeschiedenheit sowohl von der Bühne als auch von der Gesellschaft auf einem winzigen Anwesen am Rhein mit ihren beiden Kindern lebte und, wie man annahm, heimlich mit Herrn von Guaita verheiratet war.

Aber meine sorgfältigen und aufwendigen Vorbereitungen für eine ruhige Arbeitsperiode waren noch nicht erfolgreich gewesen. Ein Einbruch ins Haus, bei dem mir die goldene Schnupftabakdose der Moskauer Musikanten geraubt wurde, weckte in mir den alten Wunsch nach einem Hund. Mein guter alter Wirt überließ mir daraufhin einen alten und etwas vernachlässigten Jagdhund namens Pohl, eines der anhänglichsten und vortrefflichsten Tiere, die sich je an mich geklammert haben. In seiner Gesellschaft unternahm ich täglich lange Spaziergänge zu Fuß, wozu die sehr angenehme Nachbarschaft wunderbare Gelegenheiten bot. Trotzdem war ich noch ziemlich einsam, da Tausig durch eine schwere Krankheit lange Zeit das Bett gefesselt war, während Cornelius an einer Fußverletzung litt, die die Folge eines unvorsichtigen Aussteigens aus einem Omnibus bei einem Besuch in Penzing war. Inzwischen stand ich in ständigem freundschaftlichen Verkehr mit Standhartner und seiner Familie. Fritz, der jüngere Bruder von Heinrich Porges, hatte ebenfalls begonnen, mich zu besuchen. Er war ein Arzt, der gerade seine Praxis eröffnet hatte, ein wirklich netter Kerl, der mich seit der Serenade des Merchants' Glee Club kannte, dessen Gründer er gewesen war.

Ich war nun überzeugt, daß keine Chance mehr bestand, den Tristan in der Oper aufzuführen, da ich erfahren hatte, daß Frau Dustmanns Unpässlichkeit nur eine Finte war, während Herr Anders' völliger Stimmverlust die eigentliche Ursache der letzten Unterbrechung war. Der gute alte Dirigent Esser versuchte mich mit aller Kraft zu überreden, die Rolle des Tristan einem anderen Tenor des Theaters namens Walter zuzuweisen , aber der bloße Gedanke an ihn war mir so zuwider, daß ich mich nicht einmal dazu durchringen konnte, ihn im Lohengrin zu hören. Ich ließ daher die Sache in Vergessenheit geraten und konzentrierte mich ausschließlich darauf, wieder mit den Meistersingern in Kontakt zu kommen. Ich machte mich zunächst an die Instrumentation des fertigen Teils des ersten Aktes, von dem ich bisher nur einzelne Fragmente arrangiert hatte. Aber als der Sommer heranrückte, begann die alte Sorge um meinen zukünftigen Lebensunterhalt alle meine Gedanken und Gefühle in der Gegenwart zu durchdringen. Es war klar, daß ich, wenn ich allen meinen Verpflichtungen, insbesondere Minna gegenüber, nachkommen wollte, bald wieder an ein lukratives Unternehmen denken mußte.

Es kam mir daher sehr gelegen, als mich eine ganz unerwartete Einladung der Direktion des Nationaltheaters in Buda-Pesth erreichte, dort zwei Konzerte zu geben, worauf ich Ende Juli in die ungarische Hauptstadt reiste und vom Direktor Radnodfay empfangen wurde. Dort lernte ich einen wirklich sehr talentierten Violinisten namens Remenyi kennen, der einst ein Protegé von Liszt gewesen war und mir grenzenlose Bewunderung entgegenbrachte, ja sogar erklärte, die Einladung an mich sei ganz auf seine Initiative hin erfolgt. Obwohl hier keine Aussicht auf große Einnahmen bestand, da ich mich bereit erklärt hatte, für jedes der beiden Konzerte tausend Mark anzunehmen, hatte ich doch Grund, mich sowohl über deren Erfolg als auch über das große Interesse des Publikums zu freuen. In dieser Stadt, wo die magyarische Opposition gegen Österreich noch am stärksten war, lernte ich einige außerordentlich begabte und vornehm aussehende junge Männer kennen, unter ihnen Herrn Rosti, an den ich mich in angenehmer Erinnerung erinnere. Sie veranstalteten für mich ein wahrhaft idyllisches Fest in Form eines Festmahls, das von einigen Vertrauten auf einer Donauinsel veranstaltet wurde, wo wir uns wie zu einer patriarchalischen Zeremonie unter einer alten Eiche versammelten. Ein junger Advokat, dessen Namen ich leider vergessen habe, hatte es übernommen, den Toast des Abends auszubringen, und erfüllte mich nicht nur durch das Feuer seiner Rede, sondern auch durch den wahrhaft edlen Ernst seiner Ideen, die er auf eine genaue Kenntnis aller meiner Werke und Unternehmungen stützte, mit Erstaunen und tiefer Ergriffenheit. In den kleinen Booten des Ruderclubs, dem meine Gastgeber angehörten, kehrten wir die Donau hinab nach Hause zurück und mussten unterwegs einem Orkan trotzen, der den mächtigen Strom in wildesten Aufruhr versetzte. In unserer Gesellschaft befand sich nur eine Dame, Gräfin Bethlen-Gabor, die mit mir in einem schmalen Boot saß. Rosti und ein Freund von ihm, der die Ruder hatte, waren nur besorgt, dass unser Boot gegen eines der Holzflöße geschleudert werden könnte, auf die uns die Flut zutrieb, und taten deshalb ihr Möglichstes, um ihnen auszuweichen; während ich keine andere Möglichkeit sah, zu entkommen, besonders für die Dame, die neben mir saß, als auf eines dieser Flöße zu steigen. Um dies zu erreichen (gegen den Willen unserer beiden Ruderer), ergriff ich mit einer Hand einen hervorstehenden Pflock auf einem Floß, an dem wir vorbeifuhren, und hielt unser kleines Schiff fest. Während die beiden Ruderer schrien, dass die Ellida verloren gehen würde, hievte ich die Dame schnell aus dem Boot auf das Floß, über das wir ans Ufer gingen und unsere Freunde ruhig zurückließen, um die Ellida so gut wie möglich zu retten. Wir beide setzten dann unseren Weg entlang des Ufers durch einen schrecklichen Regensturm, aber immer noch auf sicherem und festem Boden, in Richtung Stadt fort. Mein Verhalten angesichts dieser Gefahr verfehlte nicht, die Achtung meiner Freunde vor mir zu steigern, wie ein Bankett in einem öffentlichen Garten bewies, bei dem eine große Zahl meiner Bewunderer anwesend waren. Hier behandelten sie mich ganz auf ungarische Art. Eine riesige Band von Zigeunermusikern war aufgestellt und begrüßte mich bei meiner Annäherung mit dem Rakoczy-Marsch, während die versammelten Gäste in ungestüme „Eljen!"-Rufe einstimmten. Es gab auch feurige Reden mit anerkennenden Anspielungen auf mich und meinen weit über Deutschland hinausreichenden Einfluss. Die einleitenden Teile dieser Reden waren immer auf Ungarisch und sollten die Tatsache entschuldigen, dass die Hauptrede dem Gast zuliebe auf Deutsch gehalten wurde. Dabei fiel mir auf, dass sie nie von mir als „Richard Wagner", sondern als „Wagner Richard" sprachen.

Sogar die höchsten Militärbeamten zögerten nicht, mir durch Feldmarschall Coronini ihre Ehrerbietung zu erweisen. Der Graf lud mich zu einem Auftritt der Militärkapellen im Schloss in Ofen ein, wo er und seine Familie mich freundlich empfingen, mir Eis gaben und mich dann auf einen Balkon führten, von wo aus ich einem Konzert der Massenkapellen lauschte. Die Wirkung all dieser Darbietungen war überaus erfrischend, und ich bedauerte beinahe, die erfrischende Atmosphäre von Budapest verlassen und in mein langweiliges und muffiges Wiener Asyl zurückkehren zu müssen.

Auf der Heimreise Anfang August begleitete ich ein Stück des Weges Herrn von Seebach, den liebenswürdigen sächsischen Gesandten, den ich aus Paris kannte. Er klagte über die ungeheuren Verluste, die ihm durch die schwierige Verwaltung seiner durch Heirat erworbenen südrussischen Güter entstanden seien, von denen er gerade zurückkehrte. Dagegen konnte ich ihn über meine eigene Lage beruhigen, was ihm offenbar aufrichtige Freude bereitete.

Die geringen Einnahmen aus meinen Budapester Konzerten, von denen ich übrigens nur die Hälfte mitnehmen konnte, reichten nicht aus, um mir für die Zukunft wirkliche Erleichterung zu verschaffen. Da ich nun alles auf das gesetzt hatte, was ich für eine dauerhafte Einrichtung hielt, war die erste Frage, wie ich mir am besten ein Gehalt sichern konnte, das zumindest sicher, aber nicht unbedingt übermäßig hoch sein sollte. Inzwischen sah ich mich nicht verpflichtet, meine Verbindung zu St. Petersburg oder die Pläne, die ich darauf aufgebaut hatte, aufzugeben. Auch den Beteuerungen Remenyis traute ich nicht ganz. Er prahlte damit, dass er großen Einfluss bei den ungarischen Magnaten habe, und versicherte mir, dass es kein großes Problem sein würde, in Budapest eine Pension zu erhalten, wie ich sie mir in St. Petersburg vorgestellt hatte und die ähnliche Verpflichtungen mit sich brachte. Tatsächlich besuchte er mich bald nach meiner Rückkehr nach Penzing in Begleitung seines Adoptivsohns, des jungen Plotenyi, dessen außergewöhnliches Aussehen und Liebenswürdigkeit einen sehr positiven Eindruck auf mich machten. Was den Vater selbst betrifft, so gewann er zwar durch seine brillante Darbietung des Rakoczy-Marsches auf der Violine meine herzliche Anerkennung, doch erkannte ich schnell, dass seine glühenden Versprechungen eher dazu gedacht waren, einen unmittelbaren Eindruck auf mich zu machen, als ein dauerhaftes Ergebnis sicherzustellen. Seinem eigenen Wunsch entsprechend verlor ich ihn sehr bald danach völlig aus den Augen.

Während ich mich noch immer mit Konzertreisenplänen beschäftigen musste, konnte ich inzwischen die glühende Hitze im angenehmen Schatten meines Gartens genießen und jeden Abend mit meinem treuen Hund Pohl lange Spaziergänge unternehmen, von denen der erfrischendste über die Molkerei in St. Veit führte, wo es köstliche Milch gab. Mein kleiner gesellschaftlicher Kreis beschränkte sich noch immer auf Cornelius und Tausig, der endlich wieder gesund war, obwohl er wegen seines Verkehrs mit reichen österreichischen Offizieren für einige Zeit aus meinem Blickfeld verschwand. Aber der jüngere Porges begleitete mich häufig auf meinen Ausflügen und eine Zeit lang auch der ältere. Auch meine Nichte Ottilie Brockhaus, die bei der Familie des Freundes ihrer Mutter, Heinrich Laube, lebte, erfreute mich gelegentlich mit einem Besuch.

Aber jedes Mal, wenn ich mich ernsthaft an die Arbeit machte, quälte mich erneut eine unbehagliche Sorge um meinen Lebensunterhalt. Da eine weitere Reise nach Russland bis zum nächsten Osterfest nicht in Frage kam, kamen für meinen Zweck vorläufig nur deutsche Städte in Frage. Von vielen Seiten, zum Beispiel aus Darmstadt, erhielt ich ungünstige Antworten; und aus Karlsruhe, wo ich mich direkt an den Großherzog gewandt hatte, war die Antwort unbestimmt. Der schwerste Schlag für mein Vertrauen war jedoch eine direkte Absage, die als Reaktion auf meine Bewerbung nach St. Petersburg kam, deren Annahme mir ein regelmäßiges Gehalt gesichert hätte. Diesmal war die Entschuldigung, dass die polnische Revolution jenes Sommers den Geist künstlerischer Unternehmungen gelähmt hatte.

Erfreulichere Nachrichten kamen jedoch aus Moskau, wo man für das kommende Jahr einige gute Konzerte in Aussicht stellte. Dann fiel mir ein sehr guter Vorschlag des Sängers Setoff über Kiew ein, der dort ein sehr lukratives Engagement in Aussicht zu stellen glaubte. Ich begann darüber einen Briefwechsel und wurde wieder auf das folgende Osterfest vertröstet, als sich der ganze kleinere russische Adel in Kiew versammelte. Das waren alles Zukunftspläne, die, wenn ich sie damals im einzelnen betrachtet hätte, mir alle Ruhe für meine Arbeit geraubt hätten. Jedenfalls war eine lange Zeit, in der ich nicht nur für mich, sondern auch für Minna sorgen musste. Jede Aussicht auf eine Anstellung in Wien musste mit größter Vorsicht behandelt werden, so dass mir mit dem Herannahen des Herbstes nichts anderes übrig blieb, als Geld auf Kredit aufzunehmen, ein Geschäft, bei dem mir Tausig helfen konnte, der in solchen Dingen außerordentliche Erfahrung besaß .

Ich konnte nicht umhin, mich zu fragen, ob ich meine Niederlassung in Penzing aufgeben müsste, aber andererseits, welche Alternative blieb mir? Jedes Mal, wenn mich der Wunsch zu komponieren packte, drängten sich diese Sorgen in mein Bewusstsein, bis ich, als ich sah, dass es nur darum ging, die Dinge von Tag zu Tag aufzuschieben, gezwungen war, das Studium von Dunkers Geschichte des Alterthums aufzunehmen. Am Ende verschlang meine Korrespondenz über Konzerte meine ganze Zeit. Ich bat zunächst Heinrich Porges, zu sehen, was er in Prag arrangieren könnte. Er stellte auch eine vernünftige Aussicht auf ein Konzert in Löwenberg, wobei er auf die günstige Disposition des Fürsten von Hohenzollern vertraute, der dort lebte. Mir wurde auch geraten, mich an Hans von Bronsart zu wenden, der zu dieser Zeit Dirigent einer privaten Orchestergesellschaft in Dresden war. Er reagierte loyal auf meinen Vorschlag, und wir einigten uns auf Datum und Programm eines von mir in Dresden zu dirigierenden Konzerts. Da mir der Großherzog von Baden auch sein Theater in Karlsruhe für ein im November stattfindendes Konzert zur Verfügung gestellt hatte, glaubte ich nun in dieser Richtung genug getan zu haben, um mich einer anderen Aufgabe zu widmen. Ich schrieb daher für Uhl-Fröbels Blatt „Der Botschafter" einen ziemlich langen Artikel über die Kaiserliche Große Oper in Wien, in dem ich Vorschläge für eine gründliche Reform dieser sehr schlecht geführten Institution machte. Die Vortrefflichkeit dieses Artikels wurde sofort von allen Seiten, sogar von der Presse, anerkannt; und ich scheine auch in den höchsten Verwaltungskreisen einigen Eindruck gemacht zu haben, denn ich hörte bald darauf von meinem Freund Rudolf Liechtenstein, man habe ihm zaghafte Annäherungsversuche gemacht, um ihn als Direktor anzunehmen, womit allerdings auch die Idee verbunden war, mich als Dirigent der Großen Oper zu berufen. Zu den Gründen, die diesen Vorschlag scheitern ließen, gehörte, wie Liechtenstein mir mitteilte, die Befürchtung, man werde unter seiner Leitung nur „Wagner-Opern" hören.

Schließlich war es eine Erleichterung, den Sorgen meiner Lage durch die Aufnahme meiner Konzertreise zu entfliehen. Zunächst fuhr ich Anfang November nach Prag, um mein Glück in Sachen großer Einnahmen noch einmal zu versuchen. Leider hatte Heinrich Porges diesmal die Organisation nicht in die Hand nehmen können, und seine Stellvertreter, die vielbeschäftigten Schulmeister, waren ihm für diese Aufgabe keineswegs ebenbürtig. Die Ausgaben stiegen, während die Einnahmen sanken, denn sie hatten es nicht gewagt, so hohe Preise zu verlangen wie früher. Ich wollte diesen Mangel durch ein zweites Konzert wenige Tage später beheben und bestand darauf, obwohl meine Freunde mir dringend davon abrieten, und wie sich herausstellte, hatten sie völlig recht. Diesmal reichten die Einnahmen kaum aus, um die Kosten zu decken, und da ich den Erlös des ersten Konzerts zur Einlösung einer alten Rechnung in Wien hatte wegschicken müssen, blieb mir keine andere Möglichkeit, meine Hotelkosten und meine Heimreise zu bezahlen, als das Angebot eines Bankiers anzunehmen, der sich als Mäzen ausgab und mir aus meiner Verlegenheit helfen wollte.

In der durch diese Ereignisse hervorgerufenen gedemütigten Stimmung setzte ich meine Reise nach Karlsruhe über Nürnberg und Stuttgart unter erbärmlichen Bedingungen großer Kälte und ständiger Verzögerungen fort. In Karlsruhe war ich sofort von verschiedenen Freunden umgeben, die dorthin gekommen waren, als sie von meinem Projekt hörten. Richard Pohl aus Baden, der mich nie im Stich ließ, Mathilde Maier, Frau Betty Schott, die Frau meines Verlegers; sogar Raff aus Wiesbaden und Emilie Genast waren da, sowie Karl Eckert, der kürzlich zum Dirigenten in Stuttgart ernannt worden war. Probleme begannen sofort mit den Sängern für mein erstes Konzert, das für den 14. November angesetzt war, da der Bariton Hauser, der „Wotans Abschied" und Hans Sachs' „Schusterlied" singen sollte, krank war und durch einen stimmlosen, aber gut ausgebildeten Vaudeville-Sänger ersetzt werden musste. Nach Ansicht von Eduard Devrient machte dies keinen Unterschied. Meine Beziehungen zu ihm waren streng offiziell, aber er führte meine Anweisungen für die Aufstellung des Orchesters sicherlich sehr korrekt aus. Orchestermäßig verlief das Konzert so gut, dass der Großherzog, der mich sehr freundlich in seiner Loge empfing, eine Wiederholung in einer Woche wünschte. Gegen diesen Vorschlag erhob ich ernsthafte Einwände, da ich aus Erfahrung wusste, dass der große Besucherandrang bei solchen Konzerten, insbesondere bei Sonderpreisen, hauptsächlich auf die Neugier der Zuhörer zurückzuführen war, die oft von weit her kamen; während die Zahl der echten Kunststudenten, deren Interesse hauptsächlich der Musik galt, nur gering war. Aber der Großherzog bestand darauf, da er seiner Schwiegermutter, Königin Augusta, deren Ankunft in wenigen Tagen erwartet wurde, das Vergnügen bereiten wollte, meine Produktion zu hören. Ich hätte es schrecklich ermüdend gefunden, die Zwischenzeit in der Einsamkeit meines Karlsruher Hotels verbringen zu müssen, aber ich erhielt eine freundliche Einladung nach Baden-Baden von Frau Kalergis, die gerade Frau Moukhanoff geworden war und dorthin gezogen war. Sie war zu meiner Freude eine von denen, die zum Konzert gekommen waren, und war jetzt am Bahnhof, um mich abzuholen, als ich ankam. Ich hatte das Gefühl, ich sollte ihre angebotene Begleitung in die

Stadt ablehnen, da ich mich in meinem „Räuberhut" nicht schick genug fand, aber mit der Versicherung: „Wir tragen hier alle diese Räuberhüte", nahm sie meinen Arm, und so erreichten wir Pauline Viardots Villa, wo wir zu Abend essen wollten, da das Haus meiner Freundin noch nicht ganz fertig war. Neben meinem alten Bekannten sitzend, wurde ich nun dem russischen Dichter Turgenieff vorgestellt. Mme. Moukhanoff stellte mich ihrem Mann mit einigem Zögern vor und fragte sich, was ich von ihrer Heirat halten würde. Unterstützt von ihren Begleitern, die alle Gesellschaftsleute waren, bemühte sie sich, während unserer gemeinsamen Zeit eine ziemlich lebhafte Unterhaltung zu führen. Sehr zufrieden mit der bewundernswerten Absicht meiner Freundin und Wohltäterin, verließ ich Baden erneut, um meine Zeit mit einem kleinen Ausflug nach Zürich auszufüllen, wo ich erneut versuchte, ein paar Tage im Hause der Familie Wesendonck auszuruhen. Der Gedanke, mir zu helfen, schien diesen Freunden nicht einmal zu dämmern, obwohl ich sie freimütig über meine Lage informierte. Ich kehrte daher nach Karlsruhe zurück, wo ich am 22. November, wie vorausgesehen, mein zweites Konzert vor spärlich gefülltem Haus gab. Aber nach Meinung des Großherzogs und seiner Gemahlin hätte Königin Augustas Anerkennung alle unangenehmen Eindrücke zerstreuen sollen, die ich möglicherweise erhalten hätte. Ich wurde erneut in die königliche Loge gerufen, wo ich den ganzen Hof um die Königin versammelt fand, die als Schmuck eine blaue Rose auf der Stirn trug. Die Mitglieder des Hofes hörten sich die wenigen schmeichelhaften Bemerkungen, die sie zu machen hatte, mit atemloser Aufmerksamkeit an; aber als die königliche Dame einige allgemeine Bemerkungen gemacht hatte und im Begriff war, in Einzelheiten zu gehen, überließ sie alle weiteren Erläuterungen ihrer Tochter, die, wie sie sagte, mehr darüber wusste. Am nächsten Tag erhielt ich meinen Anteil an den Einnahmen, die Hälfte des Reingewinns, der sich auf zweihundert Mark belief, und kaufte mir davon sofort einen Pelzmantel. Die verlangte Summe dafür betrug zweihundertzwanzig Mark, aber als ich erklärte, dass meine Einnahmen nur zweihundert Mark betragen hätten, gelang es mir, die zusätzlichen zwanzig vom Preis abzuziehen. Da war noch das Privatgeschenk des Großherzogs, bestehend aus einer goldenen Schnupftabakdose mit fünfzehn Louis d'or, für die ich mich natürlich schriftlich bedankte. Als nächstes musste ich mich der Frage stellen, ob ich nach den mühsamen Strapazen der letzten Wochen meine Enttäuschungen noch vergrößern wollte, indem ich versuchte, das geplante Konzert in Dresden zu geben. Viele Erwägungen, ja praktisch alles, was ich im Zusammenhang mit einem Besuch in Dresden abzuwägen hatte, veranlassten mich, den Mut aufzubringen, Hans von Bronsart im letzten Moment zu schreiben und ihn aufzufordern, alle Vorbereitungen abzusagen und mich dort nicht zu erwarten. Obwohl sie ihm nach all seinen freundlichen Vorbereitungen viele Unannehmlichkeiten bereitet haben muss, akzeptierte er diese Entscheidung mit großem Wohlwollen.

Ich wollte noch sehen, was ich mit der Firma Schott anfangen konnte, und reiste nachts nach Mainz, wo die Familie Mathilde Maier darauf bestand, dass ich den Tag in ihrem kleinen Haus verbringe, wo ich auf einfache und freundliche Weise bewirtet wurde. Während des Tages und der Nacht, die ich hier in der engen Karthäusergasse verbrachte, wurde ich mit größter Sorgfalt bedient, und von diesem Vorposten aus überfiel ich den Schott-Verlag, ohne jedoch große Beute zu machen. Dies geschah, weil ich meine Einwilligung zu einer gesonderten Herausgabe der für den Konzertgebrauch ausgewählten und vorbereiteten Auszüge aus meinen neuen Werken verweigerte.

Da mir das Konzert in Löwenberg jetzt als einzige Einnahmequelle noch blieb, wandte ich mich dorthin; um jedoch Dresden zu meiden, machte ich einen kleinen Umweg über Berlin, wo ich nach einer Nachtreise am frühen Morgen des 28. November sehr müde ankam. Die Bülows kamen meiner Bitte nach und drängten mich sofort, meine geplante Reise nach Schlesien abzubrechen und ihnen einen Tag in Berlin zu geben. Hans war besonders daran gelegen, dass ich an diesem Abend einem Konzert unter seiner Leitung beiwohnte, was mich schließlich zum Bleiben bewog. Trotz des kalten, rauen und düsteren Wetters diskutierten wir so fröhlich wie möglich über meine unglückliche Lage. Um mein Kapital zu erhöhen, beschlossen wir, die goldene Schnupftabakdose des Großherzogs von Baden unserem guten alten Freund Weitzmann zum Verkauf zu überlassen. Die so erzielten zweihundertsiebzig Mark wurden mir in das Hotel Brandenburg gebracht, wo ich mit den Bülows speiste, und waren eine Ergänzung meiner Reserven, die uns zu manchem Scherz verholfen hat. Da Bülow die Vorbereitungen für sein Konzert zu vollenden hatte, fuhr ich mit Cosima wie früher allein in einem schönen Wagen auf der Promenade hinaus. Diesmal erstarb alle unsere Scherze in Schweigen. Wir sahen uns sprachlos in die Augen; eine starke Sehnsucht nach einem Bekenntnis der Wahrheit überkam uns und führte zu einem – der Worte nicht bedurften – Bekenntnis des grenzenlosen Unglücks, das uns bedrückte. Das Erlebnis brachte uns beiden Erleichterung, und die tiefe Ruhe, die sich daraus ergab, ermöglichte es uns, dem Konzert in heiterer, unbefangener Stimmung beizuwohnen. Ich konnte meine Aufmerksamkeit tatsächlich deutlich auf eine vorzüglich verfeinerte und erhabene Aufführung von Beethovens kleinerer Konzertouvertüre (in C-Dur) und ebenso auf Hans' sehr geschickte Bearbeitung von Glucks Ouvertüre zu Paris und Helena richten. Wir bemerkten Alwine Frommann im Publikum und trafen sie in der Pause auf der großen Treppe des Konzertsaals. Nachdem der zweite Teil begonnen hatte und die Treppe leer war, saßen wir eine Zeit lang auf einer der Stufen und plauderten fröhlich mit unserem alten Freund. Nach dem Konzert sollten wir bei meinem Freund Weitzmann zum Abendessen einkehren, dessen Länge und Fülle uns, deren Herzen sich nach tiefem Frieden sehnten, in fast rasende Verzweiflung versetzte. Aber der Tag ging schließlich zu Ende, und nach einer Nacht unter Bülows Dach setzte ich meine Reise fort. Unser Abschied erinnerte mich so lebhaft an jenen ersten, außerordentlich rührenden Abschied von Cosima in Zürich, dass all die dazwischenliegenden Jahre wie ein Traum der Trostlosigkeit verschwanden, der zwei Tage lebenslanger Bedeutung und Entscheidung trennte. Wenn beim ersten Mal unsere Ahnung von etwas Geheimnisvollem und Unerklärlichem uns zum Schweigen gezwungen hatte, war es jetzt nicht weniger unmöglich, dem, was wir stillschweigend anerkannten, Worte zu geben.

Auf einem der Bahnhöfe in Schlesien wurde ich von Dirigent Seifriz abgeholt, der mich in einem der Wagen des Fürsten nach Löwenberg begleitete. Der alte Fürst von Hohenzollern-Hechingen war mir aufgrund seiner großen Freundschaft zu Liszt bereits sehr wohlgesinnt und war außerdem von Heinrich Porges, der für kurze Zeit bei ihm engagiert war, vollständig über meine Lage informiert worden. Er hatte mich eingeladen, in seinem kleinen Schloss ein Konzert vor einem ausschließlich aus geladenen Gästen bestehenden Publikum zu geben. Ich war sehr bequem in Appartements im Erdgeschoss seines Hauses untergebracht, wohin er häufig auf seinem Rollstuhl aus seinen eigenen, direkt gegenüberliegenden Räumen kam. Hier konnte ich mich nicht nur wohl fühlen, sondern auch einigermaßen hoffnungsvoll sein. Ich begann sofort, die Stücke, die ich aus meinen Opern ausgewählt hatte, mit dem keineswegs schlecht ausgestatteten Privatorchester des Fürsten zu proben, wobei mein Gastgeber stets anwesend war und sehr zufrieden schien. Die Mahlzeiten wurden alle sehr gesellig gemeinsam eingenommen; aber am Tage des Konzerts gab es eine Art Galadiner, bei dem ich zu meiner Überraschung Henriette von Bissing traf, die Schwester von Frau Wille von Marienbad, mit der ich in Zürich vertraut gewesen war. Da sie ein Gut in der Nähe von Löwenberg besaß, war sie ebenfalls vom Fürsten eingeladen worden und bewies mir nun ihre treue und begeisterte Ergebenheit. Da sie sowohl intelligent als auch geistreich war, wurde sie sofort meine Lieblingsbegleiterin. Nachdem das Konzert mit einigermaßen großem Erfolg vorübergegangen war, musste ich am nächsten Tag einen weiteren Wunsch des Fürsten erfüllen, indem ich ihm privat Beethovens Symphonie in c-Moll vorspielte, wobei auch Frau von Bissing anwesend war. Sie war nun schon seit einiger Zeit Witwe. Sie versprach, nach Breslau zu kommen, wenn ich dort mein Konzert gab. Vor meiner Abreise brachte mir Kapellmeister Seifriz ein Honorar von 4.200 Mark vom Fürsten mit, mit dem Ausdruck seines Bedauerns, dass es ihm im Augenblick unmöglich sei, großzügiger zu sein. Ich war nach all meinen bisherigen Erlebnissen wahrhaftig erstaunt und zufrieden und habe dem tapferen Prinzen mit Freude und aller mir zur Verfügung stehenden Beredsamkeit meinen herzlichsten Dank erwidert.

Von dort reiste ich nach Breslau, wo der Konzertdirektor Damrosch ein Konzert für mich arrangiert hatte. Ich hatte ihn bei meinem letzten Besuch in Weimar kennengelernt und auch durch Liszt von ihm gehört. Leider kamen mir die Zustände hier außerordentlich trostlos und verzweifelt vor. Die ganze Angelegenheit war, wie ich es auch erwartet hatte, auf das Geringste geplant. Man hatte einen ganz scheußlichen Konzertsaal gemietet, der sonst als Bierlokal diente. Dahinter, durch einen furchtbar vulgären Vorhang davon getrennt, befand sich ein kleines Tivoli-Theater, für das ich einen erhöhten Dielenboden für das Orchester beschaffen musste, und die ganze Angelegenheit widerte mich so sehr an, dass mein erster Impuls darin bestand, die schäbig aussehenden Musiker auf der Stelle zu entlassen. Mein Freund Damrosch, der sehr aufgeregt war, musste mir versprechen, dass er wenigstens den scheußlichen Tabakgestank im Saal neutralisieren lassen würde. Da er keine Garantie für die Höhe der Einnahmen geben konnte, ließ mich schließlich nur der Wunsch, ihn nicht zu sehr zu kompromittieren, das Unternehmen fortsetzen. Zu meinem Erstaunen fand ich fast den ganzen Raum, jedenfalls die vordersten Sitze, mit Juden besetzt, und tatsächlich verdankte ich meinen Erfolg dem Interesse, das in diesem Teil der Bevölkerung geweckt wurde, wie ich am nächsten Tag erfuhr, als ich an einem zu meinen Ehren von Damrosch veranstalteten Mittagessen teilnahm, bei dem wiederum nur Juden anwesend waren.

Es war wie ein Lichtstrahl aus einer besseren Welt, als ich beim Verlassen des Konzertsaales Fräulein Marie von Buch erblickte, die mit ihrer Großmutter vom Gut Hatzfeld hergeeilt war, um meinem Konzert beizuwohnen, und in einem vernagelten Abteil, das den Namen Loge trug, auf mich wartete, wenn das Publikum schon gegangen war; die junge Dame kam nach Damroschs Diner noch einmal im Reisekostüm auf mich zu und versuchte durch freundliche und mitfühlende Versicherungen meine offensichtliche Besorgnis über die Zukunft etwas zu lindern. Ich dankte ihr nach meiner Rückkehr nach Wien noch einmal brieflich für ihre Anteilnahme, worauf sie mit der Bitte um einen Beitrag zu ihrem Album antwortete. In Erinnerung an die Gefühle, die mich beim Verlassen Berlins erschüttert hatten, und auch als Hinweis auf meine geistige Verfassung gegenüber einem Vertrauenswürdigen fügte ich Calderons Worte hinzu: „Dinge, die man nicht verbergen, aber auch nicht aussprechen kann." Ich hatte das Gefühl, einer wohlgesinnten Person dadurch, wenn auch in angenehmer Unbestimmtheit, eine gewisse Vorstellung von dem geheimen Wissen vermittelt zu haben, das meine einzige Inspiration war.

Ganz anders jedoch war die Begegnung mit Henriette von Bissing in Breslau. Sie war mir dorthin gefolgt und hatte im selben Hotel abgestiegen. Beeinflusst zweifellos durch mein kränkliches Aussehen, schien sie mir und meiner Situation ihr volles Mitgefühl zu zeigen. Ich stellte ihr diese ohne

Vorbehalt vor und erzählte ihr, wie ich seit dem Umsturz nach meiner Abreise aus Zürich im Jahre 1858 nicht in der Lage gewesen sei, das regelmäßige Einkommen zu sichern, das zur stetigen Ausübung meines Berufs erforderlich sei, und auch von meinen stets vergeblichen Versuchen, meine Angelegenheiten in eine geregelte und endgültige Ordnung zu bringen. Meine Freundin scheute sich nicht, der Beziehung zwischen Frau Wesendonck und meiner Frau einige Schuld zuzuschreiben, und erklärte, dass sie es als ihre Aufgabe ansehe, sie zu versöhnen. Sie billigte meine Niederlassung in Penzing und hoffte nur, dass ich deren wohltuende Wirkung auf mich nicht durch ferne Unternehmungen zunichte machen könnte. Sie wollte nicht auf meinen Plan eingehen, im kommenden Winter nach Russland zu reisen, um Geld für meine absoluten Lebensbedürfnisse zu verdienen, und verpflichtete sich, aus ihrem eigenen, sehr beträchtlichen Vermögen die nicht unerhebliche Summe bereitzustellen, die erforderlich war, um mir für einige Zeit meine Unabhängigkeit zu sichern. Sie erklärte mir jedoch, dass ich für eine kurze Zeit noch versuchen sollte, durch dick und dünn zu kommen, da sie einige – möglicherweise große – Schwierigkeiten haben würde, mir das versprochene Geld zur Verfügung zu stellen.

Durch die Eindrücke dieser Begegnung sehr erheitert, kehrte ich am 9. Dezember nach Wien zurück. Auf Löwenberg hatte ich den größten Teil des fürstlichen Geschenks, einen Teil für Minna, einen Teil zur Tilgung von Schulden, nach Wien überweisen müssen. Obgleich ich nur wenig Bargeld besaß, war ich doch durchaus optimistisch; ich konnte meine wenigen Freunde jetzt mit leidlicher Laune begrüßen, darunter auch Peter Cornelius, der jeden Abend bei mir vorbeischaute. Da Heinrich Porges und Gustav Schönaich sich uns manchmal anschlossen, bildeten wir einen kleinen, intimen Kreis und trafen uns regelmäßig. Am Weihnachtsabend lud ich sie alle zu mir nach Hause ein, ließ den Weihnachtsbaum erleuchten und schenkte jedem eine angemessene Kleinigkeit. Auch einige Arbeit kam wieder auf mich zu, denn Tausig bat mich, ihm bei einem Konzert zu helfen, das er im großen Redouten-Saal geben sollte. Außer einigen Stücken aus meinen neuen Opern dirigierte ich auch die Freischütz-Ouvertüre, zu meiner eigenen Befriedigung und ganz nach meiner eigenen Interpretation. Ihre Wirkung, selbst auf das Orchester, war wahrhaft verblüffend.

Aber es schien nicht die geringste Aussicht auf eine offizielle Anerkennung meiner Fähigkeiten zu bestehen; ich wurde und wurde von den Großen ignoriert. Die Mitteilungen von Frau von Biasing ließen nach und nach erkennen, auf welche Schwierigkeiten sie bei der Erfüllung ihres Versprechens gestoßen war; da sie aber noch immer hoffnungsvoll klangen, konnte ich Silvester in guter Laune bei den Standhartners verbringen und mich an einem eigens für diesen Anlass von Cornelius verfassten Gedicht erfreuen, das ebenso humorvoll wie feierlich angemessen war.

Das neue Jahr 1864 nahm für mich eine ernste Gestalt an, die sich bald noch verstärkte. Ich erkrankte an einer schmerzhaften und zunehmenden Krankheit, die auf eine Erkältung zurückzuführen war, die Standhartners Pflege oft in Anspruch nahm. Aber noch ernster bedrohte mich die Wendung der Mitteilungen von Frau von Bissing. Es schien, dass sie das versprochene Geld nur mit Hilfe ihrer Familie, der Slomans, aufbringen konnte, die in Hamburg Reeder waren, und von ihnen stieß sie auf heftigen Widerstand, der, wie es schien, mit verleumderischen Anschuldigungen gegen mich vermischt war. Diese Umstände beunruhigten mich so sehr, dass ich wünschte, ich könnte auf jede Hilfe dieses Freundes verzichten, und ich begann, meine ernsthafte Aufmerksamkeit erneut Russland zuzuwenden. Fräulein von Rhaden, an die ich mich erneut wandte, fühlte, dass sie mich energisch von jedem Versuch abhalten müsse, St. Petersburg zu besuchen, zum einen, weil mir aufgrund der militärischen Unruhen in den polnischen Provinzen der Weg versperrt sein würde, und zum anderen, weil ich, grob gesagt, in der russischen Hauptstadt keine Aufmerksamkeit erregen würde. Andererseits wurde ein Besuch in Kiew mit der Aussicht auf einen Gewinn von fünftausend Rubeln als zweifellos machbar dargestellt. Ich behielt diese Idee im Auge und schmiedete mit Cornelius, der mich begleiten sollte, einen Plan, das Schwarze Meer nach Odessa zu überqueren und von dort nach Kiew zu reisen. Wir beschlossen beide, uns sofort die unentbehrlichen Pelzmäntel zu besorgen. In der Zwischenzeit blieb mir nur die Möglichkeit, Geld durch neue kurzfristige Wechsel aufzutreiben, mit dem ich alle meine anderen, ebenfalls kurzfristigen, Rechnungen bezahlen konnte. So begann ich ein Geschäftssystem, das offensichtlich und unausweichlich zum Ruin führte und nur durch die Annahme sofortiger und wirksamer Hilfe endgültig gelöst werden konnte. In dieser Notlage war ich schließlich gezwungen, von meiner Freundin eine klare Erklärung zu verlangen, nicht, ob sie mir sofort helfen KÖNNTE, sondern ob sie mir überhaupt helfen WOLLTE, da ich den Ruin nicht mehr abwenden konnte. Sie muss durch irgendeinen Gedanken, den ich nicht kannte, im höchsten Maße verletzt worden sein, bevor sie sich dazu durchringen konnte, in folgendem Ton zu antworten: „Sie wollen endlich wissen, ob ich es WILL oder nicht? Nun, in Gottes Namen, NEIN!" Nicht lange danach erhielt ich von ihrer Schwester, Frau Wille, eine sehr überraschende Erklärung ihres Verhaltens, das mir damals vollkommen unerklärlich schien und nur mit der Schwäche ihres nicht sehr zuverlässigen Charakters zu erklären war.

Inmitten all dieser Schwankungen war der Monat Februar zu Ende gegangen, und während Cornelius und ich mit unseren russischen Plänen beschäftigt waren, erhielt ich aus Kiew und Odessa die Nachricht, dass es unklug wäre, in diesem Jahr dort irgendwelche künstlerischen Unternehmungen zu unternehmen. Inzwischen war mir klar geworden, dass ich unter den so entstandenen Umständen nicht mehr damit rechnen konnte, meine Stellung in Wien oder meine Niederlassung in Penzing zu halten. Nicht nur schien es keine Aussicht auf ein auch nur vorübergehendes Geldverdienen zu geben, sondern meine Schulden hatten sich in der üblichen Art eines solchen Wuchers zu einer so großen Summe aufgetürmt und ein so bedrohliches Aussehen angenommen, dass, wenn ich nicht außerordentliche Hilfe bekam, meine eigene Person in Gefahr war. In dieser Verlegenheit wandte ich mich mit völliger Offenheit – zunächst nur um Rat – an den Richter des kaiserlichen Landgerichts, Eduard Liszt, den jugendlichen Onkel meines alten Freundes Franz. Während meines ersten Aufenthalts in Wien hatte sich dieser Mann als ein herzlich ergebener Freund erwiesen, der mir immer zu helfen bereit war. Zur Tilgung meiner Wechselschulden konnte er natürlich keinen anderen Weg vorschlagen als die Vermittlung eines reichen Gönners, der mit meinen Gläubigern abrechnen sollte. Eine Zeitlang glaubte er, eine gewisse Frau Scholler, die Frau eines reichen Kaufmanns und eine meiner Verehrerinnen, besitze nicht nur die Mittel, sondern sei auch bereit, sie für mich einzusetzen. Auch Standhartner, dem ich gegenüber kein Geheimnis machte, glaubte, auf diesem Wege etwas für mich tun zu können. So war meine Lage einige Wochen lang wieder höchst unsicher, bis sich schließlich herausstellte, dass meine Freunde mir nur die Mittel zur Flucht in die Schweiz verschaffen konnten – was nun als unbedingt notwendig erachtet wurde –, wo ich, nachdem ich bis jetzt meine Haut gerettet hatte, Geld für meine Wechsel auftreiben musste. Dem Advokaten Eduard Liszt schien dieser Fluchtweg besonders wünschenswert, weil er dann in der Lage sein würde, den an mir praktizierten unverschämten Wucher zu bestrafen.

Während der unruhigen Zeit der letzten Monate, die dennoch von einer gewissen Hoffnung durchzogen war, hatte ich einen lebhaften Verkehr mit meinen wenigen Freunden aufrechterhalten. Cornelius erschien regelmäßig jeden Abend und wurde von O. Bach, dem kleinen Grafen Laurencin und einmal von Rudolph Liechtenstein begleitet. Mit Cornelius allein begann ich, die Ilias zu lesen. Als wir beim Schiffsverzeichnis ankamen, wollte ich es überspringen; aber Peter protestierte und bot an, es selbst vorzulesen; ob wir es jedoch jemals zu Ende gelesen haben, weiß ich nicht mehr. Meine Lektüre allein bestand aus Chateaubriands La Vie de Rancé, das mir Tausig mitgebracht hatte. Inzwischen verschwand er selbst, ohne eine Spur zu hinterlassen, bis er nach einiger Zeit wieder auftauchte, verlobt mit einem ungarischen Pianisten. Während dieser ganzen Zeit war ich sehr krank und litt außerordentlich an einem heftigen Katarrh. Der Gedanke an den Tod überwältigte mich so sehr, dass ich schließlich jede Lust verlor, ihn abzuschütteln, und sogar damit begann, meine Bücher und Manuskripte zu vermachen, von denen ein Teil Cornelius zufiel.

Ich hatte vor einiger Zeit die Vorsichtsmaßnahme getroffen, Standhartner meine verbliebenen – und nun, ach! außerordentlich zweifelhaft -

Vermögenswerte, die sich im Haus in Penzing befanden. Da meine Freunde mir dringend empfahlen, die sofortige Flucht vorzubereiten, hatte ich Otto Wesendonck geschrieben und darum gebeten, in sein Haus aufgenommen zu werden, da die Schweiz mein Ziel war. Er lehnte dies rundheraus ab, und ich konnte es mir nicht verkneifen, ihm eine Antwort zu schicken, um die Ungerechtigkeit dieser Bitte zu beweisen. Das nächste war, meine Abwesenheit von zu Hause kurz zu halten und mit einer baldigen Rückkehr zu rechnen. Standhartner ließ mich in seinem großen Bemühen, meine Abreise zu vertuschen, in seinem Haus essen, und mein Diener Franz Mrazek brachte auch meinen Koffer dorthin. Mein Abschied von Standhartner, seiner Frau Anna und dem guten Hund Pohl war sehr deprimierend. Standhartners Stiefsohn Karl Schonaich und Cornelius begleiteten mich zum Bahnhof, der eine in Trauer und Tränen, der andere in leichtfertiger Stimmung. Am Nachmittag des 23. März brach ich nach München auf, meinem ersten Zwischenstopp, wo ich nach den schrecklichen Unruhen, die ich durchgemacht hatte, zwei Tage lang ausruhen wollte, ohne Aufsehen zu erregen. Ich übernachtete im Bayerischen Hof und machte ein paar gemütliche Spaziergänge durch die Stadt. Es war Karfreitag und das Wetter war bitterkalt. Die Stimmung des Tages schien die ganze Bevölkerung zu erfassen, die ich in tiefster Trauer von einer Kirche zur anderen gehen sah. König Maximilian II. – den die Bayern so sehr liebgewonnen hatten – war wenige Tage zuvor gestorben und hatte als Thronfolger einen Sohn von achtzehneinhalb Jahren hinterlassen, dessen außerordentliche Jugend seiner Thronbesteigung kein Hindernis war. Ich sah ein Porträt des jungen Königs Ludwig II. in einem Schaufenster und empfand die eigentümliche Erregung, die der Anblick von Jugend und Schönheit in einer vermeintlich ungewöhnlich anstrengenden Lage hervorruft. Nachdem ich einen humorvollen Nachruf auf mich selbst verfasst hatte, überquerte ich unbehelligt den Bodensee und erreichte Zürich – erneut ein Flüchtling auf der Suche nach Asyl –, wo ich mich sofort zu Dr. Willes Anwesen in Mariafeld begab.

Ich hatte bereits an die Frau meines Freundes geschrieben und sie gebeten, mich für einige Tage bei mir aufzunehmen, was sie mir sehr freundlicherweise zusagte. Ich hatte sie während meines letzten Aufenthaltes in Zürich sehr gut kennengelernt, während meine Freundschaft mit ihm etwas abgekühlt war. Ich wollte Zeit haben, um in einem der am Zürichsee gelegenen Orte eine mir geeignet erscheinende Unterkunft zu finden. Dr. Wille selbst war nicht da, da er auf Vergnügungsreise nach Konstantinopel gefahren war. Ich hatte keine Schwierigkeiten, meiner Freundin meine Lage verständlich zu machen, und ich fand, dass sie mir sehr gern half. Zunächst räumte sie ein oder zwei Wohnräume in Frau von Bissings altem Haus nebenan aus, aus dem jedoch die einigermaßen bequemen Möbel entfernt worden waren. Ich wollte mich selbst versorgen, musste aber ihrer Bitte nachgeben, diese Verantwortung zu übernehmen. Nur Möbel fehlten, und sie wagte es, sich dafür an Frau Wesendonck zu wenden, die sofort alles, was sie von ihrem Hausrat entbehren konnte, sowie ein Klavier schickte. Die gute Frau war auch sehr darauf bedacht, daß ich meine alten Freunde in Zürich aufsuchte, um jeden Anschein von Unannehmlichkeiten zu vermeiden, aber ich wurde durch schweres Unwohlsein, das durch die schlechte Heizung der Räume noch verstärkt wurde, daran gehindert, und schließlich kamen Otto und Mathilde Wesendonck zu uns nach Mariafeld. Die sehr unsichere und angespannte Haltung dieser beiden war mir nicht ganz unverständlich, aber ich tat, als ob ich sie nicht bemerkte. Meine Erkältung, die mich unfähig machte, mich in den Nachbarbezirken nach einem Haus umzusehen, wurde durch das schlechte Wetter und meine eigene tiefe Depression immer mehr verschlimmert. Ich verbrachte diese schrecklichen Tage von morgens bis abends in meinen Karlsruher Pelz eingekuschelt und verwirrte mein Gehirn mit der Lektüre eines nach dem anderen der Bände, die mir Frau Wille in meiner Abgeschiedenheit schickte. Ich las Jean Pauls Siebenkas, Friedrichs des Großen Tagebuch, Tauser, die Romane von George Sand und Walter Scott und schließlich Felicitas, ein Werk aus der Feder meiner mitfühlenden Gastgeberin. Von der Außenwelt erreichte mich nichts als eine leidenschaftliche Klage von Mathilde Maier und eine höchst angenehme Überraschung in Form von Tantiemen (fünfundsiebzig Francs), die Truinet aus Paris schickte. Dies führte zu einem Gespräch mit Frau Wille, halb im Zorn, halb im zynischen Zustand der Todeszelle, über das, was ich tun könne, um mich aus meiner elenden Lage vollständig zu befreien. Unter anderem berührten wir die Notwendigkeit, mich von meiner Frau scheiden zu lassen, um eine reiche Ehe eingehen zu können. Da mir alles richtig und nichts unzweckmäßig erschien, schrieb ich tatsächlich meiner Schwester Luise Brockhaus und fragte sie, ob sie nicht durch vernünftige Gespräche mit Minna sie dazu bewegen könne, sich auf ihre festgelegte jährliche Zuwendung zu verlassen und künftig keine Ansprüche an meine Person zu stellen. Als Antwort erhielt ich einen tief ergreifenden Brief, in dem mir geraten wurde, zunächst daran zu denken, meinen Ruf zu festigen und mir durch eine neue Arbeit eine unangreifbare Stellung zu verschaffen. Auf diese Weise könnte ich sehr wahrscheinlich einige Vorteile erzielen, ohne einen dummen Schritt zu tun; und auf jeden Fall täte ich gut daran, mich auf die derzeit in Darmstadt vakante Dirigentenstelle zu bewerben.

Ich hatte sehr schlechte Nachrichten aus Wien. Standhartner verkaufte, um die Möbel, die ich im Haus zurückgelassen hatte, zu sichern, sie an einen Wiener Makler mit der Option des Rückkaufs. Ich schrieb voller Empörung zurück, besonders als ich die nachteilige Wirkung auf meinen Vermieter erkannte, dem ich in den nächsten Tagen Miete zahlen musste. Durch Frau Wille gelang es mir, das für die Miete erforderliche Geld zur Verfügung zu stellen, das ich sofort an Baron Raokowitz weiterleitete. Leider erfuhr ich jedoch, dass Standhartner bereits alles mit Eduard Liszt geklärt hatte, indem er die Miete aus dem Erlös der Möbel bezahlte und mir damit meine Rückkehr nach Wien verwehrte, was nach Ansicht beider mein Ruin wäre. Als ich aber zugleich von Cornelius erfuhr, daß Tausig, der sich damals in Ungarn aufhielt und einen der Wechsel unterschrieben hatte, sich durch mich an der von ihm gewünschten Rückkehr nach Wien gehindert fühlte, war ich so empfindlich verletzt, daß ich mich entschloß, so groß die Gefahr auch sein mochte, sofort zurückzukehren. Ich teilte meinen dortigen Freunden meine Absicht sogleich mit, beschloß aber, vorher zu versuchen, mir genügend Geld zu verschaffen, um meinen Gläubigern einen Vergleich vorschlagen zu können. Zu diesem Zwecke hatte ich Schott in Mainz auf das Dringlichste geschrieben und unterließ es nicht, ihm sein Benehmen mir gegenüber bitter vorzuwerfen. Ich beschloß nun, Mariafeld zu verlassen und nach Stuttgart zu fahren, um das Ergebnis dieser Bemühungen abzuwarten und sie von einem näheren Standpunkt aus zu verfolgen. Aber auch andere Motive bewogen mich, wie man sehen wird, zu diesem Wechsel.

Dr. Wille war zurückgekehrt, und ich konnte sofort erkennen, dass mein Aufenthalt in Mariafeld ihn beunruhigte. Wahrscheinlich fürchtete er, ich könnte mich auch auf seine Hilfe verlassen. In einiger Verwirrung, die durch die Haltung verursacht wurde, die ich infolgedessen eingenommen hatte, machte er mir in einem Moment der Aufregung dieses Geständnis. Er sei, sagte er, von einem Gefühl mir gegenüber überwältigt worden, das darauf hinauslief, dass ein Mann schließlich mehr sein wollte als eine Null in seinem eigenen Haus, wo es, wenn überhaupt, nicht angenehm ist, als bloße Folie für jemand anderen zu dienen. Dieses Gefühl sei lediglich entschuldbar, dachte er, bei einem Mann, der, obwohl er vernünftigerweise davon ausgehen konnte, unter seinen Mitmenschen etwas zu bedeuten, in engen Kontakt mit einem anderen gekommen war, dem er sich auf die seltsamste Weise untergeordnet fühlte. Frau Wille, die die Gemütsverfassung ihres Mannes voraussah, hatte mit der Familie Wesendonck eine Vereinbarung getroffen, wonach sie mir während meines Aufenthalts in Mariafeld einhundert Francs pro Monat zur Verfügung stellen sollten. Als ich davon erfuhr, konnte ich nichts anderes tun, als Frau Wesendonck meine sofortige Abreise aus der Schweiz anzukündigen und sie in aller Freundlichkeit zu bitten, sich meiner Sorge zu entledigen, da ich meine Angelegenheiten ganz nach meinen Wünschen geregelt hätte. Ich hörte später, dass sie diesen Brief – den sie möglicherweise als kompromittierend ansah – ungeöffnet an Frau Wille zurückgeschickt hatte.

Mein nächster Schritt war, am 30. April nach Stuttgart zu fahren. Ich wusste, dass Karl Eckert dort seit einiger Zeit als Kapellmeister am Königlichen Hoftheater tätig war, und ich hatte Grund zu der Annahme, dass der gutmütige Kerl mir gegenüber vorurteilsfrei und wohlgesinnt war, was sich an seinem bewundernswerten Verhalten während seiner Zeit als Operndirektor in Wien und auch an der Begeisterung zeigte, mit der er im Jahr zuvor zu meinem Konzert in Karlsruhe gekommen war. Ich erwartete von ihm nichts weiter als eine kleine Hilfe bei der Suche nach einer ruhigen Unterkunft für den kommenden Sommer in Cannstadt oder einem ähnlichen Ort in der Nähe von Stuttgart. Ich wollte vor allem den ersten Akt der Meistersinger so schnell wie möglich beenden, um Schott endlich einen Teil des Manuskripts schicken zu können. Ich hatte ihm gesagt, dass ich es ihm fast sofort schicken würde, als ich ihn wegen der mir so lange vorenthaltenen Avancen angriff. Dann beabsichtigte ich, die Mittel zu beschaffen, mit denen ich meinen Verpflichtungen in Wien nachkommen konnte, während ich in völliger Zurückgezogenheit und, wie ich hoffte, im Verborgenen lebte. Eckert hieß mich äußerst freundlich willkommen. Seine Frau, eine der schönsten Frauen Wiens, hatte in ihrem phantastischen Wunsch, einen Künstler zu heiraten, eine sehr einträgliche Stelle aufgegeben, war aber immer noch so reich, dass der Dirigent bequem leben und Gastfreundschaft zeigen konnte, und der Eindruck, den ich jetzt machte, war sehr angenehm. Eckert fühlte sich unbedingt verpflichtet, mich zu Baron von Gall, dem Direktor des Hoftheaters , zu führen, der mir vernünftig und freundlich meine schwierige Lage in Deutschland vor Augen führte, wo mir wahrscheinlich alles verschlossen bleiben würde, solange die überall verstreuten sächsischen Gesandten und Agenten versuchten, mir durch allerlei Verdächtigungen zu schaden. Nachdem er mich besser kennengelernt hatte, hielt er sich für befugt, durch Vermittlung des württembergischen Hofes in meinem Namen zu handeln. Als ich am späten Abend des 3. Mai bei Eckerts über diese Angelegenheiten sprach, wurde mir eine Herrenkarte mit der Aufschrift „Sekretär des Königs von Bayern“ überreicht. Ich war unangenehm überrascht, dass meine Anwesenheit in Stuttgart den vorbeikommenden Reisenden bekannt wurde, und ließ ausrichten, dass ich nicht da sei. Danach zog ich mich in mein Hotel zurück, wo mich der Wirt erneut darüber informierte, dass ein Herr aus München mich in dringenden Angelegenheiten zu sprechen wünschte. Ich verabredete mich für den Morgen um zehn Uhr und verbrachte eine unruhige Nacht in ständiger Erwartung eines Unglücks. Ich empfing Herrn Pfistermeister, den Privatsekretär Seiner Majestät des Königs von Bayern, in meinem Zimmer. Er äußerte zunächst seine große Freude darüber, mich dank einiger glücklicher Anweisungen endlich gefunden zu haben, nachdem er mich in Wien und sogar in Mariafeld am Zürichsee vergeblich gesucht hatte. Er wurde mit einem Brief des jungen Königs von Bayern für mich beauftragt, zusammen mit einem Porträt und einem Ring als Geschenk. In Worten, die zwar wenige waren, aber bis ins Innerste meines Wesens drangen, gestand der jugendliche Monarch seine große Vorliebe für meine Arbeit und verkündete seinen festen Entschluss, mich als seinen Freund in seiner Nähe zu behalten, damit ich jedem bösen

Schicksalsschlag entgehen könne. Herr Pfistermeister teilte mir zugleich mit, er habe den Auftrag, mich sofort nach München zum König zu führen, und bat mich um die Erlaubnis, seinem Herrn telegraphisch mitteilen zu dürfen, dass ich am nächsten Tag kommen würde. Ich wurde zum Essen bei den Eckerts eingeladen, aber Herr Pfistermeister musste die Begleitung ablehnen. Meine Freunde, zu denen auch der junge Weisheimer aus Osthofen gekommen war, waren natürlich erstaunt und erfreut über die Nachricht, die ich ihnen brachte. Während wir bei Tisch saßen, erfuhr Eckert telegraphisch vom Tod Meyerbeers in Paris, und Weisheimer brach in rüpelhaftes Gelächter aus, als er daran dachte, dass der Opernmeister, der mir so viel Leid zugefügt hatte, durch einen merkwürdigen Zufall diesen Tag nicht mehr erlebt hatte. Auch Herr von Gall erschien und musste in freundlicher Überraschung gestehen, dass ich seine guten Dienste nun wirklich nicht mehr brauchte. Er hatte bereits den Auftrag für Lohengrin erteilt und zahlte mir nun sofort die vereinbarte Summe. Um fünf Uhr nachmittags traf ich Herrn Pfistermeister am Bahnhof, um mit ihm nach München zu reisen, wo für den nächsten Morgen mein Besuch beim König angekündigt war.

Am selben Tage hatte man mich dringend davor gewarnt, nach Wien zurückzukehren. Doch sollte mein Leben von solchen Ängsten nicht mehr geplagt sein; der gefährliche Weg, auf dem mich das Schicksal zu so großen Zielen führte, sollte nicht frei von Sorgen und Ängsten sein, wie ich sie bisher nie gekannt hatte, aber ich sollte nie wieder die Last der alltäglichen Härten des Daseins unter dem Schutz meines erhabenen Freundes spüren .